Handbuch Digitale Gesundheitswirtschaft

Sabine Bohnet-Joschko · Katharina Pilgrim
Hrsg.

Handbuch Digitale Gesundheitswirtschaft

Analysen und Fallbeispiele

Hrsg.
Sabine Bohnet-Joschko
Universität Witten/Herdecke
Witten, Deutschland

Katharina Pilgrim
Universität Witten/Herdecke
Witten, Deutschland

ISBN 978-3-658-41780-2   ISBN 978-3-658-41781-9 (eBook)
https://doi.org/10.1007/978-3-658-41781-9

Die Deutsche Nationalbibliothek verzeichnet diese Publikation in der Deutschen Nationalbibliografie; detaillierte bibliografische Daten sind im Internet über https://portal.dnb.de abrufbar.

Planung/Lektorat: Margit Schlomski
Springer Gabler ist ein Imprint der eingetragenen Gesellschaft Springer Fachmedien Wiesbaden GmbH und ist ein Teil von Springer Nature.
Die Anschrift der Gesellschaft ist: Abraham-Lincoln-Str. 46, 65189 Wiesbaden, Germany

Das Papier dieses Produkts ist recyclebar.

Vorwort

Die digitale Transformation durchdringt zunehmend alle Bereiche des Gesundheitswesens und verändert Produkte und Dienstleistungen ebenso wie Prozesse und Versorgungssysteme. Die Vielfalt innovativer Ansätze und neuer technologischer Entwicklungen ist begeisternd, gleichzeitig gilt es für Wissenschaft und Gesundheitswirtschaft neben den Chancen auch mögliche Limitationen und Risiken zu beachten. Schon jetzt trägt Digitalisierung dazu bei, die Qualität der Patientenversorgung zu verbessern und sie effektiv und kosteneffizient zu gestalten. Sie kann auch die Zufriedenheit der Patienten und Gesundheitsprofessionen stärken. Der fundamentale Veränderungsprozess ist noch nicht abgeschlossen, insofern sind Industrie, Versorger, Kostenträger und Regulierer weiterhin gefordert, die sich dynamisch entwickelnden technologischen Möglichkeiten in ihren jeweiligen Wirkungskreisen nutzbar zu machen.

Dieses Handbuch bietet einen Überblick zu den wesentlichen Themen und Trends der digitalen Transformation, die die Zukunft des Gesundheitswesens prägen werden. Angesichts der Bandbreite und Interdisziplinarität der zu adressierenden Fragestellungen wurde eine Autorengruppe mit 31 Expertinnen und Experten zusammengestellt, in der von Ökonomie über Medizin, Informatik und Recht verschiedene fachliche Ausrichtungen vertreten sind. Die 65 Beiträge des Handbuchs beleuchten verschiedene Facetten der digitalen Transformation im Gesundheitswesen durch Analysen und Fallbeispiele und unterstützen das Navigieren in diesem sich schnell verändernden Forschungs- und Praxisfeld. Wir danken unseren Co-Autorinnen und Co-Autoren herzlich. Ein weiterer besonderer Dank geht an das Land Nordrhein-Westfalen, das über sein Wirtschaftsministerium das Projekt „Innovation und digitale Transformation im Gesundheitswesen (ATLAS ITG)" an der Universität Witten/Herdecke fördert.

Wir sind zuversichtlich, dass dieses Handbuch eine gute und wichtige Orientierungshilfe für Führungs- und Fachkräfte im Gesundheitswesen, für Forschende und Studierende sowie für politische Entscheidungsträger und letztlich alle, die sich für die Zukunft der Gesundheitsversorgung im digitalen Zeitalter interessieren, sein wird.

Witten, Deutschland   Sabine Bohnet-Joschko
im Januar 2023   Katharina Pilgrim

Inhaltsverzeichnis

Teil III   Forschung und Entwicklung

Teil IV   Prävention

Über die Autoren

Dr. Stephan Balling studierte Volkswirtschaftslehre an der Universität Mannheim und promovierte im Fach Soziologie an der Universität Bayreuth. Nach 10 Jahren im Wirtschafts- und Fachjournalismus und Stationen als Vertretungsprofessor an der DHBW Mannheim, im Bereich Public Affairs der Beratung consus.health und als Research Fellow im Projekt ATLAS Digitale Gesundheitswirtschaft der Universität Witten/Herdecke ist er nun Redakteur im Referat Parlamentsnachrichten des Deutschen Bundestags.

Prof. Dr. Sabine Bohnet-Joschko ist Inhaberin des Lehrstuhls für Management und Innovation im Gesundheitswesen der Fakultät für Wirtschaft und Gesellschaft der Universität Witten/Herdecke und forscht an der Schnittstelle zwischen Ökonomie und Gesundheitsversorgung zu Innovationen auf Produkt-, Prozess-, Organisations- und Systemebene. Sie hat den ATLAS Digitale Gesundheitswirtschaft entwickelt und aufgebaut.

Prof. Dr. Bernhard Breil ist Medizininformatiker und Psychologe und lehrt seit 2013 als Professor für Gesundheitsinformatik an der Hochschule Niederrhein. Seit Januar 2020 leitet er als Dekan den Fachbereich Gesundheitswesen. In der Lehre ist er vor allem im Studiengang Medizinische Informatik tätig und hält u. a. Vorlesungen über Klinische IT-Systeme, Systemintegration und IT-Projektmanagement.

Dr. Theresa Busse promovierte am Lehrstuhl für Didaktik und Bildungsforschung in der Medizin der Universität/Witten Herdecke und forscht anschließend weiter als Postdoc am Lehrstuhl für Allgemeinmedizin der Ruhr-Universität Bochum.

Prof. Dr. Jan P. Ehlers spezialisierte sich nach Studium und Promotion in der Veterinärmedizin mit einem Master in Educational Media und einer Zusatzqualifikation für Informatik und Dokumentation auf Digitalisierung und Didaktik in der Medizin. Er ist Inhaber des Lehrstuhls für Didaktik und Bildungsforschung in der Medizin an der Universität Witten/Herdecke und Vizepräsident für akademische Angelegenheiten.

Caroline Giesen studierte Rechtswissenschaft an der Universität Düsseldorf (Mag. iur.). Seit Abschluss des Rechtsreferendariats mit einer Station in der Wirtschaft ist sie als Rechtsanwältin (Senior Associate) bei Clifford Chance PartmbB in der Industriegruppe Healthcare, Life Sciences & Chemicals tätig.

Prof. Dr. Oliver Gröne ist Soziologe und promovierter Gesundheitswissenschaftler. Nach Stationen an der London School of Hygiene and Tropical Medicine sowie für die Weltgesundheitsorganisation ist er seit 2015 als stellvertretender Vorstandsvorsitzender der OptiMedis AG verantwortlich für die Bereiche Analytics, Research & Innovation. Seit 2019 ist er im wissenschaftlichen Kollegium des ATLAS Digitale Gesundheitswirtschaft und seit 2022 apl. Professor der Fakultät für Wirtschaft und Gesellschaft der Universität Witten/Herdecke.

Justin Jahn studierte Betriebswirtschaftslehre an der Universität Mannheim und erwarb einen Master in Management an der London School of Economics. Er ist Strategieberater in einer international tätigen Unternehmensberatung und erforscht als externer Doktorand am Lehrstuhl für Management und Innovation im Gesundheitswesen der Universität Witten/Herdecke Plattformakteure und digitale Ökosysteme im Gesundheitssektor.

Dr. Annabel Joschko studierte Rechtswissenschaft an der Universität Bonn (Mag. iur.) und Medizinrecht an der Universität Düsseldorf (LL.M.). Seit Abschluss des Rechtsreferendariats sowie der Promotion im Gesundheitsrecht (Dr. iur.) ist sie als Rechtsanwältin (Associate) bei Clifford Chance PartmbB in der Sektorgruppe Healthcare, Life Sciences & Chemicals tätig.

Carolin Kemmner studierte Rechtswissenschaft an den Universitäten Mannheim, Heidelberg und Adelaide. Nach Stationen in der Wirtschaft sowie bei der Deutschen Außenhandelskammer in Toronto ist sie als Rechtsanwältin (Counsel) bei Clifford Chance PartmbB in der Industriegruppe Healthcare, Life Sciences & Chemicals tätig.

Philipp Köbe ist wissenschaftlicher Mitarbeiter im ATLAS-Projekt Digitale Gesundheitswirtschaft und Doktorand am Lehrstuhl für Management und Innovation im Gesundheitswesen an der Universität Witten/Herdecke. Er studierte Gesundheitsökonomie an der Universität Duisburg-Essen (M.Sc.) und Wirtschaftsrecht an der Universität des Saarlandes (LL.M.); er ist ferner Research Fellow am Bayerischen Foresight Institut der Technischen Hochschule Ingolstadt.

Dr. Lisa Korte ist Gesundheitswissenschaftlerin (M.Sc.) und erforschte als wissenschaftliche Mitarbeiterin am Lehrstuhl für Management und Innovation im Gesundheitswesen der Universität Witten/Herdecke im ATLAS Digitale Gesundheitswirtschaft, wie der Einsatz verschiedener digitaler Innovationen in der Krankenhauspflege gefördert werden kann. Im Rahmen ihrer Promotion führte sie eine Vignettenstudie zu Motiven und Werten des Pflegepersonals durch. Seit 2023 ist sie wissenschaftliche Mitarbeiterin am Institut für Sozialmedizin und Epidemiologie der Medizinischen Hochschule Brandenburg.

Dr. Jonathan Koß studierte Gesundheitsökonomie an der Universität Bayreuth (M.Sc.). Als wissenschaftlicher Mitarbeiter im ATLAS-Projekt Digitale Gesundheitswirtschaft am Lehrstuhl für Management und Innovation im Gesundheitswesen der Universität Witten/Herdecke promovierte er zum Einsatz von Social Media Mining im pharmazeutischen

Innovationsprozess. Seit 2023 ist er Business Development & Innovation Manager in einem internationalen Beratungsunternehmen.

Judith Kraushaar ist Research Manager für den Bereich Digital Health Engineering am Fraunhofer Institut für Experimentelles Software Engineering IESE und externe Doktorandin am Lehrstuhl für Management und Innovation im Gesundheitswesen der Universität Witten/Herdecke. Sie studierte Wirtschaftsingenieurwesen an der TU Berlin mit der Fachrichtung Gesundheitstechnik (M.Sc.) und ergänzte ihren Bildungsweg mit einem Bachelorstudium in Psychologie an der Fernuniversität Hagen.

Dr. Thea Kreyenschulte studierte Gerontologie und Politikwissenschaft an den Universitäten Vechta und Antwerpen und absolvierte den Master in Sozialwissenschaften an der Ruhr-Universität Bochum (M.A.). Als wissenschaftliche Mitarbeiterin im ATLAS-Projekt am Lehrstuhl für Management und Innovation im Gesundheitswesen der Universität Witten/Herdecke promovierte sie zu digitalen Gesundheitsangeboten für Patienten sowie Digitalisierung in der Krankenversicherung. Seit 2023 ist sie wissenschaftliche Mitarbeiterin am Institut für Versorgungsforschung des Landschaftsverbands Rheinland.

Dr. Katharina Loboiko studierte Wirtschaftswissenschaft und erwarb einen Master in Management an der Ruhr-Universität Bochum (M.Sc.). Im Rahmen ihrer Promotion an der Universität Witten/Herdecke forschte sie am Lehrstuhl für Management und Innovation im Gesundheitswesen zu Bedürfnissen pflegender Angehöriger. Seit 2021 ist sie im Team des ATLAS-Projekts Digitale Gesundheitswirtschaft.

Laura Melzer ist klinische Psychologin (M.Sc.). Im Rahmen des ATLAS Digitale Gesundheitswirtschaft am Lehrstuhl für Management und Innovation im Gesundheitswesen der Universität Witten/Herdecke forschte sie zum Einfluss des Mindsets auf die Bereitschaft für Innovation und Digitalisierung im Gesundheitswesen. Sie absolviert derzeit die Psychotherapieausbildung an der Ruhr-Universität Bochum.

Prof. Dr. Thomas Ostermann fokussierte sich nach Studien der Mathematik und Physik auf quantitative Methoden der Gesundheitsversorgungsforschung. Er ist Inhaber des Lehrstuhls für Forschungsmethoden und Statistik in der Psychologie an der Fakultät für Gesundheit und Leiter des Departments für Psychologie und Psychotherapie der Universität Witten/Herdecke.

Dr. Katharina Pilgrim war wissenschaftliche Mitarbeiterin und Projektmanagerin am Lehrstuhl für Management und Innovation der Universität Witten/Herdecke. Sie promovierte zu Gesundheitskommunikation in sozialen Medien und forschte als Postdoktorandin und Projektkoordinatorin im ATLAS-Projekt zu digitaler Transformation und Corporate Social Responsibility. Seit 2023 ist sie als Beraterin (Managerin) im Bereich Strategy & Business Transformation tätig.

Dr. Sarah C. Ronski ist Radiologin und Weiterbildungsassistentin in der Nuklearmedizin, zurzeit in Ludwigshafen am Rhein.

Dr. Gunnar Sachs studierte Rechtswissenschaft an der Universität Münster, der Université Paris X (Maître en droit) und der Universität Köln (Dr. iur.). Er ist seit 2006 als Rechtsanwalt bei Clifford Chance PartmbB tätig und dort Partner in der Industriegruppe Healthcare, Life Sciences & Chemicals. Parallel zu seiner anwaltlichen Tätigkeit hat er für zwei Jahre die Leitung der deutschen Rechtsabteilungen eines internationalen Biotechnologie- sowie eines US-amerikanischen Multichannel-Retail-Unternehmens übernommen.

Dr. Julia Sattelberger ist als wissenschaftliche Mitarbeiterin im ATLAS-Projekt am Lehrstuhl für Management und Innovation im Gesundheitswesen an der Universität Witten/Herdecke tätig; sie ist ferner Ärztin im Gemeinschaftskrankenhaus Herdecke in der Abteilung für Anästhesiologie und Intensivmedizin.

Lara Schmidt studierte Gesundheitsökonomie an der Universität Bayreuth (M.Sc.) und ist als wissenschaftliche Mitarbeiterin am Lehrstuhl für Management und Innovation im Gesundheitswesen der Fakultät für Wirtschaft und Gesellschaft der Universität Witten/Herdecke tätig. Sie forscht im Kontext von Planetary Health zum Beitrag von Krankenhäusern zum Klimaschutz.

Prof. Dr. Mathias Schreckenberger ist Direktor der Klinik und Poliklinik für Nuklearmedizin am Universitätsklinikum Mainz.

Timo Schulte ist Leiter des Bereichs Konzerncontrolling und Business Insights in der Märkischen Gesundheitsholding. Er ist ferner externer wissenschaftlicher Mitarbeiter und Doktorand am Lehrstuhl für Management und Innovation im Gesundheitswesen der Universität Witten/Herdecke und forscht zum Einsatz von Big Data Analytics in der integrierten Gesundheitsversorgung.

Prof. Dr. Dr. Tade Spranger ist apl. Professor an der Rechts- und Staatswissenschaftlichen Fakultät der Rheinischen Friedrich-Wilhelms-Universität Bonn und leitet dort das Centre for the Law of Life Sciences; er ist ferner Rechtsanwalt und Counsel bei Rittershaus Rechtsanwälte in Mannheim.

Prof. Dr. Christian Timmreck ist Professor für Entrepreneurship und Innovationsmanagement an der Hochschule Niederrhein. Zuvor war er Präsident der Hochschule für Gesundheit in Bochum und Dekan des Fachbereichs Gesundheitswesen der Hochschule Niederrhein. Er verfügt über mehr als 15 Jahre Berufserfahrung in der Strategie- bzw. Corporate-Finance-Beratung.

Dr. Maria Paula Valk-Draad ist wissenschaftliche Mitarbeiterin der Universität Witten/Herdecke. Als Doktorandin am Lehrstuhl für Management und Innovation im Gesundheitswesen der Fakultät für Wirtschaft und Gesellschaft forschte sie u. a. zum Einsatz von Telemedizin zur Vermeidung von Krankenhauseinweisungen aus dem Pflegeheim. Sie ist nun am Lehrstuhl für Community Health Nursing der Fakultät für Gesundheit der Universität Witten/Herdecke tätig.

Prof. Dr. Horst C. Vollmar studierte zunächst Medizin, später Public Health und erwarb einen Facharzt für Allgemeinmedizin. Am Fraunhofer Institut für System- und Innovationsforschung lernte er, die Methoden der Zukunftsforschung für Fragestellungen im Gesundheitswesen zu nutzen. Als Lehrstuhlinhaber leitet er die Abteilung für Allgemeinmedizin der Ruhr-Universität Bochum und ist Sprecher der AG Digital Health im Deutschen Netzwerk für Versorgungsforschung.

Dr. Michael Wenzel ist Rechtsanwalt bei Rittershaus Rechtsanwälte in Mannheim.

Prof. Dr. Claus Zippel promovierte an der Universität Witten/Herdecke zur Marktbeobachtung von Medizinprodukten. Anschließend war er mehrere Jahre am Deutschen Krebsforschungszentrum in Heidelberg tätig, bevor es ihn als Postdoktorand zurück an die Universität Witten/Herdecke zog. Seit 2021 ist er Professor für Betriebswirtschaftslehre und Management im Gesundheitswesen der Katholischen Hochschule Mainz.

Digitale Transformation in der Gesundheitswirtschaft

Sabine Bohnet-Joschko und Katharina Pilgrim

Die Gesundheitswirtschaft rückt als Wachstumsbranche auf Expansionskurs mit einem signifikanten Beitrag zum Bruttoinlandsprodukt in Deutschland nun auch bei Digitalisierungsfragen in den Fokus. Neben Gesundheitsorganisationen, die Dienstleistungen der ambulanten und stationären Versorgung in Medizin und Pflege anbieten, prägen hochinnovative Unternehmen der Pharmaindustrie und Medizintechnik die Branche. Dennoch schneidet die Gesundheitswirtschaft in Erhebungen zum Digitalisierungsgrad regelmäßig schlecht ab: Sowohl im Vergleich zu anderen Branchen wie auch im Vergleich zum Gesundheitswesen in anderen europäischen Ländern scheint die Entwicklung in Deutschland eher langsam zu verlaufen. Als Ursachen dafür werden u. a. die Regulierungen in einer föderalen Ordnung sowie die ausgeprägte Spezialisierung und Segmentierung der Versorgung im korporatistisch organisierten deutschen Gesundheitssystem benannt. Im Ergebnis bleiben Chancen zur Stärkung einer qualitativ hochwertigen Patientenversorgung, zur Steigerung von Effektivität und Effizienz in der Leistungserbringung und zur Entwicklung weiterer innovativer Produkte und Dienstleistungen teilweise ungenutzt.

Hier ansetzend widmet sich das Handbuch Digitale Gesundheitswirtschaft in Analysen und Fallbeispielen verschiedenen Produkt-, Prozess- und Geschäftsmodellinnovationen im Gesundheitswesen. Diese haben zum Teil bereits Einzug in die Versorgung gehalten, wie die digitale Patientenakte, oder stecken 2023 noch in den Kinderschuhen und möchten in Projekten und ersten Gründungsvorhaben nicht nur ihren Nutzen in der Versorgung unter Beweis stellen, sondern müssen auch auf Fragen der Akzeptanz, Interoperabilität

S. Bohnet-Joschko (✉) · K. Pilgrim
Universität Witten/Herdecke, Witten, Deutschland
E-Mail: sabine.bohnet-joschko@uni-wh.de; katharina.pilgrim@uni-wh.de

S. Bohnet-Joschko, K. Pilgrim (Hrsg.), *Handbuch Digitale Gesundheitswirtschaft*,
https://doi.org/10.1007/978-3-658-41781-9_1

und Kosteneffizienz Antworten finden. Die einzelnen Kapitel dieses Handbuchs greifen die zentralen Themen, Trends und Technologien, die im direkten Zusammenhang mit einer Transformation des deutschen Gesundheitswesens gesehen werden, auf. Da die digitale Transformation als Kernthema branchenübergreifend Unternehmen zum aktiven Handeln und teils Umdenken und Neulernen zwingt, ergeben sich auch grundsätzliche Fragen hinsichtlich einer strategischen und strukturellen Neuausrichtung. Aus gesundheitsökonomischer sowie Versorger- und Patientenperspektive liefern die einzelnen Kapitel Hintergründe, Relevanz und Aktualität mit relevanten Kennzahlen zu Versorgungsstrukturen, Patientenpopulationen oder Kosten. Für Gesundheitsprofessionen haben geplante bzw. eingeführte technische oder organisationale Innovationen eine besondere Bedeutung, daher werden ihre zukünftig veränderten Rollen wie auch Anforderungen an Qualifizierung durch Anpassung von Curricula, Fort- und Weiterbildung in mehreren Beiträgen aufgegriffen.

Das Handbuch ist in elf Rubriken organisiert. Jeder der 65 Beiträge wird durch eine zentrale Frage eingeleitet und diskutiert technologische Anforderungen, Chancen und Herausforderungen sowie praxisrelevante Hinweise anhand aktueller wissenschaftlicher Studien. Die Analysen und Fallbeispiele richten sich an Wissenschaft und Praxis, sie können jedoch ebenso für Patienten und Studierende hilfreich sein, um (Fach-)Wissen zu Bedarfen, Potentialen und teilweise komplexen Technologien strukturiert auszubauen und in der Diskussion um zukunftsorientierte Aus- und Weiterbildungsprogramme oder praxisorientierte Leitbilder in der Technologieentwicklung und -implementierung informierte Beiträge leisten und Entscheidungen treffen zu können. Unter den Rubriken **Digitalkompetenzen** sowie **Ethik und soziale Verantwortung** geht es um Fragen von übergeordneter Relevanz für sämtliche Sektoren des Gesundheitswesens, etwa zur Messung von E-Health-Literacy als Voraussetzung für die Entwicklung zielgruppengerechter digitaler Angebote oder zu Einstellungen gegenüber Robotik in der Gesundheitsversorgung.

Die Patientenperspektive gewinnt durch Digitalisierung auch im Behandlungspfad an Bedeutung. Experten sehen speziell in der Integration patientengenerierter gesundheitsbezogener Daten große Chancen für Diagnostik und Therapie, aber auch für die Forschung. Wie sich der traditionelle F&E-Prozess pharmazeutischer Unternehmen durch den Einsatz von Real World Data und Machine Learning Ansätzen zur Erkenntnisgewinnung disruptiv verändern kann, wird im dritten Teil dieses Handbuchs unter dem Titel **Forschung und Entwicklung** erörtert.

Entlang des Versorgungspfades werden aus den Bereichen **Prävention, Diagnostik, Therapie, Rehabilitation** und **Pflege** für Kostenträger, Patienten, stationäre sowie ambulante Leistungserbringer relevante Technologie sowie Innovationen zur Prozessoptimierung oder Behandlungsverbesserung verortet und kritisch diskutiert. Dabei liegt ein besonderes Augenmerk auf mobilen Applikationen, die Patienten dazu ermächtigen können, ihre Erkrankungen besser selbst zu überwachen und zu managen, aber auch die Kommunikation mit Versorgern verbessern oder als zusätzliche Quelle für personalisierte Gesundheitsdaten in KI-basierten Prädiktionsmodellen dazu beitragen können, die individuelle Gesundheit sowie die allgemeine Volksgesundheit zu verbessern.

Wie gut es in Deutschland gelingen wird, die Chancen der Digitalisierung im Gesundheitswesen zu nutzen, wird auch davon abhängen, ob die verschiedenen Akteure die Voraussetzungen für eine erfolgreiche Transformation schaffen. Die Trends sind dabei eindeutig: Das Gesundheitswesen der Zukunft ist kooperativ und vernetzt. Diese Entwicklung fordert von allen Beteiligten eine Stärkung der Kooperationsfähigkeit auch über Sektoren- und Versorgungsgrenzen hinweg.

Daher widmen wir uns in den Rubriken **Geschäftsmodelle, Datenschutz & Regulatorik** und **Kooperationen** übergeordneten Fragestellungen. Dazu gehören die Veränderungen durch strategische Partnerschaften im Gesundheitswesen, die eine Entstehung und Implementierung datenbasierter Erlösmodelle ermöglichen. Dabei geht es vor allem um neue Anbieter am Markt, darunter die großen Tech-Giganten wie Amazon und Google, aber auch um Start-ups im Gesundheitswesen. Da bestehende ebenso wie fehlende regulatorische Rahmenwerke auf dem Gebiet der Digitalisierung im Gesundheitswesen eine der großen Hürden der Transformation darstellen, widmen wir uns hier auch rechtlichen Herausforderungen auf dem Weg zum Medizinprodukt oder für stationäre Behandlungen bei räumlicher Trennung von Patient und Arzt. Politik und Selbstverwaltung können wesentliche Rahmenbedingungen für eine erfolgreiche digitale Transformation der Gesundheitswirtschaft setzen, indem sie mit hoher Priorität und Transparenz Vereinbarungen für die Interoperabilität von Systemen abschließen, Fehlanreize in Vergütungs- und Zugangsstrukturen abbauen und Strukturen für sektorübergreifende Behandlungspfade schaffen. Die Bedeutung von Datenschutz und Cybersicherheit ist hier stets mitzudenken.

Die digitale Transformation ist besonders eines: vielfältig. Das Handbuch Digitale Gesundheitswirtschaft kann daher nicht in Anspruch nehmen, die gesamte Bandbreite der Entwicklungen in diesem dynamischen Feld umfassend abzubilden. Die 65 Beiträge zu aktuellen Themen und Trends sind geeignet, einen Überblick der Entwicklungen zu geben und zur Orientierung unterschiedliche Arten, Einsatzbereiche und Rahmenbedingungen für Innovation und digitale Transformation aufzuzeigen. Deutlich wird, dass die großen Veränderungen nicht nur zu neuen Marktstrukturen führen können, sondern auch eine neue Qualität der Kooperation zwischen an der Gesundheitsversorgung direkt und indirekt Beteiligten erfordern.

Teil I

Digitalkompetenzen

eHealth Literacy: Einführung und Grundlagen

Thea Kreyenschulte

Digitale Gesundheitskompetenz (im Folgenden „eHealth Literacy") wird mit zunehmender Nutzung softwaregestützter Gesundheitsanwendungen immer stärker diskutiert [1]. Dabei existieren aktuell weder eine gültige Definition, noch eine klare Forschungsrichtung zu dieser Thematik. Und doch ist das Konzept der eHealth Literacy maßgebend, bereits in der Entwicklung digitaler Anwendungen des Gesundheitswesens, als auch in ihrer Anwendung durch Patienten, welche zwangsläufig eine unterschiedliche Ausprägung von Digitalkompetenzen aufweisen werden. Denn: Patienten als Nutzer digitaler Anwendungen der Gesundheitsversorgung müssen ebensolche suchen, finden, ihre Nutzung verstehen und etwaige Prämissen abwägen können [2, 3].

eHealth Literacy als Schlüssel zur adäquaten Technologieanwendung?

Digitale Medien, Technologien, Endgeräte sowie das Internet stellen inzwischen eine bedeutende Ressource zur Recherche von Gesundheitsinformationen dar [1]. Damit Patienten die diversen digitalen Angebote wirksam für ihr Gesundheitsmanagement nutzen können, müssen sie selbstsicher in der Technologienutzung sein [2]. Hierzu sind grundlegende Fähigkeiten zur Anwendung und Navigation ebenso notwendig wie die angemessene Auswahl und kritische Auseinandersetzung mit Informationen. eHealth

T. Kreyenschulte (✉)
Lehrstuhl für Management und Innovation im Gesundheitswesen, Fakultät für Wirtschaft und Gesellschaft, Universität Witten/Herdecke, Witten, Deutschland
E-Mail: thea.kreyenschulte@uni-wh.de

S. Bohnet-Joschko, K. Pilgrim (Hrsg.), *Handbuch Digitale Gesundheitswirtschaft*,
https://doi.org/10.1007/978-3-658-41781-9_2

Literacy wird somit als grundlegendes Konzept zum Verständnis und zur Unterstützung des Nutzungsverhaltens immer relevanter [1].

Je besser diese Fähigkeiten ausgeprägt sind, desto gezielter kann die Auswahl relevanter digitaler Angebote erfolgen. Dies bedeutet auch: Je genauer der Grad an eHealth Literacy gemessen werden kann, desto individueller und zielgruppengerechter können digitale Informationen und Angebote entwickelt und angepasst werden.

eHEALS: Ein Instrument zur Messung von eHealth Literacy

Ein Großteil der Forschung konzentrierte sich bisher auf Möglichkeiten der Messung von eHealth Literacy. Grundlage bildete meist die sogenannte eHEALS (eHealth Literacy Scale) [4]. Diese zielt darauf ab, anhand von acht Frageblöcken das spezifische Wissen, die empfundenen Fähigkeiten und die Sicherheit im Auffinden, Bewerten und Anwenden digitaler Gesundheitsinformation am Beispiel eines konkreten Gesundheitsproblems zu messen. Obwohl die 2006 von Norman und Skinner im Zuge der ersten Welle von eHealth-Anwendungen entwickelte Skala in der Forschung häufig als methodische Grundlage zitiert wird, ist das ihr zugrunde liegende Konzept u. a. mit dem Aufkommen von Social Media und aufgrund fehlender interaktionaler Aspekte inzwischen überholt und die Aussagekraft daher limitiert [3, 4].

Messinstrumente vielfach als Insellösungen entwickelt

Um anhand unterschiedlicher Facetten digitale Kompetenzen valide messen zu können, wird seit Jahren zur Entwicklung von Modellen für die Beschreibung von eHealth Literacy geforscht. Das bestehende eHEALS-Konzept wurde stetig erweitert und der Skala immer weitere Messfaktoren hinzugefügt. Beispiele hierfür sind transaktionale, kulturelle, kontextuelle oder institutionelle Faktoren [3].

Nach Ansicht von Griebel et al. (2018) liegt jedoch ein Problem darin, dass die von Forschergruppen entwickelten Instrumente derzeit überwiegend punktuell bestehen, ohne bereits entwickelte Ansätze zu nutzen oder existierende Skalen in Betracht zu ziehen. Der eigentliche Schritt in Richtung einer Verallgemeinerung und breiten Anwendung bleibt größtenteils aus. Aufgrund fehlender theoretischer Fundierung von Messkonzepten und somit mangelnder praktischer Anwendung bleiben mögliche Potenziale ungenutzt. Auch konzentriert sich die Forschung im Bereich der eHealth Literacy beinahe nur auf die Gruppe der Patienten und lässt viele weitere Zielgruppen außen vor. In diesem Zusammenhang stellt sich die Frage: Wie können Patienten, Leistungserbringer oder auch Entwickler digitaler Anwendungen von Forschungsergebnissen profitieren?

Interdisziplinäre Nutzung von Forschungsergebnissen nötig

Um Studien zur Messung von eHealth Literacy in die Anwendung überführen zu können, müssen Ergebnisse interpretierbar sein und auf dieser Basis Empfehlungen entwickelt werden. Derzeit ist (noch) kein Transferansatz oder eine ausreichend differenzierte Zielgruppe zu erkennen [3]. Forschungslücken, wie beispielsweise die Untersuchung der moderierenden Rolle von eHealth Literacy, müssen entsprechend erkannt werden, um das Konzept und die Messung der eHealth Literacy weiterzuentwickeln und die Anwendung digitaler Technologien zu fördern [5]. Dabei sollten auch die Kompetenzen von Fachpersonal des Gesundheitswesens in der Konzeption von Messinstrumenten Berücksichtigung finden, um einen Mehrwert zu generieren. Auf dieser Basis könnten bereits in der Entwicklung digitaler Gesundheitsanwendungen Erkenntnisse zur eHealth Literacy einfließen, um effiziente und sinnstiftende Innovationen anzubieten. Darüber hinaus kommen Gesundheitsfachpersonal verantwortungsvolle Aufgaben in der Berücksichtigung der eHealth Literacy von Patienten zu. Bei der Empfehlung und Anwendung digitaler Gesundheitsanwendungen muss die eHealth Literacy maßgeblich in Betracht gezogen werden, um adäquate digitale Versorgungsunterstützung bieten und nutzen zu können [1].

Nächste Aufgaben

Die Forschung zum relativ jungen Konzept der digitalen Gesundheitskompetenz – eHealth Literacy – kann durch Vereinheitlichung der Grundlagen und Bündelung der Einzelanstrengungen ihre Wirkung steigern. Der Überblicksartikel von Lee et al. (2021) zu Instrumenten der eHealth Literacy beschreibt die zukünftigen Herausforderungen:

1. Einigung auf eine einheitliche Definition von eHealth Literacy.
2. Entwicklung eines Goldstandards zur Integration bestehender Ansätze und zur Vermeidung von Inselprojekten.
3. Klärung der Erforderlichkeit durchgeführter Studien, des Theoriebezuges von Studienergebnissen und der Transfermöglichkeiten.
4. Übertragbarkeit auf eine Vielzahl an Nutzer-/Patientengruppen.
5. Integration unterschiedlicher Professionen und Forschungsgebiete zur Entwicklung einer fundierten Studienlage.
6. Hilfestellung für Entwickler digitaler Gesundheitsanwendungen zur Integration von Studienergebnissen in die Technologieentwicklung.

Literatur

1. Lee J, Lee EH, Chae D. eHealth Literacy Instruments: Systematic Review of Measurement Pro-
   perties. J Med Internet Res 2021; 23(11). https://doi.org/10.2196/30644
2. Brors G, Norman CD, Norekval TM. Accelerated importance of eHealth Literacy in the COVID-19
   outbreak and beyond. European Journal of Cardiovascular Nursing 2020; 19(6): 458–461. https://
   doi.org/10.1177/1474515120941307
3. Griebel L, Enwald H, Gilstad H, Pohl AL, Moreland J, Sedlmayr M. eHealth Literacy rese-
   arch-Quo vadis? Inform Health Soc Care. 2018; 43(4): 427–42. https://doi.org/10.1080/1753815
   7.2017.1364247
4. Norman CD, Skinner HA. eHEALS: The eHealth Literacy Scale. Journal of Medical Internet Research. 2006; 8(4). https://www.jmir.org/2006/4/e27/
5. Li X & Liu, Q. Social Media Use, eHealth Literacy, Disease Knowledge, and Preventive Behavi-
   ors in the COVID-19 Pandemic: Cross-Sectional Study on Chinese Netizens. Journal of Medical
   Internet Research 2020; 22(10). https://doi.org/10.2196/19684

Künstliche Intelligenz im Gesundheitswesen: Historische Entwicklung

Thomas Ostermann

Gesundheitssysteme weltweit erzeugen eine enorme Menge an Daten. Neben Krankenakten, Registern, Versicherern und Kennziffern aus dem öffentlichen Gesundheitswesen liefern auch klinischen Studien, Experimente aus biomedizinischer Forschung und vermehrt digitale Gesundheitsanwendungen eine umfassende Menge an zum Teil hochverdichteten und zueinander teilweise komplex in Beziehung stehenden Daten. Dabei ist das produzierte Datenvolumen rasant gestiegen. Während zu Beginn des 21. Jahrhunderts das jährliche Datenvolumen für digitale Speicherung einer deutschen Universitätsklinik auf 5 Terabyte pro Jahr geschätzt und für 2013 auf 10 Terabyte pro Jahr prognostiziert wurde [1], so hat sich diese Schätzung als deutlich zu gering herausgestellt: Mit Fortschreiten der Informationstechnologie (IT) hat das Datenvolumen exponentiell zugenommen. So nahm bereits die Sequenzierung eines einzigen Genoms der menschlichen DNA in 2013 etwa 100–150 Gigabyte ein. Entsprechend hat das Datenvolumen im Gesundheitswesen nach 2011 Schätzungen zufolge 150 Exabyte überschritten und liegt in 2020 bei etwa 20 Zettabytes (1021 Bytes) [2].

Vor diesem Hintergrund ist die aktuelle Entwicklung von Big-Data-Algorithmen, Machine-Learning-Anwendungen und künstlichen neuronalen Netzen nicht verwunderlich. Im Folgenden sollen neben einem kurzen geschichtlichen Abriss vor allem die Entwicklungslinien und die aktuellen Trends beleuchtet werden.

T. Ostermann (✉)
Lehrstuhl für Forschungsmethodik und Statistik in der Psychologie, Department für Psychologie und Psychotherapie, Fakultät für Gesundheit, Universität Witten/Herdecke, Witten, Deutschland
E-Mail: thomas.ostermann@uni-wh.de

S. Bohnet-Joschko, K. Pilgrim (Hrsg.), *Handbuch Digitale Gesundheitswirtschaft*, https://doi.org/10.1007/978-3-658-41781-9_3

Vom Holzkamm über die Lernmatrix zur Informatik

Der Beginn des Einsatzes künstlicher neuronaler Netze im Gesundheitswesen wird üblicherweise auf die zweite Hälfte des 20. Jahrhunderts datiert. Allerdings wurde das erste Konzept eines digitalen assoziativen Speichers bereits 1832 von Semen Korsakov, einem russischen Regierungsbeamten beschrieben, der „Maschinen für den Vergleich von philosophischen Ideen" erfand. Analog zu der Methode der Informationsspeicherung in Lochkarten war er der erste, der dieses Prinzip in der Patientenversorgung anwandte. Vor dem Hintergrund der damaligen Cholera-Epidemie entstand seine Idee des Homöoskops, mit dem es schnell und effizient gelang, für Patienten ein geeignetes (homöopathisches) Arzneimittel zu finden. Dazu wurde ein Holzkamm mit Kammnadeln an den Stellen der Patientensymptome über eine Holzplatte mit Lochbohrungen für die charakteristischen Symptome der Arzneimittel gezogen. An den Stellen wo der Kamm einrastete, gab es eine Übereinstimmung und ein Mittel war gefunden: Ein echter digitaler Speicher mit Auslesefunktion aus Holz [3].

Mit dem Aufkommen der ersten Computer entstanden dann im Zuge der Kybernetik-Forschung in den 1960er-Jahren erste künstliche neuronale Netze. Neben dem Perzeptron von Rosenblatt ist in Deutschland vor allem die „Lernmatrix" aus dem Jahr 1961 zu nennen, ein künstliches neuronales Netzwerk mit assoziativem Speicher, das von Karl Steinbuch entwickelt wurde, auf den im deutschen Sprachraum auch der Begriff der „Informatik" zurückzuführen ist [4]. Parallel wurden von der Arbeitsgruppe Kohonen erste selbstorganisierende Netze entwickelt (1972). Es folgten erste Ansätze mehrschichtiger neuronaler Netzwerte wie Widrows MADELINE (1979) oder Fukushimas Neocognitron (1979), einem hierarchischen mehrschichtigen künstlichen neuronalen Netz zur Erkennung handschriftlicher Zeichen [5, 6]. Im Bereich des Gesundheitswesens gab es mit MYCIN ein erstes KI-gestütztes, interaktives Computerprogramm, das die klinischen Entscheidungskriterien von Experten nutzte, um Ärzte bei der Auswahl einer geeigneten antimikrobiellen Therapie für Krankenhauspatienten mit bakteriellen Infektionen zu beraten [7]. In die gleiche Richtung zielte CASNET, ein erstes KI-gestütztes Beratungsprogramm für Diagnose und Therapie von Glaukomen [8].

Hype Cycle KI

Die Entdeckung der mehrschichtigen künstlichen neuronalen Netzwerte in den frühen 1960er-Jahren war ein elementarer Baustein für die Forschung in der KI. Mithilfe von zwei oder mehr Schichten im Perzeptron konnten die Forscher Modelle erstellen, die dem menschlichen Gehirn ähneln und ein größeres Verarbeitungspotenzial hatten als eine einzelne Schicht. Dementsprechend waren die Versprechungen der KI-Forscher hoch: bis zum Jahr 1980 sollte die künstliche Intelligenz die menschliche eingeholt und bis 2000 sogar übertroffen haben [9]. Schnell zeigte sich jedoch, dass die Erwartungen in den 1970er-Jahren deutlich zu hoch angesetzt waren und kurz darauf der „KI-Winter" einsetze

[10, 11]. Dies zeigte sich auch in der Rezeption in öffentlichen Medien, in denen ein Rückgang der KI-Diskussion seit den späten 1980er-Jahren mit einem Tiefststand in 1995 beobachtet wurde [12]. Erst nach der Jahrtausendwende gelang der künstlichen Intelligenz ein Comeback, das vor allem mit einem öffentlichkeitswirksamen Meilensteinen in Zusammenhang mit „Deep Learning" in Verbindung gebracht werden kann: 1996 gelang es dem von IBM entwickelten Schachcomputer „Deep Blue", den damals amtierenden Schachweltmeister Garri Kasparow in einer regulären Partie zu schlagen (Endstand nach 6 Partien: 4:2 für Kasparov). Ein Jahr später gewann Deep Blue gegen Kasparow das Rematch allerdings mit 3½ zu 2½ und sorgte damit für entsprechende Schlagzeilen: „With the prospect of combining the whole range of available AI methods, we can expect many new applications in such areas as molecular dynamics, financial risk assessment, and decision support" [13]. Und obwohl Deep Blue nach dem Match in seine Bestandteile zerlegt wurde, erlangte die KI-Forschung danach unter der Bezeichnung „Deep learning" wieder Aufwind und sorgte vor allem in der automatischen Spracherkennung für einen Innovationsschub [14]. In den darauffolgenden Jahren wurde Deep Learning vor allem für die Vorhersage biomolekularer Eigenschaften von Medikamenten eingesetzt [15].

Herausforderungen für die Gesundheitsversorgung von heute

Künstliche Intelligenz fügt sich heute nahtlos in den Alltag ein und wird beim Autofahren zum Vermeiden von Staus, in sozialen Medien bei der Suche nach Freunden, bei Kaufangeboten im Netz und der Auswahl von Nahrungsmitteln eingesetzt. Viele Aspekte der Gesellschaft und des Gesundheitswesens werden dadurch unmerklich aber dennoch signifikant beeinflusst. Hier gilt es, den daraus resultierenden Herausforderungen der Mensch-Maschine-Interaktion in sozialer, rechtlicher und ethischer Hinsicht zu begegnen. Im Gesundheitswesen bedeutet dies vor allem, die Chancen, die sich daraus ergeben, konsequent und verantwortungsvoll zu nutzen. Bereits 1966 formulierten Pirtkinen und Kenzelmann dies folgendermaßen: „Die Rechenmaschine ersetzt nicht den Arzt! Er muss wie bisher die Anamnese erheben und seinen Befund festlegen. Für die Diagnose erhält er dann eine Gedächtnisstütze, Entscheidungen werden ihm aber nicht abgenommen! Die Technik verdummt den Arzt nicht, sondern vergrößert sein Wissen durch den Zwang, sich mit einer größeren Zahl von Möglichkeiten in der Diagnostik – auch in der der Arzneimittel – auseinanderzusetzen" [16].

Für die Praxis ist die Frage der Ausbildung von Health Care Professionals in der Arbeit mit solchen Systemen daher von signifikanter Bedeutung. Nur durch den professionellen Umgang mit entsprechenden Systemen kann sowohl der Furcht vor einer digitalen Entmündigung begegnet als auch einer zu starken Regulatorik entsprechender Verfahren vorgebeugt werden.

Dementsprechend wird in [10] festgehalten: „Instead of trying to regulate AI itself, the best way … is probably to develop commonly accepted requirements regarding the training and testing of AI algorithms, possibly in combination with some form of warranty, similar to consumer and safety testing protocols used for physical products."

Regulatorische und ethische Fragestellungen in der Anwendung von KI im Gesundheitswesen sind daher tatsächlich eine der größten Herausforderungen, im Sinne einer
weiterhin personenzentrierten Gesundheitsversorgung.

Literatur

1. Haux R, Ammenwerth E, Herzog W, Knaup P. Health care in the information society. A progno-
   sis for the year 2013. International journal of medical informatics 2002; 66(1–3): 3–21.
2. Hong L, Luo M, Wang R, Lu P, Lu W, Lu L. Big data in health care: Applications and challenges.
   Data and information management 2018; 2(3): 175–197.
3. Ostermann T. Psychological Perspectives and Challenges towards Information Technology and
   Digital Health Interventions. Proceedings of the 14th International Joint Conference on Biomedical Engineering Systems and Technologies (HEALTHINF) 2021; 5: 7–12.
4. Hilberg W. Karl Steinbuch, ein zu Unrecht vergessener Pionier der künstlichen neuronalen Systeme. Frequenz 1995; 49(1–2): 28–36.
5. Shahid N, Rappon T, Berta W. Applications of artificial neural networks in health care organizational decision-making: A scoping review. PloS one 2019; 14(2): e0212356.
6. Kaul V, Enslin S, Gross SA. History of artificial intelligence in medicine. Gastrointestinal endoscopy 2020; 92(4): 807–812.
7. Shortliffe EH, Davis R, Axline SG, et al. Computer-based consultations in clinical therapeutics:
   explanation and rule acquisition capabilities of the MYCIN system. Comput Biomed Res 1975;
   8:303–20.
8. Weiss S, Kulikowski CA, Safir A. Glaucoma consultation by computer. Computers in Biology
   and Medicine 1978; 8(1): 25–40.
9. Negnevitsky M. The History of Artificial Intelligence or From The "Dark Ages" to the knowledge-
   based systems. WIT Transactions on Information and Communication Technologies 1997; 19.
10. Haenlein M, Kaplan A. A brief history of artificial intelligence: On the past, present, and future
    of artificial intelligence. California management review 2019; 61(4): 5–14.
11. Hendler J. Avoiding another AI winter. IEEE Intelligent Systems 2008; 23(02): 2–4.
12. Fast E, Horvitz E. Long-term trends in the public perception of artificial intelligence. In Procee-
    dings of the AAAI conference on artificial intelligence 2017; 31(1): 963–969.
13. Seirawan Y, Simon HA, Munakata T. The implications of Kasparov vs. Deep Blue. Communica-
    tions of the ACM 1997; 40(8): 21–25.
14. Kamath U, Liu J, Whitaker J. Deep learning for NLP and speech recognition (Vol. 84). Cham,
    Switzerland: Springer, 2019.
15. Dana D, Gadhiya SV, St. Surin, LG, Li D, Naaz F, Ali Q, et al. Deep learning in drug discovery
    and medicine; scratching the surface. Molecules 2018; 23(9): 2384.
16. Pirtkien R, Kenzelmann E: Die Arzneifindung in der Homöotherapie mit Hilfe eines Computers,
    AHZ 1966; 211(2): 62–69.

Stellenwert von Digital Literacy in der medizinischen Aus-, Fort- und Weiterbildung

Jan P. Ehlers

Während 2019 weniger als 3000 Ärzte-Patienten-Gespräche telemedizinisch durchgeführt wurden, hat sich 2020 die Zahl, getrieben durch die COVID-19-Pandemie, auf 2,7 Mio. erhöht [1]. Auch der Download von Gesundheits-Apps hat sich in diesem Zeitraum nahezu verdoppelt. Während in Deutschland die digitale Transformation des Gesundheitswesens also an Fahrt gewinnt, zeigt sich, dass die Entwickler von digitalen Lösungen nicht mehr nur aus dem etablierten Gesundheitsbereich kommen, sondern vornehmlich US-amerikanische Start-ups und Technologiekonzerne sind [2]. Damit die Patienten in Deutschland an einem modernen Gesundheitssystem teilhaben können, müssen sie in die Lage versetzt werden, sich in der „digitalisierten Welt" zurechtzufinden. Erste Ansprechpartner werden die Akteure im Gesundheitswesen, insbesondere die Ärztinnen und Ärzte sein. Um dieser neuen Aufgabe gerecht werden zu können, ist es essenziell, dass sie die entsprechenden Kompetenzen (digital literacy, ehealth literacy) selbst erlangen.

Digitalkompetenzen als Bildungsaufgabe

In einer Befragung [3] von ca. 1300 Ärzten befürworteten knapp zwei Drittel die Möglichkeit, digitale Gesundheitsanwendungen (DiGA) verschreiben zu können, während nur ein Drittel den Einsatz wirklich plant. Als stärkstes Hemmnis wurde hier das mangelhafte Wissen und unzureichende Informationen über DiGA und digitale Möglichkeiten im Gesundheitswesen genannt. In einer qualitativen Befragung von Experten aus dem

J. P. Ehlers (✉)
Lehrstuhl für Didaktik und Bildungsforschung im Gesundheitswesen, Department Humanmedizin, Fakultät für Gesundheit, Universität Witten/Herdecke, Witten, Deutschland
E-Mail: jan.ehlers@uni-wh.de

S. Bohnet-Joschko, K. Pilgrim (Hrsg.), *Handbuch Digitale Gesundheitswirtschaft*, https://doi.org/10.1007/978-3-658-41781-9_4

15

Gesundheitswesen [4] wurde genau diese Wissensvermittlung als wichtigster Schritt für den Einsatz digitaler Lösungen im Gesundheitswesen herausgearbeitet. Gerade niedergelassene Ärzte und ihre Teams werden hier als wichtigste Gruppe gesehen, um Patienten den Zugang zu einem digitalisierten Gesundheitssystem zu ermöglichen.

Die EU beschreibt in ihrem „Digital Competence Framework – DigComp 2.0" [5] insgesamt 21 notwendige Kompetenzen für alle Bürger, um die gesellschaftliche Teilhabe an der modernen Welt zu gewährleisten. Diese teilen sich in die fünf Kompetenzbereich „Informations- und Datenkompetenz", „Kommunikation und Zusammenarbeit", „Erstellung digitaler Inhalte", „Sicherheit" und „Problemlösen" ein. Die Anwendung dieser Kompetenzen im Gesundheitsbereich wird als „Digital Health Literacy" oder „E-Health Literacy" bezeichnet. Eine Übersichtsarbeit [6] zeigt, dass sich die aktuelle technologische Entwicklung nicht an den Kompetenzen der Patienten orientiert. Die Patienten müssen sich selbst den neuen Möglichkeiten anpassen.

Allen Bürger die dazu erforderlichen Digitalkompetenzen zu vermitteln, wird eine der großen Bildungsaufgaben der nächsten Jahre werden. Umso wichtiger ist es schon jetzt, dass die Akteure im Gesundheitswesen durch Aus-, Fort- und Weiterbildung ermächtigt werden, den Patienten im Bereich der Digitalisierung zur Seite zu stehen. Dafür müssen die entsprechenden Möglichkeiten und Ressourcen geschaffen werden.

Digitalisiertes Medizinstudium: Quo vadis?

In einigen Bereichen Deutschlands macht sich bereits ein Versorgungsmangel im Gesundheitswesen bemerkbar, der sich durch den demografischen Wandel weiter verstärken wird. Die fortschreitende Digitalisierung kann hier unterstützend wirksam werden. Auch in der aktuell größten Herausforderung der Gesellschaft, der Begegnung der Klimakrise, ist der umsichtige Einsatz digitaler Lösungen notwendig [7].

Getrieben durch die COVID-19-Pandemie wurden viele digitale Lösungen zum Lehren und Lernen im Medizinstudium etabliert, die auch nach der Pandemie weiter eingesetzt werden [8]. Die Integration von digitalen Lösungen zur medizinischen Versorgung in das Medizinstudium finden sich zurzeit vornehmlich in Pilotprojekten. In einer Übersichtsarbeit [9] wurden für Deutschland 25 solcher Projekte gefunden und beschrieben. Hier zeigen sich große Unterschiede in der Zahl der Teilnehmenden, der Lokalisierung im Pflicht- oder Wahlbereich sowie in der Themenwahl. Deutlich wird aber die große Nachfrage der Medizinstudierenden. An der Universität Witten/Herdecke wird seit 2016 eine interprofessionelle Ringvorlesung zu „Digital Medicine" angeboten, deren Teilnehmendenzahl in wenigen Semestern von 17 auf weit über 350 anstieg [10].

Durch die vielen Projekte liegen ausreichend Erfahrungen vor, um die digitale Transformation des Gesundheitswesens auch in das Pflichtcurriculum des Medizinstudiums aufzunehmen und die Digitalkompetenzen der zukünftigen Ärzte zu stärken.

Herausforderungen bleiben in der Umsetzung

Da die Vermittlung von Digitalkompetenzen bisher weder in der Approbationsordnung für Ärzte noch im Nationalen Kompetenzbasierten Lernzielkatalog Medizin (NKLM) vorgesehen ist, hat sie in einigen medizinischen Fakultäten auch noch keine Umsetzungen im Curriculum gefunden [11]. In der neuen Version des NKLM wird sich dies allerdings ändern, sodass Digitalkompetenzen Einzug in das Pflichtcurriculum finden werden, da sich die neue Approbationsordnung explizit auf den NKLM beziehen wird.

Die Vermittlung von Digitalkompetenzen wird ein Querschnittthema durch alle medizinischen Disziplinen sein müssen. Und trotzdem stellt sich die Frage, wer die Treibenden dieses Themas sein werden. Einerseits wird es wichtig sein, durch Fortbildungsmaßnahmen allen Ärzten die Möglichkeit zu geben, sich die notwendigen Kompetenzen anzueignen. Andererseits wird sich auch die ärztliche Weiterbildung dieses Themas annehmen müssen. Ob dazu eine eigene fachärztliche Weiterbildung – vergleichbar mit der Weiterbildung in der Tiermedizin „Fachtierärzt:in für Informatik und Dokumentation" – erforderlich ist, wird zurzeit noch diskutiert. Wichtig ist, dass sich Verantwortliche finden, die sich des Themas annehmen und es weiterentwickeln.

Da es sich hier um ein Thema handelt, dass eben nicht nur Ärzte, sondern alle am Gesundheitswesen und der Technologieentwicklung Beteiligten betrifft, erscheint es wichtig, ein interprofessionelles Vorgehen zu entwickeln, das auch ein gemeinsames Verständnis, eine gemeinsame Nomenklatur und Schnittstellenkompetenzen berücksichtigt. Nur so kann gewährleistet werden, dass die Weiterentwicklung der Digitalisierung vor allem dem Nutzen der Patienten dient und nicht allein technologisch getrieben ist.

Mit interprofessionellem Handlungsoptimismus gestalten

Die Digitalisierung des Gesundheitswesens eröffnet viele neue Möglichkeiten, den Herausforderungen in der Versorgung zu begegnen. Dafür sollte ein Handlungsoptimismus vorherrschen und einer möglichen Zukunftsangst begegnen. Damit alle Patienten gut begleitet an einem digitalisierten Gesundheitssystem teilhaben können und ihre Bedürfnisse berücksichtig werden, müssen die Akteure die Digitalisierung verstehen und gestalten können. Dafür müssen Digitalkompetenzen möglichst interprofessionell bereits im Studium vermittelt werden. Fort- und Weiterbildung müssen ein lebenslanges Lernen in diesem sehr volatilen Bereich sicherstellen.

Gemeinsam müssen alle Akteure im Gesundheitswesen daran arbeiten, dass der Nutzen eines digitalen Gesundheitssystems allen Bürgern zugutekommt und niemand abgehängt oder ausgeschlossen wird.

Literatur

1. MESSAL H, RICHTER L, SILBERZAHN T (2021): Digitales Angebot und Nachfrage bei Gesundheitseinrichtungen. In: McKINSEY & COMPANY, RICHTER L und SILBERZAHN T (Hrsg.): eHealth Monitor 2021 – Deutschlands Weg in die digitale Gesundheitsversorgung – Status quo und Perspektive. MWV, Berlin
2. HERRMANN M, BÖHME P, MONDRITZKI T, EHLERS JP, KAVADIAS S, TRÜBEL H (2018): Digital Transformation and Disruption of the Health Care Sector: Internet-Based Observational Study. J Med Internet Res 2018;20(3):e104 https://doi.org/10.2196/jmir.9498
3. DAHLHAUSEN F, ZINNER M, BIESKE L, EHLERS JP, BOEHME P, FEHRING L (2021): Physicians' Attitudes Toward Prescribable mHealth Apps and Implications for Adoption in Germany: Mixed Methods Study. JMIR Mhealth Uhealth 2021;9(11):e33012. https://doi.org/10.2196/33012
4. DAHLHAUSEN F, ZINNER M, BIESKE L, EHLERS JP, BOEHME P, FEHRING L (2022): There's an app for that, but nobody's using it: Insights on improving patient access and adherence to digital therapeutics in Germany. Digital Health 8, 1–12. https://doi.org/10.1177/20552076221104672
5. VUORIKARI R, PUNIE Y, CARRETERO GOMEZ S and VAN DEN BRANDE G (2016): DigComp 2.0: The Digital Competence Framework for Citizens. Update Phase 1: the Conceptual Reference Model. EUR 27948 EN. Luxembourg (Luxembourg): Publications Office of the European Union; 2016. JRC101254. https://doi.org/10.2791/607218
6. GEUKES C, STARK AL, DOCKWEILER C (2022): eHealth Literacy als Grundlage zur Entwicklung digitaler Technologien in der Gesundheitsförderung und Prävention? Eine systematische Übersicht der Literatur. Präv Gesundheitsf 17, 163–169. https://doi.org/10.1007/s11553-021-00858-5
7. PUROHIT A, SMITH J, HIBBLE A (2021): Does telemedicine reduce the carbon footprint of healthcare? A systematic review. Future Healthcare Journal 8/1, e85–91, https://doi.org/10.7861/fhj.2020-0080
8. HARENDZA S (2021): The "new" normal. GMS J Med Educ 38/2, Doc48. https://doi.org/10.3205/zma001444
9. AULENKAMP J, MIKUTEIT M, LÖFFLER T, SCHMIDT J (2021): Overview of digital health teaching courses in medical education in Germany in 2020. GMS J Med Educ 38/4, Doc80. https://doi.org/10.3205/zma001476
10. EHLERS JP, HERRMANN M, MONDRITZKI T, TRUEBEL H, BOEHME P (2019): Digital transformation of medicine – experiences with a course to prepare students to seize opportunities and minimize risks. GMS Med Inform Biom Epidemiol. 15(1):Doc06. https://doi.org/10.3205/mibe000200
11. NEUMANN M, FEHRING L, TRUEBEL H, DAHLHAUSEN F, EHLERS JP, MONDRITZKI T, BOEHME P (2021): Perspective of German medical faculties on digitization in the healthcare sector and its influence on the curriculum. GMS J Med Educ 36/1, Doc 124. https://doi.org/10.3205/zma001520

Die Rolle von Suchmaschinen beim Patienten-Empowerment

Lisa Korte

Kopfschmerzen? Müdigkeit? Hautveränderungen? – Instinktiv werden heutzutage diverse Symptome in Eigenregie online recherchiert. Das Internet ist zu unserem ständigen Begleiter geworden, PC und Smartphone sind im Alltag nicht mehr wegzudenken: 2021 nutzten 94 % der Gesamtbevölkerung in Deutschland das Internet – ein Anstieg von fast 20 % in den letzten 10 Jahren [1]. 68 % aller Nutzer suchen im Internet nach Gesundheitsthemen – z. B. zu Erkrankungen und deren Behandlung [2]. Aufgrund der vielfachen Nutzung für die Recherche wird die Google-Suchmaschine, Marktführer in Deutschland, auch als „Dr. Google" bezeichnet. Sowohl vor als auch nach einem Arztbesuch kann eine solche Suche Folgen für die Arzt-Patienten-Beziehung haben. Welche konkrete Wirkung können Gesundheitsinformationen aus dem Internet auf die Beziehung zum Arzt und das Vertrauen des Patienten haben?

Datendschungel Internet

Gegen Google scheinen andere Suchmaschinen wie Bing oder Yahoo klein: Der Marktanteil von Google betrug in Deutschland im Januar 2022 bei der Desktop-Suche 80 %, bei der mobilen Suche sogar rund 88 %. Ähnliche Zahlen betreffen den Marktanteil weltweit [3]. Täglich gibt es 3.500.000 Suchanfragen über Google. 2020 war beispielsweise Corona der am meiste gesuchte Begriff, der auch aktuell noch häufig gegoogelt wird. Die Suchmaschine wird zum Synonym für die allgemeine Internetrecherche [4, 5]. Große

L. Korte (✉)
Lehrstuhl für Management und Innovation im Gesundheitswesen, Fakultät für Wirtschaft und Gesellschaft, Universität Witten/Herdecke, Witten, Deutschland
E-Mail: lisa.korte@uni-wh.de

© Der/die Autor(en), exklusiv lizenziert an Springer Fachmedien Wiesbaden GmbH, ein Teil von Springer Nature 2023
S. Bohnet-Joschko, K. Pilgrim (Hrsg.), *Handbuch Digitale Gesundheitswirtschaft*,
https://doi.org/10.1007/978-3-658-41781-9_5

Player auf dem Markt der Online-Gesundheitsportale sind Apotheken-Umschau, NetDoktor und Wikipedia, sie weisen die höchsten Nutzungszahlen und Platzierungen in Suchmaschinen auf. Die beiden ersten Portale sind werbefinanziert und zeigen das Umsatzpotenzial des internetbasierten Gesundheitsinformationsmarktes. Die Besucherzahlen von NetDoktor (unique user) liegen aktuell bei einer Million pro Monat [6]. Das Internet lädt mit diesen Portalen zur Recherche ein, es bietet eine nahezu unbegrenzte Datenmenge, in der einfach und schnell Informationen abrufbar sind [7, 8].

Kollege Dr. Google

Zwei Drittel aller Patienten nutzen das Internet als Vorbereitung auf ein Arztgespräch [9]. Dr. Google kann aber ebenso nach einem Arztbesuch eine zweite Meinung liefern oder sogar stellvertretend für die Arztpraxis wirken [7, 8]. Die digitale Transformation und eine zunehmende Eigenverantwortung der Patienten stärken die Nutzung der Google-Suchmaschine und damit die Relevanz des Internets für den ärztlichen Arbeitsalltag. Eigenrecherchen können sich auf die Arzt-Patienten-Beziehung auswirken und damit auch auf medizinische Entscheidungen. Das Internet kann die Beziehung stützen, wenn Google und Arzt einer Meinung sind. Daher sollte die Online-Recherche des Patienten Beachtung bei den Ärzten finden [7]. Viele Patienten gehen nach einer Internetsuche noch zum Arzt und vertrauen diesem in der Regel mehr. Ärzte selbst sehen in einer Internetrecherche durch den Patienten Vorteile für die Arzt-Patienten-Beziehung [9–11]: Die Patienten sind gut vorbereitet und informiert [9]. Dies kann das Gespräch erleichtern und zeitsparend sein [11]. Unterstützende Informationen aus dem Internet sorgen für Vertrauen, können die Diagnose des Arztes festigen und von Vorteil für den Behandlungsprozess eines Patienten sein – vorausgesetzt, der Arzt liegt richtig [8].

Schattenseite von Dr. Google

Allerdings kann Dr. Google ebenso für Misstrauen gegenüber dem Arzt sorgen, wenn die Informationen aus dem Internet nicht in Einklang mit seiner Meinung stehen. In diesem Falle behindert Google den Arzt und seine Behandlungspläne und kann sich womöglich negativ auf die Gesundheit des Patienten auswirken [8]. Viel naheliegender als Zweifel an der Diagnose des Arztes sind jedoch Zweifel an Gesundheitsinformationen aus dem Internet. Diese sind häufig unvollständig und unzuverlässig [7]. Werbefinanzierte Portale haben einen größeren Anreiz, in der Suche oben auf der Seite zu erscheinen: Höhere Besucherzahlen bedeuten eine höhere Vergütung durch eingebundene Werbebanner. Vertrauenswürdigkeit ist nicht zwangsläufig vorhanden – Ärzte sollten ihren Patienten dies bewusstmachen. Häufig hinterfragen Patienten Informationen aus dem Internet aufgrund einer mangelnden Gesundheitskompetenz nicht. Die Inhalte können einen negativen Einfluss auf medizinische Entscheidungen haben [7, 8], z. B. in Form von falscher Selbstmedikation oder wenn Patienten zu spät zum Arzt gehen, weil Google ihre Symptome nicht mit einer ernsten Erkrankung in Verbindung gebracht hat [10]. Weiterhin erschwert die enorme und ständig wachsende Menge an Daten für Patienten die Einschätzung der Qualität [2].

Die moderne Arzt-Patienten-Beziehung

Das Internet hat ohne Zweifel einen Einfluss auf Patienten, auf ihr Vertrauen und ihre Beziehung zum Arzt. Dieser Einfluss kann positiv sein, wenn Ärzte sich selbst mit den Gesundheitsinformationen im Internet auseinandersetzen. Sie sollten sich der Nutzung des Internets bei Gesundheitsfragen durch ihre Patienten bewusst sein und die gefundenen Informationen mit ihnen diskutieren [7]. Eine gemeinsame Entscheidung kann nur erfolgen, wenn Ärzte die Veränderung der Arzt-Patienten-Beziehung [11] als positiv betrachten: Sie können die Eigenrecherche des Patienten erfragen und in die Anamnese aufnehmen. Dr. Google kann als Assistenz in der Entscheidungsfindung dienen [7] und mit seiner einfachen Sprache beim Patienten zu einem besseren Verständnis führen [12]. Ärzte können ihre Patienten ermutigen, Fragen zu stellen [7] und im nächsten Schritt zuverlässige Internetquellen empfehlen [8]. Letztere sollten sprachlich angepasst sein, damit Laien sie verstehen [11]. Die Kommunikation mit dem Patienten sollte bereits in der Ausbildung eine besondere Rolle spielen [9], denn nur bei gegenseitigem Verständnis wächst das Vertrauen in den Arzt.

Literatur

1. Statistisches Bundesamt (destatis). Internetnutzer/-innen und Online-Einkäufer/-innen 2021 nach Alter und Geschlecht. 2022. Verfügbar unter: https://www.destatis.de/DE/Themen/ Gesellschaft-Umwelt/Einkommen-Konsum-Lebensbedingungen/IT-Nutzung/Tabellen/nutzung-internet-onlinekaeufe-geschlecht-alter-mz-ikt.html (Letzter Zugriff am 10.10.2022)
2. Hambrock U. Die Suche nach Gesundheitsinformationen. Patientenperspektiven und Marktüberblick. Bertelsmann Stiftung; 2018. https://doi.org/10.11586/2017053
3. Statista. Marktanteile der Suchmaschinen weltweit nach mobiler und stationärer Nutzung im Januar 2022. 2022. Verfügbar unter: https://de.statista.com/statistik/daten/studie/222849/umfrage/ marktanteile-der-suchmaschinen-weltweit/ (Letzter Zugriff am 10.10.2022)
4. Computerbild Digital GmbH. Google: Nutzerzahlen des Internetriesen im Überblick 2019. Verfügbar unter: https://www.computerbild.de/artikel/cb-Tipps-Internet-Google-Nutzerzahlen-des-Internetriesen-im-ueberblick-31527957.html (Letzter Zugriff am: 07.10.2022)
5. Google Trends. Interesse im zeitlichen Verlauf 2020. Verfügbar unter: https://trends.google.de/ trends/explore?q=corona&geo=DE (Letzter Zugriff am 07.10.2022).
6. pressetext Nachrichtenagentur GmbH. NetDoktor.com: Eine Million Besucher pro Monat. 2022. Verfügbar unter: https://www.pressetext.com/news/netdoktorcom-eine-million-besucher-pro-monat.html (Letzter Zugriff am 18.10.2022)
7. Stukus DR. How Dr Google Is Impacting Parental Medical Decision Making. Immunol Allergy Clin North Am. 2019;39(4):583–91. https://doi.org/10.1016/j.iac.2019.07.011

8. Sood N, Jimenez DE, Pham TB, Cordrey K, Awadalla N, Milanaik R. Paging Dr. Google: The Effect of Online Health Information on Trust in Pediatricians' Diagnoses. Clin Pediatr (Phila). 2019;58(8):889–96. https://doi.org/10.1177/0009922819845163

9. Van Riel N, Auwerx K, Debbaut P, Van Hees S, Schoenmakers B. The effect of Dr Google on doctor-patient encounters in primary care: a quantitative, observational, cross-sectional study. BJGP Open. 2017;1(2):1–10. https://doi.org/10.3399/bjgpopen17X100833

10. Mota L, Ferreira CCG, Costa Neto H, Falbo AR, Lorena SB. Is doctor-patient relationship influenced by health online information? Rev Assoc Med Bras (1992). 2018;64(8):692–9. https://doi.org/10.1590/1806-9282.64.08.692

11. Tan SS, Goonawardene N. Internet Health Information Seeking and the Patient-Physician Relationship: A Systematic Review. J Med Internet Res. 2017;19(1):e9. https://doi.org/10.2196/jmir.5729

12. Rosenbaum P. Dr Google versus the health practitioner: can we still deliver? Dev Med Child Neurol. 2018;60(6):530. https://doi.org/10.1111/dmcn.13710

Akzeptanz von Robotik in der Pflege

Lisa Korte

Angesichts der demografischen Entwicklung und eines drohenden Fachkräftemangels steht die Pflege vor großen Herausforderungen [1]. Mögliche Lösungsansätze finden sich im Einsatz von Robotik als einem Feld der digitalen Transformation in Gesundheit und Pflege. Es wird jedoch angenommen, dass der Einsatz von Pflegerobotern insbesondere bei älteren Menschen Ängste auslösen kann [2]. Um möglichst nutzenbringende robotische Anwendungen für die Pflege entwickeln zu können, ist es daher sinnvoll, zu untersuchen, wie die Einstellung und Akzeptanz unterschiedlicher Bevölkerungsgruppen und hier besonders der älteren und potenziell pflegebedürftigen Menschen gegenüber Robotern ist [3]. Dies hat die im Folgenden vorgestellte Studie von Backonja et al. (2018) thematisiert [4].

Pflegenotstand – Roboter als Pflegefachkraft?

Die deutsche Bevölkerung altert rapide. Jede zweite Person ist heute älter als 45 Jahre und jede fünfte hat ein Alter von 67 Jahren oder älter. Bis 2039 wird ein weiterer Anstieg der über 67-Jährigen um bis zu sechs Millionen auf mindestens 21 Mio. erwartet [5]. Hiermit einhergehend ist auch ein Anstieg Pflegebedürftiger. Folglich wird es immer schwieriger, den Pflegebedarf zu decken. Dies wird durch den drohenden Fachkräftemangel in der Pflege verstärkt [6]. Roboter können Pflegefachkräfte in ihrer Arbeit unterstützen, beispielsweise bei der Verabreichung von Medikamenten und in Form von Hebe- und

L. Korte (✉)
Lehrstuhl für Management und Innovation im Gesundheitswesen, Fakultät für Wirtschaft und Gesellschaft, Universität Witten/Herdecke, Witten, Deutschland
E-Mail: lisa.korte@uni-wh.de

Tragehilfen. Das Potenzial zur Entlastung von Pflegefachkräften hängt jedoch wesentlich davon ab, wie erwünscht der Einsatz und wie die Akzeptanz von Pflegerobotern bei den Pflegebedürftigen in der Praxis sind [3].

Kein Erfolg ohne Nutzerakzeptanz

Um die Vorteile von Robotik im Gesundheitswesen allgemein und in der Pflege im Speziellen bestmöglich nutzen zu können, ist es zunächst wichtig, die grundsätzliche Einstellung der Nutzer gegenüber dem Einsatz von Robotern zu verstehen. Mit Blick auf die Pflege stellt sich unter anderem die Frage, ob ältere Menschen den Einsatz von Robotern tendenziell weniger akzeptieren als junge Menschen, z. B. weil sie im Allgemeinen nicht so technikaffin sind. Backonja et al. (2018) haben in einer Querschnittstudie die Einstellung von Menschen zum Einsatz von Robotern untersucht. Hierzu befragten die Autoren in einer amerikanischen Stadt insgesamt 499 Passanten, die per Zufallsstichprobe aus den drei Altersgruppen jung (18–44 Jahre), mittelalt (45–64 Jahre) und alt (65–98 Jahre) ausgewählt wurden [4].

Die methodische Grundlage für die Befragung bildeten die sog. „Negative Attitudes Towards Robots Scale (NARS)" und der European Commission's Autonomous System 2015 Report. Schwerpunkte der Befragung waren die Einstellung der Nutzer gegenüber Robotik sowie die soziale Wirkung und die Akzeptanz von Robotik. Bei der Datenauswertung wurde analysiert, inwiefern demografische Faktoren diese Aspekte beeinflussen [4].

Robotereinsatz – ja oder nein?

Im Ergebnis waren die Studienteilnehmer überwiegend der Ansicht, dass der Einsatz von Robotern Chancen bietet. So können diese z. B. gefährliche Aufgaben übernehmen. Hinsichtlich des Einflusses von Robotern auf Arbeitsplätze und zum Einsatz in OPs zeigten sich die Teilnehmer vornehmlich neutral. Negative Gefühle äußerten sie bei der Vorstellung, dass Roboter sich unmittelbar um ihre Nächsten kümmern, hier etwa alte Menschen und Kinder, oder den Hund spazieren führen [4]. Weiterhin fanden die Befragten es beunruhigend, wenn Roboter Emotionen zeigen, wobei die Mehrzahl ein Gespräch mit einem Roboter als neutral empfindet. Im Gegensatz zu jungen Menschen waren die mittelalten und älteren Befragten gegenüber der Nutzung von Robotern tendenziell etwas ängstlicher. Die mittels NARS erfasste Einstellung gegenüber Robotern war allgemein mit Webzugang, Selbstsicherheit in der Techniknutzung und Geschlecht assoziiert. Keine Rolle spielten dagegen subjektive Gesundheit, Nationalität, Bildung und Anzahl der Technologien im Haus [4].

Alt gleich skeptisch?

Die Studie von Backonja et al. (2018) hat gezeigt, dass es zwischen den Altersgruppen bei den meisten betrachteten Kriterien keine signifikanten Befragungsunterschiede gibt; sowohl die soziale Wirkung und die Akzeptanz von Robotik als auch die mittels NARS erfragten Einstellungen waren überwiegend altersunabhängig. Alte Menschen akzeptieren Robotik demnach wider Erwarten nicht weniger als junge Menschen [4].

Gute Aussichten

Die vergleichbaren Einstellungen der drei befragten Altersgruppen in Bezug auf den Einsatz von Robotern bestätigen vorherige Forschungen [2, 3]. Nennenswert ist, dass Roboter auch bei älteren Menschen nicht nur negative Gefühle auslösen, sondern als unterstützend bzw. neutral empfunden werden, vor allem, wenn sie Pflegefachkräfte nicht ersetzen und im Alter Selbstständigkeit in den eigenen vier Wänden ermöglichen. Diese Erkenntnis kann Pflegefachkräften dabei helfen, Roboter künftig noch erfolgreicher in die Pflegearbeit zu integrieren [3].

Methodische Einschränkungen

Methodisch ist darauf hinzuweisen, dass die Studie von Backonja et al. (2018) in einer städtischen Region durchgeführt wurde, wodurch die Repräsentativität der Ergebnisse eingeschränkt wird. Zudem sind mobil eingeschränkte Menschen und Personen aus unterschiedlichen Nationalitäten nicht repräsentativ vertreten. Weiterhin werden die Befragungsergebnisse beeinflusst, da die Teilnehmer teils unterschiedliche Vorstellungen von Robotern haben. Auch der EU-Report als Basis für die Befragung liefert keine Informationen zu Validität und Reliabilität. Schließlich befanden sich in den drei Altersgruppen unterschiedlich viele Befragte, sodass bei den gruppeninternen Vergleichen die Aussagekraft teils eingeschränkt sein kann [4].

Fazit

Die Befragten aus den drei Altersgruppen haben ähnlich auf Fragen zu sozialer Auswirkung und Akzeptanz von sowie zur Einstellung gegenüber Robotern geantwortet. Mithilfe dieser und weiterer Studienergebnisse, z. B. dass emotionale Roboter weiterer Untersuchungen bedürfen und Projekte in diesem Bereich hilfreich sein können, können Experten entsprechende Robotik-Interventionen entwickeln, die eine unterstützende Rolle in der Gesellschaft und von Pflegefachkräften einnehmen.

Literatur

1. Statistisches Bundesamt destatis. Pflegestatistik. Pflege im Rahmen der Pflegeversicherung Deutschlandergebnisse. 2017. 2018. Verfügbar unter: https://www.destatis.de/DE/Themen/ Gesellschaft-Umwelt/Gesundheit/Pflege/_inhalt.html (Letzter Zugriff am 07.10.2022)
2. Pfannstiel MA, Krammer S, Swoboda W. Digitale Transformation von Dienstleistungen im Gesundheitswesen III – Impulse für die Pflegepraxis. Wiesbaden: Springer; 2017. https://doi. org/10.1007/978-3-658-13642-0
3. Bendel O. Pflegeroboter: Springer; 2018. https://doi.org/10.1007/978-3-658-22698-5
4. Backonja U, Hall AK, Painter I, Kneale L, Lazar A, Cakmak M, et al. Comfort and Attitudes Towards Robots Among Young, Middle-Aged, and Older Adults: A Cross-Sectional Study. J Nurs Scholarsh. 2018; 50(6): 623–33. https://doi.org/10.1111/jnu.12430. Epub 2018 Sep 19.
5. Statistisches Bundesamt (destatis). Bevölkerung. Demografischer Wandel. 2022. Verfügbar unter: https://www.destatis.de/DE/Themen/Querschnitt/Demografischer-Wandel/_inhalt.html (Letzter Zugriff am 17.10.2022)
6. Bundesagentur für Arbeit. Arbeitsmarktsituation im Pflegebereich. 2022. Verfügbar unter: https:// statistik.arbeitsagentur.de/DE/Statischer-Content/Statistiken/Themen-im-Fokus/Berufe/ Generische-Publikationen/Altenpflege.pdf?__blob=publicationFile%C2%A0 (Letzter Zugriff am 17.10.2022)

Smartphones im Klinikalltag

Judith Kraushaar

Schnell ein Foto des Röntgenbilds an die Kollegin senden, ein YouTube-Video zur „Schulterreposition nach Kocher" ansehen oder mittels App für den Patienten eine individuelle Dosierung berechnen – diese drei kurzen Szenarien stehen exemplarisch für die zahlreichen Anwendungsfälle von Smartphones im Klinikalltag und spiegeln das Dilemma wider, in dem sich das Klinikmanagement bzgl. der Regelung zum Gebrauch von (privaten) Smartphones in der Klinik befindet: Auf der einen Seite scheinen die mobilen Endgeräte einen hohen Mehrwert für die Mitarbeitenden zu bieten, auf der anderen Seite müssen die Sicherheit der Patienten, der Datenschutz und die Informationssicherheit ständig und überall gewährleistet werden. Der nachfolgende Artikel soll einen Überblick geben über die möglichen Anwendungen von Smartphones durch das ärztliche Personal im Klinikalltag und die Frage beantworten, wie mit dem beschriebenen Dilemma umgegangen werden kann.

Smartphones – Tägliche Begleiter der Ärztinnen und Ärzte

Die Vielfalt der Anwendungen von Smartphones in der Klinik ist groß. Bereits heutzutage werden die mobilen Endgeräte von einer Mehrheit des ärztlichen Personals tagtäglich genutzt, wie nationale [1–3] und internationale Studien [4–10] belegen. Unter anderem, weil Ärzten jedoch keine klinikeigenen Endgeräte zur Verfügung gestellt werden, greifen sie im Klinikalltag häufig auf ihre privaten Endgeräte zurück [2, 3, 6]. Eine grobe Unterteilung

J. Kraushaar (✉)
Lehrstuhl für Management und Innovation im Gesundheitswesen, Fakultät für Wirtschaft und Gesellschaft, Universität Witten/Herdecke, Witten, Deutschland
E-Mail: judith.kraushaar@uni-wh.de

© Der/die Autor(en), exklusiv lizenziert an Springer Fachmedien Wiesbaden
GmbH, ein Teil von Springer Nature 2023
S. Bohnet-Joschko, K. Pilgrim (Hrsg.), *Handbuch Digitale Gesundheitswirtschaft*,
https://doi.org/10.1007/978-3-658-41781-9_7

27

der Anwendungen kann in vier Kategorien erfolgen: Kommunikation und Organisation, Dokumentation und Monitoring, diagnostische und therapeutische Entscheidungsunterstützung sowie Edukation.

Kommunikation und Organisation

Smartphones werden überwiegend zur internen sowie externen Kommunikation genutzt. Über Anrufe, E-Mails, Text-, Bild-, Sprachnachrichten und Videochats/-konferenzen können sich Ärzte klinikintern mit dem eigenen Team, den Vorgesetzen, dem Personal aus anderen Abteilungen und dem Management ortsunabhängig und in Echtzeit austauschen. Aber auch der klinikexternen Kommunikation bspw. mit Patienten oder einweisenden Ärzten dienen Smartphones. Hilfreiche Unterstützung bieten sie weiterhin bei der Arbeitsorganisation bspw. durch die Verfügbarkeit eines digitalen Dienstplans oder die Möglichkeit, sich schnell Notizen zu machen. Wird das Smartphone gleichzeitig für private Zwecke (bspw. zur Kommunikation mit Freunden und Familie) verwendet, ist dies aus Gründen des Datenschutzes in der Klinik kritisch zu bewerten.

Dokumentation und Monitoring

Aufgrund ihrer einfachen Verfügbarkeit und hohen Kameraqualität werden Smartphones von Ärzten zur Aufnahme von Bildern und Videos eingesetzt [7–9]. Zielobjekte können die Patienten selbst bzw. ihre Körperteile/Verletzungen/Wunden sein (bspw. zur Dokumentation des Therapieverlaufs oder des Heilungsprozesses) oder aber medizinische Dokumente wie Röntgenaufnahmen oder Laborergebnisse. Beachten Ärzte dabei nicht alle geltenden Regelungen (insb. die DSGVO), können schnell rechtliche Konsequenzen drohen [11]. Smartphones bieten außerdem die Möglichkeit zum Remote-Zugriff auf Krankenhausinformationssysteme und elektronische Patientenakten im Rahmen des Monitorings [2, 10]. Der Vorteil hier – die Informationen können flexibel, zeit- und ortsunabhängig (z. B. zu Hause oder direkt am Point-of-Care) eingeholt werden. Der Nachteil – die mobilen Endgeräte sind aus Perspektive der Informationssicherheit Schwachstellen im System. Über sie kann Schadsoftware leicht in die Informationssysteme des Krankenhauses eingeschleust werden.

Diagnostische und therapeutische Entscheidungsunterstützung

Smartphones dienen auch als diagnostische und therapeutische Entscheidungshilfen, z. B. wenn Ärzte bestimmte Arzneimittelinformationen oder medizinische Scores benötigen [2, 4–7, 9, 10]. Eine Vielzahl an Kalkulatoren zur Berechnung medizinischer Scores steht direkt im Internet oder über Apps zur Verfügung. Angeboten werden die Anwendungen

u. a. von Plattformen wie Amboss, UpToDate, Medscape oder Epocrates. Medizinische Apps und Internetseiten, die zur Entscheidungsunterstützung herangezogen werden, können jedoch ein Risiko für die Patientensicherheit darstellen, wenn bspw. ihre Informationen falsch oder veraltet sind.

Edukation

Eine weitere Kategorie der Smartphone-Nutzung in Kliniken ist die Edukation. Zusammen mit Apps unterstützen Smartphones eine moderne medizinische Ausbildung und Forschung. Eine bekannte und weit verbreitete App ist Amboss. Die Anwendung versorgt Medizinstudierende und Ärzte mit vielfältigen medizinischen Informationen und bietet u. a. auch Lernpläne für Facharztprüfungen und digitale Fortbildungskurse an. Zu erwarten ist der zeitnahe Markteintritt weiterer Anbieter. Die Herausforderung für Studierende und Ärzte wird zukünftig darin bestehen, qualitätsgesicherte Anwendungen und Inhalte seriöser Anbieter zu filtern.

Steigender Bedarf an digitaler Unterstützung durch mobile Endgeräte

Die obige Darstellung zeigt einerseits, wie vielfältig Smartphones Ärzte in der Klinik unterstützen können, und andererseits, welche Risiken mit der Smartphone-Nutzung einhergehen. Ein Dilemma, dem das Krankenhausmanagement durch geeignete technisch-organisatorische Maßnahmen begegnen muss. Nur wie könnten diese zukünftig aussehen? Zunächst ist festzustellen, dass Smartphones den Weg in die Klinik längst gefunden haben. Mit der Generation Y arbeiten immer mehr Ärzte im Krankenhaus, die als Digital Natives den Umgang mit moderner Technologie und speziell mit mobilen Endgeräten bereits seit ihrer Kindheit gewohnt sind. Neben der hohen Offenheit gegenüber neuen Technologien zeichnet diese Generation unter anderem die hohe Bereitschaft zur Arbeit im Team und der Wille zum Austausch von Ideen, Meinungen und Informationen aus [12]. Es ist zu erwarten, dass der Bedarf zur Nutzung von Smartphones im Klinikalltag durch den Generationenwechsel sowie immer neue Funktionen und Apps zukünftig weiter steigen wird. Ein generelles Smartphone-Verbot würde am Bedarf der Ärzte zukünftiger Generationen vorbeigehen und jeglichen Mehrwert der mobilen Endgeräte für die tägliche Arbeit in der Klinik verhindern. Eine andere Möglichkeit zur Erhöhung der IT-Sicherheit ist die Bereitstellung klinikeigener Smartphones und damit die bessere Trennung zwischen beruflicher und privater Nutzung. Die Ausstattung des ärztlichen Personals mit Smartphones geht mit hohen Kosten für die Klinik einher. Die Usability und der Nutzen zur Risikominimierung sollten aus diesem Grund in Studien zuvor eingehend untersucht werden.

Bring your own device (BYOD) and use it responsibly

Eine weitere Alternative könnten klinikinterne BYOD-Initiativen sein, die ein komplexes Geflecht technisch-organisatorischer Maßnahmen zur geordneten Integration von privaten mobilen Endgeräten in den Klinikalltag darstellen [13]. Eine der zahlreichen organisatorischen Maßnahmen ist die Einführung einer verständlichen IT-Sicherheitsrichtlinie, die eine Mentalität des verantwortungsbewussten Umgangs mit (privaten) mobilen Endgeräten schafft. Eine Richtlinie zu schreiben, wird allein jedoch nicht ausreichen. Sie kann nur die Grundlage für eine zielgerichtete Edukation des Klinikpersonals bzgl. des korrekten Einsatzes von mobilen Endgeräten im Klinikalltag sein. Hinzu kommt die technische Unterstützung der Ärzte, bspw. durch die sichere Einbettung mobiler Endgeräte in die IT-Infrastruktur oder die Unterstützung bei der Auswahl von qualitäts- und sicherheitsgeprüften medizinischen Apps. Vor dem Hintergrund der potenziell gravierenden Folgen mangelnder IT-Sicherheit scheinen derartige Maßnahmen auch aus ökonomischer Perspektive von hoher Relevanz.

Literatur

1. Dittrich F, Back DA, Harren AK, Landgraeber S, Reinecke F, Serong S et al. Smartphone and app usage in orthopedics and trauma surgery: Survey study of physicians regarding acceptance, risks, and future prospects in Germany. JMIR Formative Research 2020; 4(11). https://formative. jmir.org/2020/11/e14787/
2. Maassen O, Fritsch S, Gantner J, Deffge S, Kunze J, Marx G et al. Future mobile device usage, requirements, and expectations of physicians in German university hospitals: Web-based survey. Journal of Medical Internet Research 2020; 22(12). https://www.jmir.org/2020/12/e23955/
3. Illiger K, Hupka M, Jan U von, Wichelhaus D, Albrecht U-V. Mobile technologies: expectancy, usage, and acceptance of clinical staff and patients at a university medical center. JMIR mHealth and uHealth 2014; 2(4):e42. https://mhealth.jmir.org/2014/4/e42/
4. Teferi GH, Tilahun BC, Guadie HA, Amare AT. Smartphone Medical App Use and Associated Factors Among Physicians at Referral Hospitals in Amhara Region, North Ethiopia, in 2019: Cross-sectional Study. JMIR mHealth and uHealth 2021; 9(3):e19310. https://mhealth.jmir. org/2021/3/e19310.
5. Zeiger W, DeBoer S, Probasco J. Patterns and perceptions of smartphone use among academic neurologists in the United States: Questionnaire survey. JMIR mHealth and uHealth 2020; 8(12). https://mhealth.jmir.org/2020/12/e22792/.
6. Xu Y, Francis Z, Saleem K, Sambujana S, Molise K, Molise B et al. Usage of smart devices amongst medical practitioners in universitas academic hospital. South African Family Practice 2020; 62(1). https://www.ajol.info/index.php/safp/article/view/238390.
7. Buabbas AJ, Sharma P, Al-Abdulrazaq A, Shehab H. Smartphone use by government dermatology practitioners in Kuwait: A self-reported questionnaire based cross-sectional study. BMC Medical Informatics and Decision Making 2019; 19(1). https://doi.org/10.1186/ s12911-019-0883-z.
8. Abbott LM, Magnusson RS, Gibbs E, Smith SD. Smartphone use in dermatology for clinical photography and consultation: Current practice and the law. Australasian Journal of Dermatology 2018; 59(2):101–7. https://doi.org/10.1111/ajd.12583.

9. Jamal A, Temsah M-H, Khan SA, Al-Eyadhy A, Koppel C, Chiang MF. Mobile phone use among medical residents: A cross-sectional multicenter survey in Saudi Arabia. JMIR mHealth and uHealth 2016; 4(2). https://mhealth.jmir.org/2016/2/e61/.

10. Raaum SE, Arbelaez C, Vallejo CE, Patino AM, Colbert-Getz JM, Milne CK. Emergency medicine and internal medicine trainees' smartphone use in clinical settings in the United States. J Educ Eval Health Prof 2015; 12:48. https://doi.org/10.3352/jeehp.2015.12.48

11. Bromwich M, Bromwich R. Privacy risks when using mobile devices in health care. CMAJ 2016; 188(12):855–6. https://doi.org/10.3352/jeehp.2015.12.48

12. Kilber J, Barclay AC, Ohmer DG. Seven Tips for Managing Generation Y. Journal of Management Policy & Practice 2014; 15(4):80–91.

13. Seiler R, Krey M. Vorgehensmodell und Handlungsempfehlungen zur Einführung von BYOD (Bring Your Own Device) in Schweizer Krankenhäusern. In: Uhl A, Loretan S, editors. Digitalisierung in der Praxis. Wiesbaden: Springer Fachmedien Wiesbaden; 2019. p. 223–239.

Telemedizin im Zivilschutz als Zukunftsstrategie

Julia Sattelberger

Zeiten starker Überlastung im Bereich des Gesundheitswesens sind uns besonders seit dem Ausbruch der Corona-Pandemie im November 2019 in der chinesischen Stadt Wuhan allgegenwärtig. Die Auswirkungen machten sich in der ambulanten und stationären Versorgung bemerkbar, aber auch im prähospitalen Sektor galt es, sich den veränderten Bedingungen anzupassen [1]. Neben den möglichen negativen Folgen auf die Patientenversorgung, welche beispielsweise durch verzögerte Behandlungs- und längere Wartezeiten entstehen, stehen in erster Linie auch wirtschaftliche Auswirkungen im Vordergrund. Um die Kosten nicht noch weiter in die Höhe zu treiben und eine hohe Versorgungsqualität zu gewährleisten, wurden in den letzten Jahren telemedizinische Konzepte entwickelt [2]. Die Telemedizin stellt mittlerweile eine wertvolle Unterstützung dar und vermeidet unnötige Verzögerungen in der Behandlung durch rechtzeitige Konsultation [3]. Im Bereich des Rettungsdienstes oder beim Militär konnte in dem Zusammenhang der Telenotarzt schon seit 2014 erfolgreich etabliert werden [4]. Als Telenotärzte werden Notärzte bezeichnet, die speziell darin geschult sind, Notfallpatienten zu behandeln, indem sie mittels digitalem Sprach- und Sichtkontakt mit einer Rettungskraft vor Ort verbunden sind [5–7]. An dieser Stelle stellt sich die Frage, inwieweit Telemedizin auch in den deutschen Zivilschutz gewinnbringend integriert werden kann.

J. Sattelberger (✉)
Lehrstuhl für Management und Innovation im Gesundheitswesen, Fakultät für Wirtschaft und Gesellschaft, Universität Witten/Herdecke, Witten, Deutschland
E-Mail: julia.sattelberger@uni-wh.de

S. Bohnet-Joschko, K. Pilgrim (Hrsg.), *Handbuch Digitale Gesundheitswirtschaft*, https://doi.org/10.1007/978-3-658-41781-9_8

Herausforderungen für den Zivilschutz in Deutschland

Der Ausbruch des Ukraine-Kriegs 2022 und vergangene Terroranschläge wie in Frankreich 2015 sind Beispiele für aktuelle Zivilschutzlagen [8]. Insbesondere eine Vielzahl von Verletzten, wie sie beispielsweise in einem Kriegsfall zu erwarten ist, stellt den Zivilschutz vor eine besondere Herausforderung. Er kommt immer dann zum Einsatz, wenn es sich um Schadenslagen von nationaler Bedeutung oder um kriegerische Angriffe auf die Bevölkerung handelt. Gemäß § 1 ZSKG gilt es in solchen Situationen nicht nur die Betroffenen, sondern mitunter auch zivile Einrichtungen und Kulturgut durch nicht-militärische Maßnahmen zu schützen [9].

Zur speziellen Zivilschutzlage vor Ort kommt meist ein initialer Ressourcenmangel an Material und Personal, den es bei anfänglich fehlendem Überblick zu bewältigen gilt. Bei der Durchführung greift der Bund deshalb auf die Unterstützung der Länder und deren zahlreichen privaten Organisationen (z. B. Deutsches Rotes Kreuz und Malteser Hilfsdienst) mit überwiegend Freiwilligen zurück [10]. Im Vordergrund steht in erster Linie die medizinische Versorgung der Opfer, wobei der Mangel an ärztlichem Personal eines der größten Probleme für die Führungskräfte darstellt. Der Ressourcenausgleich dauert oft mehrere Tage. Erst dann können entsprechende Einsatzfahrzeuge besetzt und eine Individualversorgung ermöglicht werden [11]. Eine weitere Problematik ist, dass im Zivilschutz keine Notfallsanitäter vorgesehen sind. Im Zweifel müssen daher Rettungssanitäter eigenständig lebensbedrohlich verletzte Patienten versorgen [9].

Telesanitäter für den Zivilschutzfall

Das Projekt „TeleSAN" der Uniklinik RWTH Aachen und Konsortium beschäftigt sich exemplarisch mit der Machbarkeit im Zivilschutzfall und versucht personellen Engpässen in der Ärzteschaft durch den Einsatz von Telesanitätern in der Katastrophenmedizin entgegenzuwirken. Für den Einsatz in der Medizinischen Task Force (MTF) des Bundes wurde eine App entwickelt, die Funktionen, wie 1.) das Anzeigen von katastrophenmedizinischen Leitlinien, 2.) die digitale Dokumentation sowie 3.) den Anruf des Telenotarztes beinhaltet. Diese soll so die Einsatzkräfte bei der Bewältigung der Lage und ihrer Entscheidungsfindung vor Ort unterstützen. Um die Telemedizin an allen Orten der Patientenversorgung zu ermöglichen, soll die App von den Anwendern auf unterschiedlicher Hardware zugänglich sein. In CBRN-Schutzkleidung (CBRN = chemische, biologische, radiologische und nukleare [von Kernbrennstoffen ausgehende] Gefahren) soll sie beispielsweise auf einer Datenbrille mit Sprachsteuerung genutzt werden, damit eine Kontamination von Geräten vermieden wird.

Des Weiteren wird die Funktion „TeleSAN" geschaffen, die in der Behandlungsstelle weitere medizinische Behandlung vornimmt. Unter einem TeleSAN wird eine Einsatzkraft mit der Qualifikation Rettungssanitäter verstanden, welche die App über ein Tablet nutzen kann und zusätzliche Medizingeräte erhält. Sie fungiert als Verbindungsperson zu

Telemedizinern außerhalb des Schadensgebiets. Alle weiteren Einsatzkräfte erhalten die App auf ihrem privaten Smartphone, sodass sie auch bei Erstkontakt zu Patienten Telemedizin nutzen können [12].

Die ärztliche Therapieentscheidung basiert auf den Ergebnissen diagnostischer Maßnahmen, die vor Ort vom TeleSAN erhoben werden. Die Vitaldaten wie Sauerstoffsättigung, Herzrhythmus und Blutdruck werden in Echtzeit erfasst und via Tablet an die Telemediziner übertragen [6].

Darüber hinaus ermöglicht eine audiovisuelle Verbindung die rechtssichere Delegation invasiver und ärztlicher Maßnahmen, welche in Form von SOP (Standard Operation Procedure) speziell für den Zivilschutzfall erarbeitet wurden. Hierzu zählt beispielsweise die Applikation von Medikamenten. Für die korrekte und rechtmäßige Durchführung stellvertretender Maßnahmen muss der Ausbildungsstand der TeleSAN-Einsatzkraft bekannt sein und es müssen besondere und regelmäßige Schulungen erfolgen. Die Projektgruppe erhofft sich hierdurch eine frühzeitigere und bessere Patientenversorgung, für den Fall, dass ein Arzt vor Ort während der Behandlung nicht oder nicht zeitnah vor Ort verfügbar ist [9].

Herausforderung Mobilfunkausbau

Telemedizinische Kommunikations- und Informationstechnologien unterliegen hohen technischen und rechtlichen Mindeststandards. Dahingehend sind strenge Datenschutzbestimmungen zu berücksichtigen und gesetzliche Vorgaben in vollem Umfang einzuhalten. Deshalb muss die Informationssicherheit vor Einsatz eines Systems im Sinne der Patienten und Anwender akribisch geprüft werden. Gerade Zivilschutzeinsätze finden immer wieder in Regionen statt, in denen ein unzureichender Mobilfunknetzausbau oder eine unsichere Datenübertragung vorgefunden wird. Solche Techniklücken müssen im Vorfeld analysiert und entsprechend kompensiert werden [7].

Wie das Beispiel der TeleSAN-App zeigt, kann die netzwerkunabhängige Funktionsweise hier eine Lösung sein. Sobald ein Gerät des Netzwerks eine Internetverbindung aufgebaut hat, funktioniert Telemedizin für alle Nutzer [9]. Die Ausfalllösung wäre eine Satellitenkommunikation, welche sich bereits in einem Projekt der Polizei Niedersachsen als sehr brauchbar erwiesen hat und sogar im Regelbetrieb genutzt werden soll [13].

Die Zukunft des Telenotarztes

Zahlreiche Studien, gerade im Zusammenhang mit dem Ukraine-Krieg, aber auch das Projekt „TeleSAN" haben gezeigt, dass der Einsatz des Telenotarztes nicht nur personelle Ressourcen schont, sondern auch zu einer Qualitätsverbesserungen in der Patientenversorgung führt und Rettungsfachpersonal sinnvoll unterstützt werden kann [8, 14–16].

Aus den bisherigen Erfahrungen im Bereich des Telenotarzt-Systems zeichnet sich jedoch ab, dass einheitliche und ärztekammerübergreifende Ausbildungskonzepte für die

Telenotärzte sinnvoll und notwendig sind [5]. Der endgültige Nachweis hinsichtlich der Machbarkeit im Projekt „TeleSAN" steht noch aus. Fraglich bleibt, ob sich der TeleSAN auch bei schweren Zivilschutzlagen, wie z. B. im Kriegsfall, bewährt.

Es zeichnet sich allerdings bereits jetzt ab, dass Telemedizin die einzige Lösung darstellt, um dem wachsenden Ärzte- und Ressourcenmangel entgegenzuwirken. So bleibt zukünftig noch viel Raum für die Implementierung weiterer innovativer Methoden im Bereich der prähospitalen Telemedizin.

Literatur

1. Felzen, M., Brockert, A. K., Beckers, S., Follmann, A., Rossaint, R., & Schr der, H. Einfluss der COVID-19-Pandemie auf die prähospitale Notfall- und Telenotfallmedizin – eine vergleichende Kohortenanalyse. Der Notarzt. 2020;36(5), 271–277. URL: https://doi.org/10.1055/a-1211-2484
2. Bergrath, S., Brokmann, J. C., Beckers, S., Felzen, M., Czaplik, M., & Rossaint, R. Implementation of a full-scale prehospital telemedicine system: evaluation of the process and systemic effects in a pre-post intervention study. BMJ Open. 2021;11(3), e041942. URL: https://doi.org/10.1136/bmjopen-2020-041942
3. Hwang J, Lappan C, Sperling L, et al. Utilization of Telemedicine in the U.S. Military in a Deployed Setting. Military Medicine, November 2014; pp. 1347–1353.
4. Otto C, Weber T and Thömmes A. Telemedizin im Sanitätsdienst der Bundeswehr: Das Ziel ist ein Telematikverbund. Deutsches Ärzteblatt. 17 January 2003;A99–A102.
5. Schröder, H., Felzen, M., Fischer, D., Franke, T., Borg, E., Maurer, V., & Beckers, S. K. Telenotarztqualitfikation – Einheitliche Ausbildung sinnvoll. Deutsches Ärzteblatt. 2022;119(6), 225–228. https://www.aerzteblatt.de/archiv/223173/Telenotarztqualifikation-Einheitliche-Ausbildungsinnvoll#literatur
6. Metelmann, C., Renzing, N., Gräsner, J.-T., D lger, L., Beckers, S. K., Felzen, M., … Metelmann, B. Prähospitale Telenotfallmedizin. Notfallmedizin Up2date. 2020;15(04), 381–395. URL: https://doi.org/10.1055/a-1131-6472
7. Brokmann, Jörg Christian; Felzen, Marc; Beckers, Stefan; Czaplik, Michael; Hirsch, Frederik; Bergrath, Sebastian; Rossaint, Rolf. Telemedizin: Potenziale in der Notfallmedizin. In: Notf. med. up2date. 2017;12 (03), S. 307–317. https://doi.org/10.1055/s-0043-116700.
8. GlobalData Theamtic Research. The telemedicine community has rallied to provide support to patients in Ukraine. 2022. Hg. v. Pharmaceutical Technology. Online verfügbar unter https://www.pharmaceutical-technology.com/comment/telemedicine-community-support-ukraine/, zuletzt aktualisiert am 27.04.2022, zuletzt geprüft am 15.09.2022.
9. Schmidt, Holger; Beissel, Frank; Lensing, Steffen. Rahmenkonzept Medizinische Task Force (MTF) für die Aufstellung und den Einsatz der Medizinischen Task Force. Bundesamt für Bevölkerungsschutz und Katastrophenhilfe. 2018. Bonn. Online verfügbar unter https://www.bbk.bund.de/SharedDocs/Downloads/BBK/DE/Downloads/GesBevS/RK_MTF.pdf?__blob=publicationFile, zuletzt geprüft am 15.09.2022.
10. Fischer, P., Wafaisade, A., Bail, H. et al. Civil protection and disaster medicine in Germany today. Langenbecks Arch Surg. 2011;396, 523–528. URL: https://doi.org/10.1007/s00423-011-0767-x
11. Kirch DG, Petelle K. Addressing the Physician Shortage: The Peril of Ignoring Demography. JAMA 2017; 317: 1947–1948.
12. TeleSAN. https://telesan.de, zuletzt geprüft am 15.09.2022.

13. Niedersächsiches Ministerium für Innere und Sport. https://www.mi.niedersachsen.de/startseite/aktuelles/presseinformationen/satellitenkommunikation-e-autos-ballistische-schutzhelme-und-splitterschutzwesten-polizei-niedersachsen-stellt-neue-einsatzmittel-vor-203368.html, zuletzt geprüft am 16.09.2022.

14. Schröder, H., Borgs, C., Sommer, A., Carduck, T., Felzen, M., & Beckers, S. K. Telenotfallmedizin: Qualitätsmanagement vollkommen neu gedacht? Notfall + Rettungsmedizin. 2022;25(6):385–7. URL: https://doi.org/10.1007/s10049-022-00983-4

15. Northwell Health (Hg.) Extending the benefits of telemedicine to war in Ukraine. 2022. Online verfügbar unter https://www.northwell.edu/news/insights/extending-the-benefits-of-telemedicine-to-war-in-ukraine, zuletzt aktualisiert am 16.05.2022, zuletzt geprüft am 15.09.2022.

16. KHN Morning Briefing (Hg.) US Doctors Helping Ukrainians Seeking Telehealth Advice. 2022. Online verfügbar unter https://khn.org/morning-breakout/us-doctors-helping-ukrainians-seeking-telehealth-advice/, zuletzt aktualisiert am 15.09.2022, zuletzt geprüft am 04.08.2022.

Teil II
Ethik und soziale Verantwortung

Verhaltensdaten zur Verringerung gesundheitlicher Ungleichheit

Philipp Köbe

Der Zusammenhang von Einkommen, Gesundheit und Sterblichkeit ist zahlreich belegt [1–3]. Demzufolge haben ärmere Menschen im Durchschnitt eine ungesündere Lebensweise und sterben früher. Die Gründe für die Unterschiede sind komplex und können nicht für alle Personengruppen gleichermaßen festgelegt werden [4]. In der Vergangenheit konnte das Verhalten der verschiedenen Gruppen durch teilweise aufwendige Erhebungsverfahren wie Beobachtungen oder Befragungen ergründet werden. Heute stehen ein umfassendes Spektrum an Verhaltensdaten infolge der digitalen Mediennutzung sowie umfangreiche Sekundärdaten zur Verfügung. Wie können digitale Verhaltensdaten zur Prävention und Gesundheitsförderung genutzt werden, um gesundheitliche Ungleichheit zu verringern?

Von der Einkommensungleichheit zur gesundheitlichen Ungleichheit

Das verfügbare Einkommen entscheidet maßgeblich über den Gesundheitszustand eines Menschen [1, 3, 5]. Menschen im unteren Einkommensdrittel in Deutschland schätzen ihren Gesundheitszustand selbst deutlich häufiger als „weniger gut" bis „schlecht" ein [5, 6]. In der männlichen Altersgruppe von 45–64 sind es 43 % im Vergleich zu 19 % im mittleren Einkommenssegment. Ab 65 Jahren sinkt der Unterschied bei den Männern von 30 % (untere Einkommen) im Vergleich zu 24 % (mittlere Einkommen). Der Unter-

P. Köbe (✉)
Lehrstuhl für Management und Innovation im Gesundheitswesen, Fakultät für Wirtschaft und Gesellschaft, Universität Witten/Herdecke, Witten, Deutschland
E-Mail: philipp.koebe@uni-wh.de

schied bei der Lebenserwartung beläuft sich bei Männern zwischen dem untersten und dem obersten Einkommenssegment auf 8,6 Jahre im Durchschnitt [6]. Bei Frauen liegt der Unterschied bei 4,4 Jahren. Die Unterschiede bei Gesundheitszustand und Lebenserwartung sind durch soziokulturelle und sozioökonomische Faktoren zu erklären [2, 3]. Unter anderem unterscheiden sich die Lebensweisen bei Ernährung und Bewegungsverhalten zwischen den Einkommensgruppen. Eine gesunde Ernährung ist in der Regel teurer und erfordert einen höheren Wissensstand über die Effekte, was durch höhere Einkommen eher gegeben ist. Selbiges gilt für Suchtverhalten und Drogenkonsum [2]. Von 2004–2018 hat sich das Rauch- und Bewegungsverhalten der verschiedenen Einkommenssegmente unterschiedlich entwickelt [5, 6]. Während es beim niedrigsten Segment bei Männern von etwa 45 % im Jahr 2004 auf 42 % im Jahr 2018 relativ stabil geblieben ist, ist es im höchsten Einkommenssegment von 28 % auf 19 % gefallen. Die Zahl der Raucherinnen ist im Vergleichszeitraum sogar im niedrigsten Einkommenssegment gestiegen (34 % auf 43 %), während es in den anderen Einkommenssegmenten ebenfalls gesunken ist. Eine bessere Entwicklung zeigt sich bei der sportlichen Inaktivität [5, 6]. Sie ist in allen Einkommenssegmenten zurückgegangen. Im niedrigsten Einkommenssegment bei Männern von 60 % auf 50 % und im höchsten Einkommenssegment von 32 % auf 16 %.

Die Zusammenhänge zwischen Armut und Gesundheit variieren je nach der Ausgestaltung des Wirtschafts- und Sozialsystems [4]. Ausgangspunkt sind dabei politische und ökonomische Faktoren, die einen Einfluss auf das individuelle Einkommen und die allgemeine Einkommensungleichheit haben. Die Einkommensungleichheit kann durch die Bereitstellung öffentlicher Gesundheitsleistungen die gesundheitliche Ungleichheit reduzieren [4, 5]. Beispielsweise durch einen breiten Zugang zu Gesundheitsleistungen für alle Menschen, aber auch durch Informations- und Präventionsangebote. Je niederschwelliger der Zugang zu Gesundheitsleistungen ist, desto eher kann gesundheitliche Ungleichheit vermieden werden. Damit können Bildungsdefizite bei Menschen mit geringeren Einkommen kompensiert werden. Denn mit sinkendem Bildungsstand sinkt auch die Bewertung von Gesundheits- bzw. Erkrankungsrisiken [1–3]. Dieses Problem gilt ebenso für Menschen mit Migrationshintergrund, die einerseits ihre Zugangsmöglichkeiten zur Gesundheitsversorgung nicht kennen oder andererseits aufgrund von kulturellen oder Sprachbarrieren nicht von Informationen erreicht werden [1, 3, 5].

Aus dem individuellen Einkommen resultiert die individuelle Gesundheit. Menschen legen ihre Gesundheitspräferenzen aufgrund ihrer sozioökonomischen Umstände fest [2, 3], unter anderem im Hinblick auf Ernährungsverhalten oder die Inanspruchnahme von Vorsorgeuntersuchungen. Die digitalen Verhaltensdaten können hier Aufschluss über die Präferenzen geben. Metadaten des Einkaufsverhaltens (u. a. Lebensmittel), der Bewegungsprofile oder bevorzugte Informationsmedien liefern Anhaltspunkte über die Gesundheitspräferenzen und wie diese die Individuen bzw. Personengruppen beeinflussen [6, 7]. Auf Grundlage dieser Daten können öffentliche Institutionen, die Präventionsangebote oder Gesundheitsleistungen bereitstellen, auf die Bedürfnisse der einzelnen Personengruppen reagieren, um deren individuelle Gesundheit zu fördern. Zudem können Individuen mithilfe der eigenen Verhaltensdaten auch selbst dabei unterstützt werden, ihr Gesundheitsverhalten zu ändern [7], beispielsweise durch Bewegungs- oder Ernährungsprofile anderer Menschen einer Vergleichsgruppe, wodurch zu einem gesünderen Verhalten motiviert werden kann.

Integration digitaler Verhaltensdaten im klassischen Health-Belief-Modell

Betrachtet man das Zustandekommen des Gesundheitsverhaltens, das aus der individuellen Gesundheitsmotivation resultiert, zeigen sich die Potenziale der digitalen Verhaltensdaten [7]. Im klassischen Health-Belief-Modell aus den 1950er-Jahren konnten diese noch nicht berücksichtigt werden. Aus heutiger Sicht schaffen die Verfügbarkeit digitaler Verhaltensdaten und die technischen Möglichkeiten der nutzerzentrierten Ansprache von Individuen jedoch neue Wege der (positiven) Beeinflussung des Gesundheitsverhaltens [8]. Dafür müssten jedoch die zuständigen Instanzen der Gesundheitsförderung oder Prävention auch Zugang zu diesen Daten haben.

Die eingehenden Variablen, bestehend aus demografischen, sozialpsychologischen und strukturellen Merkmalen, liefern über die verfügbaren Verhaltensdaten die Erkenntnisse zur Segmentierung der Individuen in Gruppen [9], beispielsweise anhand des Gesundheitszustandes oder über Ernährungsmerkmale. Je spezifischer die Segmentierung erfolgt, umso besser kann anschließend die individuelle Ansprache gelingen.

Die Gesundheitsmotivation setzt sich aus der erwarteten Effektivität und der wahrgenommenen Bedrohung zusammen [7]. Die erwartete Effektivität ergibt sich aus der Subtraktion des subjektiven Nutzens und den subjektiven Kosten. Beispielsweise hat die Inanspruchnahme einer kostenlosen Grippeschutzimpfung zwar keine direkten Kosten, aber erfordert einen Aufwand des Individuums, diese entgegenzunehmen. Wird der Nutzen vom Individuum subjektiv als gering eingeschätzt, sodass der Aufwand unverhältnismäßig erscheint, wird die Grippeschutzimpfung nicht beansprucht. Ein erster Schritt bei der Nutzung digitaler Verhaltensdaten wäre die Objektivierung des Nutzens. Durch gezielte Anzeigen könnten ältere Menschen mit geringem Einkommen über den Nutzen der Grippeschutzimpfung für sie persönlich aufgeklärt werden. Infolge der Segmentierung besteht nun auch das Wissen über die Beweggründe für oder gegen die Grippeschutzimpfung der einzelnen Personengruppen. Durch niedrigschwellige Angebote können diese Personengruppen gezielt angesprochen werden [10], unter anderem durch dezentrale Grippeschutzimpfungen in Brennpunktvierteln.

Die wahrgenommene Bedrohung setzt sich aus der eigenen Vulnerabilität und den Konsequenzen des Verhaltens zusammen [7]. Beispielsweise haben Rauchende ein deutlich erhöhtes Risiko, an Lungenkrebs oder Herz-Kreislauf-Erkrankungen zu leiden. Mit gruppenspezifischen Informationen können hier die digitalen Verhaltensdaten gezielt für bessere Aufklärung und Hilfsangebote sorgen. Krankenversicherungen können mit Entwöhnungs-Apps unterstützen, um das Suchtverhalten zu reduzieren.

Mit Micro Targeting stets die richtigen Botschaften an die richtigen Personen senden

Eine besondere Eigenschaft der digitalen Verhaltensdaten ist die dargestellte Segmentierungsmöglichkeit der Individuen in Subpopulationen mit gleichen Merkmalen. In diesem Fall zeichnen gesundheitsrelevante Verhaltensmerkmale das Zielbild der Segmentierung. Darauf baut das sogenannte Micro Targeting auf [11]. Dabei wird auf die bereits vorgenommene Segmentierung zurückgegriffen. Im weiteren Verlauf können die Personengruppen mit spezifischen Informationen oder Angeboten direkt angesprochen werden [12]. Im Konsumgütermarketing ist Micro Targeting bereits seit der Nutzung des Internets ein etabliertes Instrument. Im Gesundheitssektor schränken jedoch die restriktiven Datenschutzvorschriften und der mangelnde Datenzugang diese Möglichkeiten ein. Eine Impfkampagne ist ein geeignetes Anwendungsfeld. Für die differenzierten Zielgruppen kann dann beispielsweise zwischen umfassenden Fachinformationen mit weiterführenden Studien, niedrigschwelligen Informationen in einfacher Sprache oder entsprechenden fremdsprachigen Informationen unterschieden werden.

Ein weiteres Beispiel sind Angebote zur Gewichtsreduktion bei Adipositas. Je nach Segmentierung können Personengruppen passende Ernährungshinweise, Vorschläge für Gewichtreduktions-Apps oder Angebote zum Bewegungsmonitoring erhalten. Beispielsweise durch die Nutzung der Apps Lifesum oder Noom. Der Einsatz digitaler Gesundheitsanwendungen (DiGA) kann hier zukünftig eine große Rolle spielen, ebenso wie Gesundheitslotsen. Die Informationen oder Angebote können durch die Krankenversicherungen bereitgestellt werden.

Potenziale digitaler Verhaltensdaten zur Minimierung von gesundheitlicher Ungleichheit nutzen

Die Tatsache, dass ärmere Menschen ein ungesünderes Leben führen und früher sterben, ist ungerecht und kann aus gesamtgesellschaftlicher Sicht nicht akzeptiert werden. Es bestehen große Potenziale zur Nutzung der bereits vorliegenden digitalen Verhaltensdaten, die gesundheitliche Ungleichheit drastisch zu reduzieren. Viele dieser Daten liegen bei privaten Unternehmen, wie Meta, Google oder Apple. Sie kennen das Essverhalten, das Bewegungsverhalten und die Schlafgewohnheiten jedes Nutzenden digitaler Medien. Diese Daten sind nicht direkt zugänglich für Krankenversicherungen oder Institutionen der Gesundheitsförderung. Sie können jedoch mithilfe von Social Media Listening, Datenspenden oder Kooperationen mit DiGA-Anbietern eigene Datenpools vorantreiben.

Mittelfristig sollten die staatlichen Institutionen eigene Datenplattformen aufbauen, in die diese Daten einfließen. Das Projekt Datenzentrierte Wertschöpfungsplattform für Interaktive, assistierende Dienstleistungssysteme (DaWID) vom Fraunhofer-Institut für Software- und Systemtechnik (ISST) beschäftigt sich mit dem Aufbau derartiger Plattformen. Im Vordergrund dabei stehen der Datenschutz und die Selbstbestimmung über die erfassten Gesundheitsdaten im Speziellen. Da für die skizzierte Vorgehensweise jedoch lediglich personalisierte Verhaltensdaten notwendig sind, besteht hier das Potenzial, vorab für diese weniger sensiblen Daten eine Plattform aufzubauen. Später können die persönlichen Gesundheitsdaten integriert werden. Dadurch könnte der Nutzen einer solchen Plattform enorm gesteigert werden.

Insgesamt bleibt die Frage offen, inwieweit durch die Nutzung der digitalen Verhaltensdaten auch eine tatsächliche Verhaltensänderung hervorgerufen werden kann. Dem erweiterten Health-Belief-Modell folgend wäre für Informations- und Angebotszentrierung auf die jeweiligen Nutzergruppen mit einer Anpassung der Gesundheitsmotivation und darauf folgend des Gesundheitsverhaltens zu rechnen. Die Bereitstellenden Instanzen wie Krankenkassen oder die Bundeszentrale für gesundheitliche Aufklärung (BZgA) sollten Skaleneffekte durch kooperative Maßnahmen nutzen. Beispielsweise sollte nicht jede Krankenkasse eigene Projekte entwickeln, sondern eine digitale Plattform aufgebaut werden, auf der alle Analyseprozesse und Interventionsschritte zentral gebündelt gesteuert werden.

Literatur

1. Benzeval M, Judge K, Shouls S. Understanding the Relationship between Income and Health: How Much Can be Gleaned from Cross-sectional Data? Social Policy & Administration. 2001;35(4):376–96. https://doi.org/10.1111/1467-9515.00240
2. Geyer S. Soziale Ungleichverteilungen von Gesundheit und Krankheit und ihre Erklärungen. In: Kriwy P, Jungbauer-Gans M, editors. Handbuch Gesundheitssoziologie. Wiesbaden: Springer Fachmedien Wiesbaden; 2020. p. 169–91. https://doi.org/10.1007/978-3-658-06392-4_12
3. Ettner SL. New evidence on the relationship between income and health. Journal of Health Economics. 1996;15(1):67–85. https://doi.org/10.1016/0167-6296(95)00032-1
4. Shimonovich M, Pearce A, Thomson H, McCartney G, Katikireddi SV. Assessing the causal relationship between income inequality and mortality and self-rated health: protocol for systematic review and meta-analysis. Systematic Reviews. 2022;11(1):20. https://doi.org/10.1186/s13643-022-01892-w
5. Michalski N, Müters S, Lampert T. Soziale Ungleichheit, Arbeit und Gesundheit. In: Badura B, Ducki A, Schröder H, Klose J, Meyer M, editors. Fehlzeiten-Report 2020: Gerechtigkeit und Gesundheit. Berlin, Heidelberg: Springer Berlin Heidelberg; 2020. p. 31–47. https://doi.org/10.1007/978-3-662-61524-9_3
6. T. Lampert NM, S. Müters, B. Wachtler, J. Hoebel. Datenreport 2021. Bundeszentrale für politische Bildung. 2021;2021. Verfügbar unter: https://www.bpb.de/kurz-knapp/zahlen-und-fakten/datenreport-2021/ (Letzter Zugriff am 01.11.2022)
7. Strecher VJ, Rosenstock IM. The health belief model. Cambridge handbook of psychology, health and medicine. 1997;113:117.
8. Tariq MU, Babar M, Poulin M, Khattak AS, Alshehri MD, Kaleem S. Human Behavior Analysis Using Intelligent Big Data Analytics. Frontiers in Psychology. 2021;12. https://doi.org/10.3389/fpsyg.2021.686610
9. Kallus N. Predicting crowd behavior with big public data. Proceedings of the 23rd International Conference on World Wide Web; Seoul, Korea: Association for Computing Machinery; 2014. p. 625–30. https://doi.org/10.1145/2567948.2579233

10. Seifert N. Der Einfluss sozialer Isolation auf die subjektive Gesundheit. Bestehen Unterschiede nach Geschlecht, Einkommen und finanziellen Sorgen? Psychother Psychosom Med Psychol. 2018;68(08):415. https://doi.org/10.1055/s-0038-1667882

11. Barbu O. Advertising, Microtargeting and Social Media. Procedia – Social and Behavioral Sciences. 2014;163:44–9. https://doi.org/10.1016/j.sbspro.2014.12.284

12. Engl E, Sgaier S, editors. Smarter micro-targeting to improve global health outcomes: scaling cluster segmentation on novel types of data for precision public health. 32nd conference on neural information processing systems (NIPS 2018), Montréal, Canada; 2018. Verfügbar unter: https://aiforsocialgood.github.io/2018/pdfs/track1/106_aisg_neurips2018.pdf (Letzter Zugriff am 01.11.2022)

Digital Divide: Ursachenforschung Chancengleichheit

Thea Kreyenschulte

Der Begriff des Digital Divide vermittelt die Annahme einer Kluft zwischen zwei Gruppen – den Digitalen und Nichtdigitalen – Digitalaffinen und digitalen Laien [1]. Doch wo bzw. in welchem Umfang existiert diese vermeintliche Kluft in unserem digitalisierten Alltag und wie lassen sich Erkenntnisse auf die Gesundheitsversorgung übertragen?

Laut Literatur können verschiedene Level eines Digital Divide unterschieden werden. Eine binäre Unterscheidung von Zugang und Nichtzugang wird grundsätzlich nur beim First Level Divide („access") getroffen. Ungleichheiten im Umgang („use/skills") mit Informations- und Kommunikationstechnologie (IKT) bauen als Second Level Divide hierauf auf. Dies löst das Themenfeld Digital Divide von der fixen Idee, dass Unterschiede in der Nutzung durch den schieren Zugang zur Technologie abgemildert würden. Zuletzt beschreibt der Third Level Divide unterschiedliche Ergebnisse und Konsequenzen der Technologienutzung („outcomes") [2, 3].

Nicht ganz greifbar und stets in Bewegung

Seit der Begründung in den späten 1990er-Jahren versucht die interdisziplinäre Forschung anhand diverser konzeptueller Ansätze [1] die Determinanten von implizierten Ungleichheiten in der Nutzung digitaler Technologien zu bestimmen [2, 4, 5]. Dabei ist die zentrale Frage, wer tatsächlich von einer Nutzung digitaler Medien profitieren kann. Denn mit einem in entwickelten Ländern beispielsweise niedrigschwelligen Zugang zu Informatio-

T. Kreyenschulte (✉)
Lehrstuhl für Management und Innovation im Gesundheitswesen, Fakultät für Wirtschaft und Gesellschaft, Universität Witten/Herdecke, Witten, Deutschland
E-Mail: thea.kreyenschulte@uni-wh.de

S. Bohnet-Joschko, K. Pilgrim (Hrsg.), *Handbuch Digitale Gesundheitswirtschaft*, https://doi.org/10.1007/978-3-658-41781-9_10

nen aus dem Internet ist unter anderem noch nicht die Frage der Qualität dieser Inhalte geklärt. Im Falle der Gesundheitsinformationen und -versorgung kann dies gesundheitliche Chancenungleichheit verstärken [2, 3, 6].

Unterschiede in der Inanspruchnahme von Leistungen der Gesundheitsversorgung bzw. speziell in Behandlungsergebnissen existieren bereits ohne den Einsatz digitaler Technologien. Im Zuge des digitalen Wandels können Unterschiede noch verstärkt werden – trotz digitaler Medien, aber auch insbesondere durch diese. Aufgrund eines existierenden Digital Divide würden demnach Personengruppen mit schlechterem Gesundheitsstatus vom niedrigschwelligen Zugang zu digitalen Medien, welche die Gesundheit bzw. das Erkrankungsmanagement unterstützen sollen, wenig profitieren. Dadurch würde die Förderung und Erhaltung ihrer Gesundheit potenziell auch mit Technologieanwendung weiterhin erschwert sein [7].

Hier wird es problematisch

Da digitale Anwendungen Nutzern prinzipiell eine hohe Eigenverantwortung übertragen, kann ein Digital Divide Auswirkungen auf die Anwendung und somit Outcome digitaler Medien haben. Dies reicht von digitalen Gesundheitslösungen im Alltag bis zu umfassenden Technologien wie dem Internet of Things (IoT) [3]. Unterschiedliche (alltägliche) Geräte wie Smartphones oder Wearables können untereinander kommunizieren, ihre Informationen geteilt und nutzbar gemacht werden. Anschließend besteht die Möglichkeit automatischer Entscheidungen der Geräte auf Grundlage der vorhandenen Daten [8].

Die Abgabe der eigenen Entscheidungsmöglichkeit erfordert fundiertes Wissen über mögliche Konsequenzen. Personengruppen mit geringeren Ressourcen und sozialem Status werden aufgrund einer potenziell niedrigeren Wissensbasis in Folge voraussichtlich schwächer ausgeprägte Fähigkeiten in der Technologieanwendung aufweisen [8]. Ebenso kann dies auf ältere Personen zutreffen bzw. auf Generationen, die ohne Technologieeinsatz herangewachsen sind und sich Fähigkeiten in der Anwendung erst im höheren Lebensalter aneignen müssen.

Wichtig sind die äußeren Einflüsse

Erkenntnisse zum Digital-Divide-Konzept zeigen: Die relevantesten Einflüsse sind soziodemografische Merkmale wie Einkommen, Bildung, Geschlecht, Alter und Ethnie [1]. Mit der Weiterentwicklung des Konzeptes werden diese exogenen Faktoren immer relevanter.

Der Faktor Bildung hat den potenziell permanentesten Einfluss auf den Digital Divide [1, 9]. Denn während Personengruppen mit höherem Bildungsniveau digitale Medien eher zu Zwecken der Einkommenssteigerung im Kontext ihrer Arbeit, Karriere oder des Studiums nutzen, werden digitale Anwendungen von Personengruppen niedrigerer Bildungsschichten eingängiger, zur Unterhaltung und Kommunikation sowie zum Konsum genutzt [1, 4]. So werden bestehende Ungleichheiten noch verstärkt.

Forschung zu Wirkfaktoren unterrepräsentiert

Zur Erörterung der beschriebenen exogenen Faktoren und somit (Aus-)Wirkungen des Digital Divide führten Scheerder et al. eine systematische Literaturanalyse durch. Betrachtet wurde der Digital Divide zweiten und dritten Grades – mit den Determinanten „use/skills" und „outcome" [2]. Die Ergebnisse bestärken die Annahme einer technologiebezogenen Ungleichverteilung aufgrund der demografischen Faktoren Alter, Geschlecht, sozioökonomischer Status und Ethnie. Besonders Alter, Bildungsniveau und Erwerbstätigkeit bzw. Beschäftigungssituation fallen ins Gewicht [2]. Zeitgleich wird herausgestellt, dass Forschung zum Third Level Divide („outcome") unterrepräsentiert ist. Aufgrund dieser Forschungslücke lässt sich bisher keine gesicherte Aussage darüber treffen, welche Personengruppen aus welchen Gründen potenziell von ihrer Online-Aktivität profitieren. Ebendiese Fragen zu ergründen, scheint jedoch besonders relevant, da sie Auswirkungen auf existierende Ungleichheiten haben [2].

Implikationen

Durch existierende Ungleichheiten aufgrund des Digital Divide kann die Wirkung unterstützender digitaler Technologien, beispielhaft im Gesundheitswesen, gemindert werden. Es sollten Methoden gefunden werden, um verschiedene Gruppen mit unterschiedlichen Digitalkompetenzen anzusprechen und digitale Angebote adäquat zu adressieren [3]. Bleibt es bei einer eindimensionalen Betrachtung im Sinne des Zugangs zu digitalen Medien, werden benachteiligten Personengruppen bestimmte Lösungen vorenthalten.

Forschung zum Third Level Divide – den Folgen bzw. dem Nutzen einer Technologieanwendung – ist derzeit unterrepräsentiert, weshalb hier keine Handlungsempfehlung herauszustellen ist. So scheinen aktuell keine Maßnahmen zum Ansatz an einen existierenden Digital Divide eindeutig identifizierbar. Mit dem Wissen um die Relevanz der Wirkfaktoren Alter, Bildungsniveau und Beschäftigungssituation sollte die Forschung zum Konzept des Digital Divide in Zusammenhang mit anderen, bereits vorhandenen Ansätzen gebracht werden. Von Bedeutung könnten dabei Theorien zur Technologieakzeptanz und Digitalkompetenz sein.

Literatur

1. Van Dijk JAGM. Digital Divide: Impact of Access. The International Encyclopedia of Media Effects: 2017. 1–11. https://doi.org/10.1002/9781118783764.wbieme0043
Scheerder A, van Deursen A, van Dijk J. Determinants of Internet skills, uses and outcomes. A systematic review of the second- and third-level digital divide. Telematics and Informatics. 2017; 34(8): 1607–24. https://doi.org/10.1016/j.tele.2017.07.007

2. Cornejo Mueller A, Wachtler B, Lampert T. Digital divide-social inequalities in the utilisation of digital healthcare. Bundesgesundheitsblatt Gesundheitsforschung Gesundheitsschutz. 2020. https://doi.org/10.1007/s00103-019-03081-y

3. Van Deursen AJ, van Dijk JA. The first-level digital divide shifts from inequalities in physical access to inequalities in material access. New Media Soc. 2019; 21(2): 354–75. https://doi.org/10.1177/1461444818797082

4. Büchi M, Just N, Latzer M. Modeling the second-level digital divide: A five-country study of social differences in Internet use. New Media & Society. 2016; 18(11): 2703–22. https://doi.org/10.1177/1461444815604154

5. Van Deursen AJAM. Digital Divide: Impact of Media Literacy. The International Encyclopedia of Media Effects. 2017: 1–8. https://doi.org/10.1002/9781118783764.wbieme0044

6. Saeed S & Masters R. Disparities in Health Care and the Digital Divide. Current Psychiatry Reports. 2021: 23(61). https://doi.org/10.1007/s11920-021-01274-4

7. Van Deursen AJAM, Mossberger K. Any Thing for Anyone? A New Digital Divide in Internet-of-Things Skills. Policy & Internet. 2018; 10(2): 122–40. https://doi.org/10.1002/poi3.171

Scheerder AJ, van Deursen AJAM, van Dijk JAGM. Taking advantage of the Internet: A qualitative analysis to explain why educational background is decisive in gaining positive outcomes. Poetics. 2019. https://doi.org/10.1016/j.poetic.2019.101426

Big Data: Verbesserung der Versorgung durch patientenzentrierte Analysen

Timo Schulte

Wie in den meisten Gesundheitssystemen entwickelter Länder ergeben sich auch im deutschen Gesundheitssystem eine Reihe von Herausforderungen wie z. B. steigende Kosten, eine erhöhte Nachfrage aufgrund demografischer Entwicklungen und damit einhergehend eines wachsenden Anteils an multimorbiden Patienten sowie erhöhte Erwartungen der Bürger an die Leistungsfähigkeit der Gesundheitsversorgung. Um diesen Herausforderungen zu begegnen, werden verstärkt Modelle der integrierten und patienten- oder personenzentrierten Versorgung thematisiert, die Probleme überwinden sollen, die sich durch Koordinationsprobleme an den Sektorengrenzen ergeben und z. T. auch Lösungsansätze für eine stärker integrierte Finanzierung von Gesundheitsleistungen aufzeigen [1]. Derartige Modelle sind eng verbunden mit dem Gedanken, dass auch die gesundheitsrelevanten Daten von Personen integriert werden. Die Auswertungsmöglichkeiten, die eine umfassende Plattform von gesundheitsrelevanten Daten bieten würde, gelten als eine der wichtigsten Innovationen für Gesundheitssysteme [2]. Welche Potenziale sich durch die Analyse patientenzentrierter Gesundheitsdaten für Leistungserbringer, Kostenträger oder Systemgestalter ergeben könnten, soll in diesem Beitrag aufgezeigt werden.

T. Schulte (✉)
Lehrstuhl für Management und Innovation im Gesundheitswesen, Fakultät für Wirtschaft und Gesellschaft, Universität Witten/Herdecke, Witten, Deutschland
E-Mail: timo.schulte@uni-wh.de

S. Bohnet-Joschko, K. Pilgrim (Hrsg.), *Handbuch Digitale Gesundheitswirtschaft*,
https://doi.org/10.1007/978-3-658-41781-9_11

Potenziale durch Big Data Analytics

Würden die bereits existierenden Datenbestände im Gesundheitssystem umfassend genutzt, um datenbasiert Optimierungspotenziale zu identifizieren, wären allein im Gesundheitssystem der USA geschätzte Kosteneinsparungen von bis zu 450 Mrd. USD möglich [3]. Klassische Datenanalysen im Gesundheitswesen basieren häufig auf experimenteller, hypothesenbasierter Forschung. Eine Studie von Bitkom Research/KPMG kommt zu dem Ergebnis, dass im Gesundheitswesen (ohne die Pharmaindustrie, die gesondert betrachtet wurde) unternehmerische Entscheidungen unterdurchschnittlich oft zur Entscheidungsfindung genutzt werden bzw. dass es gelingt, Erkenntnisse aus Analysen in konkreten Nutzen zu überführen. Die Analyse von Big Data aus der Versorgungsrealität erforderte neue Ansätze der Datenanalyse, eröffnet aber auch neue Einsatzmöglichkeiten wie z. B. eine schnellere Reaktion auf Epidemien oder Pandemien, ein umfassenderes Verständnis der Einflussfaktoren auf Gesundheit und Krankheit und eine bedarfsgerechtere Verteilung der begrenzten personellen und finanziellen Ressourcen im Gesundheitswesen.

Sämtliche Daten, die Informationen über die Einflussfaktoren auf Gesundheit und Krankheit einer Person beitragen können, sind potenziell relevant für eine personenzentrierte Gesundheitsplattform. Das Konzept einer Gesundheitsplattform sieht vor, dass personenzentrierte Daten dort nach Einverständnis des Individuums gesammelt und gespeichert und ausgewählten (Versorgungs-)Institutionen oder vertrauenswürdigen Personen z. B. zum Zwecke der Information oder weiteren Auswertung zugänglich gemacht werden.

Dies sind z. B. Abrechnungsdaten von Kostenträgern, Daten aus den elektronischen Gesundheitsakten der Leistungserbringer (Biomarker, medizinische Bildgebung, Diagnostik, Laborparameter etc.), von Personen selbst generierte Daten wie etwa Aktivitätsdaten von Smart Watches/Trackern oder webbasierte Daten aus Social Media oder Gesundheitsforen, Daten aus der Gesundheitsforschung oder aus verwandten Systemen wie etwa sozioökonomische oder Umweltdaten. Mittels klassischer statistischer Methoden wie z. B. Regressionsanalysen oder induktiver Ansätze wie Data Mining oder Machine Learning (z. B. Support Vector Machines, neurale Netzwerke, Random Forest) können neue Informationen mit sehr viel größerem Detaillierungsgrad und auf Basis von historischen Daten Wahrscheinlichkeiten für zukünftige Entwicklungen abgeleitet werden [4]. Um auf die eingangs formulierte Frage einzugehen, wie Analysen auf Basis einer personenzentrierten Datenplattform die Gesundheitsversorgung verbessern könnten, sollen nachfolgend einige Beispiele aufgezeigt werden [5].

Vier mögliche Einsatzszenarien

Ein potenzielles Einsatzgebiet wäre etwa die Ausgestaltung individualisierter Versorgungspläne [6]. Durch Patient Similarity Models könnten Personen auf Basis ihres Profils z. B. in Bezug auf Genetik und Vorerkrankungen, Aktivitätsniveau und Lebensstil,

Inanspruchnahme-Verhalten und Compliance, sozioökonomischen Status und Umweltbedingungen in vergleichbare Risikogruppen eingeteilt werden. Durch die Analyse, welche Therapieoptionen in der Vergangenheit bei Personen mit vergleichbaren Merkmalen die besten Erfolge erzielt haben, könnten Wahrscheinlichkeiten über den individuell erfolgversprechendsten Therapieplan in Bezug auf interventionelle, medikamentöse oder verhaltenstherapeutische Maßnahmen abgeleitet werden. Selbstverständlich bedarf es, wie auch bei sämtlichen der nachfolgend vorgestellten Einsatzgebiete, einer professionellen Beurteilung durch einen entsprechend qualifizierten Leistungserbringer bzw. Entscheidungsträger. Die analytischen Möglichkeiten sollen in diesem Fall die Auswahl der Behandlungsalternativen unterstützen, können und sollen dem Behandler letztlich jedoch nicht die Entscheidung abnehmen.

Durch die Integration von Risikoprädiktoren in klinische Behandlungs- und Dokumentationssysteme könnten eine schnellere und genauere Diagnostik ermöglicht und unerwünschte Effekte (Arzneimittelnebenwirkungen, Re-Hospitalisierung, Komplikationen etc.) gezielter vermieden werden [7]. Insbesondere Risikogruppen mit selteneren Erkrankungen könnten durch den Abgleich ihres Risikoprofils mit einer umfangreichen Datenbank von einer besseren Diagnostik profitieren und schneller Zugang zu einer adäquaten Spezialversorgung erhalten. Durch einen Austausch relevanter Daten zwischen Leistungserbringern im Behandlungsprozess über die Gesundheitsplattform würde sich außerdem die medizinische Kommunikation verbessern und Mehrfachuntersuchungen verringert.

Ein weiteres Einsatzgebiet wären Prädiktionsmodelle, die auf Basis z. B. der zuvor bereits geschilderten Parameter Wahrscheinlichkeiten zur Krankheitsentstehung oder zur Krankheitsentwicklung ermitteln und so die Basis bilden für den Einsatz geeigneter Maßnahmen der Prävention oder der Vermeidung von Zustandsverschlechterungen bzw. Komorbiditäten. Indem Personen den Zugriff auf ihre individuellen Gesundheitsdaten und Therapiekonzepte erhalten, werden Compliance, Gesundheitsbildung und Selbstmanagement-Kompetenzen gestärkt und Konzepte wie Shared Decision Making ergänzt [8]. Überwachungssysteme hinsichtlich der Übertragung von Infektionskrankheiten könnten, wenn die personenzentrierten Daten zeitnah zur Verfügung stehen, schneller regionale Besonderheiten erkennen und entsprechend reagieren, z. B. durch Immunisierung oder andere gezielte Eindämmungsmaßnahmen.

Ein weiteres potenzielles Einsatzgebiet wäre der Einsatz von Analytik, um ein besseres Verständnis für Unterschiede in der Qualität der Gesundheitsversorgung zwischen Leistungserbringern, Regionen oder Interventionen zu erlangen, um daraufhin Systeme der Finanzierung oder der Organisation der Leistungserbringung und Public-Health-Aktivitäten anzupassen. Durch eine transparente Evaluation von Qualität und Effizienz der Gesundheitsversorgung auf Basis personenzentrierter Daten inklusive z. B. Patient-reported Outcomes könnte ein Wettbewerb zur Verbesserung medizinischer Ergebnisse angereizt werden. Zudem könnte verglichen werden, welche Leistungserbringer (Pflege, Case Management, Ärzte, Sozialarbeiter, Psychologen etc.) und welches Setting (ambulant, stationär, Häuslichkeit etc.) am besten zur Erbringung bestimmter Leistungen geeignet ist bzw. ob sektoren- und professionsübergreifende Behandlungskonzepte erforderlich sind [9].

Regulatorische, technische, methodische und ethisch-gesellschaftliche Herausforderungen

Bei den skizzierten Anwendungsmöglichkeiten von Big Data Analytics handelt es sich bewusst um Zukunftskonzepte, welche in ihrer Ausgestaltung noch einige Hürden zu überwinden haben [10]. Die Herausforderungen lassen sich in vier Kategorien ordnen – regulatorisch, technisch, methodisch und ethisch-gesellschaftlich. Zu den größten regulatorischen Herausforderungen zählen die Finanzierung des Aufbaus und der Entwicklung personenzentrierten Gesundheitsplattformen, die Definition der Zugriffs- und Eigentumsrechte der Gesundheitsdaten sowie geeigneter Datenschutzkonzepte und die Definition von methodischen Standards ähnlich wie bei Medizinprodukten oder Arzneimitteln, um fehlerhafte Empfehlungen der analytischen Modelle zu begrenzen. Die größten technischen Herausforderungen sind der Aufbau und die Pflege einer Datenbank, die sehr große Datenmengen und heterogene Datenformate speichern kann, z. T. in Echtzeit aktualisiert werden muss und eine entsprechend schnelle Analytik der Daten ermöglicht. Zudem muss die Datenbank gegen nicht autorisierte Zugriffe geschützt und gegen Ausfälle gesichert sein. Die aus methodischer Sicht größten Herausforderungen sind die Sicherstellung einer angemessenen Datenqualität, die Entwicklung analytischer Modelle und methodischer Standards sowie deren ständige Evaluation. Letztlich ist es auch eine methodische Herausforderung, dass die analytischen Ergebnisse so für die Empfänger aufbereitet werden, dass die erforderlichen Informationen verstanden und zur Unterstützung von Entscheidungen genutzt werden können. Aus ethisch-gesellschaftlicher Sicht herausfordernd ist es, einen Konsens zur Bereitschaft der Sammlung und Nutzung von Gesundheitsdaten herzustellen bzw. es den Personen selbst zu überlassen, bestimmte Anwendungsfälle zu autorisieren oder zu verbieten. Gleichzeitig sind die Prozesse in der Gesundheitsversorgung stärker auf Kooperation, Transparenz und Datenaustausch einzustellen sowie zum Beispiel zu definieren, welche Konsequenzen es hat, wenn auf Basis einer analytisch ermittelten Wahrscheinlichkeit Entscheidungen getroffen werden, die sich im Nachhinein als fehlerhaft herausstellen [11].

Chancen für die Versorgung

In einigen Ländern wie z. B. Australien, Estland, Dänemark oder Finnland gibt es bereits erste Anstrengungen zur Einführung integrierter Gesundheitsplattformen [12]. Eine analytische Entscheidungsunterstützung hat enormes Potenzial die Gesundheitsversorgung zu optimieren, denn qualifizierte Entscheidungen setzen zumeist voraus, dass dem Entscheider eine umfangreiche Datenbasis vorliegt, anhand derer Unsicherheit reduziert und mögliche Konsequenzen abgewogen werden bzw. bereits getroffene Entscheidungen im Nachgang bewertet werden können. Bislang ist der Zugriff auf derartig umfangreiche, personenbezogene Gesundheitsdaten für größere Populationen selten gegeben. Auf Systemebene ergäben sich zusätzliche Vorteile durch die zeitnahe Verfügbarkeit für die jeweiligen

Leistungserbringer und die Patienten sowie durch die Kommunikation und den Datenaustausch untereinander. Gerade weil Gesundheitsdaten extrem sensibel und in der Analyse und Interpretation komplex sind, gibt es in größerem Umfang bislang jedoch kaum Best-Practice-Beispiele. Die hier skizzierten Anwendungsfälle erlauben jedoch eine Einschätzung der enormen Potenziale, die sich durch die Analyse von integrierten Gesundheitsdaten mittels geeigneter Methoden ergeben können.

Literatur

1. World Health Organization (2016) Framework on integrated, people-centred health services. http://apps.who.int/gb/ebwha/pdf_files/WHA69/A69_39-en.pdf. Accessed 1 May 2019
2. Raghupathi W, Raghupathi V (2014) Big data analytics in healthcare: promise and potential. Health Inf Sci Syst 2:3
3. Groves P, Kayyali B, Knott D, Van Kuiken S, McKinsey & Company (2013) The "Big Data" revolution in healthcare. Accelerating value and innovation. https://www.mckinsey.com/~/media/mckinsey/industries/healthcaresystems and services/our insights/the big data revolution in us health care/the_big_data_revolution_in_healthcare.ashx. Accessed 1 May 2019
4. Szlezák N, Evers M, Wang J, Pérez L (2014) The role of big data and advanced analytics in drug discovery, development, and commercialization. Clin Pharmacol Ther 95:492–495
5. Schulte T, Bohnet-Joschko S (2022) How can Big Data Analytics Support People-Centred and Integrated Health Services: A Scoping Review. Int J Integr Care 22:23
6. Mehta N, Pandit A (2018) Concurrence of big data analytics and healthcare: a systematic review. Int J Med Inf 114:57–65
7. Gottlieb L, Tobey R, Cantor J, Hessler D, Adler N (2016) Integrating social and medical data to improve population health: opportunities and barriers. Health Aff (Millwood) 35:2116–2123
8. Rumsfeld JS, Joynt KE, Maddox TM (2016) Big data analytics to improve cardiovascular care: promise and challenges. Nat Rev Cardiol 13:350–359
9. Krumholz HM (2014) Big data and new knowledge in medicine: the thinking, training, and tools needed for a learning health system. Health Aff (Millwood) 33:1163–1170
10. Kruse CS, Goswamy R, Raval Y, Marawi S (2016) Challenges and opportunities of big data in health care: a systematic review. JMIR Med Inform 4:e38
11. Hoffman S, Podgurski A (2013) The use and misuse of biomedical data: is bigger really better? Am J Law Med 39:497–538
12. Nøhr C, Parv L, Kink P, Cummings E, Almond H, Nørgaard JR, Turner P (2017) Nationwide citizen access to their health data: analysing and comparing experiences in Denmark, Estonia and Australia. BMC Health Serv Res. https://doi.org/10.1186/s12913-017-2482-y

Digitalisierung und Klimaschutz: Wirkung des Megatrends auf Nachhaltigkeit im Gesundheitswesen

Sabine Bohnet-Joschko

Megatrends beschreiben komplexe gesellschaftliche Veränderungen, die lang anhaltend in viele verschiedene Lebensbereiche hineinwirken und sie grundsätzlich umformen [1]. Seit Einführung des Begriffs im Jahr 1982 durch John Naisbitt wurden immer wieder neue Bündel von Megatrends beschrieben, in denen mindestens im vergangenen Jahrzehnt stets auch Digitalisierung und Klimawandel als Treiber der Veränderung geführt werden [2, 3]:

- Ausgehend von Vernetzung mittels digitaler Infrastrukturen sind Kommunikations- und Informationsmöglichkeiten geradezu explodiert, haben sich durch Digitalisierung Produkte, Prozesse und Arbeitswelten radikal verändert und werden disruptive Geschäftsmodelle entwickelt [4].
- Klimawandel gilt derzeit als Synonym für erwartete ökologische und soziale Folgen der Industrialisierung auf Basis fossiler Energien, während durch Klimaschutz bei nachhaltiger Entwicklung eine Ressourcennutzung unter Beachtung der Regenerationsfähigkeit von Systemen und der Bedürfnisse bestehender und kommender Generationen entsprechend der Sustainable Development Goals angestrebt wird. [5]

Im Folgenden wird der Beitrag der Digitalisierung zum Klimaschutz im Gesundheitswesen betrachtet.

S. Bohnet-Joschko (✉)
Universität Witten/Herdecke, Witten, Deutschland
E-Mail: sabine.bohnet-joschko@uni-wh.de

Der CO$_2$-Fußabdruck des Gesundheitswesens

Die Bedeutung von Klimawandel und Klimaschutz für das Gesundheitswesen ist in Deutschland noch wenig mit Daten hinterlegt. Zwei Wirkungsfelder könnten von Interesse sein: (1) Welchen Beitrag zum Klimawandel bzw. Klimaschutz leisten deutsche Gesundheitsversorgungseinrichtungen? Und (2) welche Auswirkungen auf den Gesundheitszustand der Bevölkerung gehen von Klimaveränderungen aus?

Schätzungen zeigen, dass 4–5 % der durch Menschen verursachten CO$_2$-Emissionen weltweit in Einrichtungen der Gesundheitsversorgung entstehen [6]. Als Vorreiter des Klimaschutzes im Gesundheitswesen gilt Großbritanniens National Health Service (NHS), der früh mit der Messung des eigenen CO$_2$-Fußabdrucks begonnen hat und inzwischen den Erfolg von Maßnahmen berichten kann [7]. Während weltweit eine Vielzahl gravierender direkter und indirekter Auswirkungen des Klimawandels auf den Gesundheitszustand der Bevölkerung beschrieben werden, gelten in Ländern Westeuropas neben Schadstoffemissionen aller Art vor allem erhöhte Temperaturen im Sommer und Extremwetterereignisse als Risikofaktoren [8].

Effektivität, Effizienz und Klimaschutz durch digitale Dokumentation

Die zunehmende Digitalisierung des Gesundheitswesens ist mit hohen Erwartungen verbunden: Durch digitale Lösungen können zunächst Effektivität und Effizienz der Gesundheitsversorgung gesteigert werden, indem die relevanten Daten zur rechten Zeit am richtigen Ort nutzbar sind. So erhöht z. B. der Einsatz von elektronischen Patientenakten die Qualität der Versorgung und Patientensicherheit durch digitale Dokumentation als Grundlage für die Vermeidung von Übergabefehlern innerhalb von Organisationen und in fragmentierten Gesundheitssystemen, während gleichzeitig unnötige Doppeluntersuchungen ebenso wie die Mehrfacheingabe von Daten wegfallen. Mit Blick auf die Wechselwirkungen zwischen den Megatrends Digitalisierung und Klimaschutz richtet sich der Blick zunächst auf die Digitalisierung von Prozessen etwa durch ePatientenakte, eRezept, aber auch auf papierlose Kommunikation innerhalb von Organisationen und zwischen Leistungserbringern und den damit verbundenen Verzicht auf Papier und Röntgenfilme [9].

Zugang erleichtern, Personenbeförderung reduzieren, Prävention fördern

Digitale Anwendungen können den Zugang zu Versorgungsleistungen erleichtern, indem Expertise etwa durch telemedizinische Beratung und Konsile in Haushalte in ländlichen Regionen, in Pflegeheime, in Praxen und kleinere Krankenhäuser übertragen wird. Über den Wegfall von Personenbeförderung durch Videosprechstunden, Online-Therapien, Fernkonsile oder die Fernüberwachung chronisch Kranker werden auch Emissionen vermieden bzw. eingespart [10]. Darüber hinaus bieten viele digitale Lösungen für Patienten zusätzliche Transparenz und Möglichkeiten, die eigene Gesundheit zu fördern bzw. Krankheit und deren Versorgung selbst zu managen. Diese Stärkung und Ermächtigung fördert Gesundheit und Zufriedenheit von Patienten. Insofern ist die digitale Erweiterung des Gesundheitssystems auf den proaktiven Erhalt von Gesundheit in Ergänzung zur Reaktion des Systems auf Erkrankungen geeignet, den Gesundheitszustand von Personen und der Bevölkerung zu heben – was idealerweise Behandlung verhindern und Emissionen vermeiden bzw. einsparen kann.

Health Professionals als Treiber des Klimaschutzes?

Insgesamt wird der für die Gesundheitsversorgung wesentliche Triple Aim – das große übergeordnete Ziel der Verbesserung in den drei Dimensionen Gesundheit (Outcome), Patientenzufriedenheit und Kosten – durch Digitalisierung gestützt und gestärkt, wobei Ziele des Klimaschutzes häufig gleichgerichtet verfolgt werden können. Darüber hinaus entstehen neue Möglichkeiten mit Blick auf die an Bedeutung gewinnende vierte Dimension, die Zufriedenheit von Health Professionals: Berufsgruppen im Gesundheitswesen können durch digital gestützte Prozesse bei Routinetätigkeiten entlastet werden und sich stärker auf die Interaktion mit Patienten konzentrieren. Durch Digitalisierung erfahren nahezu alle Gesundheitsprofessionen eine Aufwertung ihrer Tätigkeiten, gleichzeitig entstehen neue Berufsbilder mit vielseitigen Einsatzbereichen. Health Professionals sind sich ihrer Verantwortung bewusst und grundsätzlich bereit, in ihrem Einflussbereich einen Beitrag zum Klimaschutz zu leisten [11]. Bei zunehmendem Fachkräftemangel gewinnt die Positionierung von Einrichtungen der Gesundheitsversorgung als gute Arbeitgeber, die gesellschaftliche Ziele wie den Klimaschutz mit verfolgen, an Bedeutung.

Klimabilanz von Robotik und Künstlicher Intelligenz

Um Potenziale der Digitalisierung realisieren zu können, müssen jedoch zunächst Endgeräte und Infrastruktur produziert und an ihren Bestimmungsort transportiert werden, sind Rechenzentren zu betreiben und werden gewaltige Datenmengen von A nach B geleitet. Allein die Nutzung des Internets erfordert große Mengen an Energieeinsatz mit entsprechenden Emissionen. Es fragt sich, ob im Gesundheitswesen Einsparungen durch Digitalisierung oder aber zusätzlicher Ressourcenverbrauch und CO_2-Emissionen überwiegen. Untersuchungen zeigen: Es kommt darauf an.

Am Beispiel des Einsatzes Künstlicher Intelligenz (KI) in der Diagnostik konnte das Potenzial für eine deutliche Verringerung der CO_2-Emissionen pro Prozedur gezeigt werden [12], während für Laparoskopien, die mit Robotik gestützt durchgeführt werden, deutlich höhere CO_2-Emissionen pro Einsatz ermittelt wurden [13].

Supply Chain als Hebel für den Klimaschutz in Gesundheitsversorgungseinrichtungen

Rund 70 % der CO_2-Emissionen von Einrichtungen des Gesundheitswesens sind Produkten und Dienstleistungen zuzuordnen, die von außen eingekauft werden [14]. Für Gesundheitsversorgungseinrichtungen stellt das eine Herausforderung dar, denn Strategien zur klimafreundlichen Herstellung müssen in anderen Organisationen umgesetzt werden. Im eigenen Entscheidungsbereich bleiben zwei Ansatzpunkte für Gesundheitsversorger: Die Verringerung von Anschaffungen und Verbrauch wird rasch an Grenzen gelangen, dagegen kann die Berücksichtigung des Klimaschutzes bei Beschaffungsentscheidungen dauerhaft Wirkung erzielen und durch Kooperation in Verbünden oder Einkaufsgenossenschaften mittelfristig auch eine Verhandlungsmacht aufbauen, die Veränderungsprozesse bei Zulieferern anstößt.

Digitalisierung kann einen Beitrag zum Klimaschutz leisten – vor allem durch Prävention

Die Gesundheitswirtschaft beginnt den Klimaschutz als zusätzliche Zieldimension zu entdecken. Für Anbieter von Gesundheitsversorgungsleistungen bestehen viele Möglichkeiten, durch ökoeffiziente Lösungen Triple Aim und Klimaschutz zu verbinden. Diese Rationale bereitet auf erwartete Verschärfungen der Regulatorik im Hinblick auf Berichtspflichten und Klimaneutralität vor. Angesichts des Fachkräftemangels kann eine glaubwürdige Nachhaltigkeitsorientierung auch einen wichtigen Beitrag zur Rekrutierung und Bindung von Health Professionals leisten.

Bei allem Bemühen um ökoeffiziente Verknüpfungen von Klimaschutz und Digitalisierung, um nachhaltige Beschaffungsprozesse und Arbeitgeberpositionierung sollte nicht übersehen werden, dass der stärkste gemeinsame Hebel für das Zusammenwirken der Megatrends über Gesundheitsförderung und Prävention wirkt: Durch Digitalisierung gestützte Stärkung der Gesundheitsvorsorge, des Selbstmanagements, der intersektoralen und interprofessionellen Kommunikation kann Gesunderhaltung fördern und Leistungsinanspruchnahme mindern. Jede Reduzierung von Über- und Fehlversorgung ermöglicht zugleich deutliche Einsparungen bei Ressourcenverbrauch und Emissionen.

Literatur

1. Naisbitt, J (1982). Megatrends. Ten New Directions Transforming Our Lives; Warner Books: New York, NY, USA.
2. Linthorst, J; de Waal, A (2020). Megatrends and Disruptors and Their Postulated Impact on Organizations. Sustainability 2020, 12, 8740; https://doi.org/10.3390/su12208740
3. Creutzig et al. (2020). Digitalization and the Anthropozene. The Annual Review of Environment and Resources 2022. 47:23.1–23.31; https://doi.org/10.1146/annurev-environ-120920-100056
4. Vial, X (2019). Understanding digital transformation: A review and a research agenda. Journal of Strategic Information Systems 28 (2019) 118–144; https://doi.org/10.1016/j.jsis.2019.01.003
5. Fuso Nerini, F. et al. (2019). Connecting climate action with other Sustainable Development Goals. Nature Sustainability 1 (2019) 674–680; https://doi.org/10.1038/s41893-019-0334-y
6. Watts N. et al. (2019). The 2019 report of the Lancet Countdown on health and climate change: ensuring that the health of a child born today is not defined by a changing climate. The Lancet, 394 (2019) 1836–1878; https://doi.org/10.1016/s0140-6736(19)32596-6
7. Tennison, I. et al. (2021). Health care's response to climate change: a carbon footprint assessment of the NHS in England. Lancet Planetary Health 2021; 5: e84–92.
8. Markandya A; Chiabai A (2009). Valuing Climate Change Impacts on Human Health: Empirical Evidence from the Literature. International Journal on Environmental Research an Public Health 2009, 6, 759–786; https://doi.org/10.3390/ijerph6020759.
9. Turley M et al. (2011). Use Of Electronic Health Records Can Improve The Health Care Industry's Environmental Footprint. Health Affairs 30, 5 (2011) 938–946; doi: https://doi.org/10.1377/hlthaff.2010.1215
10. Purohit A et al. (2021). Does telemedicine reduce the carbon footprint of healthcare? A systematic review. Future Healthcare Journal 8 (2021) 1:e85–91.
11. Mezger N et al. (2021). Klimaschutz in der Praxis. Status quo, Bereitschaft und Herausforderungen in der ambulanten Versorgung. Zeitschrift für Evidenz, Fortbildung und Qualitätssicherung im Gesundheitswesen (ZEFQ) 166 (2021) 44–54; https://doi.org/10.1016/j.zefq.2021.08.009
12. Wolf RM et al. (2022). Potential reduction in healthcare carbon footprint by autonomous artificial intelligence. Digital Medicine (2022) 5:62; https://doi.org/10.1038/s41746-022-00605-w
13. Woods DL (Carbon footprint of robotically-assisted laparoscopy, laparoscopy and laparotomy: a comparison. International Journal of Medical Robotics and Computer Assistend Surgery 2015; 11: 406-412; doi:10.1002/rcs.1640
14. Salas R et al. (2020). A pathway to net zero emissions für health care. BMJ 2020, 371:m3785; doi:10.1136/bmj.m3785

Ein ethischer Blick auf die Nutzung öffentlicher Daten mittels Social Media Mining

Jonathan Koß

Soziale Medien (SM) sind heutzutage ein elementarer Bestandteil des Lebens vieler Menschen: SM-Plattformen wie Twitter oder Instagram werden genutzt, um Einstellungen in Bezug auf unterschiedlichste Themen beispielsweise neuste politische Ereignisse zu diskutieren oder den Lebensalltag zu dokumentieren. Analog dazu nutzen Patienten diese Plattformen, um ihr Krankheitserleben zu dokumentieren, emotionalen Support zu erhalten oder Therapieformen zu diskutieren und möglicherweise Strategien zu finden, die ihr Wohlbefinden verbessern. Die Aggregation und Auswertung dieser Datensätze ermöglichen Rückschlüsse auf medizinische Bedürfnisse oder Leiden, die Gefühle und die Beziehungen von Menschen. Aufgrund dieser Fülle an Informationen werden SM-Daten auch zunehmend für Forschungszwecke verwendet. Doch entstehen aus dieser Verwendung auch ethische Risiken?

Potenzieller Nutzen von Social Media Mining

Die technologischen Fortschritte des letzten Jahrzehnts haben in den meisten Ländern einen weit verbreiteten Zugang zum Internet ermöglicht, sodass die Zahl der Nutzer sozialer Medien auf rund 2,8 Mrd. Menschen weltweit angewachsen ist [1]. Die Nutzer generieren riesige Datenmengen, die auf unterschiedliche Weise in der Forschung Verwendung finden. Einer der bedeutendsten Trends, sowohl aus wissenschaftlicher als auch aus unternehmerischer Sicht, ist die Anwendung von Tools für zur automatisierten Extraktion und

J. Koß (✉)
Lehrstuhl für Management und Innovation im Gesundheitswesen, Fakultät für Wirtschaft und Gesellschaft, Universität Witten/Herdecke, Witten, Deutschland
E-Mail: jonathan.koss@uni-wh.de

S. Bohnet-Joschko, K. Pilgrim (Hrsg.), *Handbuch Digitale Gesundheitswirtschaft*, https://doi.org/10.1007/978-3-658-41781-9_13

Analyse sozialer Medien als Mittel zur Aufdeckung neuer Assoziationen oder zur Vorhersage künftiger Verhaltensweisen [2]– oft auch als „Social Media Mining" (SMM) oder „Social Media Listening" bezeichnet [3, 4]. Im Kontext der medizinischen Forschung wird exemplarisch untersucht, ob SMM zur Identifikation unerwünschter Arzneimittelnebenwirkungen [5] oder von medizinischen Bedürfnissen genutzt werden kann [3, 6]. Potenzielle Vorteile von SMM sind vielfältig. Dazu zählen die Möglichkeit, eine größere Anzahl von Teilnehmern einzuschließen, als es sonst möglich wäre [7], Trends und Assoziationen in großen, frei zugänglichen Datenbeständen zu analysieren und insgesamt die Kosten für die Durchführung von Forschungsarbeiten in großen Populationen zu senken [3].

SMM kann zu ethischen Problemen führen

SMM-basierte Analysen sind für Wissenschaftler u. a. so interessant, weil diese Daten tiefe Einblicke in das Erleben und Empfinden von Nutzern liefern. Gleichzeitig beinhalten SM-Daten eine Reihe persönlicher Informationen, was zu ethischen Verstößen führen kann. Eine zentrale Frage ist hierbei, ob das SMM-Projekt die Kriterien für Forschung am Menschen erfüllt [8]. Ein menschliches Subjekt wird im Kontext von Forschung als eine lebende Person definiert, über die ein Forscher Daten durch Interaktion mit der Person oder identifizierbare private Informationen erhält [8]. Wenn die folgenden Bedingungen erfüllt sind, stellt SMM vermutlich keine Forschung an einem menschlichen Subjekt dar [8]: Der Zugang zu den Daten ist öffentlich; die Informationen sind identifizierbar, aber nicht privat; und es erfolgt keine Interaktion mit der Person, die sie online gestellt hat. Des Weiteren darf die Aufzeichnung und Auswertung der Daten nicht dazu führen, dass die Versuchspersonen entweder direkt oder indirekt identifiziert werden können oder ihnen eine Offenlegung der Ergebnisse schaden würde, beispielsweise indem der Ruf der Versuchsperson geschädigt wird [8].

Verletzung der Privatsphäre

Je nach Analyse können personenbezogene Informationen generiert werden, ohne dass dies dem Nutzer bewusst ist, was zu Verletzung ethischer Prinzipien hinsichtlich der Privatsphäre führen kann [9]. Privatsphäre im Kontext von SMM aus ethischer Perspektive bezieht sich auf den Wunsch des Einzelnen, Daten über sich selbst zu kontrollieren oder zu beeinflussen [9]. Dieses Bedürfnis kann durch Auswertungen mittels SMM verletzt werden. Beispielsweise können Methoden des Machine Learning genutzt werden, um demografische Informationen anhand des Nutzerverhaltens abzuleiten, die nie von den Nutzern wissentlich geteilt wurden [10] oder um Krankheitsbilder, exemplarisch depressive Symptomatiken, anhand der geteilten Inhalte zu erkennen [11].

Vernachlässigung oder Ausschluss bestimmter Personengruppen

Darüber hinaus kann die Nutzung von SMM in der medizinischen Forschung zur Vernachlässigung von bestimmten Personengruppen führen. Beispielsweise könnten bestimmte Populationen eine geringere SM-Nutzung aufweisen, was dazu führt, dass diese in Analysen nicht eingeschlossen sind und ihre Bedürfnisse folglich nicht beachtet werden [9]. Beispielsweise sind ältere Personen mutmaßlich weniger in sozialen Medien aktiv und folglich unterrepräsentiert [3]. Darüber hinaus könnten bestimmte Populationen auch aufgrund der wahrgenommenen Stigmatisierung weniger offen über ihre Krankheit sprechen, was wiederum zu einer unzureichenden Berücksichtigung dieser Personen führen würde [9]. Genauso sind zumeist Menschen mit niedrigerem Bildungs- und/oder niedrigem sozioökonomischen Status weniger aktiv in sozialen Medien vertreten [9].

Fazit

Einerseits bietet SMM unterschiedliche Vorteile, die eine Nutzung von SM-Daten für Forscher*innen und Unternehmen attraktiv machen. Andererseits bestehen ethische Problematiken. Insbesondere mögliche Verletzungen der Privatsphäre stellen ein Risiko dar, wenn Algorithmen zur Inferenz von Informationen genutzt werden, die nicht vom Nutzer aktiv geteilt worden sind. Im Allgemeinen sollten Forscher und Unternehmen darauf achten, dass sie Maßnahmen ergreifen, um die Privatsphäre der Nutzer zu schützen. Dazu zählen insbesondere die Anonymisierung von Daten und eine Auswertung, die möglichst nicht auf Ebene des Individuums vollzogen wird. Insgesamt erscheint eine Auswertung bestehender, öffentlich zugänglicher Inhalte eher unproblematisch zu sein. Letzen Endes ist dies jedoch abhängig vom konkreten Forschungsdesign und sollte im Zweifel mit einem Ethikausschuss diskutiert werden.

Literatur

1. Kemp S. Digital in 2017: Global Overview. We Are Social and Hootsuite. Online. 2017. zum Original
2. Taylor J, Pagliari C. Mining social media data: How are research sponsors and researchers addressing the ethical challenges? Research Ethics. 2018;14(2):1–39.
3. Koss J, Rheinlaender A, Truebel H, Bohnet-Joschko S. Social media mining in drug development – fundamentals and use cases. Drug Discovery Today. 2021.
4. Schmidt AL, Rodriguez-Esteban R, Gottowik J, Leddin M. Applications of quantitative social media listening to patient-centric drug development. Drug Discovery Today. 2022.
5. Powell GE, Seifert HA, Reblin T, Burstein PJ, Blowers J, Menius JA, et al. Social media listening for routine post-marketing safety surveillance. Drug safety. 2016;39(5):443–54.
6. Koss J, Bohnet-Joschko S, editors. Social Media Mining in Drug Development Decision Making: Prioritizing Multiple Sclerosis Patients' Unmet Medical Needs. Proc Hawaii Int Conf Syst Sci; 2022.

7. Moorhead SA, Hazlett DE, Harrison L, Carroll JK, Irwin A, Hoving C. A new dimension of health care: systematic review of the uses, benefits, and limitations of social media for health communication. Journal of medical Internet research. 2013;15(4):e1933.
8. Moreno MA, Goniu N, Moreno PS, Diekema D. Ethics of social media research: common con-
   cerns and practical considerations. Cyberpsychology, behavior, and social networking.
   2013;16(9):708–13.
9. Zimmermann BM, Willem T, Bredthauer CJ, Buyx A. Ethical Issues in Social Media Recruit-
   ment for Clinical Studies: Ethical Analysis and Framework. Journal of medical Internet research.
   2022;24(5):e31231.
10. Chew R, Kery C, Baum L, Bukowski T, Kim A, Navarro M. Predicting Age Groups of Reddit
    Users Based on Posting Behavior and Metadata: Classification Model Development and Valida-
    tion. JMIR Public Health and Surveillance. 2021;7(3):e25807.
11. Merchant RM, Asch DA, Crutchley P, Ungar LH, Guntuku SC, Eichstaedt JC, et al. Evaluating
    the predictability of medical conditions from social media posts. PLOS ONE. 2019;14(6):
    e0215476.

Digital Legacy in der Palliativversorgung

Lisa Korte

Niemand kann leugnen, dass das Internet im digitalen Zeitalter auf diverse Lebensbereiche Einfluss nimmt. Viele Menschen dokumentieren ihr Leben in sozialen Netzwerken. Wenn es um glückliche Momente im Urlaub geht, scheint dies leicht zu sein. Doch wie verhält es sich mit den Tabuthemen Tod und Sterben? Die Digitalisierung ist auch in der Palliativversorgung angekommen. Indem wir die Möglichkeit haben, nach dem Tod z. B. durch Blogs digitale Spuren zu hinterlassen, kreieren wir ein digitales Erbe, im Englischen Digital Legacy. Für den einen mag die Vorstellung seltsam sein, dass das Facebook-Profil eines verstorbenen Freundes noch besteht, für den anderen ist es eine Art Trauerbewältigung. Wie kann ein digitales Erbe Patienten und ihren Angehörigen in der Palliativtherapie und darüber hinaus helfen?

Palliativversorgung in Deutschland

Fachleute für Palliativmedizin sorgen für Menschen, die an einer schweren Erkrankung leiden und eine begrenzte Lebenserwartung haben. Im Mittelpunkt steht nicht die Heilung, sondern die Linderung der Schmerzen sowie Menschenwürde und Lebensqualität [1–3]. In Deutschland gibt es neben der allgemeinen die spezialisierte Palliativversorgung. Erstere beinhaltet die Versorgung durch ambulante Pflege- und Hospizdienste, Pflegeeinrichtungen und allgemeine Krankenhausstationen. Niedergelassene Ärzte mit Kenntnissen in der Palliativmedizin kümmern sich um die medizinische Versorgung. Das Fachpersonal

L. Korte (✉)
Lehrstuhl für Management und Innovation im Gesundheitswesen, Fakultät für Wirtschaft und Gesellschaft, Universität Witten/Herdecke, Witten, Deutschland
E-Mail: lisa.korte@uni-wh.de

© Der/die Autor(en), exklusiv lizenziert an Springer Fachmedien Wiesbaden GmbH, ein Teil von Springer Nature 2023
S. Bohnet-Joschko, K. Pilgrim (Hrsg.), *Handbuch Digitale Gesundheitswirtschaft*,
https://doi.org/10.1007/978-3-658-41781-9_14

der spezialisierten Palliativversorgung ist gezielt dafür ausgebildet, sterbende Menschen in stationären Hospizen und Krankenhäusern mit Palliativstationen wie auch in der spezialisierten ambulanten Palliativversorgung (SAPV) zu betreuen. 2022 gab es in Deutschland ca. 340 Palliativstationen, 1500 ambulante Dienste und über 250 stationäre Hospize, davon 19 für Kinder [4].

Digital Legacy – Das digitale Erbe

Laut James Norris ist es wichtig, sich damit auseinanderzusetzen, was man nach dem Tod im Internet hinterlässt. Er ist Gründer der Digital Legacy Association, ein professioneller Verband, der Hilfe beim Umgang mit einem digitalen Erbe sowie dessen Gestaltung bietet [5]. Einige Menschen trauern heutzutage anders, sie gedenken Verstorbenen z. B. in sozialen Netzwerken. Sterbende wiederum können selbst beeinflussen, welche Spuren sie im Internet hinterlassen [6], durch Digital Legacy Tools können sogar nach dem Tod automatisch Nachrichten gepostet werden [7]. Die Digital Legacy Association unterstützt Betroffene und ihr Umfeld, indem sie z. B. Informationen und Workshops zu Digital Legacy anbietet [6]. Jährlich führt sie die Digital Legacy Conference durch, eine internationale Non-Profit-Konferenz, die als einzige die Themen Tod und Internet verbindet. Mit dieser neuen Dimension von Tod und Sterben sollten sich insbesondere Fachleute aus der Palliativversorgung auseinandersetzen [8].

Aktivitäten rund um das digitale Erbe

Sterbenden ist es meist wichtig, ihren Liebsten etwas zu hinterlassen [9] – man denkt hierbei vielleicht zunächst an Briefe oder Bilder. Doch wie verhält es sich mit ewig bestehenden Spuren im Internet? Schon vor einigen Jahren haben verschiedene Forschungsgruppen begonnen, sich mit Aktivitäten und Einstellungen zu Digital Legacy zu beschäftigen. Indem krebskranke Kinder beispielsweise durch ein Webprogramm Videos oder Storyboards hinterließen, fanden sie und ihre Eltern eine Bewältigungsstrategie, durch die sich ihr Verhältnis und ihre Lebensqualität verbesserten [9, 10]. Wenn solche webbasierten Interventionen modifiziert werden und Kriterien wie Akzeptanz, Kosteneffizienz und Nutzerfreundlichkeit erfüllen, kann auch ein öffentlicher Zugang für die Bevölkerung geschaffen werden. Für Patienten in ländlichen Regionen oder solche, die zuhause versorgt werden, ist es zudem bequemer, ein digitales Erbe zu gestalten, als eine papierbasierte Dokumentation in einer palliativen Einrichtung zu machen [10]. Ähnlich positive Wirkungen wie die Videos und Storyboards zeigen Blogs, hier können die patientenorientierten Erfahrungen sogar die allgemeine (Palliativ-)Versorgung der jeweiligen Zielgruppe verbessern [11].

Aus Bewusst-Sein wird Glücklich-Sein

Viele Menschen denken am Lebensende nicht vorrangig darüber nach, was sie in der digitalen Welt hinterlassen. Wichtig sind Digital Legacy und die Kommunikation darüber jedoch auch innerhalb der Familie, weil Angehörige mit Zugriff auf digitale Informationen unkompliziert den Nachlass regeln können, ohne die Privatsphäre des Verstorbenen zu verletzen [12]. In der Palliativversorgung Tätige sprechen selten mit den Patienten über das digitale Erbe, weil wenig Wissen besteht und sie Digital Legacy wenig Bedeutung beimessen. Informationsmaßnahmen sind daher besonders für Fachleute wichtig [13], denn Akzeptanz und Offenheit beim Thema Digital Legacy kann vielen Patienten ein würdevolleres Sterben ermöglichen [7], was im Sinne der Palliativversorgung ist.

Fazit

Jede Person mag Digital Legacy unterschiedlich bewerten. Die Idee, in einer heutzutage digitalen Welt mit Palliativpatienten über Digital Legacy zu sprechen sowie Sterbende und ihre Angehörigen bei der Gestaltung zu unterstützen, mag jedoch für viele ein guter Ansatz zur Aufrechterhaltung der Lebensqualität sein. Wichtig ist es, ein Bewusstsein für Digital Legacy zu schaffen, damit jeder reflektiert für sich entscheiden kann, ob er sich vor dem Tod mit seinen digitalen Spuren auseinandersetzt und ob er solche hinterlassen möchte. Hierfür kann das Fachpersonal in der Palliativversorgung entsprechend geschult werden, um Patienten und ihren Angehörigen bei der Auseinandersetzung mit dem digitalen Erbe zu unterstützen und sie über Probleme im Zusammenhang mit Digital Legacy zu informieren.

Literatur

1. Bundesministerium für Bildung und Forschung. Palliativversorgung 2018. Verfügbar unter: https://www.gesundheitsforschung-bmbf.de/de/palliativversorgung-7535.php (Letzter Zugriff am 09.10.2022)
2. AOK-Bundesverband. Palliativversorgung 2016. Verfügbar unter: https://aok-bv.de/lexikon/p/index_00150.html (Letzter Zugriff am 09.10.2022)
3. Bundesministerium für Gesundheit. Angebote für Sterbenskranke 2018. Verfügbar unter: https://www.bundesgesundheitsministerium.de/palliativversorgung.html (Letzter Zugriff am 10.10.2022)
4. Deutscher Hospiz- und PalliativVerband e.V. Zahlen, Daten und Fakten zur Hospiz- und Palliativarbeit. 2022. Verfügbar unter: https://www.dhpv.de/zahlen_daten_fakten.html (Letzter Zugriff am 10.10.2022)
5. ehospice. Digital Legacy Association urges hospices to support patients in managing their digital estate 2016. Verfügbar unter: https://ehospice.com/uk_posts/digital-legacy-association-urges-hospices-to-support-patients-in-managing-their-digital-estate/ (Letzter Zugriff am 09.10.2022)

6. Digital Legacy Association. Digital Legacy Association 2019. Verfügbar unter: https://digitallegacyassociation.org/ (Letzter Zugriff am 09.10.2022)
7. Granger K. Death by social networking: the rising prominence of social media in the palliative care setting. BMJ Support Palliat Care. 2014; 4(1): 2–3. https://doi.org/10.1136/bmjspcare-2013-000607
8. Digital Legacy Association. The Digital Legacy Conference 2019. Verfügbar unter: https://digitallegacyconference.com/ (Letzter Zugriff am 09.10.2022)
9. Akard TF, Dietrich MS, Friedman DL, Hinds PS, Given B, Wray S, et al. Digital storytelling: an innovative legacy-making intervention for children with cancer. Pediatr Blood Cancer. 2015; 62(4): 658–65. https://doi.org/0.1002/pbc.25337
10. Akard TF, Wray S, Friedman DL, Dietrich MS, Hendricks-Ferguson V, Given B, et al. Transforming a Face-to-Face Legacy Intervention to a Web-Based Legacy Intervention for Children With Advanced Cancer. J Hosp Palliat Nurs. 2019; 22(1): 49–60. https://doi.org/10.1097/NJH.0000000000000614
11. Keim-Malpass J, Adelstein K, Kavalieratos D. Legacy Making Through Illness Blogs: Online Spaces for Young Adults Approaching the End-of-Life. J Adolesc Young Adult Oncol. 2015; 4(4): 209–12.10. https://doi.org/10.1089/jayao.2015.0003
12. Waagstein A. An exploratory study of digital legacy among death aware people. Thanatos. 2014; 3(1): 46–67. Verfügbar unter: https://thanatosjournal.files.wordpress.com/2012/12/thanatos312014_deathandinternet4.pdf (Letzter Zugriff am 09.10.2022)
13. Coop H, Marlow C. Do we prepare patients for their digital legacy? A survey of palliative care professionals. Palliat Med. 2019; 33(1): 114–5. https://doi.org/10.1177/0269216318802748

Teil III

Forschung und Entwicklung

Prozessdigitalisierung: Digitale Forschungs- und Entwicklungsplattformen

Jonathan Koß

Klinische Studien sind die Grundlage für eine Vermarktung von Medikamenten. Mit rund 1460 Mio. US Dollar Kosten repräsentieren diese rund 57 % der Gesamtkosten einer Medikamentenentwicklung bis zur Zulassung. Ein Teil dieser Kosten entsteht durch den hohen administrativen Aufwand sowie mit der Komplexität des Prozesses einhergehender Fehler in der Durchführung [1]. Zusätzlich müssen umfangreiche klinische Daten erhoben und ausgewertet werden. Gleichzeitig können die temporären Messungen in klinischen Studien zu einer Verzerrung der Wirksamkeit eines Medikaments führen [2, 3]. Können digitale Research & Development (R&D) Plattformen den komplexen Prozess der klinischen Forschung unterstützen?

Ein hochkomplexer Prozess: Klinische Studien

Die Medikamentenentwicklung ist ein hochkomplexer Prozess, in dem verschiedene Stakeholder, beispielsweise pharmazeutische Unternehmen, Contract Research Organizations, akademische Zentren, Patienten sowie Prüfärzte, nach einem standardisierten Prüfprotokoll dezentral und asynchron zusammenarbeiten müssen [4]. Dies führt zu potenziellen Risiken und Hürden in der Umsetzung, beispielsweise bei der Koordination von Untersuchungen und der damit verbundenen Datenerhebung, aber auch bei der Aggregation und Auswertung der Daten [5]. Zusätzlich können punktuelle, vor Ort durchgeführte Messungen von Vitaldaten oder qualitativen Parametern die Variabilität der Messergebnisse stei-

J. Koß (✉)
Lehrstuhl für Management und Innovation im Gesundheitswesen, Fakultät für Wirtschaft und Gesellschaft, Universität Witten/Herdecke, Witten, Deutschland
E-Mail: jonathan.koss@uni-wh.de

gern. Gleichzeitig sind diese zeitpunktbezogenen Messungen stark von den temporären Zuständen der untersuchten Person wie Motivation abhängig, sodass die Ergebnisse beeinflusst oder verzerrt werden können [4, 6]. Die damit einhergehenden, systematischen Fehler können eine erfolgreiche Durchführung und dementsprechend eine Zulassung des Wirkstoffes gefährden [5].

Digitale R&D Plattformen: Technologieunternehmen

Als Anbieter

Um diesen komplexen und unstetigen Prozess der klinischen Studien zu optimieren, entwickeln unterschiedliche Anbieter digitale Plattformen. Diese Plattformen sollen eine kontinuierliche und automatisierte Datenerhebung unterschiedlicher, integrierter Datenquellen ermöglichen und gleichzeitig die Koordination des gesamten Prozesses unterstützen [7, 8]. Beispielsweise hat Googles Tochterunternehmen Verily eine Plattform im Rahmen des Baseline Projects entwickelt. Diese ermöglicht ein vernetztes Forschungsökosystem, das Partner aus den Bereichen Gesundheitswesen, Biowissenschaften und Technologie einbezieht. Die Baseline-Plattform soll eine End-to-End-Plattform zur Generierung von Evidenz darstellen, die Effizienz von Studien erhöhen und hochwertigere, umfassendere Daten unter Einbezug von Real World Evidenz ermöglichen [9].

Plattformgestützte Studien: Projekt-Baseline

Die Baseline-Plattform wird bereits in ersten Studien getestet, beispielsweise mit dem Ziel, die Gesundheit der Bevölkerung zu erheben, indem klinische Daten und Real World Evidenz in einer longitudinalen Studie integriert werden [9, 10]. Die dargestellte Digitalisierung der Studiendurchführung zeigt verschiedene Potenziale der Prozessoptimierung in klinischen Studien auf. Innerhalb der genannten Studie werden zunächst mögliche Probanden mittels eines Online-Registers angeworben. Durch eine App, die in die Plattform integriert ist, werden diese potenziellen Probanden anschließend auf Eignung überprüft, aufgeklärt und mit wichtigen Informationen versorgt. Anschließend wird die Einverständniserklärung für die Studie (Informed Consent) eingeholt. Danach können wichtige Parameter über explizit entwickelte Smartwatches kontinuierlich erfasst werden. Mittels Machine Learning kann die Smartwatch beispielsweise das Bewegungsverhalten analysieren, um ein genaues Bewegungsprofil zu ermöglichen. Gleichzeitig können über die App auch Selbstauskünfte des Patienten eingeholt werden. Informationen aus Untersuchungen, beispielsweise Labordaten oder medizinische Bildgebung können ebenfalls über die Plattform gesammelt werden. Anschließend können die gesammelten Daten mithilfe von Dashboards, die statistische Analysen ermöglichen, innerhalb der Plattform durchgehend ausgewertet werden [9]. Dies ermöglicht unter anderem, dass die Zwischenergebnisse den Patienten zur Verfügung gestellt werden, um sie zu informieren und zur weiteren Teilnahme zu motivieren [11].

Plattformen können auch Risiken beinhalten

Durch die Integration und Vernetzung unterschiedlicher Systeme wächst die Gefahr für Hackerangriffe, die die Datensicherheit gefährden. Unterschiedliche Endgeräte könnten als Einfalltor für schädliche Software genutzt werden. Dies kann die Durchführung der Studie und den Schutz der teilnehmenden Probanden gefährden [12]. Zusätzlich ist zu beachten, dass die teilnehmenden Probanden weiterhin auch eine persönliche Betreuung benötigen. Insbesondere im Kontext von Studien mit älteren, nicht technikaffinen Probanden könnte sich eine solche Lösung eher als Hindernis darstellen [13].

Vernetzung für höhere Effizienz und Qualität

Digitale R&D Plattformen können klinische Studien, insbesondere in der Studienkoordination der Datenerhebung und -auswertung sowie dem Datenmanagement unterstützten und bieten so Potenziale zur Steigerung der Prozesseffizienz. Pharmazeutische Unternehmen sollten entsprechende Lösungen, insbesondere bei umfassenden multizentrischen Studien nutzen. Die Vernetzung der Stakeholder und die kontinuierliche und automatisierte Datenerhebung könnte einerseits den administrativen Aufwand senken und Fehlerquellen in der Datenerhebung sowie medizinische Risiken reduzieren. Andererseits ermöglicht die Integration von traditionellen klinischen Messpunkten und Real-World-Evidenz ein umfassenderes Verständnis eines potenziellen Wirkstoffkandidaten und eine Datengrundlage für die Forschung sowie für weitere Verhandlungen mit den Regulatoren. Die gesammelten Daten zur Nutzenbewertung könnten sich positiv auf den Zulassungsprozess auswirken. Zu beachten ist, dass die Anwender und insbesondere die Probanden technologieaffin sein müssen, um das Potenzial einer solchen Plattform nutzen zu können.

Literatur

1. DiMasi JA, Grabowski HG, Hansen RW. Innovation in the pharmaceutical industry: New estimates of R&D costs. J Health Econ. 2016;47:20–33
2. Kourtis LC, Regele OB, Wright JM, Jones GB. Digital biomarkers for Alzheimer's disease: the mobile/wearable devices opportunity. NPJ Digit Med. 2019;2
3. Piau A, Wild K, Mattek N, Kaye J. Current State of Digital Biomarker Technologies for Real-Life, Home-Based Monitoring of Cognitive Function for Mild Cognitive Impairment to Mild Alzheimer Disease and Implications for Clinical Care: Systematic Review. J Med Internet Res. 2019;21(8):e12785

4. Park YR, Yoon YJ, Koo H, Yoo S, Choi CM, Beck SH, et al. Utilization of a Clinical Trial Management System for the Whole Clinical Trial Process as an Integrated Database: System Development. J Med Internet Res. 2018;20(4):e103

5. Golder WA. Systematic errors in clinical studies : A comprehensive survey. Ophthalmologe. 2017;114(3):215–23

6. Tempini N, Teira D. Is the genie out of the bottle? Digital platforms and the future of clinical trials. Economy and Society. 2019;48(1):77–106

7. Hermes S, Riasanow T, Clemons EK, Böhm M, Krcmar H. The digital transformation of the healthcare industry: exploring the rise of emerging platform ecosystems and their influence on the role of patients. Business Research. 2020;13(3):1033–69

8. Hird N, Ghosh S, Kitano H. Digital health revolution: perfect storm or perfect opportunity for pharmaceutical R&D? Drug Discov Today. 2016;21(6):900–11

9. Arges K, Assimes T, Bajaj V, Balu S, Bashir MR, Beskow L, et al. The Project Baseline Health Study: a step towards a broader mission to map human health. NPJ Digit Med. 2020;3:84

10. Özdemir V. Personalized medicine across disciplines and without borders. Personalized Medicine. 2014;11(7):687–91

11. Dias D, Paulo Silva Cunha J. Wearable Health Devices – Vital Sign Monitoring, Systems and Technologies. Sensors (Basel). 2018;18(8)

12. Ilhan I, Karaköse M, editors. Requirement Analysis for Cybersecurity Solutions in Industry 4.0 Platforms. 2019 International Artificial Intelligence and Data Processing Symposium (IDAP); 2019 21–22 Sept. 2019.

13. Delavar F, Pashaeypoor S, Negarandeh R. The effects of self-management education tailored to health literacy on medication adherence and blood pressure control among elderly people with primary hypertension: A randomized controlled trial. Patient Educ Couns. 2020;103(2):336–42

Predictive Enrichment: Einsatz in klinischen Studien

Jonathan Koß

Im Durchschnitt dauert der Markteintritt eines neuen Medikaments 10–15 Jahre. Dabei entstehen durchschnittlich Kosten von 1,5–2,0 Mrd. US-Dollar für ein pharmazeutisches Unternehmen [1]. Insgesamt machen die R&D-Kosten rund 34 % der Gesamtkosten aus [2]. Obwohl Pharma- und Biotechnologieunternehmen ihre F&E-Investitionen seit Jahrzehnten kontinuierlich erhöht haben, hat sich die Zahl der neuen Medikamente, die pro ausgegebener Milliarde USD zugelassen werden, etwa alle neun Jahre halbiert [3]. In 2010 waren es beispielsweise 0,8 zugelassene Medikamente pro 1 Mrd. F&E-Investitionen [3]. Dieser Trend stellt eine ernsthafte Bedrohung für das bestehende Geschäftsmodell von forschenden pharmazeutischen Unternehmen dar [3]. Eine der größten Herausforderungen der Arzneimittelentwicklung ist die hohe Misserfolgsquote bei klinischen Studien [1]. Weniger als ein Drittel aller Phase-II-Präparate schaffen es in die Phase III. Mehr als ein Drittel aller Phase-III-Präparate schaffen es nicht bis zur Zulassung [1]. Einer der Schlüsselfaktoren für das Scheitern einer klinischen Studie ist die Auswahl einer geeigneten Patientenkohorte. Wie kann der Einsatz künstlicher Intelligenz (KI) die Patientenselektion unterstützen?

J. Koß (✉)
Lehrstuhl für Management und Innovation im Gesundheitswesen, Fakultät für Wirtschaft und Gesellschaft, Universität Witten/Herdecke, Witten, Deutschland
E-Mail: jonathan.koss@uni-wh.de

S. Bohnet-Joschko, K. Pilgrim (Hrsg.), *Handbuch Digitale Gesundheitswirtschaft*,
https://doi.org/10.1007/978-3-658-41781-9_16

Strategien zur Reduktion des wirtschaftlichen Risikos

Eine grundlegende Strategie, um die Erfolgswahrscheinlichkeit einer klinischen Studie zu erhöhen, ist die optimierte Zusammensetzung der Patientenkohorte: Klinische Studien sind in der Regel nicht darauf ausgelegt, die Wirksamkeit einer Behandlung in einer Stichprobe der Allgemeinbevölkerung nachzuweisen [1]. Vielmehr zielen sie darauf ab, eine Subpopulation der Bevölkerung einzuschließen, in der die Wirkung des Arzneimittels, sofern vorhanden, leichter nachgewiesen werden kann [1]. Beispielsweise ist es vorteilhaft Patienten einzuschließen, die mit größerer Wahrscheinlichkeit einen messbaren klinischen Endpunkt haben, beispielsweise einer Verlängerung der Fünf-Jahres-Überlebensrate im Kontext onkologischer Erkrankungen.

Predictive Enrichment (PE) ist eine Möglichkeit, die Auswahl geeigneter Patienten durchzuführen [1, 4]. Die Auswahl der Patienten erfolgt hierbei aufgrund einer bestimmten Patientenphysiologie, einem Biomarker oder einem Krankheitsmerkmal, das mit dem Wirkmechanismus des Studienmedikaments zusammenhängt [1, 4].

KI-gestütztes Predictive Einrichment im Kontext von klinischen Phase-III-Studien

Im Kontext von PE geht es somit im Grunde um ein dichotomes Klassifikationsproblem – ein Patient kann geeignet oder ungeeignet sein – aufgrund bestimmter Merkmale. Eine solche Problemstellung kann von supervised Machine-Learning-(ML-)Algorithmen abgebildet werden [5]. Beispielsweise nutzen Baecher et al. supervised ML-Algorithmen, um die zu erwartenden Outcomes einzelner Studienteilnehmer in klinischen Studien für Prostatakrebs vorab zu schätzen und dadurch geeignete und ungeeignete Patienten zu unterscheiden [6]. Als Datengrundlage, um den Algorithmus zu trainieren, nutzen die Autoren drei bestehende Datasets aus bereits durchgeführten klinischen Studien mit ähnlichen Studiendesigns. Diese Datasets erhalten Informationen über bestimmte Patientenmerkmale und die Wirksamkeit des Arzneimittels (Outcome) [6]. Das Outcome ist in diesem Fall der prostataspezifische Antigen-(PSA-)Wert des Probanden, weil es sich in diesem Fall um eine klinische Studie im Bereich Prostatakrebs handelt. Ein guter Proband definiert sich über einen PSA-Wert, der innerhalb des anfänglichen zweijährigen Studienzeitraums nicht um mehr als 0,2 ng/ml ansteigt. Berücksichtigte unabhängige Variablen zu Bestimmung der Wirksamkeit sind beispielsweise Alter, Geschlecht und die Krankheitsgeschichte (beispielsweise Diabetes und Bluthochdruck). Das beste Modell konnte ungeeignete Patienten von geeigneten Patienten mit einer mittleren Accuracy von 76 % unterscheiden [6].

Fazit

Zusammengenommen zeigen die Ergebnisse das Potenzial von ML-basierten Werkzeugen für die Auswahl von geeigneten Patienten in klinischen Studien. Sie stellen eine Möglichkeit dar, das wirtschaftliche Risiko in der Arzneimittelforschung durch den Ausschluss von wahrscheinlich eher ungeeigneten Patienten für klinische Studien zu reduzieren, indem geeignete Subpopulationen genauer bestimmt werden können. Eine Voraussetzung und gleichzeitig Limitation für die Praxis ist die Verfügbarkeit geeigneter Daten. Die Ergebnisqualität ist davon abhängig, dass Studien mit ähnlichen Designs bestehen und diese Daten auch zugänglich sind. Falls die Trainingsdaten das Studiendesign der geplanten Studie nicht abbilden, kann auch keine Generalisierung des Algorithmus für die geplante Studie angenommen werden. Dies könnte insbesondere ein Hindernis in Indikationen mit kleinen Krankheitspopulationen beispielsweise bei seltenen Erkrankungen sein.

Literatur

1. Harrer S, Shah P, Antony B, Hu J. Artificial intelligence for clinical trial design. Trends in pharmacological sciences. 2019;40(8):577–9.
2. Berndt ER, Nass D, Kleinrock M, Aitken M. Decline in economic returns from new drugs raises questions about sustaining innovations. Health Affairs. 2015;34(2):245–52
3. Scannell JW, Blanckley A, Boldon H, Warrington B. Diagnosing the decline in pharmaceutical R&D efficiency. Nature Reviews Drug Discovery. 2012;11(3):191–200.
4. Stanski NL, Wong HR. Prognostic and predictive enrichment in sepsis. Nature Reviews Nephrology. 2020;16(1):20–31.
5. Singh A, Thakur N, Sharma A, editors. A review of supervised machine learning algorithms. 2016 3rd International Conference on Computing for Sustainable Global Development (INDIACom); 2016: Ieee.
6. Beacher FDD, Mujica-Parodi LRR, Gupta S, Ancora LAA. Machine Learning Predicts Outcomes of Phase III Clinical Trials for Prostate Cancer. Algorithms. 2021;14(5):147.

Künstliche Intelligenz im Einsatz gegen die Knowledge-Gap

Thea Kreyenschulte

Trotz einer bereits jahrelang andauernden Debatte und zeitgleichen Sensibilisierung existiert weiterhin eine geschlechterspezifische Kluft in klinischen Studien und somit in der Versorgung von Patienten. So sind beispielsweise kardiovaskuläre Erkrankungen die häufigste Todesursache beider Geschlechter; jedoch sind bei Männern Anzeichen für und Auswirkungen von entsprechenden Erkrankungen deutlich häufiger bekannt [1]. Folgen dieser Unwissenheit sind zum einen im gesundheitlichen (Geschlechter-)Ungleichgewicht, zum anderen in der Pharmakovigilanz spürbar. So wurden speziell bis zur Jahrtausendwende bereits zugelassene Medikamente von Pharmaunternehmen wieder vom Markt genommen, weil sie ungeahnte, negative Effekte auf Patientinnen hatten [2].

In den 1990er-Jahren verabschiedeten die National Institutes of Health (NIH) erstmals eine Verordnung über die zwingende Inklusion von weiblichen Teilnehmenden in klinischen Studien, die von den Instituten selbst gefördert wurden. Grund war die Beobachtung der sehr unterschiedlichen Reaktion auf Erkrankungen, ihre Behandlung und Medikation zwischen Männern und Frauen [3]. Inzwischen werden Medikamente, die sowohl für Frauen als auch für Männer bestimmt sind, prinzipiell an beiden Geschlechtern getestet. Jedoch ist der Frauenanteil, besonders in der ersten Testphase, mit etwa 20-30 % sehr gering [4].

Digitale Tools könnten an dieser Stelle relevant werden und den Forschungsprozess unterstützen. Wie kann Künstliche Intelligenz (KI) den Einfluss einer vorherrschenden Knowledge-Gap in klinischen Studien reduzieren?

T. Kreyenschulte (✉)
Lehrstuhl für Management und Innovation im Gesundheitswesen, Fakultät für Wirtschaft und Gesellschaft, Universität Witten/Herdecke, Witten, Deutschland
E-Mail: thea.kreyenschulte@uni-wh.de

© Der/die Autor(en), exklusiv lizenziert an Springer Fachmedien Wiesbaden GmbH, ein Teil von Springer Nature 2023
S. Bohnet-Joschko, K. Pilgrim (Hrsg.), *Handbuch Digitale Gesundheitswirtschaft*,
https://doi.org/10.1007/978-3-658-41781-9_17

Geschlechtsspezifische Reaktionen haben Folgen

Karp und Reavey verwenden die Bezeichnung der Knowledge-Gap als umgreifenden Begriff in der Debatte um Geschlechter- und Gender-Unterschiede sowie die aus ihnen resultierenden Wissenslücken [2]. Sowohl das biologische (sex) als auch das soziale Geschlecht (gender) beeinflussen die medizinische Versorgung samt Risikofaktoren, Prävalenzen, Symptomatik, Prognosen oder Effektivität der medikamentösen Behandlung [5]. Dies äußert sich beispielsweise im Verlauf von chronischen Erkrankungen wie Diabetes, kardiologischen und neurologischen Erkrankungen, Krebs- oder Autoimmunerkrankungen [5]. Biochemische Prozesse sind je nach Geschlecht sehr unterschiedlich, was den Abbau bestimmter Stoffe oder die Äußerung von Symptomen betrifft. Das soziale Geschlecht beeinflusst wiederum z. B. die Verfügbarkeit von Medikamenten und Behandlungen oder die Therapietreue.

Die Folgen unzureichend durchgeführter Studien und einer somit entstehenden Knowledge-Gap sind potenziell mangelhafte Behandlung, Fehldosierung von Medikamenten und schlussendlich eine Kostensteigerung bei Entwicklungsunternehmen bzw. Krankheitskosten im System [6]. Auch deshalb existiert seit 2012 die Verpflichtung zur Post-Market-Surveillance, um Medikamente unter alltäglichen Bedingungen weiter zu evaluieren. Diese ist abhängig von Kooperationen zu medizinischen Versorgern und Patienten zur Informationsübermittlung und gestaltet sich daher zeitverzögert und kostenintensiv.

KI unterstützt in Auswahl und Selektion

Die Knowledge-Gap hat ihren Anfang häufig in kostenintensiven Akquise-Strukturen. Obwohl die elektronische Patientenakte schon an vielen Stellen eingesetzt wird und Möglichkeiten der Suche oder Kategorisierung bzw. Daten zur elektronischen Auswertung bereithält, findet eine Auswahl von Patienten, Erkrankungen oder Interventionen zu Studienzwecken noch immer manuell durch Versorger bzw. in Kooperation mit ihnen statt. Der Prozess dauert lange und bindet Personalressourcen, da Patientendaten im Detail mit Studienvoraussetzungen abgeglichen werden müssen [7, 8].

Mithilfe von KI, im speziellen Natural Language Processing (NLP) zur Auswertung von Patientendokumenten, kann der Auswahlprozess hin zu einer adäquaten Geschlechterverteilung unterstützt werden. Die KI extrahiert und kategorisiert Daten – Aufgaben, die sonst Versorger oder Forscher übernehmen müssen und dabei deutlich langsamer zu Ergebnissen kommen [7, 8]. Anhand mehrerer Studien konnte belegt werden, dass durch den KI-Einsatz eine Aufwandsreduktion von bis zu 85 % im Auswahlprozess für klinische Studien erzielt wird. Im Detail bedeutet dies, dass assistiert durch eine KI z. B. nur noch rund 24 min für die Zuordnung von 90 % zu klinischen Studien gebraucht würden, anstatt klassischerweise rund 110 min [7, 8] – hochgerechnet auf eine große Studienpopulation eine enorme Zeitersparnis.

Der Einsatz von KI könnte darüber hinaus ausgeweitet und in der Begleitung klinischer Studien angewendet werden. Hier bestünde Potenzial anhand der Auswertung von (durch digitale Tools erhobene) Studienbeobachtungen. So könnten z. B. bereits früh im Entwicklungsprozess Symptommuster erkannt oder die Dosierung von Medikamenten geschlechterspezifisch angepasst werden. In der Berücksichtigung von Geschlechterunterschieden durch die KI und somit besserem Verständnis der Arzneimittelwirkung liegen erhebliche wirtschaftliche Potenziale, da im Studienverlauf Analysen erforderlich werden, um unterschiedliche Wirkfaktoren zu identifizieren und zu kategorisieren [5].

Aber: Auch hinter KI stecken Menschen

Ein Großteil der Patienteninformation besteht immer noch aus freiem Text, nicht in kodierten Zeilen der elektronischen Patientenakte. Dieser Freitext muss vorhanden und durch die Methode des NLP interpretierbar sein [7]. So viel KI-Methoden zur Prozessgestaltung und -verbesserung darüber hinaus im Bereich klinischer Studien beitragen können, sie sind nicht automatisch fehlerfrei. Bisher vernachlässigen viele KI fast gänzlich Geschlechterunterschiede, die Gesundheit und Krankheit beeinflussen können [5]. Daher ist es umso wichtiger, diese Unterschiede bei der Konstruktion digitaler Unterstützung von vornherein zu adressieren und getrennte Trainingsdatensätze anzulegen, um eine Knowledge-Gap zu vermeiden.

Sensibilisierung als Schlüssel

Die Genauigkeit von KI-Anwendungen hängt letztlich von der Programmierung und dem Training durch den Menschen ab. Hier liegt auch der Schlüssel zur adäquaten Berücksichtigung beider Geschlechter in Studien [7]. Pro Studie wird wiederum jeweils eine potenziell veränderte, manuell zu leistende Programmierung notwendig, da neue Auswahlkriterien für Studienteilnehmer festgelegt werden [7]. Dieses Training der KI auf neue Daten könnte z. B. durch wissenschaftlichen Nachwuchs erfolgen. Darüber hinaus müssen Technikkompetenzen für einen geeigneten Umgang mit KI-Methoden ebenso im Unternehmen sichergestellt werden, wie eine Schnittstelle zu weiteren, patientenrelevanten Daten, die im Studienverlauf erhoben werden können.

Fazit

Der Einsatz von KI-Methoden zur geschlechtersensiblen Berücksichtigung in klinischen Studien und somit Vermeidung von Folgekosten könnte eine adäquate Methode zur Unterstützung von Versorgern und Pharmaforschenden darstellen. Eine Unterstützung in der Suche und Auswahl von Studienteilnehmerinnen scheint möglich. Technisches Wissen ist hier ebenso relevant wie eine thematische Sensibilisierung aller Beteiligten, um Herausforderungen in der Umsetzung durch den Menschen nicht auf das automatisierte Einordnen und somit Handeln einer KI zu übertragen.

Literatur

1. Reusch JEB, Kumar TR, Regensteiner JG, Zeitler PS, Conference P. Identifying the Critical Gaps in Research on Sex Differences in Metabolism Across the Life Span. Endocrinology. 2018;159(1):9–19. https://doi.org/10.1210/en.2017-03019
2. Karp NA, Reavey N. Sex bias in preclinical research and an exploration of how to change the status quo. Br J Pharmacol. 2019;176(21):4107–18. https://doi.org/10.1111/bph.14539
3. Clayton JA. Applying the new SABV (sex as a biological variable) policy to research and clinical care. Physiol Behav. 2018;187:2–5. https://doi.org/10.1016/j.physbeh.2017.08.012
4. vfa, Pharma-Unternehmen Df. vfa-Positionspapier Berücksichtigung von Frauen und Männern bei der Arzneimittelforschung. 2020. Verfügbar unter: https://www.vfa.de/embed/positionspapier-beruecksichtigung-von-frauen-und-maennern-bei-der-arzneimittelforschung.pdf-1 (Letzter Zugriff am: 17.10.2022)
5. Cirillo D, Catuara-Solarz S, Morey C, Guney E, Subirats L, Mellino S, et al. Sex and gender differences and biases in artificial intelligence for biomedicine and healthcare. NPJ Digit Med. 2020;3:81. https://doi.org/10.1038/s41746-020-0288-5
6. Stark RG, John J, Leidl R. Health care use and costs of adverse drug events emerging from outpatient treatment in Germany: a modelling approach. BMC Health Serv Res. 2011;11:9. https://doi.org/10.1186/1472-6963-11-9
7. Ni Y, Wright J, Perentesis J, Lingren T, Deleger L, Kaiser M, et al. Increasing the efficiency of trial-patient matching: automated clinical trial eligibility pre-screening for pediatric oncology patients. BMC Med Inform Decis Mak. 2015;15:28. https://doi.org/10.1186/s12911-015-0149-3
8. Beck JT, Rammage M, Jackson GP, Preininger AM, Dankwa-Mullan I, Roebuck C, et al. Artificial Intelligence Tool for Optimizing Eligibility Screening for Clinical Trials in a Large Community Cancer Centre. JCO Clin Cancer Inform. 2020(4):50–9. Verfügbar unter: https://ascopubs.org/doi/10.1200/CCI.19.00079 (Letzter Zugriff am: 17.10.2022)

Real World Evidence als Ergänzung klassischer Studiendesigns

Jonathan Koß

Der Nutzen von neuartigen Arzneimitteln wird aktuell überwiegend mittels „Health Technology Assessments (HTA)" bewertet [1, 2]. Hierbei stehen soziale, ethische, medizinische und ökonomische Aspekte im Fokus [3]. Die Ergebnisse dienen als Entscheidungsgrundlage für die Zulassung, Erstattung und Preisfindung eines Arzneimittels.

Randomisierte klinische Studien sind der Goldstandard

Die Evaluation der medizinischen und ökonomischen Aspekte im Rahmen der Nutzenbewertung von HTA erfolgt überwiegend durch RCT [2–6]. Indem Patienten in strukturgleiche Interventionsgruppen eingeteilt werden, lassen sich etwa Aussagen über den Zusatznutzen eines Arzneimittels gegenüber der aktuellen Standardtherapie oder einem Placebo treffen [3, 4, 6, 7].

Eine zufällige Verteilung der Patienten innerhalb der Interventionsgruppen (Randomisierung) minimiert eine Verzerrung aufgrund personenspezifischer Störgrößen (Bias) [4, 6]. Durch vorab festzulegende Ein- und Ausschlusskriterien (wie z. B. bestimmte Vorerkrankungen) wird die interne Validität der Studienergebnisse erhöht [4, 6, 8].

J. Koß (✉)
Lehrstuhl für Management und Innovation im Gesundheitswesen, Fakultät für Wirtschaft und Gesellschaft, Universität Witten/Herdecke, Witten, Deutschland
E-Mail: jonathan.koss@uni-wh.de

Der Versorgungsalltag ist nicht standardisiert

Das kontrollierte und standardisierte Studiendesign bei RCT führt jedoch dazu, dass die externe Validität des Studienergebnisses methodisch begrenzt ist [4, 6, 8]. Bei der Nutzenbewertung des Arzneimittels unter Testbedingungen wird die Wirksamkeit im Versorgungsalltag nicht hinreichend realitätsnah abgebildet, etwa mit Blick auf Mehrfachmedikationen und damit verbundene Neben- und Wechselwirkungsrisiken [6–8]. Vor diesem Hintergrund ist anzunehmen, dass aktuell eine teils suboptimale Verteilung finanzieller Ressourcen bei Arzneimitteln stattfindet [9].

Real World Evidence ermöglicht Einblicke in die klinische Praxis

Mit dem Ziel, skizzierten Limitationen entgegenzuwirken, ist gegenwärtig eine Erweiterung der Bewertungsgrundlage um Daten aus realen Versorgungsszenarien, der Real World Evidence (RWE), zu beobachten [1, 2, 5, 6, 8]. Grundlage bilden exemplarisch Daten aus elektronischen Patientenakten, Beobachtungsstudien, Leistungsabrechnungen oder mobilen Gesundheits-Apps [6, 10, 11]. Auf diese Weise kann eine potenziell problematische Eingrenzung der Studienpopulation verhindert werden.

Folglich besitzt RWE eine hohe externe Validität, da es zu keinem selektiven Ausschluss auf das Behandlungsergebnis einwirkender Faktoren führt. Gegenüber randomisierten klinischen Studien sind Ergebnisse generalisierbarer sowie aussagekräftiger und stellen die Effekte einer medizinischen Intervention in der klinischen Praxis dar [6, 9, 11].

Real World Evidence ist kein Allheilmittel

Gleichzeitig unterliegen Methoden der RWE neuen Limitationen: unkontrollierte Studienbedingungen, insbesondere eine fehlende Randomisierung, mindert die interne Validität. Korrelationen und kausale Zusammenhänge zwischen Intervention und Behandlungsergebnis sind nicht eindeutig zu bestimmen [2, 4, 6, 12]. Die skizzierten Wechselwirkungen von Randomisierung und externer Validität in der Nutzenbewertung von Arzneimitteln legen einen komplementären Einsatz von Methoden der RWE und RCT nahe.

Insbesondere nach der Marktzulassung von Arzneimitteln kann RWE einen Beitrag leisten, um die Wirksamkeit in der klinischen Praxis zu evaluieren und das Ergebnis einer Nutzenbewertung, basierend auf RCT, zu verifizieren. Speziell die Wirkung von Medikamenten für seltene Erkrankungen, die mit RCT nicht ausreichend evaluiert sind, können zusätzlich mit RWE bewertet werden [2, 6].

Herausforderung und Chancen für die Praxis

Die fortschreitende Digitalisierung des Gesundheitswesens und eine daraus resultierende ansteigende Verfügbarkeit von digitalen Datensätzen bilden die Grundlage für einen zukünftig intensiveren Einsatz von RWE. Diese Entwicklungen eröffnen potenzielle Chancen für neue Player im System: Plattformen für einen Datenaustausch zwischen Leistungserbringern und Institutionen werden notwendig, um RWE-Daten zu generieren und zu verarbeiten [9].

Für die pharmazeutische Industrie lassen sich weitere Chancen ableiten: eine Reduktion von Forschungskosten durch den Einsatz von RWE-Studien ist in diesem Kontext denkbar [2]. Analog können in RWE-Studien generierte Daten, beispielsweise über Gesundheits-Apps, die Leistungserbringer bei einer personalisierten und somit effizienteren Versorgung unterstützen [10].

Literatur

1. Ng T, Chawla T, Bending MW. Pcn293 – What Is the Value of Real World Evidence in Oncology in HTA Appraisals in England, France, Canada and Australia? Value in Health. 2018;21.
2. Lee M, Ly H, Moller CC, Ringel MS. Innovation in Regulatory Science Is Meeting Evolution of Clinical Evidence Generation. Clin Pharmacol Ther. 2019;105(4):886–98.
3. Ritrovato M, Faggiano FC, Tedesco G, Derrico P. Decision-Oriented Health Technology Assessment: One Step Forward in Supporting the Decision-Making Process in Hospitals. Value Health. 2015;18(4):505–11.
4. Windeler J, Antes G, Behrens J, Donner-Banzhoff N, Lelgemann M. Randomised controlled trials (RCTs). Z Evid Fortbild Qual Gesundhwes. 2008;102(5):321–5.
5. Dreyer NA. Advancing a Framework for Regulatory Use of Real-World Evidence: When Real Is Reliable. Ther Innov Regul Sci. 2018;52(3):362–8.
6. Camm AJ, Fox KAA. Strengths and weaknesses of "real-world" studies involving non-vitamin K antagonist oral anticoagulants. Open Heart. 2018;5(1):e000788.
7. Makady A, Ham RT, de Boer A, Hillege H, Klungel O, Goettsch W, et al. Policies for Use of Real-World Data in Health Technology Assessment (HTA): A Comparative Study of Six HTA Agencies. Value Health. 2017;20(4):520–32.
8. Garattini L, Curto A, Padula A, Freemantle N. Real-world evidence in economic evaluations: Really realistic? Journal of the Royal Society of Medicine. 2016;109(11):404–7.
9. Meinert E, Alturkistani A, Brindley D, Knight P, Wells G, Pennington N. The technological imperative for value-based health care. British Journal of Hospital Medicine. 2018;79(6):328–32.
10. Bousquet J, Arnavielhe S, Bedbrook A, Bewick M, Laune D, Mathieu-Dupas E, et al. MASK 2017: ARIA digitally-enabled, integrated, person-centred care for rhinitis and asthma multimorbidity using real-world-evidence. Clin Transl Allergy. 2018; 8: 45.
11. Corrigan-Curay J, Sacks L, Woodcock J. Real-World Evidence and Real-World Data for Evaluating Drug Safety and Effectiveness. JAMA. 2018; 320(9): 867–8.
12. Kim HS, Kim JH. Proceed with Caution When Using Real World Data and Real World Evidence. J Korean Med Sci. 2019; 34(4): e28.

Drug Repurposing mittels künstlicher Intelligenz

Jonathan Koß

Drug Repurposing (DR) beschreibt die Suche nach neuen therapeutischen Einsatzmöglichkeiten für bereits zugelassene Arzneimittel. Dies bietet aus Sicht pharmazeutischer Unternehmen erhebliche Vorteile, weil der Entwicklungsprozess verkürzt wird und somit Zeit und Kosten gespart werden [1]. Beispielsweise liegen bei bereits zugelassenen Arzneimitteln Daten zur Toxizität des Wirkstoffs bei der Anwendung am Menschen vor, sodass klinische Phase-1-Studien oft entfallen [2]. Als Grundlage des Drug Repurposing, beziehungsweise zur Formulierung von entsprechenden Hypothesen für den Einsatz zugelassener Medikamente in neuen Indikationsgebieten dienen oft Informationen, die in unstrukturierten, textuellen Daten vorliegen. Da die Datenauswertung manuell höchst ineffizient, wenn nicht sogar unmöglich erscheint, gilt es automatisierte Verfahren anzuwenden. Wie können Text-Mining-Werkzeuge eingesetzt werden, um Drug Repurposing zu unterstützen?

Drug Repurposing – Vorteile insbesondere in pandemischen Situationen

Die dynamische Entwicklung der Pandemie erfordert eine möglichst schnelle Entwicklung von Medikamenten [3]. Die als herkömmlich anzusehende Entwicklung neuer Wirkstoffe dauert rund 10–12 Jahre [4]. In diesem Kontext erscheint die herkömmliche Medikamentenentwicklung neuer Wirkstoffe zu langsam, sodass der Ansatz des DR

J. Koß (✉)
Lehrstuhl für Management und Innovation im Gesundheitswesen, Fakultät für Wirtschaft und Gesellschaft, Universität Witten/Herdecke, Witten, Deutschland
E-Mail: jonathan.koss@uni-wh.de

© Der/die Autor(en), exklusiv lizenziert an Springer Fachmedien Wiesbaden GmbH, ein Teil von Springer Nature 2023
S. Bohnet-Joschko, K. Pilgrim (Hrsg.), *Handbuch Digitale Gesundheitswirtschaft*,
https://doi.org/10.1007/978-3-658-41781-9_19

eine vielversprechende Möglichkeit darstellen könnte, um aufgrund der verkürzten Entwicklungszyklen zeitnah hilfreiche Medikamente zur Verfügung zu stellen [5, 6].

Grundlegende Strategien

Bei der Neupositionierung von Arzneimitteln gibt es im Allgemeinen zwei unterschiedliche Strategien. Erstens können Arzneimittel, die sich auf eine bestimmte Krankheit beziehen, aufgrund der gegenseitigen Abhängigkeit zwischen diesen verschiedenen Krankheiten auch bei anderen ähnlichen Krankheiten wirken [1]. Zweitens kann ein Arzneimittel, das ein ähnliches chemisches Profil und eine ähnliche Wirkungsweise hat wie ein Arzneimittel, das bereits zur Behandlung einer bestimmten Krankheit eingesetzt wird, ebenfalls als vielversprechender Kandidat für diese Krankheit betrachtet werden [1]. Die Hypothesen für diese möglichen neuen Indikationsgebiete werden oft auf Grundlage bestehender Daten gebildet. Hierbei kann beispielsweise auf Datenbanken oder bestehende Literatur zurückgegriffen werden [7], um so neuartige Zusammenhänge zwischen bereits zugelassenen Wirkstoffen und neuen Anwendungsgebieten zu identifizieren.

KI als zentrales Element des Drug Repurposing

Die enorme Menge an hierfür auszuwertenden Daten führen zu der Notwendigkeit, automatisierte Analysewerkzeuge zu nutzen wie beispielsweise Data Mining. Da ein Großteil dieser Daten in Form von Texten vorliegt, bieten insbesondere Text-Mining-Methoden vielseitige Anwendungsmöglichkeiten [1, 8, 9].

Text Mining für Drug Repurposing

Text Mining im Kontext von Drug Repurposing dient in der Regel dazu, die relevanten Entitäten, beispielsweise einen Wirkstoff oder eine Krankheit in einem Text zu identifizieren und so das enthaltende Wissen zu strukturieren [1]. Die grundsätzlichen Arbeitsschritte sind hierbei wie folgt: Zuerst müssen die Daten extrahiert werden, beispielsweise aus einer Datenbank für medizinische Literatur wie PubMed. Anschließend müssen beispielsweise Gene, Krankheiten und Medikamente mittels Named-Entity-Recognition identifiziert und extrahiert werden. Die zugrunde liegenden Algorithmen sind in der Regel supervised Learning-Algorithmen, die gezielt relevante Entitäten von nichtrelevanten Entitäten unterscheiden können. Im letzten Schritt erfolgt dann die Wissensgenerierung durch die Analyse [7]. Oft werden hierbei das gemeinsame Auftreten von Entitäten betrachtet. Beispielsweise kann in bestehenden Literatur Datenbanken nach unbekannten „Wirkstoff-Krankheit-Assoziationen" gesucht werden, die Hinweise auf neue

Einsatzmöglichkeiten geben [10]. Die Validierung kann beispielsweise mithilfe der Literatur oder in-vitro-Experimenten erfolgen [1].

Fazit

Künstliche Intelligenz und insbesondere Data und Text Mining bieten die Möglichkeit, bestehende Datenbanken auf eine effiziente Art und Weise zu analysieren, um neue therapeutische Ziele für bestehende Arzneimittel zu identifizieren [1, 8, 9]. Hierbei wird oft untersucht, ob bisher unbekannte Assoziationen, beispielsweise zwischen Wirkstoffen und Krankheiten, gefunden werden, die als Grundlage für Hypothesen im Drug Repurposing genutzt werden können. Nichtsdestotrotz müssen die Erkenntnisse evaluiert werden und können auch Assoziationen aufzeigen, die sich letztlich als unwirksam herausstellen. Künstliche Intelligenz stellt eine Möglichkeit dar, neue Potenziale zu entdecken und Entwicklungszyklen durch eine systematische und automatisierte Analyse großer Datenmenge zu verkürzen.

Literatur

1. Jarada TN, Rokne JG, Alhajj R. A review of computational drug repositioning: strategies, approaches, opportunities, challenges, and directions. Journal of cheminformatics. 2020;12(1):1–23.
2. Pushpakom S, Iorio F, Eyers PA, Escott KJ, Hopper S, Wells A, et al. Drug repurposing: progress, challenges and recommendations. Nature reviews Drug discovery. 2019;18(1):41–58.
3. Ledford H. Dozens of coronavirus drugs are in development – what happens next? Nature. 2020;581(7808):247–9.
4. DiMasi JA. Risks in new drug development: approval success rates for investigational drugs. Clinical Pharmacology & Therapeutics. 2001;69(5):297–307.
5. Serafin MB, Bottega A, Foletto VS, da Rosa TF, Hörner A, Hörner R. Drug repositioning is an alternative for the treatment of coronavirus COVID-19. International Journal of Antimicrobial Agents. 2020;55(6):105969.
6. Harris M, Bhatti Y, Buckley J, Sharma D. Fast and frugal innovations in response to the COVID-19 pandemic. Nature Medicine. 2020;26(6):814–7.
7. Zhu F, Patumcharoenpol P, Zhang C, Yang Y, Chan J, Meechai A, et al. Biomedical text mining and its applications in cancer research. Journal of biomedical informatics. 2013;46(2):200–11.
8. Han P, Yang P, Zhao P, Shang S, Liu Y, Zhou J, et al., editors. GCN-MF: disease-gene association identification by graph convolutional networks and matrix factorization. Proceedings of the 25th ACM SIGKDD international conference on knowledge discovery & data mining; 2019
9. Nugent T, Plachouras V, Leidner JL. Computational drug repositioning based on side-effects mined from social media. PeerJ Computer Science. 2016;2:e46.
10. Udrescu L, Sbârcea L, Topîrceanu A, Iovanovici A, Kurunczi L, Bogdan P, et al. Clustering drug-drug interaction networks with energy model layouts: community analysis and drug repurposing. Scientific reports. 2016;6(1):1–10.

Teil IV

Prävention

Digital Public Health: Die Zukunft der öffentlichen Gesundheit

Laura Melzer

Über 400 Mrd. € wurden 2019 in Deutschland für **Gesundheitsausgaben** verwendet, pro Einwohner 4944 € und insgesamt 4,9 % mehr als im Jahr zuvor. Der Anteil am Bruttoinlandsprodukt lag bei 11,9 %. Im Jahr 2020 sind die Gesundheitsausgaben um etwa 3,5 % gestiegen und belaufen sich Schätzungen zufolge auf 425,1 Mrd. € [1]. Zu den gesundheitsbezogenen Waren und Dienstleistungen zählen unter anderem Ausgaben für Prävention, Gesundheitsschutz, ärztliche und pflegerische Leistungen sowie Investitionen, die dazu dienen, Krankheiten vorzubeugen und Gesundheit zu fördern [2]. Welchen Einfluss die Corona-Pandemie auf den Anstieg hat, ist bisher schwierig zu ermitteln. Die Pandemie verdeutlicht jedoch die Relevanz der öffentlichen Gesundheit, auch **Public Health** genannt, die bisher in Deutschland jedoch von der Gesundheitspolitik und Akteuren im Gesundheitswesen defizitär behandelt wurde. Welchen Handlungsbedarf gibt es zukünftig für Public Health in Deutschland, besonders im Hinblick auf die digitale Transformation des Gesundheitswesens? Dieser Übersichtsartikel definiert (Digital) Public Health, benennt die Akteure in Deutschland und weist auf die Chancen und Herausforderungen der Digitalisierung hin.

Was ist Public Health?

Laut Definition der WHO ist Public Health „die Wissenschaft und die Praxis der Verhinderung von Krankheiten, Verlängerung des Lebens und Förderung der Gesundheit durch organisierte Anstrengungen der Gesellschaft" [8, 9, 2]. Kurz gesagt: „Public Health ist

L. Melzer (✉)
Forschungs- und Behandlungszentrum für psychische Gesundheit (FBZ), Fakultät für Psychologie, Ruhr-Universität Bochum, Bochum, Deutschland

© Der/die Autor(en), exklusiv lizenziert an Springer Fachmedien Wiesbaden GmbH, ein Teil von Springer Nature 2023
S. Bohnet-Joschko, K. Pilgrim (Hrsg.), *Handbuch Digitale Gesundheitswirtschaft*,
https://doi.org/10.1007/978-3-658-41781-9_20

die öffentliche Sorge um die Gesundheit aller." Die größte Sorge und die höchsten **Krankheitskosten** von 13,7 % verursachten im Jahr 2015 nicht-übertragbare Krankheiten wie Herz-Kreislauf-Erkrankungen mit rund 46,4 Mrd. €, gefolgt von Krebs, Diabetes und psychischen Erkrankungen [1, 2]. Bisher fehlen aktuelle Zahlen der Corona-Pandemie zu übertragbaren Infektionskrankheiten. Darüber hinaus rücken bestimmte Bevölkerungsgruppen wie ältere Menschen, Menschen mit Migrationshintergrund sowie Geflüchtete in den Fokus von Public Health. Zehn Kernbereiche für Public Health hat das europäischen Regionalbüro der WHO erarbeitet, die sogenannten Essential Public Health Operations (EPHOs). Dazu zählen laut Robert Koch-Institut [2]:

1. Surveillance von Gesundheit und Wohlbefinden der Bevölkerung,
2. Beobachtung von Gesundheitsgefahren und gesundheitlichen Notlagen und Gegenmaßnahmen,
3. Gesundheitsschutzmaßnahmen (u. a. in den Bereichen Umwelt-, Arbeits- und Nahrungsmittelsicherheit),
4. Gesundheitsförderung, einschließlich Maßnahmen in Bezug auf soziale Determinanten und gesundheitliche Maßnahmen,
5. Krankheitsprävention, einschließlich Früherkennung,
6. Gewährleistung von Politikgestaltung und Steuerung (Governance) für mehr Gesundheit und Wohlbefinden,
7. Gewährleistung einer ausreichenden Zahl von fachkundigem Personal im Bereich der öffentlichen Gesundheit,
8. Gewährleistung von nachhaltigen Organisationsstrukturen und Finanzierung,
9. Überzeugungsarbeit, Kommunikation und soziale Mobilisation für die Gesundheit,
10. Förderung der Forschung im Bereich der öffentlichen Gesundheit zwecks Anwendung in Politik und Praxis.

Welche Akteure spielen in Deutschland eine Rolle?

Zur Erreichung dieser Kernthemen von Public Health gibt es im deutschen Gesundheitswesen viele relevante Akteure, die verschiedene Rollen übernehmen. Besonders präsent in den Medien wurde während der Corona-Pandemie die biomedizinische Leitforschungseinrichtung der deutschen Bundesregierung, das 1891 gegründete Robert Koch-Institut (RKI) zur Krankheitsüberwachung und -prävention. Wie komplex die gesamte Public-Health-Landschaft in Deutschland ist, zeigt eine systematische Übersicht der AG Berufswege des Nachwuchsnetzwerks Öffentliche Gesundheit (NÖG) mit über 300 überregionalen Akteuren, von staatlichen und zivilgesellschaftlichen Akteuren, der Wissenschaft, Sozialversicherungen, privatwirtschaftlichen Akteuren bis hin zu internationalen Playern [3]. Darüber hinaus spielen auf kommunaler Ebene Gesundheitsämter eine wichtige Rolle, auf lokaler Ebene Gesundheitseinrichtungen und -initiativen. Um die Gesundheit der

Bevölkerung auf all diesen Ebenen zu verbessern, ebnet die Digitalisierung den zukünftigen Weg für Akteure des Gesundheitswesens. Wie sieht diese Zukunft aus?

Digital Public Health

Vor dem Hintergrund der digitalen Transformation des Gesundheitswesens ergeben sich neue Chancen und Herausforderungen für die öffentliche Gesundheit: Mit Digital Public Health soll das Ziel verfolgt werden, die Gesundheit der Bevölkerung durch die Anwendung neuer Technologien zu verbessern, sowohl auf individueller als auch auf Community- und globaler Ebene [4, 5]. Digitale Technologien ermöglichen die Optimierung von Public-Health-Angeboten, beispielsweise um mittels Big Data zu einer präziseren öffentlichen Gesundheit beizutragen [6]. Dies könnte durch Monitoring und Evaluation zum Erkennen von frühzeitigen Gesundheitsgefährdungen führen, aber auch die Personalisierung von Präventionsmaßnahmen erleichtern. Für die Zukunft von Digital Public Health bietet Big Data, die Sammlung einer großen Datenmenge, viele Chancen für Forschung, Intervention und Politik. Auch *Social-Media-Plattformen* haben ein enormes Potenzial, die Analyse der Verbreitung und Übertragung von Krankheiten zu unterstützen. Die verfügbare Datenmenge ermöglicht die Auswertung von gesundheitsbezogener Daten und das Erkennen versteckter Muster.

Herausforderungen und Fazit: Eine nationale Public-Health-Strategie

Kritisch betrachtet wird an der digitalen Transformation der öffentlichen Gesundheit, dass es bisher an evidenzbasierter Forschung fehlt, um die Vorteile von neuen Technologien zu begründen [7]. Auch unklare Begrifflichkeiten erschweren eine zielführende Diskussion über das Themenfeld, und die Komplexität der Public-Health-Landschaft kann zu einer Verwässerung von Verantwortlichkeiten führen. Hier kann jedoch eine digitale Vernetzung von Akteuren dazu beitragen, kooperatives Arbeiten zu fördern. Ein Zusammenschluss von Akteuren aus Wissenschaft und Praxis in Deutschland diskutiert im Zukunftsforum Public Health (ZfPH) über Handlungsempfehlungen für die öffentliche Gesundheit. Gefordert wird eine Public-Health-Strategie, die alle gesundheitsrelevanten Ziele in Deutschland forciert und nachhaltig umsetzbar macht.

Literatur

1. Statistisches Bundesamt (Destatis). Gesundheitsausgaben im Jahr 2019 auf über 400 Milliarden Euro gestiegen. 2021. Abrufbar unter https://www.destatis.de/DE/Presse/Pressemitteilungen/2021/04/PD21_167_236.html

2. Robert Koch-Institut (RKI). Das RKI als nationales Public-Health-Institut. 2016. Abrufbar unter https://www.rki.de/DE/Content/Institut/Public_Health/Beitrag_Jubilaeumsbuch.html

3. Nachwuchsnetzwerk Öffentliche Gesundheit (NÖG). Übersicht von Public-Health-Akteuren. 2021. Abrufbar unter https://noeg.org/ph-akteure/

4. Murray C J, Alamro N M S, Hwang H & Lee U. Digital public health and COVID-19. The Lancet Public Health 2020. 5:9 e469-e470. https://doi.org/10.1016/S2468-2667(20)30187-0

5. Darmann-Finck I, Rothgang H, Zeeb H. Digitalisierung und Gesundheitswissenschaften – White Paper Digital Public Health (Digitalization and Health Sciences – White Paper Digital Public Health). Gesundheitswesen. 2020;82(7):620–622. https://doi.org/10.1055/a-1191-4344

6. Pastorino R, De Vito C, Migliara G, Glocker K, Binenbaum I, Ricciardi W & Boccia S. Benefits and challenges of Big Data in healthcare: an overview of the European initiatives. European journal of public health 2019. 29: 23–27. https://doi.org/10.1093/eurpub/ckz168

7. Zeeb H, Pigeot I, Schüz B et al. Digital Public Health – ein Überblick. Bundesgesundheitsblatt 2020. 63: 137–144. https://doi.org/10.1007/s00103-019-03078-7

8. Acheson E D. 1988. Public Health in England. Report of the Committee of Enquiry into the Future Development of the Public Health Function. London: HMSO

9. WHO 2011. Governance for health in the 21st century: a study conducted by the WHO Regional Office for Europe. EUR/RC 61/Inf.Doc/6

Akzeptanz von Präventions-Apps: Anforderungen an E-Mental-Health-Produkte

Bernhard Breil

Mit dem Inkrafttreten des „Digitale-Versorgung-Gesetz" im Jahr 2019 können Digitale Gesundheits-Apps (DiGA) in Deutschland auf Kosten der gesetzlichen (sowie teilweise privaten) Krankenversicherung verschrieben werden, wenn Sicherheits- und Qualitätskriterien wie Datenschutz und Nutzerakzeptanz eingehalten werden. Zur Prävention psychischer Erkrankungen bei psychosozialen Belastungen oder ersten Beanspruchungszeichen (z. B. Erschöpfung, Schafstörungen) stellen die gesetzlichen Krankenversicherungen nachgewiesen effektive digitale Präventions- und Gesundheitsförderungsangebote gem. § 20 SGB V zur Verfügung. Trotz Kostenübernahme und des Interesses von Patienten und Ärzten an der Nutzung von Gesundheits-Apps, dauert es jedoch teilweise sehr lange, bis diese in der Bevölkerung verbreitet sind, was vor allem an Hindernissen wie dem mangelnden Wissen über geeignete Optionen liegt [1].

Somit bleibt eine Nutzung dieser Angebote häufig hinter den Erwartungen zurück. Daher stellt sich die Frage, ob und wie (bspw. durch geeignete Schulungsmaßnahmen für Ärzte oder Pflegefachkräfte) das Wissen zu solchen Angeboten erhöht und somit auch die Akzeptanz und Nutzung auf Seiten der Patienten gesteigert werden kann.

Prävention psychischer Erkrankungen birgt Potenziale

Betrachtet man speziell chronische Erkrankungen wie Diabetes oder Bluthochdruck sowie häufige psychischen Erkrankungen wie Depressionen, wird neben dem gesundheitlichen Potenzial auch die wirtschaftliche Relevanz deutlich.

B. Breil (✉)
Fachbereich Gesundheitswesen, Hochschule Niederrhein, Krefeld, Deutschland
E-Mail: bernhard.breil@hs-niederrhein.de

S. Bohnet-Joschko, K. Pilgrim (Hrsg.), *Handbuch Digitale Gesundheitswirtschaft*,
https://doi.org/10.1007/978-3-658-41781-9_21

Psychische Erkrankungen stellen mit einer 12-Monats-Prävelanz von 27,7 % eine enorme Belastung für das Gesundheitswesen in Deutschland dar [2]. Erkrankungen wie Bluthochdruck lassen sich häufig gut behandeln und durch passende Medikation oder Lebensstilfaktoren positiv beeinflussen [3]. Faktoren wie Ernährungsumstellung, Gewichtsreduktion, Bewegung und Stressmanagement erfordern allerdings ein hohes Maß an Selbstmanagement.

Gerade im Bereich der Prävention ist dadurch ein großes Potenzial erkennbar. Neben der Primärprävention, die das Ziel hat, generell Krankheiten vorzubeugen, spielt hier auch die Sekundärprävention, bei der es um die Früherkennung und um das Verhindern des Fortschreitens einer Erkrankung geht, eine wichtige Rolle.

Chronischer arbeitsbezogener Stress gilt als ein erheblicher Risikofaktor für das Entstehen diverser somatischer und psychischer Krankheiten wie Depressionen und Herz-Kreislauf-Erkrankungen [4] und geht mit sehr hohen gesundheitsökonomischen Kosten einher [5]. Die geschätzten Gesamtkosten für arbeitsbedingten Stress belaufen sich in den westlichen Ländern auf bis zu Hunderte von Millionen US-Dollar [5].

Der Übergang von stressassoziierten Beeinträchtigungen wie Erschöpfung zu manifesten psychischen Erkrankungen ist fließend und öffnet einen breiten Raum für präventive Maßnahmen. Die Prävention psychischer Erkrankungen ist ebenso effektiv möglich wie die Sekundärprävention chronischer Erkrankungen und sollte umso mehr bereits früh und im Alltag der Menschen ansetzen.

Mit Gesundheits-App zum optimierten Selbstmanagement

Gesundheits-Apps bieten durch Erinnerungsfunktionen sowie Vernetzung mit anderen Systemen neue Möglichkeiten in der Prävention, Diagnostik oder Therapie und helfen somit, das Krankheits-Selbstmanagement zu unterstützen oder präventiv eine Verschlechterung zu verhindern. Der Einsatz digital unterstützter (psychologischer) Gesundheitsanwendungen stellt einen kosteneffizienten, niedrigschwelligen Ansatz dar [6]. Solche Angebote umfassen z. B. modular aufgebaute, mehrwöchige digitale Präventions- und Gesundheitsförderungsangebote zum Stressmanagement mit minimaler Begleitung, deren Bereitstellung u. a. über Apps erweiterte Zugangswege bieten [7]. Insbesondere im Bereich der psychischen Gesundheit wächst die Zahl der digitalen Angebote, die von der einfachen Suche nach Informationen bis zur Online-Therapie reichen [8].

Studien aus Deutschland zeigen eine geringe Bekanntheit, Präferenz und Nutzung von digitalen Gesundheitsangeboten [9] bei insgesamt gering ausgeprägter Nutzungsabsicht von eHealth-Angeboten für Beratungs- und Behandlungszwecke. Gleichzeitig weisen Studienbefunde darauf hin, dass Informationsvermittlung zu eMental-Health-Angeboten deren Akzeptanz bei Patienten erhöhen kann [10].

Ein Modell zur Messung der Akzeptanz stellt die Unified Theory of Acceptance and Use of Technology (UTAUT) dar. Mit dem UTAUT-Modell existiert ein seit Jahren etablierter Ansatz, mit dem untersucht werden kann, welchen Einfluss verschiedene Prädiktoren auf die Akzeptanz von neuen Technologien haben [11]. Das UTAUT-Modell enthält Determinanten zur verhaltensbezogenen Absicht zur Technologienutzung (*behavioral intention to use technology*) und deren Auswirkung auf das tatsächliche Nutzungsverhalten. Dieses wird durch die vier Prädiktoren „Erwarteter Nutzen" (*performance expectancy*), „Erwartete Aufwand" (*effort expectancy*), „Sozialer Einfluss" (*social influence*) und „Erleichternde Bedingungen" (*facilitating conditions*) beeinflusst. Diese vier Determinanten klären teilweise bereits 70 % der Varianz der Nutzungsintention auf [11]. Besonders der erwartete Nutzen hat sich in einer Metaanalyse von als wichtigster Faktor für die Akzeptanz von eHealth-Anwendungen erwiesen [12].

Mangelnde Schnittstellen bilden Barrieren

Zusammen genommen bedeutet dies für eine Steigerung der Nutzungsabsicht, dass einerseits der Nutzen für Anwender (*performance expectancy*) deutlich werden muss und andererseits der Aufwand, um diesen Nutzen zu erhalten (effort expectancy), gleichzeitig gering bleibt.

In einigen Bereichen zeigt sich auch der dritte UTAUT-Faktor, der soziale Einfluss als besonders relevant. Bezogen auf Diabetes-Apps [13] als auch bezogen auf webbasierte Nachsorge [14] zeigte sich beispielsweise ein starker signifikanter Einfluss des UTAUT-Faktors sozialer Einfluss bei Patienten.

Dies ist unmittelbar einleuchtend, im Zusammenspiel vieler Stakeholder im Gesundheitswesen aber ebenso mit Herausforderungen verbunden. Insgesamt konnten 77 hinderliche und 292 förderliche Faktoren für die Nutzung von Gesundheitstechnologien ermittelt werden, die sich jeweils in individuelle, organisatorische oder technische Kategorien einteilen lassen [15].

Während Vergütung und Kosten zumindest für den Bereich der DiGA geregelt sind, ergeben sich Herausforderungen vor allem im Bereich der Schnittstellen. Zu viele verschiedene Systeme und mangelnde Interoperabilität machen nach wie vor Doppeldokumentationen oder das manuelle Übertragen in ein anderes Informationssystem erforderlich. Darüber hinaus sind Datenschutz und IT-Sicherheitsaspekte entscheidende Barrieren.

Empfehlungen für Industrie, Versorger und Wissenschaft

Betrachtet man den aktuellen Wissenstand, dann lässt sich festhalten, dass sich die Nutzungsintention und damit die konkrete Anwendung positiv beeinflussen lässt. Folgende Anforderungen sollten berücksichtigt werden:

• Auf Seiten der Health-IT-Industrie kann durch konsequente Nutzerorientierung der Fokus auf gute Usability und gute User-Experience gelegt werden, um den „Aufwand" für die Nutzung einer solchen Anwendung möglichst gering zu halten.

- Auf Seiten der Leistungserbringer muss klar der Nutzen für die Anwender in den Vordergrund rücken. Die Nutzung einer Gesundheits-App muss einen echten Mehrwert liefern und diesen Mehrwert müssen Ärzte und Pflegefachkräfte kennen und an die Patienten weitergeben. Fehlende Informationen über eHealth-Angebote sind nach wie vor eine wesentliche Barriere für die Nutzungsintention und das Thema eHealth-Literacy muss weiter vorangetrieben werden [15].
- Daher gilt der Appel, zugleich an die Wissenschaft, Gesundheits-Apps und deren Nutzen zu bewerten und diese Informationen bereitzustellen. Hier ist teilweise noch methodischer Nachholbedarf, da bspw. ein Goldstandard sowohl in der Definition als auch in der Messung von eHealth-Literacy fehlt [16].

Literatur

1. Heidel A, Hagist C. Potential Benefits and Risks Resulting From the Introduction of Health Apps and Wearables Into the German Statutory Health Care System: Scoping Review. JMIR Mhealth Uhealth. 2020;8:e16444. https://doi.org/10.2196/16444.
2. Jacobi F, Höfler M, Strehle J, Mack S, Gerschler A, Scholl L, et al. Psychische Störungen in der Allgemeinbevölkerung: Studie zur Gesundheit Erwachsener in Deutschland und ihr Zusatzmodul Psychische Gesundheit (DEGS1-MH). [Mental disorders in the general population : Study on the health of adults in Germany and the additional module mental health (DEGS1-MH)]. Nervenarzt. 2014;85:77–87. https://doi.org/10.1007/s00115-013-3961-y.
3. Neuhauser H, Kuhnert R, Born S. 12-Monats-Prävalenz von Bluthochdruck in Deutschland. Journal of Health Monitoring. 2017:57–63. https://doi.org/10.17886/RKI-GBE-2017-007.
4. Fishta A, Backé E-M. Psychosocial stress at work and cardiovascular diseases: an overview of systematic reviews. Int Arch Occup Environ Health. 2015;88:997–1014. https://doi.org/10.1007/s00420-015-1019-0.
5. Hassard J, Teoh KRH, Visockaite G, Dewe P, Cox T. The cost of work-related stress to society: A systematic review. J Occup Health Psychol. 2018;23:1–17. https://doi.org/10.1037/ocp0000069.
6. Carolan S, Harris PR, Cavanagh K. Improving Employee Well-Being and Effectiveness: Systematic Review and Meta-Analysis of Web-Based Psychological Interventions Delivered in the Workplace. J Med Internet Res. 2017;19:e271. https://doi.org/10.2196/jmir.7583.
7. Sander L, Rausch L, Baumeister H. Effectiveness of Internet-Based Interventions for the Prevention of Mental Disorders: A Systematic Review and Meta-Analysis. JMIR Ment Health. 2016;3:e38. https://doi.org/10.2196/mental.6061.
8. Erbe D, Eichert H-C, Riper H, Ebert DD. Blending Face-to-Face and Internet-Based Interventions for the Treatment of Mental Disorders in Adults: Systematic Review. J Med Internet Res. 2017;19:e306. https://doi.org/10.2196/jmir.6588.
9. Apolinário-Hagen J, Hennemann S, Fritsche L, Drüge M, Breil B. Determinant Factors of Public Acceptance of Stress Management Apps: Survey Study. JMIR Ment Health. 2019;6:e15373. https://doi.org/10.2196/15373.
10. Ebert DD, Berking M, Cuijpers P, Lehr D, Pörtner M, Baumeister H. Increasing the acceptance of internet-based mental health interventions in primary care patients with depressive symptoms. A randomized controlled trial. J Affect Disord. 2015;176:9–17. https://doi.org/10.1016/j.jad.2015.01.056.

11. Venkatesh V, Thong J, Xu X. Consumer Acceptance and Use of Information Technology: Extending the Unified Theory of Acceptance and Use of Technology. Social Science Research Network Working Paper Series. 2012:157–87.
12. Taiwo A, Downe AG. The Theory of User-Acceptance and Use of Technology (UTAUT): A Meta-analytic Review of Empirical Findings. Journal of Theoretical and Applied Information Technology. 2013:48–58.
13. Zhang Y, Liu C, Luo S, Xie Y, Liu F, Li X, Zhou Z. Factors Influencing Patients' Intentions to Use Diabetes Management Apps Based on an Extended Unified Theory of Acceptance and Use of Technology Model: Web-Based Survey. J Med Internet Res. 2019;21:e15023. https://doi.org/10.2196/15023.
14. Hennemann S, Beutel ME, Zwerenz R. Drivers and Barriers to Acceptance of Web-Based Aftercare of Patients in Inpatient Routine Care: A Cross-Sectional Survey. J Med Internet Res. 2016;18:e337. https://doi.org/10.2196/jmir.6003.
15. Schreiweis B, Pobiruchin M, Strotbaum V, Suleder J, Wiesner M, Bergh B. Barriers and Facilitators to the Implementation of eHealth Services: Systematic Literature Analysis. J Med Internet Res. 2019;21:e14197. https://doi.org/10.2196/14197.
16. Griebel L, Sedlmayr B, Prokosch H-U, Criegee-Rieck M, Sedlmayr M. Key factors for a successful implementation of personalized e-health services. Stud Health Technol Inform. 2013;192:965. https://doi.org/10.3233/978-1-61499-289-9-965.

Gesundheits-Apps in der Herzinfarktprävention

Jonathan Koß

Herzinsuffizienz führt zu großem menschlichem Leid, einer hohen Sterblichkeit und Kostenbelastung für das deutsche Gesundheitssystem. Schätzungsweise entstehen Krankheitskosten von etwa 1,4–2,5 Mrd. €, u. a. durch Krankenhausaufenthalte und ambulante Behandlungen sowie Medikamente [1]. Als häufige Ursache der Herzinsuffizienz gilt der Myokardinfarkt. Als Risikofaktor eines Myokardinfarktes gilt das Vorhofflimmern [1, 2]. Um dieses zu erkennen, werden Echokardiogramme (EKG) genutzt, die normalerweise in Praxen oder Krankenhäusern durchgeführt werden. Da Vorhofflimmern jedoch unregelmäßig auftritt, können nicht alle Risikopatienten erfasst werden [3].

Aus Krankenkassensicht sollten somit Alternativen evaluiert werden, um ein kontinuierliches und kosteneffizientes Screening zu gewährleisten. Können mobile Gesundheits-Apps als Alternative zu einem herkömmlichen EKG genutzt werden?

Vorhofflimmern als Vorbote eines Herzinfarktes

Unerkanntes Vorhofflimmern ist ein Risikofaktor und Frühindikator eines Herzinfarktes, der wiederrum eine häufige Ursache von schwerwiegenden Folgeerkrankungen ist [1]. Die Europäische Gesellschaft für Kardiologie empfiehlt daher, das Vorhofflimmern bei allen Patienten über 65 Jahren durch Pulsmessung zu untersuchen und, falls unregelmäßig, durch Aufzeichnung eines Elektrokardiogramms (EKG) zu diagnostizieren [3].

J. Koß (✉)
Lehrstuhl für Management und Innovation im Gesundheitswesen, Fakultät für Wirtschaft und Gesellschaft, Universität Witten/Herdecke, Witten, Deutschland
E-Mail: jonathan.koss@uni-wh.de

Stationäre EKG ermöglichen keine kontinuierlichen Screenings

Herkömmliche Methoden, beispielsweise ein EKG in einer Praxis, bieten jedoch nur Momentaufnahmen (da sie in einem begrenzten Zeitraum stattfinden) und sind mit einem hohen Personalaufwand durch die medizinische Betreuung verbunden [4]. Durch diese temporäre Untersuchung können nicht alle Risikopatienten identifizieret werden: Exemplarisch werden nur bei 1 bis 2 % der höchsten Risikogruppe (Patienten > 65 Jahre) ein bisher unbekanntes Vorhofflimmern diagnostiziert. Die tatsächlich Prävalenz dürfte jedoch deutlich höher sein [3]. Um ein umfassendes Bild des Vorhofflimmerns von Patienten zu erreichen, müsste folglich ein kontinuierliches Screening stattfinden [3, 5–7].

KI-basierte Diagnostik mittels Smartphone

Um ein kontinuierliches und finanzierbares Screening zu ermöglichen, könnten spezielle als Medizinprodukt zertifizierte Apps genutzt werden. Diese „Screening-Apps" nutzen die Hardware eines Smartphones, um Vorhofflimmern zu detektieren. Dazu legt der Anwender seine Fingerspitze auf die Smartphonekamera. Das Videosignal wird lokal durch eine KI weiterverarbeitet, sodass eine Pulskurve dargestellt werden kann. Diese wird anschließend mittels der App bezüglich Anomalien analysiert [3, 7, 8]. Darauf basierend kann eine Diagnose hinsichtlich eines vorliegenden Vorhofflimmern mit einer hohen Präzision festgestellt werden (Beispiel der App Preventicus: Sensitivität 87,5 % und Spezifität 95 % [3]), ohne dass die Konsultation eines Arztes notwendig ist [5, 6, 8] Somit könnten Anwender regelmäßig und selbstständig Screenings durchführen, die vermutlich kostengünstiger sind als in medizinischen Einrichtungen. Diese Regelmäßigkeit könnte dazu führen, dass die Erkennungsrate der Risikopatienten steigt. Folglich könnte präventiv gehandelt werden, um einen Herzinfarkte oder Folgeerkrankungen und damit einhergehende Kosten zu reduzieren.

Adäquate Einbettung in ein Versorgungsmodell notwendig

Trotz der technischen Möglichkeiten bleiben einige Herausforderungen. Einerseits ist insbesondere die ältere Generation eine Hochrisikogruppe [3, 8]. Fraglich bleibt, ob hochbetagte Patienten diese App-basierten Anwendungen steuern können und ob Anwender im Allgemeinen funktionsfähige Smartphones besitzen [9]. Andererseits setzt die Lösung auf ein eigenverantwortliches Handeln des Versicherten, weil die Daten nicht automatisch an die Kostenträger weitergegeben werden. Insofern muss der Versicherte nach Erhalt der Diagnose eigenständig weitere Schritte einleiten. Außerdem könnte aus Krankenkassensicht das Angebot einer entsprechenden App Kosten verursachen, die durch den Preis der App selbst sowie Folgeuntersuchungen (basierend auf der Diagnose) entstehen [10].

Krankenkassen müssen digitale Versorgungsmodelle entwickeln

Der Einsatz App-basierter Diagnosetools ermöglicht eine relativ präzise Messung von Vorhofflimmern und kann somit eine frühe Identifikation gefährdeter Risikopatienten ermöglichen. Die Screening-Apps eignen sich außerdem für weitere Indikation, die mit einem Vorhofflimmern einhergehen, beispielsweise Schlaganfälle [3]. Folglich kann dies ein geeigneter Weg sein, Kosten im Bereich der Herz-Kreislauf-Erkrankungen zu senken – vorausgesetzt, die Anwender sind fähig, die Anwendungen zu bedienen. Gleichzeitig muss die App in ein Versorgungsmodell eingebunden werden, welches sicherstellt, dass Effizienzgewinne nicht durch kostensteigernde Effekte, wie dem Preis der App selbst, aufgehoben werden.

In diesem Kontext könnten erfolgsbasierte Erlösmodelle nützlich sein: Im Rahmen eines Selektivvertrags wäre es möglich, dass Versicherte die App kostenlos nutzen können. Wenn die App Vorhofflimmern diagnostiziert, müssten die Versicherten einen Facharzt aufsuchen. Bestätigt dieser die Diagnose, erhält der App-Anbieter eine Vergütung. Wird die Diagnose jedoch nicht bestätigt, trägt der App-Anbieter die Kosten des unbegründeten Facharztbesuches.

Literatur

1. Willich S, Reinhold T, Brüggenjürgen B. Herzinsuffizienz nach Myokardinfarkt in Deutschland – Ökonomische Bedeutung und Einschränkung der Lebensqualität PharmacoEconomics – German Research Articles. 2005;3(1):25–39.
2. Lekander I, Willers C, von Euler M, Lilja M, Sunnerhagen KS, Pessah-Rasmussen H, et al. Relationship between functional disability and costs one and two years post stroke. PLoS One. 2017;12(4).
3. Burri H. Screening for Atrial Fibrillation Using Smartphones and Smartwatches. European Journal of Arrhythmia & Electrophysiology. 2018;04(01).
4. Häusler K. Verlängertes EKG-Monitoring nach ischämischem Schlaganfall. Der Klinikarzt. 2018;47(4):123–7.
5. Mehrang S, Airaksinen J, Koivisto T, Pankaala M, Tadi MJ, Hurnanen T, et al. Reliability of Self-Applied Smartphone Mechanocardiography for Atrial Fibrillation Detection. IEEE Access. 2019;7:146801–12.
6. Bashar SK, Han D, Hajeb-Mohammadalipour S, Ding E, Whitcomb C, McManus DD, et al. Atrial Fibrillation Detection from Wrist Photoplethysmography Signals Using Smartwatches. Sci Rep. 2019;9(1):15054.
7. Krivoshei L, Weber S, Burkard T, Maseli A, Brasier N, Kuhne M, et al. Smart detection of atrial fibrillationdagger. Europace. 2017;19(5):753–7
8. Li KHC, White FA, Tipoe T, Liu T, Wong MC, Jesuthasan A, et al. The Current State of Mobile Phone Apps for Monitoring Heart Rate, Heart Rate Variability, and Atrial Fibrillation: Narrative Review. JMIR Mhealth Uhealth. 2019;7(2):e11606.
9. Scheerder A, van Deursen A, van Dijk J. Determinants of Internet skills, uses and outcomes. A systematic review of the second- and third-level digital divide. Telematics and Informatics. 2017;34(8):1607–24.
10. Steinhubl S, Muse E, Topol E. The Merging field of mobile health. 2015

Digitales Ernährungsscreening zur Adipositasprävention

Lisa Korte

Übergewicht und Adipositas sind insbesondere in europäischen Hausarztpraxen zu einem allgegenwärtigen Thema geworden. Über die Hälfte der erwachsenen Bevölkerung in Deutschland ist übergewichtig, ein Viertel sogar stark übergewichtig [1]. Die Universität Hamburg kam durch Berechnungen auf eine Zahl von insgesamt 63 Mrd. € pro Jahr für die gesamtgesellschaftlichen Kosten der Adipositas in Deutschland. Hierzu gehören sowohl die direkten Kosten von 29 Mrd. und die indirekten Kosten von etwa 34 Mrd. € [2]. Die hohen indirekten Kosten sind beispielsweise durch Adipositasfolgen wie Herz-Kreislauf-Erkrankungen erklärt. Die Kosten hierfür machen z. B. einen Anteil von ca. 13 % an den gesamten Krankheitskosten von 432 Mrd. € aus [3]. Die Relevanz von Adipositasprävention ist somit hoch. Wichtige Akteure sind diesbezüglich die Hausärzte in der ambulanten Versorgung. Sie können als Gatekeeper und langfristige Begleiter einen großen Einfluss auf ihre Patienten haben. Im Kontext von Adipositas spielt das Ernährungsverhalten eine wesentliche Rolle [4]. Eine Analyse dessen kann heutzutage digital erfolgen [5]: Wie kann ein digitales Ernährungsscreening Hausärzte bei der Prävention von Übergewicht und Adipositas unterstützen und welche Vorteile bietet es ihnen?

L. Korte (✉)
Lehrstuhl für Management und Innovation im Gesundheitswesen, Fakultät für Wirtschaft und Gesellschaft, Universität Witten/Herdecke, Witten, Deutschland
E-Mail: lisa.korte@uni-wh.de

S. Bohnet-Joschko, K. Pilgrim (Hrsg.), *Handbuch Digitale Gesundheitswirtschaft*, https://doi.org/10.1007/978-3-658-41781-9_23

Enorme Konsequenzen ungesunder Ernährung

Ungesunde Ernährung ist weltweit in verschiedenen Bevölkerungsgruppen eine Ursache für Adipositas und dessen Folgen, wie z. B. Bluthochdruck als Auslöser lebensbedrohlicher Infarkte. Darüber hinaus ist Adipositas weltweit für elf Millionen Todesfälle und ungefähr die Hälfte kardiovaskulärer Todesfälle verantwortlich. Präventive Maßnahmen gegen Adipositas wie Gewichtsreduktion sind daher von hoher Relevanz für die individuelle und öffentliche Gesundheit und können durch Änderungen der Ernährung erfolgen. Da viele Menschen hierbei Schwierigkeiten insbesondere aufgrund fester Essgewohnheiten und mangelnder Selbstkontrolle haben, nimmt der Hausarzt als meist langjähriger Begleiter eine wichtige Funktion ein: Er kann Betroffene durch entsprechende Vorgaben und Monitoring bei der Anpassung ihrer Ernährung unterstützen [5]. Dafür bedarf es jedoch zunächst eines Ernährungsscreenings.

Digitales Ernährungsscreening als Bereicherung

Das Ausfüllen herkömmlicher, papierbasierter Fragebögen zur Erfassung des Ernährungszustandes und weiterer Faktoren wie Gewicht [6, 7] nimmt viel Zeit in Anspruch, zumal die Analyse und Bewertung noch aussteht. Eine digitale Eingabe, womöglich mit automatisierter Beurteilung, würde den Hausarzt und das gesamte ambulante Gesundheitspersonal hingegen deutlich entlasten [8–10]. Sie erleichtert zudem den telemedizinischen Austausch der im Screening erhobenen Daten und damit die Zusammenarbeit mit weiteren Health Professionals. Die Erfassung kann in weniger als fünf Minuten erfolgen – ein Beispiel-Screening-Tool ist der 14-Item-Fragebogen Mediterranean Diet Adherence Screener (MEDAS) [11]. Die Daten sind für den Arzt durchgängig und zuverlässig verfügbar und er spart dadurch Zeit bei Folgebehandlungen [5, 6, 12]. Darüber hinaus kann das Screening telemedizinisch über Video ablaufen und bietet Vorteile für Hausärzte im ländlichen Raum und vor dem Hintergrund der COVID-19-Pandemie [5, 6, 13]. Dieses exklusive Angebot verbessert womöglich die Reputation des Hausarztes und kann beispielsweise als Individuelle Gesundheitsleistung (IGeL) zusätzliche Einkünfte bieten.

Die Balance aus simpel und umfassend

Hinsichtlich der wirtschaftlichen Vorteile bedarf es zunächst einer Klärung der Abrechnung – sprich, ob die Krankenkasse die Leistung des digitalen Ernährungsscreenings übernimmt oder der Patient selbst zahlt. Weiterhin ist die Wahl des richtigen Tools bedeutend, damit eine patientenspezifische Beratung erfolgen kann, beispielsweise mit Einbezug von Allergien und Erkrankungen [5]. Die Optimierung der bestehenden Programme wie MEDAS mit Blick auf automatische Bewertungen und Empfehlungen ist erstrebenswert.

Einen Mehrwert bietet zudem der Austausch der analysierten Daten durch Integration in die elektronische Patientenakte (ePA) [10, 12]. Zwar wären vorrangig Hausärzte als erste Anlaufstelle die Anwender der Screeningtools. Es sollte jedoch auch beachtet werden, dass andere Health Professionals oder die Patienten selbst die Informationen bearbeiten und einsehen können.

Digitales Ernährungsscreening präzisiert Versorgung

Ein digitales Ernährungsscreening kann langfristig den Diagnose- und Behandlungserfolg in der hausärztlichen Versorgung steigern: Durch ein zielgenaues Screening kann der Hausarzt sich ein ganzheitliches Bild des Gesundheitszustandes übergewichtiger Patienten machen und diese individuell beraten [13]. Hilfe bei der Ernährungsumstellung führt womöglich schon zur Vermeidung von Spätfolgen wie Bluthochdruck und schlimmeren Störungen des Herz-Kreislauf-Systems. Zudem erleichtert das digitale Format im Kontext von Telemedizin die Versorgung und den Austausch von Hausärzten mit anderen Health Professionals. Das Screening sollte dementsprechend in die ePA eingebunden sein. Ein zusätzlicher Kompetenzausbau im Bereich der Ernährungsberatung kann den Hausärzten zudem einen exklusiven Ruf und zusätzliche Einkünfte z. B. in Form von IGeL verschaffen. Den erfolgreichen Einsatz können Hausärzte schließlich auf andere Patientengruppen übertragen, beispielsweise Menschen mit Erkrankungen des Verdauungssystems, für die eine individuelle, angepasste Ernährung und deren Screening und anschließendes Monitoring ebenso relevant ist.

Literatur

1. Statistisches Bundesamt (destatis). Mehr als die Hälfte der Erwachsenen hat Übergewicht. 2022. Verfügbar unter: https://www.destatis.de/Europa/DE/Thema/Bevoelkerung-Arbeit-Soziales/Gesundheit/Uebergewicht.html (Letzter Zugriff am 18.10.2022)
2. Deutsche Adipositas-Gesellschaft e.V. Kosten der Adipositas in Deutschland. 2022. Verfügbar unter: https://adipositas-gesellschaft.de/ueber-adipositas/kosten-der-adipositas-in-deutschland/ (Letzter Zugriff am 18.10.2022)
3. Statistisches Bundesamt (destatis). Gesundheit. Krankheitskosten. 2022. Verfügbar unter: https://www.destatis.de/DE/Themen/Gesellschaft-Umwelt/Gesundheit/Krankheitskosten/_inhalt.html (Letzter Zugriff am 18.10.2022)
4. World Health Organization Regional Office for Europe (WHO-EURO). Nutrition 2021. Verfügbar unter: https://www.euro.who.int/en/health-topics/disease-prevention/nutrition/nutrition (Letzter Zugriff am 18.10.2022)
5. Vadiveloo M, Lichtenstein AH, Anderson C, Aspry K, Foraker R, Griggs S, et al. Rapid Diet Assessment Screening Tools for Cardiovascular Disease Risk Reduction Across Healthcare Settings: A Scientific Statement From the American Heart Association. Circulation: Cardiovascular Quality and Outcomes. 2020;13(9):e000094. https://doi.org/10.1161/HCQ.0000000000000094

6. Krznarić Ž, Bender DV, Laviano A, Cuerda C, Landi F, Monteiro R, et al. A simple remote nu-tritional screening tool and practical guidance for nutritional care in primary practice during the COVID-19 pandemic. Clin Nutr. 2020;39(7):1983–7. https://doi.org/10.1016/j.clnu.2020.05.006
7. Nutricia Milupa GmbH. Screening und Dokumentation des Ernährungszustandes 2021. Verfüg-bar unter: https://www.nutricia-med.de/services/downloadservice/screening-dokumente (Letzter Zugriff am 18.10.2022)
8. Murphy AJ, White M, Viani K, Mosby TT. Evaluation of the nutrition screening tool for child-hood cancer (SCAN). Clinical Nutrition. 2016;35(1):219–24. https://doi.org/10.1016/j.clnu.2015.02.009
9. Kondrup J, Allison SP, Elia M, Vellas B, Plauth M. ESPEN Guidelines for Nutrition Screening 2002. Clinical Nutrition. 2003;22(4):415–21. https://doi.org/10.1016/S0261-5614(03)00098-0
10. Correia M. Nutrition Screening vs Nutrition Assessment: What's the Difference? Nutr Clin Pract. 2018;33(1):62–72. https://doi.org/10.1177/0884533617719669
11. Papadaki A, Johnson L, Toumpakari Z, England C, Rai M, Toms S, et al. Validation of the Eng-lish Version of the 14-Item Mediterranean Diet Adherence Screener of the PREDIMED Study, in People at High Cardiovascular Risk in the UK. Nutrients. 2018;10(2). https://doi.org/10.3390/nu10020138
12. Cifuentes M, Davis M, Fernald D, Gunn R, Dickinson P, Cohen DJ. Electronic Health Record Challenges, Workarounds, and Solutions Observed in Practices Integrating Behavioral Health and Primary Care. J Am Board Fam Med. 2015;28 Suppl 1(Suppl 1):S63–72. https://doi.org/10.3122/jabfm.2015.S1.150133
13. Powell HS, Greenberg DL. Screening for unhealthy diet and exercise habits: The electronic he-alth record and a healthier population. Prev Med Rep. 2019; 14:100816. https://doi.org/10.1016/j.pmedr.2019.01.020

App-basiertes Achtsamkeitstraining

Lisa Korte

In unserer heutigen gestressten Leistungsgesellschaft weisen zahlreiche Menschen einen negativen mentalen Gesundheitszustand auf [1], ungeachtet diagnostizierter psychischer Erkrankungen wie Depressionen. Unter depressiven Erkrankungen leiden weltweit etwa 350 Mio. Menschen. Die Tendenz ist steigend, doch nur jede vierte Person wird adäquat behandelt [2]. In Deutschland betragen die direkten Kosten zur Behandlung psychischer Erkrankungen wie einer Depression jährlich für die Gesetzlichen Krankenversicherungen etwa 44 Mrd. € [3]. Meditation und Achtsamkeitstraining können insbesondere die psychische Gesundheit positiv beeinflussen [4], nicht nur bei bereits erkrankten, sondern auch bei gesunden Menschen. Letztere können mithilfe von Meditation den alltäglichen Stress bewältigen und sich vor der Entstehung psychischer Krankheiten schützen [5]. Eine resultierende Kostenersparnis für das Gesundheitssystem ist die Folge. Üblicherweise leitet ein Trainer das Achtsamkeitstraining oder die Meditation. Da die Primärprävention jedoch zunehmend auch ihren Weg in die digitale Versorgung findet, beispielsweise durch Smartphone-Apps [1], stellt sich die Frage, ob Meditations- und Achtsamkeits-Apps (MuA-Apps) eine geeignete Alternative oder Ergänzung zum Trainer sind. Welche Wirkung hat die Nutzung solcher Apps auf das Wohlbefinden der gesunden Bevölkerung?

L. Korte (✉)
Lehrstuhl für Management und Innovation im Gesundheitswesen, Fakultät für Wirtschaft und Gesellschaft, Universität Witten/Herdecke, Witten, Deutschland
E-Mail: lisa.korte@uni-wh.de

S. Bohnet-Joschko, K. Pilgrim (Hrsg.), *Handbuch Digitale Gesundheitswirtschaft*, https://doi.org/10.1007/978-3-658-41781-9_24

Gesundheits-Apps in der (Primär-)Prävention

Apps sind als mobiles Gesundheitsangebot ein Teil von mHealth. Sie bieten diverse Vorteile, die das Potenzial ihres Einsatzes in der Gesundheitsversorgung und Prävention betonen. Durch Apps besteht die Chance, zielgruppenorientiert zu arbeiten und Menschen niedrigschwellig zu erreichen, die wenig gesundheitsbewusst leben [6, 7]. Nutzer haben die Chance zur Partizipation, da sie in der Auswahl der Apps sowie innerhalb dieser frei entscheiden können [7]. Gleichzeitig ist der Zugang flächendeckend vorhanden, da Smartphones die täglichen Begleiter unseres Alltags darstellen – sogar vermehrt bei alten Menschen [7, 8].

Gesundheits-Apps sind sehr gefragt, das Angebot ist groß: Es gibt im Apple App Store über 103.000 Apps zu medizinischen und gesundheitlichen Themen, 554 können dem Präventionsbereich zugeordnet werden [8]. Ziel ist es hier, Krankheiten und deren Folgen durch einen gesunden Lebensstil vorzubeugen oder einzudämmen [7, 9]. Die Primärprävention ist mit gesunden Menschen als Zielgruppe durch einen möglichst frühen Ansatz gekennzeichnet [9]. Hier kann demnach auch die Prävention von Krankheiten oder negativer psychischer Gesundheit durch MuA-Apps eingeordnet werden.

Ideen sind vorhanden

Achtsamkeitstraining beinhaltet generell die gegenwärtige Auseinandersetzung mit den eigenen Gedanken und Gefühlen. Der Nachweis eines verbesserten Wohlbefindens durch trainerbasierte MuA-Übungen, z. B. in Form von Stressreduktion [10], birgt die Idee, solche Übungen auch App-basiert anzubieten. Unterstützt wird diese Idee durch das Potenzial von Gesundheits-Apps in der Prävention – die Chance einer individuellen und niedrigschwelligen Erreichbarkeit – sowie vor dem Hintergrund, dass die breite Bevölkerung begrenzt Zugang zu herkömmlichen trainerbasierten MuA-Kursen hat [4].

Durch MuA-Apps auf dem Smartphone haben verschiedene Zielgruppen die Möglichkeit, kostengünstig und flexibel, unabhängig von Zeit und Ort, dem Alltagsstress zu entfliehen [4, 5, 10]. Der Nutzer steuert die App selbst und entscheidet, was und wie lange er welche Angebote nutzt [4, 10]. So kann eine Session innerhalb von zehn bis zwanzig Minuten abgeschlossen werden, während trainerbasierte Kurse meist eine Stunde dauern [5]. Auch wenn viele Menschen derartige Apps nutzen, ist bisher wenig erforscht, ob die Anwendung zu einer Steigerung des Wohlbefindens in der allgemeinen Bevölkerung führen kann [2]. Erste Erkenntnisse deuten jedoch in eine Richtung.

Apps können Stimmung beeinflussen

Sowohl bei kurzzeitiger als auch bei längerfristiger Anwendung von MuA-Apps konnte bei den Nutzern eine Stimmungsverbesserung im Vergleich zu Personen, die die App nicht nutzten, festgestellt werden. Personen, die die App länger und häufiger nutzten, wiesen sogar eine stärkere Verbesserung auf. Folglich wächst die Relevanz von MuA-Apps für die Prävention im Speziellen und für Public Health allgemein [10], da sie der Stressreduktion und der Steigerung von Wohlbefinden, Lebenszufriedenheit und Resilienz dienen [1, 4, 5, 10, 11]. Auch eine Verbesserung der Aufmerksamkeitskontrolle, positive Veränderungen der Wahrnehmung sowie ein besserer Schlaf konnten durch die Nutzung von MuA-Apps nachgewiesen werden [4, 11]. Der Nutzen scheint jedoch bei ängstlichen und depressiven Menschen höher zu sein als bei Gesunden [1], sodass das Potenzial in der Sekundär- und Tertiärprävention tendenziell noch größer ist, als in der Primärprävention.

Forschungs- und Entwicklungsbedarf zeigt Chancen

Trotz der bisherigen Erkenntnisse zur Wirkung von MuA-Apps bestehen offene Fragen, die den Forschungsbedarf zeigen [12]. Bisherige Studien haben die Wirkung allein bei kleinen oder sehr homogenen Stichproben untersucht, sodass es weiterer Studien mit heterogenen, größeren Stichproben bedarf [4, 5, 10]. Auch haben die Studien überwiegend Surrogate-Parameter gemessen [7], weshalb der Effekt nicht eindeutig nachweisbar ist und nur das mögliche Potenzial von Gesundheits-Apps für die Prävention betont [1, 10]. Zudem beruhen die nachgewiesenen positiven Effekte auf der subjektiven Wahrnehmung der Studienteilnehmer, was eine Limitation der Ergebnisse darstellt [4]. Einen weiteren zu beachtenden Faktor stellt die Qualität dar: Der App-Markt ist in seiner Entwicklung sehr dynamisch und daher überlaufen und unstrukturiert. Dies erschwert gleichermaßen für Health Professionals und Patienten die Auswahl qualitativ hochwertiger Apps [6].

Fazit

MuA-Apps scheinen eine geeignete Alternative oder Ergänzung zu trainerbasierten Kursen zu sein, da sie eine ähnlich positive Wirkung – Stressreduktion und Steigerung des Wohlbefindens – bei den Nutzern haben. Die Wirkung ist jedoch noch nicht ausreichend nachgewiesen; es bedarf weiterer Studien. Das Potenzial derartiger Apps für die Prävention ist hoch, die Nutzung hat u. a. zeitliche und finanzielle Vorteile. Wenn diese dazu führen, dass MuA-Apps häufig genutzt werden, könnte psychischen Erkrankungen potenziell vorgebeugt werden. Gleichzeitig können Leistungserbringer die Daten für die Gestaltung weiterer Interventionen nutzen. Derartige Apps sollten einer interdisziplinären Qualitätsbewertung unterzogen werden, um einen Weg in die Regelversorgung zu finden. Hier ist eine Beteiligung medizinischen und psychologischen Fachpersonals notwendig.

Literatur

1. Athanas AJ, McCorrison JM, Smalley S, Price J, Grady J, Campistron J, et al. Association Between Improvement in Baseline Mood and Long-Term Use of a Mindfulness and Meditation App: Observational Study. JMIR Ment Health. 2019;6(5):e12617. https://doi.org/10.2196/12617
2. Bundesministerium für Bildung und Forschung. Erkrankungen des Gehirns. Depression: Schatten auf der Seele. 2022. Verfügbar unter: https://www.gesundheitsforschung-bmbf.de/de/depression-schatten-auf-der-seele-5949.php (Letzter Zugriff am 18.10.2022)
3. Deutsches Ärzteblatt. Psychische Erkrankungen: 44 Milliarden Euro direkte Behandlungskosten pro Jahr. 2020. Verfügbar unter: https://www.aerzteblatt.de/nachrichten/111586/Psychische-Erkrankungen-44-Milliarden-Euro-direkte-Behandlungskosten-pro-Jahr https://www.destatis.de/DE/Themen/Querschnitt/Jahrbuch/jb-gesundheit.html (Letzter Zugriff am 07.10.2022)
4. Huberty J, Vranceanu AM, Carney C, Breus M, Gordon M, Puzia ME. Characteristics and Usage Patterns Among 12,151 Paid Subscribers of the Calm Meditation App: Cross-Sectional Survey. JMIR Mhealth Uhealth. 2019;7(11):e15648. https://doi.org/10.2196/15648
5. Champion L, Economides M, Chandler C. The efficacy of a brief app-based mindfulness intervention on psychosocial outcomes in healthy adults: A pilot randomised controlled trial. PLoS One. 2018;13(12):e0209482. https://doi.org/10.1371/journal.pone.0209482
6. Rossmann C, Krömer N. mHealth in der medizinischen Versorgung, Prävention und Gesundheitsförderung. In: Fischer F, Krämer A, editors. eHealth in Deutschland Anforderungen und Potenziale innovativer Versorgungsstrukturen. Berlin, Heidelberg: Springer; 2016. 441–56. https://doi.org/10.1007/978-3-662-49504-9
7. Rutz M, Kühn D, Dierks M-L. Gesundheits-Apps und Prävention. Chancen und Risiken von Gesundheits-Apps (CHARISMHA): Medizinische Hochschule Hannover; 2016. 116–35. Verfügbar unter: https://publikationsserver.tu-braunschweig.de/servlets/MCRFileNodeServlet/dbbs_derivate_00042287/charismha_kapitel_05.pdf (Letzter Zugriff am 18.10.2022)
8. Albrecht U-V, von Jan U. Apps in der digitalen Prävention und Gesundheitsförderung. In: Haring R, editor. Gesundheitswissenschaften. Berlin, Heidelberg: Springer; 2019. 433–41. https://doi.org/10.1007/978-3-662-58314-2_40
9. Evers-Wölk M, Oertel B, Sonk M, Jacobs M. Gesundheits-Apps. Innovationsanalyse. 2018. Verfügbar unter: http://www.tab-beim-bundestag.de/de/pdf/publikationen/berichte/TAB-Arbeitsbericht-ab179.pdf (Letzter Zugriff am 18.10.2022)
10. Economides M, Martman J, Bell MJ, Sanderson B. Improvements in Stress, Affect, and Irritability Following Brief Use of a Mindfulness-based Smartphone App: A Randomized Controlled Trial. Mindfulness (N Y). 2018;9(5):1584–93. https://doi.org/10.1007/s12671-018-0905-4
11. Walsh KM, Saab BJ, Farb NA. Effects of a Mindfulness Meditation App on Subjective Well-Being: Active Randomized Controlled Trial and Experience Sampling Study. JMIR Ment Health. 2019;6(1):e10844. https://doi.org/10.2196/10844
12. Mani M, Kavanagh DJ, Hides L, Stoyanov SR. Review and Evaluation of Mindfulness-Based iPhone Apps. JMIR Mhealth Uhealth. 2015;3(3):e82. https://doi.org/10.2196/mhealth.4328

Gesundes Altern durch präventive Videospiele in der Pflege

Laura Melzer

Jede fünfte Person in Deutschland ist älter als 66 Jahre (1). Mit dem demografischen Wandel nimmt auch die Prävalenz altersbedingter, neurodegenerativer Erkrankungen wie der Alzheimer-Krankheit oder Parkinson zu. Diese Erkrankungen gehen unter anderem mit einer Abnahme von kognitiven und motorischen Fähigkeiten einher. Immer mehr Menschen sind dementsprechend im hohen Alter von Pflegebedürftigkeit betroffen, Ende 2019 waren es bereits 4,13 Mio. (2). Wie können Serious Games als Präventionsangebot in der (teil-)stationären Pflege zu gesundem Altern beitragen?

Präventive Maßnahmen können Gesundheit im Alter fördern

Das Präventionsgesetzt (PrävG) aus dem Jahr 2015 verpflichtet Pflegekassen dazu, Leistungen zur Förderung der Gesundheit in voll- und teilstationären Einrichtungen anzubieten (3). Grundgedanke dahinter ist, dass pflegebedürftige Menschen trotz ihrer gesundheitlichen Beeinträchtigungen gefördert werden können. Wie ist gesundes Altern möglich? Anhand von gezielten Trainings oder Interventionen können altersbedingte Veränderungen und Krankheiten verlangsamt oder sogar gestoppt werden, um den Status Quo zu gewähren. Beispielsweise kann die körperliche Fitness durch mehr Bewegung aufrechterhalten werden. Kognitive Trainings wiederum sollen dabei helfen, einen frühzeitigen Gedächtnisverlust zu verhindern (4). Eine digitale Möglichkeit in der Altenpflege, um diese präventiven Maßnahmen umzusetzen, sind therapeutische Videospiele (5). Zu den computerbasierten Trainingsprogrammen zählen die Teilbereiche „Serious Games", das

L. Melzer (✉)
Forschungs- und Behandlungszentrum für psychische Gesundheit (FBZ), Fakultät
für Psychologie, Ruhr-Universität Bochum, Bochum, Deutschland

S. Bohnet-Joschko, K. Pilgrim (Hrsg.), *Handbuch Digitale Gesundheitswirtschaft*,
https://doi.org/10.1007/978-3-658-41781-9_25

117

heißt therapeutisches Spielen, um Verhaltensänderungen anzuregen, sowie „Exergaming", sogenannte Bewegungsspiele, die motorische Fähigkeiten beanspruchen (4). In bisherigen Studien konnten erste positive Effekte von Exergames wie Bowling, Boxen, Golf oder Tennis auf kommerziellen Spielekonsolen im therapeutischen Kontext gezeigt werden (6).

Positive Effekte von Videospielen auf das gesunde Altern

Mobilitätsverlust ist nicht nur eine Folge altersbedingter Krankheiten, der Einzug in Altersheim selbst kann bei einem Drittel der Bewohner zu einem Mobilitätsverlust führen (6). Health Professionals in der (teil-)stationären Pflege können als ergänzende Behandlungsmethode auf therapeutische Videospiele zurückgreifen, die Senioren nach einer Einweisungsphase selbst bedienen können. Dadurch sollen nach ausreichenden Einführungen zum einen personelle Ressourcen gespart und zum anderen die Selbstwirksamkeit der Hochbetagten gefördert werden. Erste neurologische Studienergebnisse konnten zeigen, dass Videospiele mit einer Zunahme der grauen Substanz des Hippocampus, mit Veränderungen der Gehirnstruktur und verbesserten kognitiven Skills bei älteren Menschen zusammenhängen (7). In einer Meta-Analyse wurden die positiven Effekte von Videospielen bei Hochbetagten belegt: Serious Games verbesserten unter anderem die Reaktionszeit, Aufmerksamkeit, das Gedächtnis und die Kognition insgesamt (8). Kritisch betrachtet wurde allerdings, dass es sich bei den eingeschlossenen Studien nicht um randomisiert-kontrollierte Studien handelte, sodass ein Risiko zur Verzerrung der Ergebnisse besteht.

Erste Use Cases in deutschen Pflegeeinrichtungen

Erste Use Cases in über 100 (teil-)stationären Pflegeeinrichtungen wurden in Deutschland wissenschaftlich untersucht, darunter das therapeutische Videospiel „memoreBox"(9). Das Videospiel wird im Bereich der „Serious Games" angesiedelt, bei dem ein Avatar durch Bewegung von Armen, Beinen oder dem Oberkörper per Videoaufzeichnung gesteuert wird, um Aufgaben zu erfüllen. In einer Evaluationsstudie mit 906 Probanden konnte die Wirksamkeit bestätigt werden. Dreimal die Woche spielte dabei die Interventionsgruppe gemeinsam mit dem Pflege- und Betreuungspersonal eine Stunde an der memoreBox, während die Kontrollgruppe nicht spielte oder am Standardprogramm der Einrichtung teilnahm. Die entsprechende Schulung des Personals wurde von Anbieter durchgeführt. In dieser randomisiert-kontrollierten Studie zeigten sich bei den Senioren in der Interventionsgruppe signifikante Verbesserungen im Bereich der kognitiven Fähigkeiten sowie des Erinnerungsvermögens und der Standfestigkeit im Vergleich zur Kontrollgruppe. Aufgrund der positiven Ergebnisse übernimmt die Krankenkasse regelhaft die Finanzierung, sodass interessierte Pflegeeinrichtungen einen Förderantrag nach § 5 SGB XI an alle gesetzlichen Pflegekassen für die Nutzung der Videospiele stellen können (9).

Fazit und Handlungsempfehlungen

Gedächtnis- und Bewegungstraining im Alter tragen dazu bei, die kognitive und körperliche Gesundheit länger aufrechtzuerhalten. Die Anwendung von Videospielen in der (teil-) stationären Altenpflege ermöglicht, diese Trainings im Rahmen von Serious Games oder Exergames durchzuführen. Zur Einführung der Präventionsmaßnahmen müssen zunächst digitale Grundvoraussetzungen in Pflegeheimen ermöglicht werden, Geräte angeschafft sowie das Pflegepersonal geschult werden. Langfristig könnten die Videospiele kosteneffektiv werden, wenn die digitale Anwendung nicht dauerhaft therapeutisch begleitet werden muss und damit personelle Ressourcen schont. Bisherige Forschungsergebnisse unterstützen die präventive Wirksamkeit zur motorischen und kognitiven Förderung sowie zur Verbesserung der psychischen Gesundheit (4). Die wissenschaftliche Evaluation der memoreBox in Deutschland und die Finanzierung durch die Krankenkassen erleichtern es Pflegeeinrichtungen, einen Förderantrag zu stellen. Konkrete Kosteneinsparpotenziale müssen zukünftig berechnet werden.

Literatur

1. Statistisches Bundesamt. Demografischer Wandel 2021. Available from: https://www.destatis.de/DE/Themen/Querschnitt/Demografischer-Wandel/_inhalt.html
2. Statistisches Bundesamt. Anzahl der Pflegebedürftigen in Deutschland in den Jahren 1999 bis 2019. 2020. Available from: https://de.statista.com/statistik/daten/studie/2722/umfrage/pflegebeduerftige-in-deutschland-seit-1999/
3. (BZgA) BfgA. Das Präventionsgesetz – neue Aufgaben für die Bundeszentrale für gesundheitliche Aufklärung (BZgA) 2015. Available from: https://www.bzga.de/ueber-uns/aufgaben-und-ziele/geschaeftsstelle-nationale-praeventionskonferenz/das-praeventionsgesetz/
4. Xu W, Liang H-N, Baghaei N, Wu Berberich B, Yue Y. Health Benefits of Digital Videogames for the Aging Population: A Systematic Review. Games for Health Journal. 2020;9(6):389–404. https://doi.org/10.1089/g4h.2019.0130
5. Vázquez FL, Otero P, García-Casal JA, Blanco V, Torres ÁJ, Arrojo M. Efficacy of video game-based interventions for active aging. A systematic literature review and meta-analysis. PLOS ONE. 2018;13(12):e0208192. https://doi.org/10.1371/journal.pone.0208192
6. Schröder D. Exergames zur Förderung der körperlichen Aktivität und Mobilität in der stationären Langzeitpflege – Ein Überblick. Z Gerontol Geriat. 2021. https://doi.org/10.1007/s00391-021-01951-2
7. West GL, Zendel BR, Konishi K, Benady-Chorney J, Bohbot VD, Peretz I, et al. Playing Super Mario 64 increases hippocampal grey matter in older adults. PLOS ONE. 2017;12(12):e0187779. https://doi.org/10.1371/journal.pone.0187779
8. Toril P, Reales JM, Ballesteros S. Video game training enhances cognition of older adults: a meta-analytic study. Psychol Aging. 2014;29(3):706–16. https://doi.org/10.1037/a0037507
9. BARMER, RetroBrain R&D GmbH & Humboldt-Universität zu Berlin. Abstract zur zweiten Evaluation zum Pilotprojekt „Prävention in (teil-)stationären Pflegeeinrichtungen durch therapeutisch-computerbasierte Trainingsprogramme (memoreBox) nach § 5 SGB XI" 2018-2020. 2021 https://www.retrobrain.de/wp-content/uploads/2021/04/Abstract_Evaluation_Bundesrollout_Praevention-in-teil-stationaeren-Pflegeeinrichtungen_BARMER_RetroBrain_2018-2020.pdf

Teil V

Diagnostik

Künstliche Intelligenz in Versorgungsprozessen: Potenziale und Herausforderungen

Oliver Gröne

Verfahren der künstlichen Intelligenz (KI) haben in den letzten Jahren stark an Bedeutung gewonnen. Definiert durch die Arbeiten von John McCarthy in den 1950er-Jahren als „the science and engineering of making intelligent machines" [1], umfasste die KI ursprünglich einfache „wenn-dann-Regeln". Durch die bessere Datenverfügbarkeit, kombiniert mit den sprunghaften Anstiegen in Rechnerleistungen, kommen heute KI-Systeme näher an das Ziel heran, menschliche Intelligenz durch Rechenprozesse nachzubilden. Nach einer Studie von PricewaterhouseCoopers (PwC) sind 64 % der Entscheider davon überzeugt, dass KI das deutsche Gesundheitssystem grundlegend verändern wird [2]. Während viele Studien die Potenziale der KI verdeutlichen, bleibt die Umsetzung der KI in die Praxis eine enorme Herausforderung. Eine Kernfrage ist dabei, wie die Potenziale der KI besser nachvollziehbar gemacht werden und Vertrauen in die KI aufgebaut werden kann.

Einsparungspotenziale

Das Feld der KI ist hochkomplex und umfasst viele mögliche Verfahren und Anwendungsfelder. Dazu gehören Maschinenlernverfahren wie künstliche neuronale Netzwerke, die auf der Basis von großen Datensätzen neue Muster erkennen, aus denen sich hoch-reliable Prädiktionsmodelle zur Krankheitsprogression ableiten lassen [3] oder Bildverarbeitungsverfahren, die mit hoher Geschwindigkeit und Genauigkeit radiologische Befunde auswerten können. KI-Systeme haben das Potenzial, Versorgungsprozesse im Gesundheitswesen grundlegend zu verändern [4].

O. Gröne (✉)
OptiMedis AG, Hamburg, Deutschland
E-Mail: o.groene@optimedis.de

S. Bohnet-Joschko, K. Pilgrim (Hrsg.), *Handbuch Digitale Gesundheitswirtschaft*, https://doi.org/10.1007/978-3-658-41781-9_26

Die ökonomischen Auswirkungen des KI-Einsatzes sind schwer zu beziffern, da auf der einen Seite Effizienzpotenziale stark von der KI-Technologie abhängen, auf der anderen Seite die Hürden bei der Implementierung häufig unterschätzt werden. PwC schätzt, dass in einem 10-Jahreshorizont Einsparungen in dreistelliger Milliardenhöhe zu realisieren sind: Allein beim Screening und der Behandlung von Adipositas ließen sich etwa 90 Mrd. € einsparen. Bei der KI-basierten Diagnose und Therapie von Brustkrebs sollen es 74 Mrd. € sein [2].

Viele Rechnungen zu den Einsparpotenzialen basieren darauf, dass die KI frühere Diagnosen und eine personalisierte Therapie ermöglichen und dadurch die Kosten komplexer Folgebehandlungen vermeiden soll. Im deutschen Gesundheitssystem besteht diesbezüglich ein hohes Potenzial. Nach den Daten der Organisation für wirtschaftliche Zusammenarbeit und Entwicklung (OECD) gibt in der EU kein Land mehr für die Gesundheitsversorgung aus als Deutschland. Bei den Ergebnissen der Gesundheitsversorgung steht Deutschland aber häufig im Mittelfeld, besonders dadurch, dass Präventionspotenziale nicht ausgeschöpft werden und die komplexen, fragmentierten Versorgungsketten ineffizient sind [5]. Die Tatsache, dass fünf Prozent der Bevölkerung für etwa die Hälfte der gesamten Gesundheitskosten der Bevölkerung verantwortlich sind, wurde für viele Gesundheitssysteme, auch in Deutschland, nachgewiesen [6]. Die obersten fünf Prozent der Patienten in der Kostenverteilung werden als Hochkostenpatienten (HKP) bezeichnet. Etwa ein Drittel der HKP werden als vermeidbar angesehen (wie z. B. die Krankheitsprogression eines chronisch Kranken, der durch fehlende Betreuung unnötige Krankenhausaufenthalte erfährt und dadurch Hochkosten erzeugt) [7]. Könnte die KI helfen, nur einen Teil dieser HKP durch frühere Identifikation, Prävention und Behandlung besser zu versorgen, wäre das Einsparpotenzial enorm.

KI zur Identifizierung von Hochkostenpatienten

Der Einsatz von KI zur Identifizierung von HKP vor der Kosteneskalation ist bereits heute möglich. Hochkostenpatienten kommen mit höherer Wahrscheinlichkeit aus einer niedrigeren Einkommensgruppe, leiden häufiger an mehreren chronischen Erkrankungen, sind häufiger von mehreren Medikamenten abhängig, haben innerhalb des letzten Jahres häufiger einen Arzt konsultiert, sind körperlich inaktiver und haben in der Vergangenheit häufiger geraucht [8]. Durch den Einsatz von KI basierend auf Routinedaten der Krankenkassen, oder Daten aus Arzt- und/oder Krankenhausinformationssystemen, können HKP zuverlässig identifiziert werden.

Hierbei können gängige Maschinenlernverfahren wie Random-Forest-Modelle oder Künstliche Neuronale Netzwerke angewandt werden. Im Vergleich zur traditionellen Regressionsanalyse, die häufig auf der Basis von Theorie und Hypothesen bestimmte Variablen identifiziert, identifizieren KI-Verfahren zum Teil unerwartete Faktoren, die einen hohen Einfluss auf die Ergebnisvariable haben. Das Risiko des „overfittings" (Identifizierung von Zusammenhängen, die nur zufällig in einem bestimmten Datensatz auftauchen) wird dadurch verringert, dass große Datensätze mittlerweile sehr effizient analysiert werden können. Bei Maschinenlernverfahren wird weiterhin zwischen überwachtem Lernen („supervised learning", dem Verfahren werden klare Vorgaben zu den Variablen und kausalen Zusammenhängen gemacht) und unüberwachtem Lernen („unsupervised learning", das Verfahren findet selbst Zusammenhänge in nicht weiter definierten Datensätzen) unterschieden.

Viele der häufigsten Diagnosen von Hochkostenversicherten sind verhaltens- und verhältnisbezogenen präventiven und Public-Health-Ansätzen zugänglich. Ziel müsste es daher sein, ihnen Case-Management-Angebote zu unterbreiten, um zu verhindern, dass diese zu Hochkostenversicherten werden.

Datenschutz versus Nutzungspotenziale?

Die Umsetzung einer datenbasierten Prädiktion von Hochkostenpatienten – wie auch vieler anderer KI-basierter Prädiktionsmodelle zu Erkrankungswahrscheinlichkeiten – trifft auf viele Herausforderungen im Versorgungsalltag. Natürlich ist dabei der Datenschutz ein wichtiges Thema: wer darf welche Daten zu welchem Zweck verarbeiten? Oder: Möchte der Patient wissen, dass er ein hohes Risiko einer Erkrankung hat? Bei der Bewertung des Schutzes der persönlichen Daten müssen aber auch die Nutzungspotenziale berücksichtigt werden: Ist es ethisch vertretbar, dem Patienten *nicht* mitzuteilen, dass er mit hoher Wahrscheinlichkeit eine Erkrankung erleiden wird, die vermeidbar ist? Ist es bei den hohen Ausgaben im Gesundheitssystem vertretbar, die Einsparpotenziale, die durch KI identifiziert werden können, *nicht* auszuschöpfen?

Neben dem bekannten Datenschutzthema bringt der Einsatz von KI-Modellen (insbesondere im Falle neuronaler Netze) auch neue Herausforderungen mit sich. KI-Modelle, besonders diejenigen, die unüberwachte Lernverfahren nutzen, werden häufig als Black-Box-Modelle kritisiert, d. h. es werden zwar statistisch sehr starke Zusammenhänge in Datensätzen erkannt, diese sind aber nicht direkt kausal herleitbar oder interpretierbar. Aufgrund gravierender nichtintendierter Probleme, die sich daraus ergeben können (wie z. B. die Diskriminierung von sozialem Status, Herkunft oder genetischer Merkmale durch KI-Verfahren) hat die EU-Expertengruppe zur Künstlichen Intelligenz Leitlinien verfasst, um die Vertrauenswürdigkeit Künstlicher Intelligenz zu verbessern [9]. Eine vertrauenswürdige KI soll dabei zwingend die entsprechenden rechtlichen Grundlagen beachten, sich an ethischen Prinzipien und Werten orientieren und auf robusten Verfahren basieren. Der detaillierte Leitlinienkatalog, der dabei von der Expertengruppe erstellt wurde, enthält viele wichtige Kriterien (wie z. B. „Haben Sie eine Strategie oder eine Reihe von Verfahren festgelegt, um zu vermeiden, dass das KI-System unfaire Vorurteile schafft oder verstärkt?"). Die Beantwortung des Leitlinienkatalogs stellt aber KI-Entwickler und Umsetzer vor Herausforderungen.

Ein anderes Verfahren, KI vertrauenswürdiger zu machen, ist der Einsatz analytischer Methoden, die die wichtigsten Variablen der Klassifizierung untersuchen. Die SHAPley-

Additive-exPlanations-(SHAP-)Analyse ist eine solche Methode, die ihren Ursprung in der Spieltheorie hat und die veranschaulicht, wie die Werte der einzelnen Variablen, die von den KI-Modellen vorhergesagte Wahrscheinlichkeit für jedes beobachtete Individuum beeinflussen [10]. Für die Nutzer von KI-Verfahren ist beides wichtig: zum einen, die Gewissheit, dass die Entwicklung der KI gängigen Verfahren und Qualitätskriterien entspricht und zum anderen, dass die wichtigsten Variablen des Modells erklärbar bleiben.

Fazit

Die Künstliche Intelligenz birgt sehr viele Potenziale für die Optimierung von Versorgungsprozessen, von denen Patienten, Leistungserbringer und das Gesundheitssystem profitieren können. Bei der Entwicklung und beim Einsatz der KI gibt es aber Vorgaben zu berücksichtigen, damit die Nutzer ein berechtigtes Vertrauen in die KI haben und dadurch die KI auch zur Anwendung kommt. Die Perspektive von Patienten und Leistungserbringern sollte daher zukünftig, gemäß der EU-Richtlinien zu Vertrauenswürdiger Künstlicher Intelligenz, viel stärker Berücksichtigung finden.

Literatur

1. Kaul V, Enslin S, Gross SA. History of artificial intelligence in medicine. Gatrointestinal Endoscopy 2020; 92: 807–812
2. Price Waterhouse Coopers (PWC). Sherlock in Health: How artificial intelligence may improve quality and efficiency, whilst reducing health care costs in Europe. PWC: 2017. https://www.pwc.de/de/gesundheitswesen-und-pharma/studie-sherlock-in-health.pdf
3. Beam AL, Kohane IS. Big Data and Machine Learning in Health Care. Journal of the American Medical Association 2018; 319: 1317–8.
4. Davenport T. The potential for artificial intelligence in healthcare. Future Healthcare Journal 2019; 6: 94–98
5. Organization for Economic Cooperation and Development (OECD). Health at a Glance. Germany, 2021 https://www.oecd.org/germany/health-at-a-glance-Germany-EN.pdf
6. Lange L, Pimperl A, Schulte T, Groene O, Tanke M. Hochkostenversicherte in Deutschland: Leistungs- und Kostenprofile. Zeitschrift für Evidenz, Fortbildung und Qualität im Gesundheitswesen 2020: 76–83.
7. Pearl R, Madvid P. Managing the most expensive Patients. Harvard Business Review 2020: 98, 68–75.
8. Groene O, Langenberger B, Catala E, Wendel P, Hildebrandt H. Prädiktion von Hochkostenpatienten: Interventionspotenziale und Implikationen für das Versorgungsmanagement. In: Hildebrandt H/Stoppardt (ed.): Zukunft Gesundheit – regional, vernetzt, patientenorientiert. Medhochzwei, 2021
9. European Commission. Ethics Guidelines for Trustworthy AI. 2019, https://ec.europa.eu/futurium/en/ai-alliance-consultation.1.html
10. Davagdorj K, Bae JW, Pham VH, Theera-Umpon N, Ryu KH. Explainable Artificial Intelligence Based Framework for Non-Communicable Diseases Prediction. IEEE Access 2021; 9: 123672–123688 https://ieeexplore.ieee.org/abstract/document/9529216

Hybrid-OP: Möglichkeiten der Effizienzsteigerung

Philipp Köbe

Der Hybrid-Operationssaal (Hybrid-OP) ermöglicht diagnostische und therapeutische Verfahren innerhalb eines Settings [1, 2]. Auf diese Weise können innovative, digital-gestützte Behandlungsmethoden umgesetzt werden, die eine schnellere Diagnose einerseits sowie eine zielgenauere Intervention andererseits ermöglichen. Diagnostik und Intervention wurden weitestgehend getrennt voneinander durchgeführt. Beispielsweise findet in konventionellen Settings eine Computertomographie in der radiologischen Abteilung einer Klinik statt, während der Eingriff anschließend in einem Operationssaal durchgeführt wird [1]. Die entstehende zeitliche Lücke kann für den Patienten eine verminderte Überlebenschance oder einen schlechteren Outcome hervorbringen [2]. Unter Berücksichtigung einer optimierten Wertschöpfung in der Gesundheitsversorgung kann somit der Outcome der Maßnahme erhöht werden [3]. Diese Optimierung könnte auch einen Effekt auf die Kosten der Krankenhausbehandlung haben. Können Kliniken ihre Effizienz durch die Einrichtung eines Hybrid-OP steigern?

Zunehmende Präzision bei minimalinvasiven Eingriffen

Der medizinische Fortschritt hat die diagnostische Bildgebung in den vergangenen Dekaden stark verbessert [4]. Besonders die Zunahme minimalinvasiver Verfahren, die für den Patienten besonders schonend sind, verbesserten die Behandlungsergebnisse [5]. Eine Weiterentwicklung minimalinvasiver Eingriffe unter Einbezug gleichzeitiger, diagnostischer

P. Köbe (✉)
Lehrstuhl für Management und Innovation im Gesundheitswesen, Fakultät für Wirtschaft und Gesellschaft, Universität Witten/Herdecke, Witten, Deutschland
E-Mail: philipp.koebe@uni-wh.de

© Der/die Autor(en), exklusiv lizenziert an Springer Fachmedien Wiesbaden GmbH, ein Teil von Springer Nature 2023
S. Bohnet-Joschko, K. Pilgrim (Hrsg.), *Handbuch Digitale Gesundheitswirtschaft*,
https://doi.org/10.1007/978-3-658-41781-9_27

Verfahren ist in einem Hybrid-OP möglich [1, 5]. Im Rahmen dieses One-Stop-Shop-Modells können beide Leistungsbereiche aus einer Hand erbracht bzw. kombiniert werden [2]. Der Hybrid-OP verfügt über eine voll automatisierte, digitale Bildverarbeitung, die den Operierenden unmittelbar zur Verfügung steht. Mittels KI-gestützter Bilderkennung kann während des Eingriffs eine zusätzliche Unterstützung in Echtzeit erfolgen. Besonders in der Thorax- und Gefäßchirurgie wurden weitreichende Erfahrungen im Hybrid-OP gesammelt [2]. Eine schnelle Intervention im Anschluss an die Diagnostik ist in vielen Fällen entscheidend für den Behandlungserfolg. Die kurative Behandlung kann erheblich verkürzt, die Überlebensrate erhöht sowie die teilweise schwierige, intraoperative Erkennung von Gewebe verbessert werden [2]. Infolgedessen reduzieren sich Behandlungszeiten während der kurativen Maßnahme und gleichzeitig die Verweildauer im Klinikum [4].

Einsparung in kostenintensiven Klinikbereichen

Die Kombination aus Diagnostik und Therapie in einem Setting verbessern den Workflow, da unmittelbar während der Lokalisation eines Interventionsbedarfs zugleich der Eingriff stattfinden kann [4]. Die erhöhte Präzision des Verfahrens führt zudem zu einer geringeren Eingriffsdauer [5]. Betrachtet man einen durchschnittlichen Erlös je OP-Minute von rund 17,– €, kann die Verlagerung von Operationen in einen Hybrid-OP zu erheblichen Erlössteigerungen führen [6]. Der Erlös je OP-Minute wurde für deutsche Kliniken als Durchschnitt fächerübergreifend ermittelt. Eine Reduzierung der OP-Zeit von 30 min täglich führt somit zu etwa 133.000 € Erlöspotenzial in anderen OP-Sälen pro Jahr (30 Min.× 5 Arbeitstage × 52 Wochen × 17,– €). Zudem werden auch in der Radiologie Kapazitäten für diagnostische Verfahren frei, sodass auch dort zusätzliche Prozeduren für andere Patienten erbracht werden können. Die Kosten je OP-Minute liegen bei einem Hybrid-OP jedoch auch deutlich höher [7]. Eine niederländische Studie zeigt, dass in einem konventionellen OP eine Minute 9,95 € kostet, während die OP-Minute im Hybrid-OP bei 19,88 € liegt. Besonders ausschlaggebend sind dabei die Instandhaltungskosten [7]. Diese entstehen durch den umfassenderen Einsatz von Hightech-Geräten, die in einem konventionellen OP-Saal nicht vorhanden sind. Infolge der voranschreitenden, digitalen Transformation der Kliniken können zunehmend auch weitere digitale Werkzeuge wie künstliche Intelligenz oder 3D-Druck zum Einsatz kommen.

Zusammenarbeit in neuen Teams ist Erfolgsfaktor

Die Zusammenarbeit im Hybrid-OP stellt auch eine personelle Herausforderung dar [8]. Durch das Zusammentreffen verschiedener Berufsgruppen entstehen Schnittstellen, die in Krankenhäusern weniger Berührungspunkte haben. Unter anderem zwischen radiologisch-technischen Fachkräften und OP-Fachpersonal. Zudem nimmt auch die interdisziplinäre

Zusammenarbeit innerhalb der Fachabteilungen weiter zu [8]. So entstehen höhere Anforderungen an die Flexibilität des Personals in Verbindung mit einer möglichst umfangreichen Standardisierung von Prozessen.

Kombinierte Diagnostik und Intervention schafft Potenziale

Der Einsatz eines Hybrid-OP erhöht einerseits den Outcome der Behandlung für den Patienten und weist andererseits neue Erlöspotenziale für Kliniken auf. Somit ist die Nutzung eines Hybrid-OP empfehlenswert, wenn das Klinikum über ein entsprechendes Spektrum schneidender Fächer verfügt, da sich Anschaffungs- und Installationskosten mittelfristig amortisieren. Durch schonendere Eingriffe für den Patienten und kürzere Liegezeiten im Krankenhaus kann die Nutzung eines Hybrid-OP ein Wettbewerbsvorteil im Kliniksektor darstellen. Eine abnehmende Verweildauer ist für Kliniken im fallpauschalenorientierten Vergütungssystem besonders relevant. Der höhere Outcome im Rahmen einer qualitätsorientierten Vergütung spielt eine zusätzliche Rolle bei der Steigerung von Erlöspotenzialen. Studien zeigen, dass die Eingriffsdauern im Hybrid-OP verkürzt werden, sodass Ressourcen für zusätzliche Leistungen frei werden. Dies gilt gleichermaßen für diagnostische wie interventionelle Bereiche des Krankenhauses. Die optimierte Ressourcennutzung führt zu einer Effizienzsteigerung innerhalb der Leistungserbringung und ermöglicht einen Ausbau der Erlösgenerierung. Empfehlenswert ist eine weitere Spezialisierung auf Leistungen, die im Hybrid-OP umgesetzt werden. Im Rahmen der Verfügbarkeit eines Hybrid-OP könnten Kliniken zudem neue Fachkräfte gewinnen, die eine hohe Affinität für innovative, hoch technisierte Arbeitsumgebungen haben und nach dem „State of the Art" arbeiten wollen.

Literatur

1. Drevets P, Chung JM, Schampaert S, Schroeder C. Hybrid Operating Room: One-Stop-Shop for Diagnosis, Staging, and Treatment. Innovations (Phila). 2019;14(5):463–7. https://doi.org/10.1177/1556984519863800
2. Schroeder C, Chung JM, Mitchell AB, Dillard TA, Radaelli AG, Schampaert S. Using the Hybrid Operating Room in Thoracic Surgery: A Paradigm Shift. Innovations (Phila). 2018;13(5):372–7. https://doi.org/10.1097/IMI.0000000000000531
3. Kim JY, Farmer P, Porter ME. Redefining global health-care delivery. The Lancet. 2013;382(9897):1060–9. https://doi.org/10.1016/S0140-6736(13)61047-8
4. Chen PH, Hsu HH, Yang SM, Tsai TM, Tsou KC, Liao HC, et al. Preoperative Dye Localization for Thoracoscopic Lung Surgery: Hybrid Versus Computed Tomography Room. Ann Thorac Surg. 2018;106(6):1661–7. https://doi.org/10.1016/j.athoracsur.2018.07.030
5. Ujiie H, Effat A, Yasufuku K. Image-guided thoracic surgery in the hybrid operation room. J Vis Surg. 2017;3:148. https://doi.org/10.21037/jovs.2017.09.07

6. Waeschle RM HJ, Bleeker F, Sliwa B, Popov A, Schmidt CE, Bauer M Mythos OP-Minute Leitfaden zur Kalkulation von DRG-Erlösen pro OP-Minute. Anaesthesist 2016. 2016;Ausgabe 2/2016:65:137–47. https://doi.org/10.1007/s00101-015-0124-5

7. Patel S, Lindenberg M, Rovers MM, van Harten WH, Ruers TJM, Poot L, et al. Understanding the Costs of Surgery: A Bottom-Up Cost Analysis of Both a Hybrid Operating Room and Conventional Operating Room. Int J Health Policy Manag. 2020. https://doi.org/10.34172/ijhpm.2020.119

8. Lindberg K, Walter L, Raviola E. Performing boundary work: The emergence of a new practice in a hybrid operating room. Social Science & Medicine. 2017;182:81–8. https://doi.org/10.1016/j.socscimed.2017.04.021

Nuklearmedizin: Digitale Einsatzfelder

Sarah C. Ronski, Claus Zippel, Sabine Bohnet-Joschko
und Mathias Schreckenberger

In der Nuklearmedizin werden radioaktive Substanzen (Radiotracer) appliziert, die mittels Bildgebungsgeräten zur Darstellung von Stoffwechselvorgängen im menschlichen Körper und damit zur Diagnostik genutzt oder gar als Therapeutikum eingesetzt werden können. Hierzu sind laut deutscher Ärztestatistik 802 Nuklearmediziner ambulant und 390 in einer der 95 stationären Fachabteilungen für Nuklearmedizin tätig. Sowohl der zur Diagnostik und Therapieplanung nötige Großgeräte-/Technik- und Software-Einsatz als auch die Vielzahl dabei anfallender Bilddaten prädestinieren dieses Fachgebiet für die Einführung und Nutzung von digitalen Entwicklungen ganz besonders

S. C. Ronski
Klinikum der Stadt Ludwigshafen, Praxis für Nuklearmedizin,
Ludwigshafen am Rhein, Deutschland

C. Zippel (✉)
Katholische Hochschule, Professur für Betriebswirtschaftslehre und Management im Gesundheitswesen, Mainz, Deutschland
E-Mail: claus.zippel@kh-mz.de

S. Bohnet-Joschko
Universität Witten/Herdecke, Witten, Deutschland
E-Mail: sabine.bohnet-joschko@uni-wh.de

M. Schreckenberger
Klinikum der Johannes Gutenberg-Universität Mainz, Klinik und Poliklinik für Nuklearmedizin, Mainz, Deutschland
E-Mail: mathias.schreckenberger@unimedizin-mainz.de

Hybridbildgebung als Wachstumsmarkt

In den letzten Jahren hat sich dabei ein IT-Entwicklungs- und Anwendungsfeld besonders herauskristallisiert: die Hybridbildgebung. Hierbei werden nuklearmedizinische mit radiologischen Bildgebungsverfahren kombiniert, etwa die Positronen-Emissions-Tomografie mit der Computertomografie (PET/CT). Aus medizinisch-technischer Sicht bietet sich dieser Bereich für IT-Entwicklungen an, da durch den kombinierten Technikeinsatz eine besonders hohe Zahl an anatomischen, molekularen und funktionellen Informationen parallel erhoben, elektronisch verarbeitet und veranschaulicht werden müssen. Und da diese Verfahren in der klinischen Routine einen zunehmend größeren Stellenwert einnehmen (v. a. bei onkologischen, neurologischen und kardiologischen Krankheitsbildern) erscheinen IT-Investitionen hier auch aus ökonomischer Sicht vielversprechend. So sind allein die mittels PET/CT bei vollstationären Patienten durchgeführten Untersuchungen von 2015–2020 von 28,7 Tsd. auf 33,5 Tsd. um 16 % gestiegen. Weitere hybride Bildgebungsuntersuchungen erfolgen mittels SPECT/CT und PET/MRT. Experten gehen davon aus, dass die Nachfrage nach und damit der Markt für Hybridbildgebungsleistungen künftig weiter wachsen wird [1]. Förderlich für diese Entwicklungen in Deutschland ist hierfür auch, dass die Krankenkassen zunehmend mehr PET/CT-Befundungen erstatten und die Industrie verstärkt in nuklearmedizinische Entwicklungen investiert [2].

Digitale Entwicklungs- und Einsatzfelder

Digitale Entwicklungen in der Nuklearmedizin betreffen zum einen die Gerätetechnik/Hardware und zum anderen die Software. Bei Ersterem geht der Trend zu zunehmend (voll-)digitalen Geräten, durch die z. B. die Strahlendosis/-belastung für Patienten und Anwender reduziert, die Bildqualität erhöht oder Untersuchungszeiten [3] verkürzt werden können. Gerätebeispiele aus der Hybridbildgebung sind die PET/CT-Systeme Vereos™ (PHILIPS), Discovery MI™ (GE Healthcare) oder Biograph Vision™ (Siemens Healthineers).

Mit Blick auf Zweiteres gibt es eine stetig steigende Anzahl dedizierter Software. Ein klinisch etabliertes Beispiel ist die softwarebasierte Auswertung von Gehirn-SPECT-Untersuchungen zur Diagnose des Morbus Parkinson [4]. Ein rasant wachsender, jedoch bislang kaum klinisch etablierter Entwicklungsbereich, ist der Einsatz künstlicher Intelligenz (KI) und hier v. a. des Machine Learnings (vgl. hierzu und zum folgenden [5–7]). Hierbei erscheinen v. a. folgende Einsatzbereiche vielversprechend:

- Bildvorverarbeitung und -rekonstruktion.
  KI soll dabei unterstützen, Bildgebungsdaten aus verschiedenen Modalitäten gezielt zu fusionieren bzw. grafisch besser darzustellen, z. B. durch Verbesserung der sog. Schwächungskorrektur beim PET/MRT. Weitere Entwicklungen sollen dazu beitragen, die Qualität auch bei Aufnahmen mit deutlich niedrigerer Strahlendosis aufrechtzuerhalten [5].

- Bildbefundung und -klassifikation.
  KI soll die bildgestützte Segmentierung von Zielstrukturen zur gezielteren Erkennung und Befundung (etwa bzgl. Organ-/Tumorvolumen, Klassifikation/Dignität) ermöglichen. Weltweit wird Software für immer mehr Organsysteme entwickelt und in Forschungsstudien trainiert und getestet. In Deutschland finden sich beispielsweise erste Anwendungen in der uro- und neuroonkologischen Diagnostik und Therapieplanung [8, 9].

In Zukunft wird es dann nicht mehr „nur noch" um die Diagnostik und Quantifizierung bestimmter Erkrankungen gehen; diesbezüglich konnte für erste Einsatzgebiete bereits eine höhere diagnostische Genauigkeit bei KI-Unterstützung gezeigt werden [6]. Langfristig sollen Methoden des Deep Learning helfen, die Vorhersagbarkeit von Therapieansprechen und Prognose zu verbessern, indem Bilddaten mit weiteren klinischen Daten zusammengeführt werden.

Herausforderungen und Grenzen

Damit nuklearmedizinische Patienten und Kliniken künftig von den Innovationen profitieren können, sind – neben den medizinischen (Entwicklungs-)Aspekten – weitere Herausforderungen zu überwinden. Hierzu zählen zunächst die organisationalen Aspekte, die allgemein beim klinischen Einsatz von digitalen Geräten und KI aus ethischer, rechtlicher und ökonomischer Sicht zu beachten sind [10].

Zudem kommt es bei digital-nuklearmedizinischen Entwicklungen zu weiteren fachspezifischen Herausforderungen [11]:

- *(Referenz-)Bilddaten standardisieren.*
  Damit KI-basierte Innovationen zuverlässig hochwertige Ergebnisse liefern können, sind die Programme anhand von großen (Referenz-)Datensätzen zu trainieren und zu testen. Hierzu bedarf es möglichst einheitlicher Standards für Bilddatenerfassung und Bildgebungsprotokolle. Für die Nuklearmedizin ist dies besonders zentral, da zur (Hybrid-)Bildgebung ein breites Spektrum an Geräten und Modellen von unterschiedlichen Herstellern aus verschiedenen Generationen mit heterogenen technischen Spezifikationen eingesetzt werden, was sich auf Bildcharakteristika bzw. Bilddarstellung auswirkt.
- *Patientenbezogene (Bild-)Daten zusammenführen.*
  Zur klinischen Etablierung der KI-Entwicklungen bedarf es Wirksamkeitsstudien [5]. Um auf die hierfür nötigen Fallzahlen zu kommen, wird es zentral sein, die zur Prüfung der KI-Anwendungen nötigen Patientendaten standortübergreifend zu poolen; dies v. a., da die Fallzahlen in einzelnen Kliniken teils zu gering bzw. Einschlusskriterien relativ eng sind. Ein Beispiel, wie dies angesichts relativ strenger Datenschutzanforderungen für Deutschland umgesetzt werden kann, zeigt die „Joint Imaging Plattform" des Deutschen Krebskonsortiums zur standortübergreifenden Studiendurchführung [12].

- *KI-Nutzerkompetenz stärken.*
Nuklearmediziner müssen die mittels selbstlernender KI aufbereiteten Daten fallbezo-
gen interpretieren und medizinisch-technische Radiologieassistenten die digitale Gerä-
tetechnik gezielt und sicher einsetzen können. Da Digitalisierungsthemen in der Ausbildung von nuklearmedizinischem Fachpersonal (noch) eine untergeordnete Rolle
spielen, bedarf es hierzu fachspezifischer KI-Fortbildungen. Die Fachgesellschaft hat
dies erkannt und bietet zunehmend KI-Fortbildungen an.

Fazit für die Praxis

In der Nuklearmedizin kommt es zu immer mehr digitalen Innovationen. Großes Anwen-
dungspotenzial bietet die Hybridbildgebung. Durch (voll-)digitale Geräte und den Einsatz
von (KI-basierter) Software lassen sich die Diagnostik und Therapieplanung/-überwa-
chung verbessern. Zur weiteren Etablierung der Digitalinnovationen sind neben allgemein
organisationalen auch fachspezifische Herausforderungen zu überwinden. Sollte dies gelingen, kann das Fachpersonal bei einer angespannten Arbeitsmarktsituation in der Nuklearmedizin gezielt unterstützt werden. Im Ergebnis dürften die aufgezeigten Vorteile und
steigenden Einsatzmöglichkeiten mittelfristig zu weiterwachsenden Patientenzahlen in
der deutschen Nuklearmedizin führen.

Literatur

1. Zippel C, Kopka K, Giesel FL, Bohnet-Joschko S. Innovative Nuklearmedizin als Einnahmequelle: Strategische Chancen und operationale Überlegungen für das Klinikmanagement. Das
Krankenhaus. 2020;112(7):562–6.
2. Sherman M, Levine R. Nuclear Medicine and Wall Street: An Evolving Relationship. J Nucl
Med. 2019;60(Suppl 2):20S–4S.
3. Lasnon C, Coudrais N, Houdu B, Nganoa C, Salomon T, Enilorac B, et al. How fast can we scan
patients with modern (digital) PET/CT systems? Eur J Radiol. 2020;129:109144.
4. Booij J, Dubroff J, Pryma D, Yu J, Agarwal R, Lakhani P, et al. Diagnostic Performance of the
Visual Reading of (123)I-Ioflupane SPECT Images With or Without Quantification in Patients
With Movement Disorders or Dementia. J Nucl Med. 2017;58(11):1821–6.
5. Strack C, Seifert R, Kleesiek J. Künstliche Intelligenz in der Hybridbildgebung. Radiologe.
2020;60(5):405–12.
6. Hahn HK, Franzius C. Potentiale von KI und Radiomics in der onkologischen Nuklearmedizin.
Der Nuklearmediziner. 2021;44(03):289–94.
7. Seifert R, Weber M, Kocakavuk E, Rischpler C, Kersting D. Artificial Intelligence and Machine Learning in Nuclear Medicine: Future Perspectives. Seminars in Nuclear Medicine.
2021;51(2):170–7.

8. Gafita A, Bieth M, Kronke M, Tetteh G, Navarro F, Wang H, et al. qPSMA: Semiautomatic Software for Whole-Body Tumor Burden Assessment in Prostate Cancer Using (68)Ga-PSMA11 PET/CT. J Nucl Med. 2019;60(9):1277–83.

9. Lohmann P, Meissner AK, Kocher M, Bauer EK, Werner JM, Fink GR, et al. Feature-based PET/MRI radiomics in patients with brain tumors. Neurooncol Adv. 2020;2(Suppl 4):iv15–iv21.

10. Bohnet-Joschko S, Zippel C. Künstliche Intelligenz im Krankenhaus: Ein Beitrag zu Patientensicherheit und Effizienz am Beispiel der Schwerverletzten-Versorgung. Das Krankenhaus. 2020;112(8):670–6.

11. Vallières M, Zwanenburg A, Badic B, Cheze Le Rest C, Visvikis D, Hatt M. Responsible Radiomics Research for Faster Clinical Translation. J Nucl Med. 2018;59(2):189–93.

12. Scherer J, Nolden M, Kleesiek J, Metzger J, Kades K, Schneider V, et al. Joint Imaging Platform for Federated Clinical Data Analytics. JCO Clin Cancer Inform. 2020;4:1027–38.

Hologramme: Optimierungspotential diagnostischer Verfahren

Philipp Köbe

Die medizinische Bildgebung hat sich in den vergangenen Dekaden deutlich verbessert [1]. Mithilfe innovativer radiologischer Verfahren können mittels Computertomografie (CT), Magnetresonanztomografie (MRT) und anderer Röntgentechniken präzise Abbilder des menschlichen Organismus erzeugt werden [2]. Bisher konnten die erzeugten 3D-Bilder lediglich auf Monitoren verwertet werden, um diagnostische Befundungen durchzuführen und Therapieempfehlungen abzuleiten. Aufgrund der heute verfügbaren computergestützten Möglichkeiten zur Erweiterung der Realität mittels Augmented Reality (AR) und Virtual Reality (VR) können diese Bilder zunehmend auch als Hologramme projiziert werden [3]. Wie kann der Diagnostik- und Therapieprozess mithilfe der Hologramm-Technologie verbessert werden?

Willkommen in der Welt der erweiterten Realität

In verschiedenen Lebensbereichen sind AR, VR oder ein Zusammenwirken beider Ansätze in Form von Mixed Reality (MR) oder Extended Reality (ER) bereits etabliert [3]. Darunter fallen in erster Linie Unterhaltungselektronik, die beispielsweise Computerspiele deutlich realistischer erscheinen lässt. Sie finden aber auch bereits in medizinischen Bereichen Anwendung. Unter anderem wird VR zur Bekämpfung von Phobien eingesetzt. Hingegen bieten AR-Konzepte vor allem Unterstützung bei der Ausbildung von medizinischem Fachpersonal [4].

P. Köbe (✉)
Lehrstuhl für Management und Innovation im Gesundheitswesen, Fakultät für Wirtschaft und Gesellschaft, Universität Witten/Herdecke, Witten, Deutschland
E-Mail: philipp.koebe@uni-wh.de

Der Markt für VR-Anwendungen in Deutschland wird sich von schätzungsweise 260 Mio. € im Jahr 2021 auf etwa 530 Mio. € im Jahr 2024 etwa verdoppeln [5]. Ein größerer Teil des Umsatzes entfällt heute auf Hardware (160 Mio. €, 2021), wohingegen die Inhalte bzw. Software 100 Mio. € ausmachen. Diese Verteilung verschiebt sich bis 2024 zugunsten der Inhalte (280 Mio. €), während Prognosen davon ausgehen, dass der Hardware-Umsatzanteil sinken wird (250 Mio. €). Dieser Trend zeigt sich bei allen Technologien, die infolge breiter Adaption geringere Stückkosten aufweisen [5] durch Skaleneffekte in der Produktion der Hardware. Die teure Komponente der VR-Technologie ist die VR-Brille, beispielsweise die HoloLens von Microsoft [6]. Bei der Hologramm-Technologie kommt in derzeitigen Konzepten größtenteils VR zum Einsatz, AR und MR eher seltener. Die Kennzahlen zeigen, dass die verwendete Technologie stetig weiterentwickelt und tendenziell günstiger wird, sodass sie für die Regelversorgung zukünftig attraktiv sein können. Dadurch können die hologrammunterstützten Diagnoseverfahren an Bedeutung gewinnen.

Das Herz als Hologramm

Hologramme sind aus Daten generierte 3D-Bilder, die ein Abbild der Wirklichkeit zeigen [2]. Beispielsweise kann aus dem Konstruktionsmodell eines Autos ein virtuelles 3D-Objekt generiert werden, wodurch das noch nicht existierende Auto virtuell sichtbar gemacht wird. Teilweise können auch Objekte von einem Foto in ein 3D-Modell projiziert werden. Somit kann jedes beliebige Objekt in ein virtuelles 3D-Objekt transformiert werden, wenn die notwendigen Daten vorliegen. So auch jedes Objekt aus dem menschlichen Körper. Die Daten werden durch bildgebende Verfahren wie CT und MRT erzeugt. Dadurch können Körperstrukturen, Organe oder das Gehirn dreidimensional verbildlicht werden [7]. Auf einem Server werden die erfassten Bilder verarbeitet und von der Software abgerufen, die schließlich mittels eines Berechnungsverfahrens (Furier-Transformation) aus den Bilddaten ein dreidimensionales Objekt schaffen. Die Linse in der VR-Brille überträgt die 3D-Projektion, wodurch die präzisen, kleinteiligen Strukturen wiedergegeben werden können. Als Hologramm können sie je nach Bedarf beliebig vergrößert werden.

Das Hologramm bietet den Vorteil, dass über eine VR-Brille auch dezentral gemeinsam an einem Organ diagnostiziert werden kann [1]. So können verschiedene Ärzte an unterschiedlichen Standorten gemeinsam über das Objekt sprechen, unter anderem vor einem komplexen Eingriff. Ein konkretes Beispiel ist der Einsatz eines Herzhologramms zur Planung von Interventionen [2]. Hierbei begutachten die Operateure die Struktur des Herzens und können unter anderem den Einsatz eines Herzkatheters vorab am virtuellen 3D-Objekt simulieren. Dadurch können Diagnostik- und Therapieprozesse deutlich verbessert werden, sodass sich der Outcome einer Intervention erhöht [7]. Bisher existieren dahingehend keine belastbaren Studien, inwiefern die effektive Outcome-Verbesserung messbar ist. Der höhere Detailgrad der Herzstrukturen und die bessere Sichtbarkeit an der 3D-Projektion weisen jedoch bereits einen höheren Nutzen seitens der Operateure nach [2].

Medizinstudierende lernen am Hologramm

Die Hologramm-Technologie wird bislang nur zu Studienzwecken eingesetzt, um die Verfahren zu testen. In der flächendeckenden Versorgung gibt es noch keine Anwendung mit Ausnahme forschender universitärer Kliniken. Das Training von Ärzten und die Ausbildung von Medizinstudierenden ist ein bereits existierendes, praktikables Einsatzfeld für die Hologramm-Technologie. Die Universitätsmedizin Halle hat mit dem Projekt Smart-Hands eine Blended-Learning-Lehrplattform für die Aus- und Weiterbildung mithilfe smart-device-basierter digitaler Medien eingeführt [8]. Dazu zählt auch der Einsatz von Hologrammen bei der Ausbildung von Gesundheitsberufen. Die Evidenz zum Einsatz von Hologrammen zu Ausbildungszwecken fällt derweil gemischt aus. In einer deutschen Untersuchung wurden die klassischen Lehrmedien eher präferiert [4]. Bei einer Befragung von Studierenden in der Ägäis-Region stieß der Hologrammeinsatz auf positive Resonanz [9]. Die hohe digitale Affinität junger Menschen, die heute ihre Ausbildung in Gesundheitsberufen beginnen, dürfte insgesamt zu einer hohen Akzeptanz und Nutzungsbereitschaft der Hologramm-Technologie beitragen. Insbesondere die Nutzung von VR-Brillen ist durch unterschiedliche Unterhaltungsmedien bereits verbreitet, wodurch Anwendungshürden geringer sind als bei älteren Anwendergruppen.

Ein höherer Nutzen nur mit hohen Investitionen

Für einen flächendeckenden Einsatz sind vor allem sinkende Kosten der Technologie notwendig. Diese sind aufgrund der Verbreitung der Technologie in der Unterhaltungsindustrie und zunehmend auch in der Industrie 4.0 zu erwarten, wie die Umsatzprognosen verdeutlichen. Damit würde die VR Technologie auch für den ambulanten Sektor erschwinglich in der Regelversorgung. Ein Problem stellt derzeit der hohe Investitionsbedarf für Hightech-Ausstattung dar. In Kliniken sind die Investitionsmittel nicht ausreichend, um in innovative Diagnostikverfahren zu investieren, für die es keine Refinanzierung gibt. Daher lohnen sich in Deutschland in erster Linie derzeit nur reine Forschungsprojekte, die die hohen Anschaffungskosten des Equipments abdecken. Ein ähnliches Problem zeigt sich im ambulanten Sektor, in dem Hightech-Diagnostik nur bei einer hohen Anzahl entsprechender Abrechnungsfälle rentabel ist. Demzufolge können nur größere Praxen, medizinische Versorgungszentren oder Polikliniken an Universitäten die Hologramm-Technologie auf mittlere Sicht kostendeckend einsetzen.

Als zweiter Faktor sollte auch die hohe Datenlast und die damit verbundenen Datenspeicher- und Verarbeitungskapazitäten berücksichtigt werden. Infolge der voranschreitenden digitalen Transformation der Kliniken, unter anderem auch durch die Mittel und Maßnahmen des Krankenhauszukunftsgesetzes (KHZG), könnten die Rahmenbedingungen für Krankenhäuser zukünftig gegeben sein. Besonders kleinere Arztpraxen dürften heute noch nicht über eine hinreichende digitale Infrastruktur verfügen, um Hologramme per VR in Echtzeit zu verarbeiten. Hier wäre grundsätzlich über technologie- und daten-verarbeitungsfördernde Programme seitens der Regierung nachzudenken, um die ambulante Versorgung in adäquatem Maße in die hoch technisierte Versorgung einzubeziehen.

Der zukünftige Patient als Hologramm

Die Behandlung am Hologramm kann die Präzision bei der Diagnostik und der Therapie erhöhen, infolge besserer Objektdaten, die in Form von 3D-Projektionen den behandelnden Medizinern zur Verfügung stehen. Für Leistungserbringer der ambulanten und stationären Versorgung entstehen neue Arbeitsmethoden, die zukünftig einen Zusatznutzen in der Patientenversorgung bieten. Unter anderem die kooperative Telediagnostik, bei der mehrere Ärzte gemeinsam an einem Objekt befunden können und ein Therapiekonzept anhand der 3D-Projektion ableiten. Die bisherigen Untersuchungen beschreiben den Mehrwert infolge besserer Interventionsplanungen und eines höheren Outcome-Potenzials, jedoch bislang ohne quantifizierbare Ergebnisse.

Literatur

1. Velasco Forte MN, Vamsee R, Hussain T. 3D Printing and Holography. In: Gallego P, Valverde I, editors. Multimodality Imaging Innovations In Adult Congenital Heart Disease: Emerging Technologies and Novel Applications. Cham: Springer International Publishing; 2021. p. 173–92. https://doi.org/10.1007/978-3-030-61927-5_10
2. Brun H, Bugge RAB, Suther LKR, Birkeland S, Kumar R, Pelanis E, et al. Mixed reality holograms for heart surgery planning: first user experience in congenital heart disease. European Heart Journal – Cardiovascular Imaging. 2018;20(8):883–8. https://doi.org/10.1093/ehjci/jey184
3. Ito K, Sugimoto M, Tsunoyama T, Nagao T, Kondo H, Nakazawa K, et al. A trauma patient care simulation using extended reality technology in the hybrid emergency room system. Journal of Trauma and Acute Care Surgery. 2021;90(5). https://doi.org/10.1097/TA.0000000000003086
4. Lemke M, Lia H, Gabinet-Equihua A, Sheahan G, Winthrop A, Mann S, et al. Optimizing resource utilization during proficiency-based training of suturing skills in medical students: a randomized controlled trial of faculty-led, peer tutor-led, and holography-augmented methods of teaching. Surgical Endoscopy. 2020;34(4):1678–87. https://doi.org/10.1007/s00464-019-06944-2
5. Deloitte. Extended Reality Studie 2020: Marktanalyse und Prognose. Consumer XR: Zukunftsperspektiven für Virtual, Augmented und Mixed Reality. 2020, Verfügbar unter: https://www2.deloitte.com/de/de/pages/technology-media-and-telecommunications/articles/extended-reality-xr-studie-2020.html (Letzter Zugriff am 01.11.2022)
6. Meisel P. Hologramme im OP-Saal: Wie Mixed Reality das Gesundheitswesen revolutioniert. 2018, Verfügbar unter: https://news.microsoft.com/de-de/mixed-reality-in-der-medizin/ (Letzter Zugriff am 01.11.2022)
7. Haleem A, Javaid M, Khan IH. Holography applications toward medical field: An overview. The Indian journal of radiology & imaging. 2020;30(3):354–61. https://doi.org/10.4103/ijri.IJRI_39_20

8. Universität Halle MF. Behandlung am Hologramm. 2020, Verfügbar unter: https://www. management-krankenhaus.de/topstories/it-kommunikation/behandlung-am-hologramm (Letzter Zugriff am 01.11.2022)

9. Turk H, Seckin Kapucu M. Innovative Technology Applications in Science Education: Digital Holography. Journal of Education in Science, Environment and Health. 2021;7(2):156–70. https://doi.org/10.21891/jeseh.748662

Künstliche Intelligenz zur Unterstützung des Mammographie-Screenings

Thea Kreyenschulte

Unter bösartigen Neubildungen ist Brustkrebs bei Frauen die führende Todesursache und bleibt somit eine globale Gesundheitsbedrohung. 2018 wurden weltweit 2,1 Mio. neue Fälle von Brustkrebs registriert, welche rund 24 % aller bei Frauen diagnostizierten Krebserkrankungen ausmachte [1, 2].

Mammografien sind Röntgenaufnahmen des Brustgewebes. Es handelt sich um eine zuverlässige Untersuchungsmethode zur Brustkrebserkennung. Diese wird Frauen in Deutschland zwischen 50 und 69 Jahren alle zwei Jahre zur Früherkennung angeboten [3]. Die regelmäßigen Screenings sind von großer Bedeutung, um Brustkrebs in einem frühen Stadium zu entdecken und entsprechend zu behandeln. Jährlich werden weltweit geschätzt 100 Mio. Mammografie-Screenings durchgeführt. Mortalitätsraten sinken laut Studien durch den Einsatz dieser diagnostischen Früherkennung um rund 20–40 % [1]. Datenbasierte Assistenzsysteme können Radiologen in der Befundung zukünftig potenziell unterstützen: Welche Potenziale kann der Einsatz von Künstlicher Intelligenz (KI) beim Mammografie-Screening entfalten?

Doppelte Absicherung führt zu Ineffizienzen

Mammografieaufnahmen werden stets von zwei Radiologen geprüft, um die Genauigkeit der Befundung zu erhöhen und Diagnosen abzusichern [1, 4, 5]. Dieses Vorgehen lässt einen hohen Workload entstehen, während Patientinnen mit Verzögerungen ihrer Befun-

T. Kreyenschulte (✉)
Lehrstuhl für Management und Innovation im Gesundheitswesen, Fakultät für Wirtschaft und Gesellschaft, Universität Witten/Herdecke, Witten, Deutschland
E-Mail: thea.kreyenschulte@uni-wh.de

dung rechnen müssen [4, 5]. Gleichzeitig sind Fachkräfte knapp, die Effizienz im klinischen Alltag leidet und es werden weiterhin viele falsch-positive, aber auch bis zu 25 % falsch-negative Diagnosen gestellt [4, 6].

KI könnte hier als Hilfe zur Befundung eingesetzt werden. Prinzipiell handelt es sich bei KI um einen übergeordneten Begriff für verschiedenste Verfahren, darunter Machine Learning, Deep Learning oder sein zugehöriges Verfahren Convolutional Neural Networks (künstliches neuronales Netz) [4, 7].

Im Fall der Mammografiebefundung kommen insbesondere Convolutional Neural Networks zum Einsatz. Die entsprechende Bildbeurteilung verläuft anhand von zwei Verfahren: An erster Stelle steht die Objekterkennung, wobei interessierende Bereiche des Gewebes fokussiert werden. Es kann in Vorder- und Hintergrund, gut- und bösartige oder Grenzbereiche zwischen Strukturen unterschieden werden. Das darauf aufbauende zweite Verfahren ist die Klassifizierung, wobei für die erkannten Bereiche, Strukturen oder Objekte Kategorien (label) gefunden werden. Die Skala kann von Objekt- bis Pixelgröße variieren [1]. In unterschiedlichen Ausführungen können die zur Befundung eingesetzten Algorithmen anhand von Trainingsdaten in Form von Bildern gut- und bösartiger Neubildungen selbstständig lernen (unsupervised learning) [4].

KI zur Entscheidungsunterstützung

Inzwischen können Studien nachweisen, dass die Einschätzung radiologischer Aufnahmen durch eine KI der eines Radiologen weitestgehend gleichwertig ist. So ist die Genauigkeit des Algorithmus im Gegensatz zum medizinischen Erstgutachter höher sowie mindestens gleichwertig zum Zweitgutachten [4]. Durch Unterstützung in der Mammografiebefundung kann die Diagnostik bösartiger Neubildungen somit präzisiert und unnötige Eingriffe vermieden werden. Insbesondere bei Mammografien ist die Rate falsch-positiver Diagnosen oder Wiedereinberufungen von Patientinnen in Verdachtsfällen auf bösartige Neubildungen in Bezug zu tatsächlichen Erkrankungen hoch [4, 7]. Dichtes Brustgewebe oder Vernarbungen können Hürden in der Befundung und somit der Entdeckung malignen Gewebes darstellen. KI könnte bei der Einschätzung schwieriger oder unklarer Fälle unterstützen [1]. Kosten für zusätzliche Eingriffe oder Fehldiagnosen können somit potenziell verringert werden. Darüber hinaus würden personelle und zeitliche Ressourcen durch den KI-Einsatz im Arbeitsalltag frei werden [7].

Ein aktuelles Beispiel zur Befundung von Mammografien mithilfe von KI ist Mia. In Großbritannien entwickelt ist Mia eine KI, welche die Befundung von Mammografien als Zweitmeinung unterstützt. Hinter der Einschätzung einer Bildgebung steht auch bei Mia immer ein Radiologe, der die finale Diagnose stellt. Die KI spart den Radiologen Zeit, senkt den Druck der Fachkräftegewinnung und kann gleichzeitig die Zahl untersuchter Frauen und die Genauigkeit ihres Befundes steigern [5].

Vertrauen und Akzeptanz gering

Seit längerer Zeit werden bereits computergestützte Entscheidungssysteme in der Radiologie genutzt – Fachkräfte vertrauen aufgrund mangelnder Spezifität jedoch häufig nicht darauf. Dies behindert die zukunftsträchtige Befundung der durch digitale Lösungen unterstützten Radiologen [6]. Dies zeigt deutlich: KI-Methoden können unter Umständen zwar besser performen, das Vertrauen der Fachkräfte muss dennoch erst gewonnen und KI als Zweitmeinung akzeptiert werden.

Diagnostisch kann es weitere Besonderheiten geben. Ein wichtiger Biomarker in der Befundung von Mammografien ist die Veränderung, meist das Wachstum auffälligen Gewebes [4]. Eine KI muss also jeweils alle Bilder der Patientinnen kennen, um auch Veränderungen mit einbeziehen zu können. Darüber hinaus existiert seit jeher das Black-Box-Problem: Einige Entscheidungen einer KI, insbesondere im Zuge der Beurteilung medizinischer Bildgebung, sind nicht erklärbar [7]. Dies macht die fachliche Einschätzung durch Radiologen umso essenzieller.

Nutzung von Studienergebnissen essenziell

KI in der Bildgebung zum Zweck der Mammografie erfährt eine hohe Aufmerksamkeit. Mehr als 1000 Publikationen entstanden zwischen 2000 und 2018 allein zu diesem Thema [1]. Studienergebnisse sollten gebündelt und genutzt, entwickelte Lösungen für die Befundung von Mammografie-Screenings im klinischen Setting erprobt werden; so wie es aktuell auch im Fall von Mia passiert [5].

Um Health Professionals mit der Technik vertraut zu machen, könnten KI-Methoden zunächst nur teilweise im Behandlungsalltag genutzt und beispielsweise die Hälfte der Befundungen digital unterstützt werden [6]. Da Radiologen kaum um den KI-Trend in der Medizin umhinkommen [7] und die Nutzung digitaler Lösungen bereits an vielen Stellen Alltag ist, dürfte das Anlernen auf gute Voraussetzungen treffen. Auch Curricula der Facharztausbildung sollten angepasst werden, um ein gutes Verständnis für neue Methoden zu haben. Auf dieses kann mit immer komplexer funktionierenden KI-Lösungen anschließend aufgebaut werden.

Fazit

KI kann die Befundung von Mammografien unterstützen, indem sie als Zweitmeinung eingesetzt wird. Prozesse können hier mit Blick auf Zeit- und Personaleinsatz effizienter gestaltet sowie Wiedervorstellungen von Patientinnen aufgrund falscher Diagnosen vermieden werden. Bis der KI-Einsatz an einem kostensparenden und prozessoptimierenden Punkt angelangt ist, wird jedoch weitere Zeit vergehen, in der Fachpersonal sich mit der Technologie vertraut machen und eventuelle Zweifel ablegen kann.

Literatur

1. Tran WT, Sadeghi-Naini A, Lu FI, Gandhi S, Meti N, Brackstone M, et al. Computational Radiology in Breast Cancer Screening and Diagnosis Using Artificial Intelligence. Can Assoc Radiol J. 2021;72(1):98–108. https://doi.org/10.1177/0846537120949974
2. Destatis. Die 10 häufigsten Todesursachen durch Krebs 2020. Verfügbar unter: https://www.destatis.de/DE/Themen/Gesellschaft-Umwelt/Gesundheit/Todesursachen/Tabellen/sterbefaelle-krebs-insgesamt.html (Letzter Zugriff am: 17.10.2022)
3. Krebsgesellschaft D. Das Mammographie-Screening als Früherkennungsmethode 2017. Verfügbar unter: https://www.krebsgesellschaft.de/onko-internetportal/basis-informationen-krebs/krebsarten/brustkrebs/mammographie-screening.html (Letzter Zugriff am: 17.10.2022)
4. Sechopoulos I, Teuwen J, Mann R. Artificial intelligence for breast cancer detection in mammography and digital breast tomosynthesis: State of the art. Semin Cancer Biol. 2021;72:214–25. https://doi.org/10.1016/j.semcancer.2020.06.002
5. England N. Mia mammography intelligent assessment 2021. Verfügbar unter: https://transform.england.nhs.uk/ai-lab/explore-all-resources/understand-ai/mia-mammography-intelligent-assessment/ (Letzter Zugriff am: 17.10.2022)
6. Rodriguez-Ruiz A, Krupinski E, Mordang JJ, Schilling K, Heywang-Kobrunner SH, Sechopoulos I, et al. Detection of Breast Cancer with Mammography: Effect of an Artificial Intelligence Support System. Radiology. 2019;290(2):305–14. https://doi.org/10.1148/radiol.2018181371
7. Syed AB, Zoga AC. Artificial Intelligence in Radiology: Current Technology and Future Directions. Semin Musculoskelet Radiol. 2018;22(5):540–5. https://www.doi//10.1055/s-0038-1673383

Diagnostik in der Dermatologie mittels Deep Learning

Jonathan Koß

Rund 30–70 % der Menschen sind von Hauterkrankungen betroffen, verteilt über alle Regionen weltweit und Altersgruppen hinweg [1]. Bei mehr als einem Viertel der Deutschen besteht dermatologischer Handlungsbedarf, beispielsweise aufgrund von Leberflecken oder allergischen Ekzemen [2]. Gleichzeitig gibt es immer weniger Hautärzte, insbesondere in ländlichen Gebieten [3], sodass die Diagnostik zunehmend schwieriger wird. Dies hat wiederum einen negativen Effekt auf die Behandlung, weil beispielsweise Hautkrankheiten nicht richtig diagnostiziert und anschließend nicht optimal behandelt werden [4]. Wie können Deep-Learning-Algorithmen genutzt werden, um die dermatologische Diagnostik zu unterstützten?

Fachkräftemangel und Landflucht verringern Diagnosegenauigkeit

Aufgrund des Nachwuchskräftemangels in der dermatologischen Fachdisziplin [5] wird die Diagnose dermatologischer Befunde (zukünftig) zumindest teilweise durch fachfremde Mediziner, beispielsweise Hausärzte durchgeführt [6]. Aufgrund der begrenzten Kenntnisse und Ausbildung in einem Fachgebiet mit Hunderten von Erkrankungen liegt die Diagnosegenauigkeit von Nicht-Fachärzten deutlich niedriger [4, 7]. Eine geringe diagnostische Genauigkeit kann zu negativen Behandlungsergebnissen führen, z. B. aufgrund einer verzögerten oder falschen Behandlung [4]. Neben Maßnahmen wie einem verein-

J. Koß (✉)
Lehrstuhl für Management und Innovation im Gesundheitswesen, Fakultät für Wirtschaft und Gesellschaft, Universität Witten/Herdecke, Witten, Deutschland
E-Mail: jonathan.koss@uni-wh.de

S. Bohnet-Joschko, K. Pilgrim (Hrsg.), *Handbuch Digitale Gesundheitswirtschaft*, https://doi.org/10.1007/978-3-658-41781-9_31

fachten Zugang zur ärztlichen Ausbildung oder der Integration von Fachkräften aus dem Ausland könnten technologische Systeme die Diagnostik in der ambulanten Versorgung unterstützen [4].

Diagnostik mittels Deep Learning

Getrieben durch die Digitalisierung der Gesundheitsversorgung und insbesondere durch digitale Patientenakten ergeben sich neue Möglichkeiten in der Diagnostik. Beispielsweise kann das System die Expertise des diagnostizierenden Arztes ergänzen, und so gegebenenfalls für eine höhere Diagnosegenauigkeit sorgen. Dazu können Deep-Learning-(DL-)Systeme mit Patientendaten trainiert und später in der Diagnostik im Versorgungsalltag zur Ableitung von Diagnosen eingesetzt werden. Beispielsweise entwickelten Liu et al. [4] einen DL-Algorithmus, der dermatologische Differenzialdiagnosen ermöglicht. Das zugrunde liegende Datenset beinhaltet Metadaten in Form von 45 Variablen und bis zu sechs Bildern pro Beispielfall sowie die entsprechende Differenzialdiagnose. Der Algorithmus unterscheidet zwischen 26 häufigen Hautkrankheiten, die 80 % der in der Primärversorgung auftretenden Fälle ausmachen [4]. In 963 Validierungsfällen, bei denen drei zertifizierte Dermatologen den Referenzstandard definierten, war der Algorithmus sechs Ärzten für Allgemeinmedizin und sechs Krankenpflegern hinsichtlich der Überschneidung der gestellten Differenzialdiagnose mit dem Referenzstandard überlegen [4]. Gleichzeitig war die Diagnosegenauigkeit nicht schlechter als eine Gruppe von Dermatologen [4]. Solche Algorithmen, die in anwenderfreundliche Systeme integriert werden müssten, könnten perspektivisch von Ärzten genutzt werden, um insbesondere die Diagnostik von fachfremden Indikationen zu unterstützten.

Voraussetzungen für den Einsatz in der Grund- und Regelversorgung

Diese Ergebnisse unterstreichen das Potenzial von Algorithmen, Nicht-Fachärzte bei der Diagnose von Hautkrankheiten zu unterstützen. Gleichzeitig sind diese Technologien an unterschiedlichste Voraussetzungen geknüpft, die für einen Einsatz in der Breite notwendig sind. Dazu gehören unter anderem eine Nutzung von digitalen Patientenakten und eine Verfügbarkeit repräsentativer Daten zum Trainieren des Algorithmus. Darüber hinaus müssen entsprechende Anwendungen einfach in den Praxisalltag integriert werden, beispielsweise als Cloud-Lösung bei gleichzeitiger Interoperabilität mit verbreiteten Arztinformationssystemen, sodass Ärzte entsprechende Systeme zur Behandlung von Patienten nutzen können. Gleichzeitig sollte die Anschaffung und Anwendung nicht zu signifikanten Mehrkosten führen, weil diese Systeme vor allem der Behandlungsqualität und weniger der Prozesseffizienz des einzelnen Arztes zugutekommen, solang der Arzt selbst für Diagnosen verantwortlich ist. Darüber müssten solche Systeme als Medizinprodukt zertifiziert werden.

Fazit

Im Kontext des Fachkräftemangels beispielsweise im Bereich der Dermatologie können KI-basierte Entscheidungsunterstützungssysteme Nicht-Fachärzte bei der Diagnostik unterstützen. Die Systeme sind insbesondere sinnvoll, wenn Hausärzte als Gatekeeper im Gesundheitssystem agieren und somit Diagnosen in unterschiedlichsten Fachdisziplinen stellen müssen. Grundlage hierfür sind vielfältige Anforderungen, einerseits im Hinblick auf die technische Infrastruktur und andererseits hinsichtlich der Integration und Finanzierung entsprechender Systeme im Versorgungsalltag.

Literatur

1. Hay RJ, Johns NE, Williams HC, Bolliger IW, Dellavalle RP, Margolis DJ, et al. The global burden of skin disease in 2010: an analysis of the prevalence and impact of skin conditions. Journal of Investigative Dermatology. 2014;134(6):1527–34.
2. M. Augustin, K. Herberger, S. Hintzen, H. Heigel, N. Franzke, I. Schäfer. Prevalence of skin lesions and need for treatment in a cohort of 90 880 workers. British Journal of Dermatology (165)2011: 865–873.
3. Elsner P, Fischer M, Schliemann S, Tittelbach J. Teledermatologie und künstliche Intelligenz. Trauma und Berufskrankheit. 2018;20(2):103–8.
4. Liu Y, Jain A, Eng C, Way DH, Lee K, Bui P, et al. A deep learning system for differential diagnosis of skin diseases. Nature medicine. 2020;26(6):900–8.
5. Ärzteblatt. Dermatologen warnen vor Nachwuchsmangel 2022.
6. Djalali S. Ein Tag Fortbildung in Dermatologie – Was bleibt hängen? PrimaryCare. 2014;14(18):288.
7. Moreno G, Tran H, Chia AL, Lim A, Shumack S. Prospective study to assess general practitioners' dermatological diagnostic skills in a referral setting. Australasian journal of dermatology. 2007;48(2):77–82.

Telemedizin im Krankenhaus als Beitrag zur planetaren Gesundheit

Lara Schmidt

Der Klimawandel gilt als eine der größten globalen Bedrohungen für die öffentliche Gesundheit [1]. Er stellt eine potenzielle Gefahr für die menschliche Gesundheit dar – durch klimabedingte Veränderungen der Schwere oder Häufigkeit von Gesundheitsproblemen und durch das Auftreten von neuartigen oder unvorhergesehenen Gesundheitsproblemen [2]. Aus diesem Grund gewinnt das Konzept Planetary Health zunehmend an Bedeutung [3]. Das nach dem Bericht der Rockefeller Foundation und der Lancet Commission on Planetary Health durchdrungene Konzept [4] definiert das Erreichen des höchsten erreichbaren Standards für Gesundheit, Wohlbefinden und Gerechtigkeit. Tangiert wird dieser durch eine globale Betrachtung der menschlichen Systeme, die die menschliche Zukunft gestalten wie Politik, Wirtschaft und Gesellschaft [5]. In diesem Kontext nehmen Krankenhäuser eine wesentliche Rolle ein. In ihrer Leistungserbringung emittieren sie eine erhebliche Menge an Treibhausgasen, unter anderem in den Bereichen der Mobilität, Stromversorgung und Abfallmanagement. Eine erste Studie des deutschen Krankenhausinstituts fand heraus, dass 71 % der deutschen Krankenhäuser die Notwendigkeit sehen, ihre Emissionen zu verringern, um einen Beitrag zum Klimaschutz zu leisten [6]. Für die Reduzierung verkehrsbedingter Treibhausgasemissionen stellt die Telemedizin in Krankenhäusern einen innovativen Lösungsansatz dar [7]. Wie kann die Nutzung von Telemedizin in Krankenhäusern einen Beitrag zur planetaren Gesundheit leisten?

L. Schmidt (✉)
Lehrstuhl für Management und Innovation im Gesundheitswesen, Fakultät für Wirtschaft und Gesellschaft, Universität Witten/Herdecke, Witten, Deutschland
E-Mail: lara.schmidt@uni-wh.de

S. Bohnet-Joschko, K. Pilgrim (Hrsg.), *Handbuch Digitale Gesundheitswirtschaft*,
https://doi.org/10.1007/978-3-658-41781-9_32

Telemedizin mehr als nur digitale Kommunikation

Der Einsatz von Telemedizin erfährt seit Mitte 2019 durch die anhaltende Corona-Pandemie und damit einhergehender Lock-downs und Kontaktbeschränkungen zunächst besonders im ambulanten Setting eine steigende Nachfrage. Unter Telemedizin ist die Nutzung von Informations- und Kommunikationstechnologien (IKT) in der Gesundheitsversorgung zu verstehen. Einsatz finden diese in einer Vielzahl von Dienstleistungen. Die Möglichkeiten von telemedizinischen Anwendungen entlang des Behandlungspfades sind vielfältig [8]. Sie umfassen die Unterstützung medizinischer Leistungen insbesondere in den Bereichen Diagnose, Behandlung und Vorbeugung von Krankheiten und Verletzungen, Forschung und Evaluierung sowie in der Weiterbildung von Leistungserbringern des Gesundheitswesens [9]. Dabei ist der Austausch nicht auf Patienten und Behandler beschränkt, sondern umfasst auch den fachlichen Austausch von Experten untereinander. Grundsätzlich verfolgt der Einsatz von Telemedizin die Ziele, den Versorgungsprozess digital abzubilden, Verwaltungsprozesse zu optimieren und physische Barrieren zu überwinden [7].

Der globale Telemedizinmarkt überstieg im Jahr 2020 das Marktvolumen von 60,9 Mrd. US-Dollar und wird nach Schätzungen zwischen 2021 und 2027 um 18,2 % wachsen. Dies entspricht einem Marktvolumen von rund 187 Mrd. US-Dollar [10], wobei allein für Deutschland ein Marktvolumen von rund 38 Mrd. € prognostiziert wird.

Telemedizinischer Beitrag zur Klimabilanz

Durch die Vielzahl telemedizinischer Anwendungen wie Telekonsultationen, Teletherapie oder Telemonitoring wird der Zugang zur Gesundheitsversorgung für Patienten erleichtert. Gleichzeitig können sie einen Beitrag zur Reduzierung von Umweltbelastungen leisten [11]. Erste globale Studien in klinischen Disziplinen wie der Rehabilitation und der Urologie konnten positive Effekte für die planetare Gesundheit durch die Einführung telemedizinischer Anwendungen in Form von Telefon- und Videokonsultationen ermitteln. Schon ab wenigen Kilometern Distanz kann die Anwendung von Telekonsultationen zu einer bedeutend besseren Klimabilanz führen, verglichen mit der persönlichen Konsultation in einem Krankenhaus [8]. Die Reisetätigkeit von Patienten kann dadurch bis zu 70 % minimiert werden, was zu einer rund 95 %igen Reduzierung von Treibhausgasemissionen durch Reisetätigkeiten in ein Krankenhaus entspricht. Faktoren wie die Wahl der Telekonferenzlösungen, die Dauer des Termins oder die Kapazität der Internetverbindung haben Einfluss auf die Emissionen im unterschiedlichen Maße. Positive Effekte des Einsatzes von Telemedizin konnten insbesondere für kurze Sitzungen identifiziert werden.

Telemedizin ist bereits ein integrierter und unterstützender Bestandteil in vielen Bereichen des Krankenhauses. Beispiele umfassen neben der Rehabilitation, das Management chronischer Krankheiten sowie die Durchführung von Nachuntersuchungen. Insbesondere die Ausweitung der Nutzung telemedizinischer Anwendungen auf städtische Regionen sowie Regionen, die unter schlechter Luftqualität leiden und in denen viele Verkehrsunfälle passieren, können einen großen Einfluss auf den gesamten CO_2-Fußabdruck des Gesundheitssektors haben [12]. Auch in Kombination mit künstlicher Intelligenz (KI) kann Telemedizin den Fußabdruck des Gesundheitswesens weiter verringern. In den letzten Jahren ist es durch die Nutzung von KI-Systemen gelungen, Patienten mit chronischen Erkrankungen zu überwachen sowie eine Notfallbeurteilung (Triage) mit einem Maß an Genauigkeit und Sicherheit durchzuführen [13].

Potenziale der Telemedizin nutzen

Der Einsatz von Telemedizintechnologien erleichtert Patienten, insbesondere von ländlichen Gebieten, den medizinischen Zugang zu Gesundheitsdiensten, spart Wartezeiten und führt zu einer Steigerung der Effizienz interner Prozesse [7]. Innerhalb des Klinikalltags lassen sich zudem Vorteile im Hinblick auf das Gefühl von Sicherheit und Selbstwirksamkeit, Überbrückung räumlicher Barrieren zur Versorgung und bessere Planbarkeit innerhalb der Tagesabläufe identifizieren. Zudem kann Telemedizin als wirksame Strategie zur Verringerung der Produktion von Luftschadstoffen verwendet werden. Nur wenn die Telemedizin Teil der allgemeinen medizinischen Versorgung und Gesundheitsfürsorge wird, kann diese ihr volles Potenzial als Klimaschutzstrategie entfalten [14]. Zu weiteren Vorteilen gehören finanzielle Kosten, eine hohe Patientenzufriedenheit sowie weniger verpasste Termine [8]. Ein Beispiel für eine telemedizinisch unterstützende Versorgung ist das Virtuelle Krankenhaus Nordrhein-Westfalen (VKh.NRW). Durch dieses wird seit dem 30. März 2020 ein landesweites telemedizinisches Versorgungsnetzwerk betrieben, um eine institutionsübergreifende Versorgung für schwer erkrankte Covid-19-Patienten zu gewährleisten [15].

Telemedizin in Krankenhäusern noch weiter ausbaufähig

Trotz des rasanten Anstiegs von Online-Konsultationen im Klinikalltag wird die Nutzung nach wie vor kritisiert. Häufige Kritikpunkte umfassen dabei insbesondere den mangelnden persönlichen Kontakt zwischen Ärzten und Patienten, was zu einer Beeinträchtigung des medizinischen Betreuungsverhältnisses sowie des Vertrauensverhältnisses seitens (älterer) Patienten führen kann. Herausforderungen in der Einführung von telemedizinischen Anwendungen im Klinikalltag bestehen insbesondere in den organisatorischen Fragen sowie den technischen Voraussetzungen. Diese umfassen die digitale Infrastruktur sowie die technische Ausstattung der Kliniken [16]. Einheitliche Vergütungsmodelle telemedizinischer Anwendungen sind aufgrund der Verschiedenartigkeit dieser bisher nicht gegeben, gelten jedoch für eine langfristige und vergleichbare Anwendung als relevant [17]. Die Unterstützung durch finanzielle Mittel für den Ausbau der Informationstechnologie in

Krankenhäusern sollen jedoch in Zukunft über das Krankenhauszukunftsgesetzt ermöglicht werden. Einheitliche Datenformate erleichtern die Implementierung der Telemedizin in den Klinikalltag. Neben technischen Schwierigkeiten sind viele Krankenhäuser in ihrer Unternehmenskultur noch nicht auf eine digitale Zusammenarbeit ausgelegt. Eine vertrauensvolle digitale Kultur ermöglicht den Krankenhäusern durch die Anwendung telemedizinischer Leistungen einen Wettbewerbsvorteil [16]. Als relevant gilt zudem die Berücksichtigung spezieller Anforderungen in der ärztlichen Qualifikation und Fortbildung, mit denen Ärzte befähigt werden, telemedizinische Instrumente sicher und nutzenbringend anzuwenden. Zahlreiche Bundesländer bieten bereits unterstützend kostenlose Weiterbildungsprogramme sowie finanzielle Förderung an. Für eine breite Umsetzbarkeit von Telemedizin ist ein sicheres und transparentes Datenmanagement sowie die Gewährleistung des Datenschutzes im Rahmen der Datenschutz-Grundverordnung entscheidend. Dies ist besonders bei dem Austausch von Patientendaten maßgeblich. In diesem Zusammenhang ist auch eine Aufklärung und Weiterentwicklung rechtlicher Rahmenbedingungen notwendig. Dies gilt insbesondere bei Abrechnungs- und Haftungsfragen telemedizinischer Leistungen [17].

Literatur

1. Organization WH. Climate Change and Health 2021 [Available from: https://www.who.int/news-room/fact-sheets/detail/climate-change-and-health.
2. Balbus J, Crimmins A, Gamble JL, Easterling DR, Kunkel KE, Saha S, et al. Introduction: Climate Change and Human Health. The Impacts of Climate Change on Human Health in the United States: A Scientific Assessment. Washington: U.S. Global Change Research Program; 2016. p. 25–42.
3. Karandinos G, Bourgois P. The Structural Violence of Hyperincarceration – A 44-Year-Old Man with Back Pain. N Engl J Med. 2019 Jan 17;380(3):205–9. PubMed PMID: 30650324. PMCID: PMC6689242.
4. Prescott SL, Logan AC. Planetary Health: From the wellspring of holistic medicine to personal and public health imperative. Explore. 2018;15(2):98–106.
5. Whitmee S, Haines A, Beyrer C, Boltz F, Capon AG, de Souza Dias BF, et al. Safeguarding human health in the Anthropocene epoch: report of The Rockefeller Foundation – Lancet Commission on planetary health. The Lancet. 2015;386(10007):1973–2028.
6. e.V. DK. Klimaschutz in deutschen Krankenhäusern: Status quo, Maßnahmen und Investitionskosten2022.
7. Keshvardoost S, Dehnavieh R, Bahaadinibeigy K. Climate Change and Telemedicine: A Prospective View. Int J Health Policy Manag. 2021 Jan 1;10(1):45–6. PubMed PMID: 32610798. PMCID: PMC7947710. Epub 20210101.
8. Purohit A, Smith J, Hibble A. Does telemedicine reduce the carbon footprint of healthcare? A systematic review. Future Healthc J. 2021 Mar;8(1):e85–e91. PubMed PMID: 33791483. PMCID: PMC8004323.
9. Organization WH. Telemedicine: Opportunities and developments in Member States. Geneva2010.
10. Insights GM. Telemedicine Market 2021 [Available from: https://www.gminsights.com/industry-analysis/telemedicine-market.

11. Organization WH. Environmentally sustainable health systems: a strategic document. In: Europe WROf, editor. Kopenhagen2017.
12. Holmner A, Ebi KL, Lazuardi L, Nilsson M. Carbon footprint of telemedicine solutions – unexplored opportunity for reducing carbon emissions in the health sector. PLoS One. 2014;9(9):e105040. PubMed PMID: 25188322. PMCID: PMC4154849. Epub 20140904.
13. Tsagkaris C, Hoian AV, Ahmad S, Essar MY, Campbell LW, Grobusch L, et al. Using telemedicine for a lower carbon footprint in healthcare: A twofold tale of healing. The Journal of Climate Change and Health. 2021;1.
14. Dockweiler C. Akzeptanz der Telemedizin. In: Fischer F, Krämer A, editors. eHealth in Deutschland. Berlin, Heidelberg: Springer Vieweg; 2016. p. 257–71.
15. NRW VK. Das Virtuelle Krankenhaus Nordrhein-Westfalen 2022. Available from: https://virtuelles-krankenhaus.nrw.
16. Ostwestfalen-Lippe ZfIidG. Digitale Medizin: Telemedizin als Chance und Herausforderung. 2022.
17. Demirci S, Kauffeld-Monz M, Schaat S. Perspektiven für die Telemedizin. Voraussetzungen der Skalierung und Marktpotential. 2021.

Teil VI

Therapie

Ambulante Versorgung: neue Wege durch E-Health

Lisa Korte

Für gesetzlich Versicherte (fast 90 Prozent der Bevölkerung) sind Vertragsärzte meist die ersten Ansprechpartner, wenn es um gesundheitliche Fragen geht [1, 2]. 2021 haben die gesetzlichen Krankenversicherungen 44,8 Mrd. € für ambulante ärztliche Leistungen ausgegeben – der zweitgrößte Posten nach Krankenhausbehandlungen [3].

Der demografische Wandel und die damit einhergehende Zunahme altersbedingter und chronischer Erkrankungen wie Krebs, Diabetes oder Demenz stellt das deutsche Gesundheitswesen vor neue Herausforderungen. Mit zunehmendem Alter steigen in der ambulanten Versorgung sowohl Arztkontakte als auch Behandlungskosten [4]. Der Bedarf an medizinischen Leistungen wächst.

Nachfrage und Angebot

Rund 152.028 Ärzte und 31.308 Psychotherapeuten in etwa 101.932 Praxen waren Ende 2021 an der vertragsärztlichen Versorgung in Deutschland beteiligt. Gemeinsam mit Allgemeinmedizinern stellen Internisten und Gynäkologen die drei größten Arztgruppen innerhalb des Spektrums dar. Mehr als jeder dritte Vertragsarzt ist hausärztlich tätig. Es gibt in den deutschen Praxen insgesamt 553 Mio. Behandlungsfälle im Jahr sowie kommt es zu einer Anzahl von einer Milliarden Arzt-Patienten-Kontakte pro Jahr. Die Kosten pro Patient in der ambulanten Versorgung belaufen sich durchschnittlich im Jahr auf 475 € [5].

L. Korte (✉)
· Lehrstuhl für Management und Innovation im Gesundheitswesen, Fakultät für Wirtschaft und Gesellschaft, Universität Witten/Herdecke, Witten, Deutschland
E-Mail: lisa.korte@uni-wh.de

Regional existieren in Deutschland Unterschiede in der Vertragsarztdichte – in Flächenländern ist diese niedriger als in Ballungsgebieten. Gleichzeitig sind etwa 36 % der Ärzte und Psychotherapeuten 60 oder älter, das Durchschnittsalter betrug 2021 54,2 Jahre. Dies impliziert zukünftig einen hohen Bedarf an ärztlichem Nachwuchs zur Beteiligung an der vertragsärztlichen Versorgung und (Nach-)Besetzung der fehlenden Positionen, insbesondere in ländlichen Regionen [5]. – Inwiefern können E-Health-Lösungen in diesem Kontext die vertragsärztliche Versorgung der Zukunft unterstützen?

Eine Vielzahl an digitalen Chancen ...

Digitale Anwendungen haben unter der allgemeinen Bezeichnung E-Health ihren Einzug in die vertragsärztliche Versorgung bereits teilweise gefunden [6]. Verwaltungsprozesse wie beispielsweise Terminvereinbarung, Dokumentation oder Kommunikation befinden sich in einer schrittweisen digitalen Transformation.

Drei grundlegende E-Health-Entwicklungen für die Sicherung der vertragsärztlichen Versorgung sind:

(1) Telematik

Die Telematikinfrastruktur (TI) ist eine zentrale Grundlage für die Digitalisierung im Gesundheitswesen. Sie bildet eine einheitliche Plattform für die Akteure, schafft Schnittstellen zwischen Systemen und gewährleistet damit eine (rechts-)sichere elektronische Kommunikation und Vernetzung, sowohl interdisziplinär als auch sektorübergreifend [7, 8].

(2) Einrichtungsübergreifende elektronische Patientenakte

Die elektronische Patientenakte (ePA) ermöglicht ein zentrales Management der Patientendaten. Am Versorgungsprozess beteiligte Leistungserbringer können auf die für die Behandlung erforderlichen Daten zugreifen und eigene (neue) Informationen ergänzen. Eine perspektivische Erweiterung durch das Hinzufügen persönlicher Daten (z. B. via Self-Tracking) ist gleichermaßen möglich. Die ePA steigert die Entscheidungsfähigkeit der Leistungserbringer, verringert Ausgaben infolge von Überbehandlungen und reduziert die Transaktionskosten des Versorgungsprozesses [9, 10].

(3) Telemedizin

Telemedizinische Anwendungen können durch Nutzung von Informations- und Kommunikationstechnologien eine medizinische (Akut-)Versorgung über räumliche und/oder zeitliche Distanzen leisten. Dies kann die flächendeckende ärztliche Versorgung verbessern. Die Anwendungen können sowohl zwischen verschiedenen Leistungserbringern stattfinden (z. B. Teleradiologie) oder zwischen Leistungserbringer und Patient (z. B. Telemonitoring) [7, 9]. Die Lockerung des Fernbehandlungsverbots verstärkt diese Potenziale [11].

… und Herausforderungen, die es zu lösen gilt

IT-Sicherheit und Datenschutz sind aufgrund der sensiblen Gesundheitsdaten von großer Bedeutung. Dies betrifft sowohl zentrale Anbieter der Telematikinfrastruktur sowie weiterer digitaler Dienstleistungen (u. a. medizinische Geräte, Apps oder telemedizinische Anwendungen) als auch die Arztpraxen selbst. Gleichzeitig sehen Vertragsärzte offene Haftungsfragen in einer mangelnden Validierung digitaler Anwendungen mittels anerkannter Evaluationskonzepte [7, 12].

Umstellung und Teildigitalisierung kann zudem einen Mehraufwand für Vertragsärzte bedeuten [6, 7]. Hier sollten die Entwicklung von Standards vorangetrieben und Vergütungsaspekte gemeinsam mit Kostenträgern erörtert werden. Insgesamt ist eine vermehrte Beteiligung der gesamten Ärzteschaft und weiterer in der ambulanten Versorgung eingebundener Leistungserbringer am Digitalisierungsprozess erforderlich, um effiziente und praxisorientierte E-Health-Lösungen zu entwickeln sowie deren Implementierung voranzutreiben [7, 12].

Ohne Kompetenz kein Nutzen

Eine stärkere Professionalisierung und Kompetenz(aus)bildung ist das entscheidende Kriterium für eine erfolgreiche Digitalisierung der vertragsärztlichen Versorgung [7]. Bereits Medizinstudierende sollen auf digitale Herausforderungen vorbereitet werden, um nicht auf Vermittler zwischen Technik und ihrer Anwendung angewiesen zu sein und innovative Technologien zukünftig adäquat einsetzen zu können. Auch erfahrene Ärzte müssen ihren Umgang mit Technologien schulen, um die Digitalisierung aktiv mitzugestalten [12].

Literatur

1. Gerlinger T, Burkhardt W. Ambulante ärztliche Versorgung. Strukturen und Versorgungsformen: Bundeszentrale für politische Bildung; 2014. Verfügbar unter: https://www.bpb.de/themen/gesundheit/gesundheitspolitik/251611/merkmale-des-deutschen-gesundheitswesens/ (Letzter Zugriff am 18.10.2022)
2. Verband der Ersatzkassen (vdek). Daten zum Gesundheitswesen: Versicherte. Verfügbar unter: https://www.vdek.com/presse/daten/b_versicherte.html (Letzter Zugriff am 24.10.2022)
3. Verband der Ersatzkassen (vdek). Daten zum Gesundheitswesen: Ausgaben. Verfügbar unter: https://www.vdek.com/presse/daten/d_versorgung_leistungsausgaben.html (Letzter Zugriff am 24.10.2022)

4. BARMER. Arztreport 2019. Berlin: BARMER; 2019. Verfügbar unter: https://www.barmer.de/presse/infothek/studien-und-reporte/arztreporte/arztreport2019-1062498 (Letzter Zugriff am 18.10.2022)

5. Kassenärztliche Bundesvereinigung (KBV). Gesundheitsdaten. 2022. Verfügbar unter: https://www.kbv.de/html/gesundheitsdaten.php (Letzter Zugriff am 24.10.2022)

6. Kassenärztliche Bundesvereinigung (KBV). Praxisbarometer Digitalisierung 2019. Berlin: Kassenärztliche Bundesvereinigung; 2019. Verfügbar unter: https://www.kbv.de/html/praxisbarometer.php (Letzter Zugriff am 18.10.2022)

7. Kassenärztliche Bundesvereinigung (KBV). KBV-Positionen zur Digitalisierung in der Gesundheitsversorgung. Kassenärztliche Bundesvereinigung. 2017. Verfügbar unter: https://www.kbv.de/html/416.php (Letzter Zugriff am 18.10.2022)

8. Treinat L. E-Health als Brücke zwischen den Leistungserbringern. In: Müller-Mielitz S, Lux T, editors. E-Health-Ökonomie. Wiesbaden: Springer Gabler; 2017. https://doi.org/10.1007/978-3-658-10788-8_16

9. Munshi S. Ambulante Versorgung im Wandel – Entwicklungen und Potenziale im Zeitalter der Vernetzung. In: Pfannstiel MA, Focke A, Mehlich H, editors. Management von Gesundheitsregionen IV. Wiesbaden: Springer Gabler; 2018. https://doi.org/10.1007/978-3-658-16901-5_2

10. Haas P. Elektronische Patientenakten. Einrichtungsübergreifende Elektronische Patientenakten als Basis für integrierte patientenzentrierte Behandlungsmanagement-Plattformen. Gütersloh: Bertelsmann Stiftung; 2017. Verfügbar unter: https://www.bertelsmann-stiftung.de/de/publikationen/publikation/did/elektronische-patientenakten/ (Letzter Zugriff am 18.10.2022)

11. Meier R, Holderried M, Kraus TM. Digitalisierung der Arzt-Patienten-Kommunikation. In: Pfannstiel M, Da-Cruz P, Rasche C, editors. Entrepreneurship im Gesundheitswesen III. Wiesbaden: Springer Gabler; 2018. https://doi.org/10.1007/978-3-658-18413-1_4

12. Bundesärztekammer. 122. Deutscher Ärztetag. Beschlussprotokoll. 2019. Verfügbar unter: https://www.bundesaerztekammer.de/bundesaerztekammer/aerztetag/aerztetage-der-vorjahre/122-deutscher-aerztetag-in-muenster-28-31052019/online-dokumentation-der-antraege-und-beschluesse-des-122-deutschen-aerztetages (Letzter Zugriff am 18.10.2022)

Digitale Gesundheitsanwendungen: Chancen und Herausforderungen

Horst Christian Vollmar und Theresa Sophie Busse

Mit der Digitalisierung im Gesundheitswesen sind hohe Erwartungen an die Qualität der gesundheitlichen Versorgung geknüpft. Digitalen Gesundheitsanwendungen (DiGA) werden aufgrund der ubiquitären Verfügbarkeit von Smartphones in der Bevölkerung eine besondere Rolle zugesprochen. Laut GKV-Spitzenverband wurden im Zeitraum vom 01.09.2020 bis zum 30.09.2021 rund 50.000 DiGA ärztlich verordnet beziehungsweise von den gesetzlichen Krankenkassen genehmigt [1]. Aber wo stehen wir heute, über die Zahl der Verordnungen hinaus – knapp drei Jahre nach deren Einführung?

Grundlage: Das Digitale-Versorgung-Gesetz

Seit dem Inkrafttreten des Digitale-Versorgung-Gesetzes (DVG) am 19. Dezember 2019 können Ärzte und Psychotherapeuten sogenannte DiGA zu Lasten der gesetzlichen Krankenkasse (GKV) und teils auch der privaten Krankenkasse (PKV) verordnen. Es handelt sich dabei um Medizinprodukte niedriger Risikoklasse (Klasse I oder IIa). Grundlegend für die Möglichkeit der Verordnung ist zunächst die Aufnahme von digitalen Anwendungen in das DiGA-Verzeichnis. Bisher kommt dem Bundesinstitut für Arzneimittel und Medizinprodukte (BfArM) die Aufgabe zu, entsprechende Anträge zur Aufnahme wissenschaftlich zu bewerten. Dies geschieht in einem sogenannten Fast-Track-Verfahren, in dem bereits nach drei Monaten eine Entscheidung fallen soll. Erst nach erfolgreicher Prüfung werden die erstattungsfähigen DiGA gelistet. Im Oktober 2022 wurden in der

H. C. Vollmar (✉) · T. S. Busse
Abteilung für Allgemeinmedizin, Ruhr-Universität Bochum, Medizinische Fakultät,
Bochum, Deutschland
E-Mail: horst.vollmar@ruhr-uni-bochum.de; theresa.busse@ruhr-uni-bochum.de

© Der/die Autor(en), exklusiv lizenziert an Springer Fachmedien Wiesbaden
GmbH, ein Teil von Springer Nature 2023
S. Bohnet-Joschko, K. Pilgrim (Hrsg.), *Handbuch Digitale Gesundheitswirtschaft*,
https://doi.org/10.1007/978-3-658-41781-9_34

DiGA-Datenbank (https://diga.bfarm.de/de/verzeichnis) 38 DiGA aufgeführt, davon 13 dauerhaft aufgenommen, 21 vorläufig aufgenommen und vier, die wieder entfernt wurden (Stand: 25.10.2022). Die Zahlen verändern sich hierbei stetig entsprechend der zunehmenden Prüfungen. Die meisten DiGA stammen aus der Kategorie „Psychische Erkrankungen" wie etwa DiGA zur Behandlung von Depressionen (aktuell 14). In der Reihenfolge der Häufigkeit folgen Apps aus der Kategorie „Muskeln, Knochen und Gelenke" sowie aus der Gruppe „Hormone und Stoffwechsel" [2, 3].

Die Verordnung kann durch Ärzten und Psychotherapeuten unter Berücksichtigung der relevanten Informationen im Praxisverwaltungssystem vorgenommen werden. Die Bereitstellung unterliegt hierbei jedoch technisch bedingten Verzögerungen. Es empfiehlt sich daher eine zusätzliche Prüfung des Verzeichnisses online. Der jeweilige Verordnungsschlüssel für ein DiGA-Modul für einen bestimmten Zeitraum lautet DiGA-VE. Sie ist analog zur Pharmazentralnummer auf dem Verordnungsvordruck (Muster 16) anzugeben.

Patienten erhalten nach der Verordnung durch Leistungserbringer nach Diagnosestellung von ihrer Krankenkasse einen Freischaltcode, mit dem sie die jeweilige DiGA aktivieren können. Patienten mit bestehender Diagnose ist die Zuteilung des Codes auch ohne erneuten Kontakt mit einem Arzt oder Psychotherapeuten möglich. Hier können Patienten eigenständig eine spezifische DiGA im Katalog suchen. Von den oben benannten 50.000 verordneten und genehmigten DiGA wurden rund 39.000 von Patienten über den Freischaltcode aktiviert (knapp 80 %) [2]. Spitzenreiter waren die drei Apps Kalmeda (mobile Tinnitus-Therapie), Vivira (Schmerztherapie) und Zanadio (Adipositas-Therapie), die zusammen fast 23.000-mal genutzt wurden. Im genannten Zeitraum fielen hierdurch für die GKV Kosten in Höhe von 13 Mio. Euro an [1]. DiGA wurden dabei von lediglich 4 % der Ärzte in Deutschland verordnet [4]. Im Rahmen einer Studie unter Hausärzten konnte erhoben werden, dass Patienten, die Apps einsetzen, aus Sicht der Ärzte in 55 % der Fälle darüber positive Beiträge zur Gesundheitsvorsorge und/oder Genesung erzielten [5].

Chancen im Überblick

Die „Apps auf Rezept" wie die DiGA auch genannt werden, sind mit hohen Erwartungen verbunden: DiGA sollen Patienten unterstützen, Krankheiten zu erkennen, zu überwachen, zu behandeln oder zu lindern. Die Vorteile der DiGA liegen dabei auf der Hand: Patienten können sie mit einem passenden Endgerät immer mit sich führen und zum Management ihrer Erkrankung einsetzen, z. B. durch ein digitales Tagebuch. DiGA können die Kompetenz der Patienten im Umgang mit ihrer Erkrankung steigern, eine frühzeitige Abklärung bestimmter Symptome empfehlen oder die Therapie durch Übungen in der häuslichen Umgebung unterstützen. Da es in Deutschland sechs Monate und länger dauert, bevor Patienten mit psychischen Erkrankungen einen Therapieplatz erhalten, sollen DiGA in diesem Bereich auch eine Versorgungslücke füllen. In der Theorie können sie unter anderem helfen, Zeit zwischen Diagnose und Therapie zu sparen und das gemeinsame

Gespräch zwischen Patienten und Ärzten unterstützen, Fachpersonal entlasten, Compliance erhöhen und Kosten senken.

Bestehende Herausforderungen

Es bestehen jedoch diverse Herausforderungen für die erfolgreiche Verbreitung zur Nutzung der benannten Chancen. Einer der entscheidendsten Faktoren ist die Akzeptanz für die Nutzung dieser Interventionen. Eine hohe Akzeptanz ermöglicht es mithilfe dieser neuen Tools die digitale Gesundheitskompetenz und Selbstwirksamkeit der Anwender dauerhaft zu stärken und damit auch die Adhärenz für therapeutische Interventionen [6]. Diskussionen, die seit der Einführung der DiGA über die Schnelligkeit des Bewertungsprozesses durch das BfArM bestehen, zeigen eine eher geringe Akzeptanz auf [2, 6, 7].

Digitale Therapien sind teils eingebettet in komplexe Interventionen, deren Nutzen für die Patienten bei der Bewältigung der vielen Alltagsherausforderungen mit einer (chronischen) Erkrankung von vielen Faktoren abhängt. Entscheidend ist es, Anwendern und Therapeuten bereits in die Entwicklung der Systeme und später dann auch in die Anwendung einzubinden. Dieser Ansatz kann die Akzeptanz durch eine erhöhte Bedarfsorientierung und Kontakt mit DiGA steigern [8].

Die bisherigen Diskussionen zeigen darüber hinaus, dass es große Hürden gibt, die digitalen Therapien in Versorgungsabläufe zu integrieren und sie an technische Systeme über Sektorengrenzen hinweg anzubinden. Das Thema Datenschutz ist bei DiGA ebenfalls ein wichtiges Thema, stellt aber einige Hersteller vor Probleme [9, 10].

Wie können die in DiGA von Patienten generierten Daten zusammen mit den Behandlungsdaten neue Erkenntnisse liefern, die die Präferenzen der Patienten und deren individuell sehr verschiedenen Möglichkeiten besser berücksichtigen [6]?

Sowohl die Hersteller als auch die Krankenkassen sind darüber hinaus unzufrieden mit der Preisbildung, natürlich in gegenseitige Richtungen [2, 3, 7, 11]. So lagen die Kosten für die Nutzung der Apps durchschnittlich zwischen 300 € und 500 € – mit steigender Tendenz, wobei dauerhaft aufgenommene DiGA im Regelfall einen höheren Preis erzielen. Die Kassen kritisieren, dass auch DiGA in Erprobung auf den Markt kommen und bis zu zwei Jahre erstattungsfähig sind, ohne dass ein gesicherter Nutzen für die Versicherten bestünde [1–3, 12]. Hier schließen sich Diskussionen über die zu stellenden Evidenzanforderungen und die damit verbundenen Studiendesigns an [6, 7]. Die Leitungserbringer sind ebenfalls unzufrieden, erhalten sie doch pro verordnetem App-Rezept nur rund zwei Euro.

Die Kassenärztliche Bundesvereinigung beklagt weiterhin, dass für verordnende Ärzte und Psychotherapeuten kompakte und unabhängige Informationen, die über Eigenangaben der Hersteller hinausgingen, weitgehend fehlen. Der Bundesverband der Verbraucherzentralen sieht vor allem „dringenden Verbesserungsbedarf" in der Arzt-Patienten-Kommunikation, um für eine größere Verbreitung der DiGA zu sorgen [1]. Aus Sicht der Versorger bestehe aber vor allem ein Mangel an Zeit, um neue Themen im Praxisalltag zu berücksichtigen [13]. Darüber hinaus gaben im Rahmen einer Umfrage des Fraunhofer

IMW 74 % der 51 befragten Allgemeinmediziner an, (etwas) unsicher in Bezug auf Risiken und Haftungsfragen bei DiGA zu sein [13].

Ein Blick in die Zukunft

Trotz des Erfolges von DiGA – aktuell planen benachbarte europäische Länder ähnliche Verfahren – bestehen etliche Optimierungspotenziale. So bezeichnet das Bundesgesundheitsministerium als wichtigste anstehende Änderung, die DiGA „in umfassendere, patientenzentrierte Versorgungsabläufe" zu integrieren, vor allem in die wachsende E-Health-Infrastruktur [1]. Weiterhin wären eine individuelle Ansprache von geeigneten Versicherten seitens der Ärzte und Psychotherapeuten aber auch durch die Kassen selbst wünschenswert [2]. Eine höhere Vergütung könnte zu einer besseren Nutzung führen; wünschenswert wäre eine Ansprechperson (z. B. ein Medizinischer Fachangestellter), die die Patienten bei der Einrichtung der DiGA unterstützt. Auf jeden Fall ist eine Weiterentwicklung des DiGA-Verfahrens mit klaren Regeln für die Hersteller, insbesondere für die anzuwendende Methodik notwendig. Dabei sollte der Einsatz von DiGA auch in komplexen Interventionen untersucht werden, z. B. im Rahmen von Ausschreibungen des Innovationsfonds des Gemeinsamen Bundesausschusses (G-BA).

Literatur

1. Thorsten Severin (2022): Viel Konfliktstoff bei Gesundheits-Apps. Online verfügbar unter https://www.gg-digital.de/2022/03/viel-konfliktstoff-bei-gesundheits-apps/index.html, zuletzt aktualisiert am 10.03.2022, zuletzt geprüft am 11.09.2022.
2. Deloitte (2022): Digitale Gesundheitsanwendungen (DiGA): Deloitte Studie I Deloitte Deutschland. Online verfügbar unter https://www2.deloitte.com/de/de/pages/life-sciences-and-healthcare/articles/digitale-gesundheitsanwendungen-diga-studie.html, zuletzt aktualisiert am 06.09.2022, zuletzt geprüft am 06.09.2022.
3. DiGA-Report 2022. In: *Techniker Krankenkasse*. Online verfügbar unter https://www.tk.de/presse/themen/digitale-gesundheit/digitaler-fortschritt/diga-report-2022-2125138?tkcm=ab, zuletzt geprüft am 01.09.2022.
4. Deutscher Ärzteverlag GmbH, Redaktion Deutsches Ärzteblatt (2022): Erst vier Prozent der Ärzte haben DiGA verordnet. Online verfügbar unter https://www.aerzteblatt.de/nachrichten/133004/Erst-vier-Prozent-der-Aerzte-haben-DiGA-verordnet, zuletzt aktualisiert am 06.09.2022, zuletzt geprüft am 06.09.2022.
5. Wangler J, Jansky M (2020) Welchen Nutzen bringen Gesundheits-Apps für die Primärversorgung? Ergebnisse einer Befragung von Allgemeinmedizinern. Prävention und Gesundheitsförderung, 16(2), 150–156. https://doi.org/10.1007/s11553-020-00797-7
6. Kramer U, Vollmar HC. Digitale Interventionen in die Versorgung bringen: DNVF meets DiGA. Monitor Versorgungsforschung 4/2022: 56II.
7. Gensorowsky D, Lampe D, Hasemann L, Düvel J, Greiner W. „Alternative Studiendesigns" zur Bewertung digitaler Gesundheitsanwendungen – eine echte Alternative? Z Evid Fortbild Qual Gesundhwes. 2021 Apr;161:33–41. https://doi.org/10.1016/j.zefq.2021.01.006

8. Kernebeck, S., Busse, T.S., Ehlers, J.P., Vollmar H.C. (2021) Adhärenz digitaler Interventionen im Gesundheitswesen: Definitionen, Methoden und offene Fragen. Bundesgesundheitsbl 64, 1278–1284. https://doi.org/10.1007/s00103-021-03415-9

9. Zilch A, Tschirsich M. Datenschutz und Informationssicherheit bei digitalen Gesundheitsanwendungen (DiGA). Bundesgesundheitsblatt Gesundheitsforschung Gesundheitsschutz. 2021 Oct;64(10):1254–1261. https://doi.org/10.1007/s00103-021-03412-y

10. Lukas Hoffmann; Britta Rybicki (2022): Datenlecks bei zwei DiGA – weitere könnten betroffen sein. Das ehrenamtliche Kollektiv „Zerforschung" hat bei den Gesundheitsapps „Cankado" und „Novego" Sicherheitsmängel festgestellt. Weitere Gesundheitsapps könnten betroffen sein. Handelsblatt Inside Digital Health. Online verfügbar unter https://app.handelsblatt.com/inside/digital_health/it-sicherheit-datenlecks-bei-zwei-diga-weitere-koennten-betroffen-sein-/28435504.html, zuletzt aktualisiert am 17.06.2022, zuletzt geprüft am 1.9.2022.

11. Gensorowsky D, Witte J, Batram M, Greiner W. Market access and value-based pricing of digital health applications in Germany. Cost Eff Resour Alloc. 2022 Jun 13;20(1):25. https://doi.org/10.1186/s12962-022-00359-y.

12. Gregor-Haack J, Busse T, Hagenmeyer EG. Das neue Bewertungsverfahren zur Erstattung digitaler Gesundheitsanwendungen (DiGA) aus Sicht der gesetzlichen Krankenversicherung Bundesgesundheitsblatt Gesundheitsforschung Gesundheitsschutz. 2021 Oct;64(10):1220–1227. https://doi.org/10.1007/s00103-021-03401-1

13. Radic M, Brinkmann C, Radic D (2021) Digitale Gesundheitsanwendungen auf Rezept: Wie steht es um die Akzeptanz in der Ärzteschaft? Fraunhofer-Zentrum für Internationales Management und Wissensökonomie IMW. Online verfügbar unter https://www.imw.fraunhofer.de/content/dam/moez/de/documents/210303_Studie_Digitale Gesundheitsanwendungen auf Rezept_DiGAs.pdf, zuletzt aktualisiert Februar 2021, zuletzt geprüft am 25.10.2022

Künstliche Intelligenz zur Steigerung des In-Vitro-Fertilisationserfolgs

Thea Kreyenschulte

Etwa 7–15 % der Paare in Deutschland sind ungewollt kinderlos. Ein Lösungsansatz kann die künstliche Befruchtung, im Speziellen die In-Vitro-Fertilisation (IVF), sein. Die IVF dauert mehrere Wochen und findet teilweise außerhalb des Körpers, im Labor, statt. Eizellen der Frau werden mit Samen des Mannes – ob gespendet oder von einem Paar stammend – im Reagenzglas vereint. Ist dieser Vorgang erfolgreich und bildet sich hieraus ein Embryo, wird er in die Gebärmutter eingesetzt, um dort weiter heranzureifen [1, 2].

Die Kosten für eine Kinderwunsch-Behandlung übernehmen gesetzliche Kassen unter bestimmten Voraussetzungen in Höhe von etwa 50 %. Relevant sind u. a. das Alter des betroffenen Paares, Familienstand oder die Erfolgsaussicht der gewählten Behandlung. Insgesamt belaufen sich Kosten im Schnitt auf rund 3000 € pro IVF-Runde [3, 4] – wobei drei Versuche teilerstattet werden. In der privaten Versicherung gilt das sogenannte Verursacherprinzip: Ist die in der Privaten Krankenversicherung (PKV) versicherte Person ursächlich für die Kinderlosigkeit, werden häufig auch unverheiratete Paare zu hundert Prozent finanziell unterstützt [1].

Die Erfolgsquote der IVF-Prozedur liegt bei 25–30 %. Die Lebendgeburtrate hingegen nur bei etwa 15–20 % [1]. Immer stärker erforscht werden daher innovative Möglichkeiten, um den Prozess der künstlichen Befruchtung mit seinen Unsicherheiten und potenziellen Komplikationen zu unterstützen. Ein vielversprechender Ansatz in der Gynäkologie und der Geburtshilfe ist der Einsatz von Künstlicher Intelligenz (KI). Wie kann KI zur Steigerung des IVF-Erfolgs eingesetzt werden?

T. Kreyenschulte (✉)
Lehrstuhl für Management und Innovation im Gesundheitswesen, Fakultät für Wirtschaft und Gesellschaft, Universität Witten/Herdecke, Witten, Deutschland
E-Mail: thea.kreyenschulte@uni-wh.de

Erfolgsaussicht künstlicher Befruchtung häufig unsicher

Für eine erfolgreiche assistierte Befruchtung sind oft mehrere Versuche und eine Vorbereitung der Behandlungsmethode u. a. anhand von Hormonbehandlungen notwendig [1, 2]. Diese Behandlungen bergen eine Reihe an Nebenwirkungen und müssen bei jedem Versuch erneut durchgeführt werden. Die Wahrscheinlichkeit, dass die IVF erfolglos verläuft, ist mit etwa 70–75 % dennoch hoch – und auch Fehlbildungen des Embryos müssen in Betracht gezogen werden [1, 5].

KI nutzt komplexe Algorithmen, anhand derer allgemein das Problemlösen oder die Entscheidungsfindung unterstützt und simuliert werden können. Anhand des KI-Einsatzes kann die Gynäkologie und Geburtshilfe generell unterstützt, insbesondere aber die Präzision von IVF-Maßnahmen erhöht werden [6] zum Beispiel im Zuge der Embryonenauswahl [7]. Diese ist im Kern abhängig von dem Entwicklungsstatus und einer Beurteilung der Morphologie des Embryos. Letzteres unterliegt in klassischen Methoden nachgewiesen einer hohen Inter- und Intra-Beobachter-Variabilität [8].

KI unterstützt bei Embryonenauswahl

Im europäischen Raum wird inzwischen das sogenannte KidScoreD5-System angewendet, welches auf Basis von KI automatisiert Embryonen und ihre Entwicklungsschritte bewertet, während ihre Morphologie zusätzlich anhand eines Time-Lapse-Verfahrens in einem Inkubator klassifiziert werden kann [8, 9]. Die Bewertung durch das KidScore-System erfolgt auf einer Skala von eins bis zehn. Der Prozess der Embryonenimplantation wird anhand der KI-Auswertungen unterstützt und auch die Wahrscheinlichkeit eines normalen Schwangerschaftsverlaufs ist laut Forschenden direkt mit diesem Score verknüpft [10]. Mit Einsatz des Time-Lapse-Verfahrens werden per Video morphologische Entwicklungen der im Inkubator befindlichen Embryonen in Echtzeit verfolgt und die aufgezeichnete Entwicklung anhand von Machine-Learning-Algorithmen beurteilt. In Kombination von KidScoreD5 und dem Time-Lapse-Verfahren können Implantationsraten und erfolgreiche Embryonentransfers laut Studien verbessert werden (von 50 % auf 75 %) [9].

Für IVF-Verfahren haben KI-Methoden wie der KidsScoreD5 eine besondere Bedeutung. Durch sie können u. a. Geschwindigkeit der embryonalen Entwicklung, unregelmäßige Muster sowie verzögerte oder suboptimale Entwicklungen der In-Vitro-Embryonen identifiziert werden [9]. Durch zahlreiche Informationen, die durch die KI-Auswertung verfügbar werden, kann u. a. die Wahrscheinlichkeit von Anomalien in heranwachsenden Föten und somit bei Lebendgeburten reduziert werden [10]. Dies trägt zum Erfolg der Implantation und potenziell schlussendlich zur Geburt eines gesunden Kindes bei, was wiederum nicht allein für ungewollt kinderlose Paare eine Erleichterung ist, sondern auch für potenzielle finanzielle Entlastungen im Sozial- und Gesundheitssystem sorgt. Denn: Neben Kosten für die Krankenversicherung, ebenso wie für das betroffene Paar, kann es zu weiteren relevanten Kosten, z. B. durch (Arbeits-)Ausfälle aufgrund medizinischer Maßnahmen oder Belastungen kommen.

Ethische Restriktionen überwiegen

Herausforderungen der innovativen KI-Anwendung ergeben sich insbesondere im Bereich der Ethik. In Deutschland wird das Verfahren der Embryonenauswahl nicht angewendet – und es ist fraglich, ob es hier überhaupt zum Einsatz kommen könnte. Hingegen wird z. B. in spanischen Kliniken umfassend zu KI in der IVF-Praxis geforscht und entsprechende Verfahren angeboten [10]. Die Kosten für Selbstzahler sind vermeintlich abhängig von der gewählten Behandlungsmethode, jedoch in der klassischen IVF ähnlich hoch wie in Deutschland, wo laut des Gemeinsamen Bundesausschusses (G-BA) u. a. die genetische Untersuchung von Embryonen im Vorfeld des Einsetzens in den Mutterleib untersagt ist [11]. Darüber hinaus greift in Deutschland das Embryonenschutzgesetz, welches im Strafrecht verankert ist und somit einige Maßnahmen, welche in anderen europäischen Ländern erlaubt sind, unter Strafe stellt [2, 11].

Voraussetzung zur Anwendung des Verfahrens sind darüber hinaus allgemein ausreichende Daten, um auf KI-basierende Modelle adäquate Aussagen treffen lassen zu können. Auch eine auf diese Form der Datenauswertung spezialisierte Fachkraft ist notwendig. Dies zeigen auch Studien, in denen bereits mit dem KidScoreD5 gearbeitet wurde [5, 9, 12].

Register zum Sammeln notwendiger Daten

Es ist notwendig, einen ausreichend großen Datenpool zur KI-Anwendung anzulegen. Ein Beispiel ist das deutsche Register zu IVF-Verfahren [13]. Insbesondere sollten die für die Art der Behandlung relevanten Daten enthalten sein [5].

Über Auswahlverfahren geeigneter Embryos hinaus existieren Einsatzmöglichkeiten für KI in der Gynäkologie – im Speziellen im Monitoring von Mutter und Fötus auf vermeidbare Komplikationen. So kann KI beispielsweise das CTG-Monitoring (Messung der Herzfrequenz und der Wehentätigkeit) unterstützen und die subjektive Einschätzung von medizinischem Personal ergänzen, um Entscheidungen bzgl. eines potenziellen Kaiserschnitts zu unterstützen [6].

Fazit

Der Einsatz von KI zur Steigerung des IVF-Erfolgs ist bereits in einigen europäischen Ländern erfolgt. Große Datenmengen werden ausgewertet, um Implantationserfolge zu steigern und somit Lebendgeburtraten zu heben. Dies kann nicht allein für ungewollt kinderlose Paare, sondern auch für das Sozial- und Gesundheitssystem eine Erleichterung bedeuten.

Literatur

1. Bundesministerium für Familie, Senioren, Frauen und Jugend. Künstliche Befruchtung 2022. Verfügbar unter: https://www.informationsportal-kinderwunsch.de/kiwu/behandlung/kuenstliche-befruchtung (Letzter Zugriff am: 17.10.2022)
2. Bundesverband Reproduktionsmedizinischer Zentren Deutschlands e.V. Ungewollte Kinderlosigkeit 2022. Verfügbar unter: https://repromed.de/fuer-patienten/ungewollte-kinderlosigkeit/kategorie/grundlagen/ (Letzter Zugriff am: 17.10.2022)
3. Wuppertal Kinderwunschzentrum. Kostenübersicht 2022. Verfügbar unter: https://www.kinderwunschzentrum.org/wuppertal/kinderwunsch/kostenuebersicht/ (Letzter Zugriff am: 17.10.2022)
4. Bundeszentrale für gesundheitliche Aufklärung. Künstliche Befruchtung: Wer trägt die Kosten? 2019. Verfügbar unter: https://www.familienplanung.de/kosten-fruchtbarkeitsbehandlung/ (Letzter Zugriff am: 17.10.2022)
5. Ratna MB, Bhattacharya S, Abdulrahim B, McLernon DJ. A systematic review of the quality of clinical prediction models in in vitro fertilization. Hum Reprod. 2020;35(1):100–16. https://doi.org/10.1093/humrep/dez258
6. Emin EI, Emin E, Papalois A, Willmott F, Clarke S, Sideris M. Artificial Intelligence in Obstetrics and Gynaecology: Is This the Way Forward? In Vivo. 2019;33(5):1547–51. https://doi.org/10.21873/invivo.11635
7. Sonntag, D. Künstliche Intelligenz in der Medizin und Gynäkologie – Holzweg oder Heilversprechen? Gynäkologe 54, 476–482 (2021). https://doi.org/10.1007/s00129-021-04808-2
8. Sfakianoudis K, Maziotis E, Grigoriadis S, Pantou A, Kokkini G, Trypidi A, et al. Reporting on the Value of Artificial Intelligence in Predicting the Optimal Embryo for Transfer: A Systematic Review including Data Synthesis. Biomedicines. 2022;10(3). https://doi.org/10.3390/biomedicines10030697
9. Gazzo E, Pena F, Valdez F, Chung A, Bonomini C, Ascenzo M, et al. The Kidscore(TM) D5 algorithm as an additional tool to morphological assessment and PGT-A in embryo selection: a time-lapse study. JBRA Assist Reprod. 2020;24(1):55–60. https://doi.org/10.5935/1518-0557.20190054
10. Assistierte Reproduktionsklinik IVI. Die Künstliche Intelligenz bei der Embryonenselektion: Dank IVI Realität 2020. Verfügbar unter: https://ivi-fruchtbarkeit.de/blog/die-kuenstliche-intelligenz-bei-der-embryonenselektion-dank-ivi-realitaet/ (Letzter Zugriff am: 17.10.2022)
11. Gemeinsamer Bundesausschuss. Methoden der künstlichen Befruchtung 2022. Verfügbar unter: https://www.g-ba.de/themen/methodenbewertung/ambulant/kuenstliche-befruchtung/methoden/ (Letzter Zugriff am: 17.10.2022)
12. Kato K, Ueno S, Berntsen J, Ito M, Shimazaki K, Uchiyama K, et al. Comparing prediction of ongoing pregnancy and live birth outcomes in patients with advanced and younger maternal age patients using KIDScore day 5: a large-cohort retrospective study with single vitrified-warmed blastocyst transfer. Reprod Biol Endocrinol. 2021;19(1):98. https://doi.org/10.1186/s12958-021-00767-4
13. Deutsches IVF-Register e.V. DIR 2022. Verfügbar unter: https://www.deutsches-ivf-register.de/ (Letzter Zugriff am: 17.10.2022)

Intelligente Hirnschrittmacher verbessern die Parkinsontherapie

Laura Melzer

Weltweit sind Millionen von Menschen von neurologischen und psychischen Erkrankungen betroffen. In Europa und Deutschland litten 2017 fast 60 % der Bevölkerung an mindestens einer neurologischen Erkrankung [1]. Als eine der Häufigsten gilt das idiopathische Parkinson-Syndrom mit einer Prävalenz von 100–200 pro 100.000 Einwohnern in Deutschland [2]. Eine medikamentöse Behandlung wirkt jedoch nicht bei allen Patienten. Für medikamentenresistente Patienten gilt die tiefe Hirnstimulation (THS; populär: Hirnschrittmacher oder *engl.* Deep Brain Stimulation) als wirksame Behandlungsalternative [3]. Bereits mehr als 160.000 Patienten haben sich weltweit einen Hirnschrittmacher für diverse neurologische und nichtneurologische Erkrankungen implantieren lassen, die Anzahl ist steigend aufgrund der diversen Anwendungsmöglichkeiten [4]. In Deutschland gibt es jährlich schätzungsweise rund 700–800 Implantationen. Pro Patient belaufen sich die gesamten Behandlungskosten auf rund 30.000 €, davon kostet das THS-Gerät mit etwa 17.000 € mehr als die Hälfte [5]. Die Anfangskosten der Implantation sind hoch und herkömmliche Geräte erfordern einen kontinuierlichen Batterienwechsel sowie die manuelle Anpassung der Stimulationsparameter [6]. Wie kann Künstliche Intelligenz zu einer kosteneffektiven Verbesserung der Behandlung durch THS beitragen?

L. Melzer (✉)
Forschungs- und Behandlungszentrum für psychische Gesundheit (FBZ), Fakultät für Psychologie, Ruhr-Universität Bochum, Bochum, Deutschland

© Der/die Autor(en), exklusiv lizenziert an Springer Fachmedien Wiesbaden GmbH, ein Teil von Springer Nature 2023
S. Bohnet-Joschko, K. Pilgrim (Hrsg.), *Handbuch Digitale Gesundheitswirtschaft*, https://doi.org/10.1007/978-3-658-41781-9_36

Tiefe Hirnstimulation

Bei der Parkinsonerkrankung entwickelt sich eine langsam fortschreitende Bewegungsstörung, die durch Symptome wie Muskelsteifigkeit (Rigor), Bewegungsverarmung (Akinese) und Muskelzittern (Tremor) gekennzeichnet ist [7]. Durch hochfrequente, elektrische Impulse in subkortikalen Strukturen zielt die THS darauf ab, die Krankheitssymptome zu mildern [8]: Von einem Moment zum Nächsten kann so das Zittern nachlassen. Das Interesse an der elektrischen Stimulation von Hirnregionen zur Behandlung von Bewegungsstörungen wächst stetig [8]. Die THS wird als gerätebasierte Therapie eingesetzt und verspricht weniger Nebenwirkungen und eine höhere Effizienz bei medikamentenresistenten Patienten [3]. Das Stimulationsniveau bei herkömmlichen Geräten, der sogenannten *open-loop deep brain stimulation*, bleibt jedoch konstant und kann sich nicht an mögliche Schwankungen der Symptomschwere anpassen [3]. Um die optimalen Stimulationsparameter zu definieren, bedarf es einer wiederholten, manuellen Programmierung des Geräts durch den Behandler, wodurch zusätzliche Kosten entstehen [3]. Um langfristig die Effizienz der THS-Therapie zu verbessern, werden neue, intelligente Hirnschrittmacher mit Rückkopplungsschleife entwickelt, die sogenannte *closed-loop deep brain stimulation* oder adaptive Tiefe Hirnstimulation [3].

Künstliche Intelligenz ermöglicht adaptive Stimulation

Während die Elektroden der herkömmlichen *Open-loop*-THS nur elektrische Impulse senden, können die *Closed-loop*-Systeme über die gleichen Elektroden einen relevanten Biomarker aufzeichnen [9]. Der Kreislauf wird somit von der ersten Stimulation über die Aufzeichnung bis zur adaptiven Stimulation geschlossen, indem die Stimulationsparameter bedarfsabhängig angepasst werden [9]. Diese Anpassung kann durch Künstliche Intelligenz auf Basis von Deep Learning mit hierarchisch organisierten neuronalen Netzen optimiert werden [9]. Einen Stimulationsalgorithmus hat unter anderem der Mediziner, Physiker und Mathematiker Prof. Peter Tass vom Forschungszentrum Jülich programmiert [10], um im Rahmen des geförderten Projekts DBS SMART einen intelligenten Hirnschrittmacher zu entwickeln [11]. Innovative Neuromodulation erforscht auch die Neurologin Prof. Andrea Kühn, Leiterin des seit 2020 von der Deutschen Forschungsgemeinschaft geförderten transregionalen Sonderforschungsbereichs TRR 295 ReTune an der Klinik für Neurologie der Charité Berlin [12].

Kosteneffizienz durch intelligente Hirnschrittmacher

Aus Sicht der Kostenträger werden die Lebenszeitkosten für THS in Deutschland auf 105.737,08 € geschätzt [13]. Dabei macht das erste Jahr aufgrund der Implantation sowie mehrfachem Batteriewechsel den größten Anteil der Kosten aus, laut Studien zwischen 32 % und 60 % [6]. Im Vergleich zu Open-Loop-THS weist die adaptive THS einen geringeren Gesamtenergieverbrauch der Batterien und kann somit Zeit von Patient und Behandler und Kosten der Krankenkassen reduzieren [14]. Die neue Generation der intelligenten Hirnschrittmacher verspricht insgesamt eine Kostenreduktion durch automatische Programmierung, flexible Stimulation und Variation der Biomarker [3]. Darüber hinaus weisen mehrere Studien darauf hin, dass die Medikamentenkosten nach THS um durchschnittlich 40 % sinken [15]. Dennoch ist zu beachten, dass die THS-Therapie ressourcenintensiv ist und ein multidisziplinäres Team erfordert, um Behandlungsprogramme für Patienten bereitzustellen und mögliche technische oder gesundheitliche Probleme zu beheben [4].

Fazit und Handlungsempfehlungen

Im Vergleich zur medizinischen Behandlung kann die tiefe Hirnstimulation als kosteneffektive Behandlungsoption für neurologische Erkrankungen wie Parkinson, aber auch psychische Erkrankungen wie Depressionen und Zwangserkrankungen im deutschen Gesundheitswesen angesehen werden [8, 15]. Die adaptive tiefe Hirnstimulation ist der Standard-THS überlegen, da die adaptive Stimulation den Behandlungserfolg verbessert und stimulationsbedingte Nebenwirkungen minimiert [16]. Hinsichtlich der Nachteile von herkömmlicher THS stellt die neue Generation intelligenter Hirnschrittmacher eine Chance dar, die Behandlung bedarfsgerecht anzupassen und weitere Kosten zu reduzieren. Jedoch sollten ethische Bedenken des minimalinvasiven Eingriffs berücksichtigt werden, die mit dem lebenslangen Implantat einhergehen [4]. Um die Wirksamkeit der adaptiven tiefen Hirnstimulation zu überprüfen, bedarf es weiterer Forschung und Optimierung der Stimulationsalgorithmen. Kostenträger können dazu beitragen, die Forschung von digitalen Innovationen wie den intelligenten Hirnschrittmachern zu unterstützen und voranzutreiben, indem Krankenkassen beispielsweise im Rahmen des Digitalen-Versorgungs-Gesetzes gezielt Ideen fördern und sich an auf Gesundheitsinnovationen spezialisierten Wagniskapitalfonds beteiligen [17].

Literatur

1. Deuschl G, Beghi E, Fazekas F, Varga T, Christoforidi KA, Sipido E, et al. The burden of neurological diseases in Europe: an analysis for the Global Burden of Disease Study 2017. The Lancet Public Health. 2020;5(10):e551–e67. https://doi.org/10.1016/S2468-2667(20)30190-0
2. (DGN) DGfN. Die zehn häufigsten neurologischen Erkrankungen 2020. Available from: https://dgn.org/junge-neurologen/neurologie-kennenlernen/die-neurologie/die-zehn-haeufigsten-neurologischen-erkrankungen/.
3. Parastarfeizabadi M, Kouzani AZ. Advances in closed-loop deep brain stimulation devices. Journal of NeuroEngineering and Rehabilitation. 2017;14(1):79. https://doi.org/10.1186/s12984-017-0295-1
4. Lozano AM, Lipsman N, Bergman H, Brown P, Chabardes S, Chang JW, et al. Deep brain stimulation: current challenges and future directions. Nature Reviews Neurology. 2019;15(3):148–60. https://doi.org/10.1038/s41582-018-0128-2

5. Tiefe Hirnstimulation: Stand der Wissenschaft und Perspektiven [press release]. Bonn: Deutsche Forschungsgemeinschaft 2017. https://epflicht.ulb.uni-bonn.de/urn/urn:nbn:de:hbz:5:2-148975

6. Gomez-Inhiesto E, Acaiturri-Ayesta MT, Ustarroz-Aguirre I, Camahuali D, Urtaran-Laresgoiti M, Basabe-Aldecoa M, et al. Direct Cost of Parkinson's Disease: A Real-World Data Study of Second-Line Therapies. Parkinsons Dis. 2020;2020:9106026. https://doi.org/10.1155/2020/9106026

7. Jankovic J. Parkinson's disease: clinical features and diagnosis. Journal of Neurology, Neurosurgery & Psychiatry. 2008;79(4):368. http://dx.doi.org/10.1136/jnnp.2007.131045

8. Temel Y, Leentjens AF, de Bie RM, Chabardes S, Fasano A. Fundamentals and Clinics of Deep Brain Stimulation: An Interdisciplinary Approach: Springer; 2020. https://doi.org/10.1007/978-3-030-36346-8

9. Neumann W-J, Turner RS, Blankertz B, Mitchell T, Kühn AA, Richardson RM. Toward Electrophysiology-Based Intelligent Adaptive Deep Brain Stimulation for Movement Disorders. Neurotherapeutics. 2019;16(1):105–18. https://doi.org/10.1007/s13311-018-00705-0

10. Tass PA. A model of desynchronizing deep brain stimulation with a demand-controlled coordinated reset of neural subpopulations. Biological Cybernetics. 2003;89(2):81–8. https://doi.org/10.1007/s00422-003-0425-7

11. Jülich F. BMBF-Forschungsprojekt DBS SMART gestartet 2012. Available from: https://www.fz-juelich.de/de/aktuelles/news/pressemitteilungen/2012/12-05-07dbs_smart

12. Berlin C-U. Gezielte Hirnstimulation gegen Bewegungsstörungen 2020. Available from: https://www.charite.de/service/pressemitteilung/artikel/detail/gezielte_hirnstimulation_gegen_bewegungsstoerungen/.

13. Walter E, Odin P. Cost-effectiveness of continuous subcutaneous apomorphine in the treatment of Parkinson's disease in the UK and Germany. Journal of Medical Economics. 2015;18(2):155–65. https://doi.org/10.3111/13696998.2014.979937

14. Swann NC, de Hemptinne C, Thompson MC, Miocinovic S, Miller AM, Gilron Re, et al. Adaptive deep brain stimulation for Parkinson's disease using motor cortex sensing. J Neural Eng. 2018;15(4):046006. https://doi.org/10.1088/1741-2552/aabc9b

15. Dams J, Siebert U, Bornschein B, Volkmann J, Deuschl G, Oertel WH, et al. Cost-effectiveness of deep brain stimulation in patients with Parkinson's disease. Movement Disorders. 2013;28(6):763–71. https://doi.org/10.1002/mds.25407

16. Santos Fernando J, Costa Rui M, Tecuapetla F. Stimulation on Demand: Closing the Loop on Deep Brain Stimulation. Neuron. 2011;72(2):197–8. https://doi.org/10.1016/j.neuron.2011.10.004

17. (BMG) BfG. Ärzte sollen Apps verschreiben können. 2020. Available from: https://www.bundesgesundheitsministerium.de/digitale-versorgung-gesetz.html

Smart Glasses in der Anästhesie

Lisa Korte

In der Anästhesie tragen die Fachärzte, auch Narkoseärzte, eine besondere Verantwortung: Ein Teilbereich ist das Monitoring und die Aufrechterhaltung der Homöostase in der perioperativen Phase sowie die Überwachung der Vitalparameter von kritisch kranken oder verletzten Menschen. Dies ist existenziell für die frühzeitige Erkennung von lebensbedrohlichen Komplikationen und die Sicherstellung der Patientensicherheit. Hiermit geht eine einwandfreie Teamarbeit und Kommunikation einher [1]. Weil Oberärzte der Anästhesie im Krankenhaus meist mehrere Assistenzärzte in verschiedenen OP-Sälen gleichzeitig betreuen, können Herausforderungen in der Kommunikation entstehen. Viele Nachfragen lassen sich zwar telefonisch klären. Bei Komplikationen an zwei Orten gleichzeitig kann es jedoch zu Engpässen in der Versorgung kommen und die Patientensicherheit ist gefährdet [2]. Neue Technologien bieten diesbezüglich Lösungspotenzial: Wie können Datenbrillen das Fachgebiet der Anästhesie beeinflussen und welche Vorteile bringen die Geräte den Fachärzten?

Relevanz konsequenter Nachwuchsförderung

Der demografische Wandel geht mit einer alternden Gesellschaft einher. In hohem Alter steigen wiederum die Prävalenz chronischer Krankheiten und in der Folge die Anzahl operativer, komplexer Eingriffe. Anästhesisten sind zunehmend herausgefordert, denn auch das Narkoserisiko wächst [2]. Hinzu kommt das Älterwerden des Gesundheitspersonals.

L. Korte (✉)
Lehrstuhl für Management und Innovation im Gesundheitswesen, Fakultät für Wirtschaft und Gesellschaft, Universität Witten/Herdecke, Witten, Deutschland
E-Mail: lisa.korte@uni-wh.de

S. Bohnet-Joschko, K. Pilgrim (Hrsg.), *Handbuch Digitale Gesundheitswirtschaft*,
https://doi.org/10.1007/978-3-658-41781-9_37

Jeder fünfte Arzt steht unmittelbar vor dem Ruhestand. Zwar ist ein leichter Zuwachs von Ärzten in den letzten Jahren zu verzeichnen. Dieser ist jedoch nicht ausreichend, um den zukünftigen Behandlungsbedarf der Bevölkerung zu decken [3]. In deutschen Krankenhäusern waren im Jahr 2021 in der Anästhesiologie, der die Anästhesie zugehörig ist, insgesamt 19.992 Ärzte tätig, von denen mit 9285 fast die Hälfte über 50 Jahre alt ist. Fast 17 % wird mit über 60 Jahren innerhalb der nächsten Jahre in den Ruhestand gehen. Eine konsequente Nachwuchsförderung ist umso wichtiger, zumal das Berufsbild aufgrund von vergleichsweise vielen Nachtdiensten und geringerer Bezahlung eher unattraktiv ist [3].

Digitale Innovationen können dazu beitragen, die Facharztausbildung attraktiver und abwechslungsreicher zu gestalten [4]. Ein Beispiel für eine vielversprechende Technologie sind Datenbrillen. Diese zeigen dem Träger zusätzliche Informationen an und werden zunehmend in Unternehmen eingesetzt, beispielsweise zur Fernunterstützung und bei Schulungen [5]. Der Wettbewerb steigt, weil sich immer mehr Unternehmen mit Virtual Reality (VR) und Augmented Reality (AR) beschäftigen und hierauf basierende Smart Glasses entwickeln. Ersteres bietet die Wahrnehmung einer vollständig virtuellen Welt, AR ergänzt die Realität. Bis 2026 soll der Absatz von VR- und AR-Brillen weltweit auf 50,64 Mio. Geräte steigen, während es 2021 noch 11,23 Mio. waren [6]. In der gesundheitlichen Versorgung wird der Einsatz ebenso erforscht und erprobt, beispielsweise in der Aus- und Weiterbildung und der Supervision [7].

Augmented Reality verändert medizinischen Arbeitsalltag

Assistenzärzte der Anästhesie werden während der Narkose von Patienten im OP von einem Facharzt unterstützt, welcher die Vitalparameter mehrerer Patienten gleichzeitig in einer Zentrale überwacht [8]. Sobald der Facharzt jedoch in einem OP-Saal gebraucht wird, hat er die Werte der anderen Patienten nicht mehr direkt im Auge, sondern kann nur per Telefon informiert werden. Diese Kommunikationsart kann zu einem Informationsverlust führen, der mit potenziellen Risiken einhergeht [9, 10]. Datenbrillen können das Anästhesie-Monitoring effizienter gestalten und dem Facharzt ein stetiges visuelles Monitoring aller Patienten sowie eine optimierte Koordination ermöglichen. Die Oberärzte haben durch die Brille Daten aller Patienten in ihrem Sichtfeld, ohne überall vor Ort zu sein [9]. Denn diese werden vom Überwachungsmonitor im OP-Saal über eine drahtlose Internetverbindung auf die Brille übertragen [11]. Auch Alarme können so direkt empfangen und eingeordnet werden. Gleichzeitig kann der Supervisor bei AR-Brillen weiterhin sein reales Umfeld wahrnehmen [9].

Bewusstseinssteigerung durch intelligente Brillen

Nicht nur im Rahmen von Supervision, sondern auch in einer konkreten OP-Situation kann eine Datenbrille die Anästhesie unterstützen. Der bequeme und freihändige Zustand des Tragens der Brille ermöglicht den Ärzten einen Zugang zu einer großen Menge verschiedener Informationen sowie den Austausch mit Kollegen. Beispielsweise können Nutzer der Smart Glasses von Google durch integrierte Kameras und Sprachsteuerung Bilder und Videos aufnehmen und verschicken [1]. Das Tragen der Brille kann das Bewusstsein für die OP-Situation steigern, weil die Anästhesisten alle Informationen zu einem Patienten gebündelt vor sich haben und aufmerksamer darauf schauen, als wenn sie zwischen verschiedenen Geräten wechseln müssen. So werden Komplikationen mit einer höheren Wahrscheinlichkeit früher entdeckt, weil Informationsverlusten vorgebeugt und die Patientensicherheit sowie Versorgungsqualität folglich gesteigert werden kann [1, 11].

Weiterentwicklung kann Einsatzchancen steigern

Die Technologie der Smart Glasses ist zwar erprobt, es gibt jedoch noch keine Nutzererfahrungen über einen längeren Einsatzzeitraum im Krankenhausalltag. Eine Studie am Uniklinikum Würzburg (UKW) untersucht dies beispielsweise seit Dezember 2021 [10]. Es fehlen demnach auch flächendeckende Erfahrungen und Daten hinsichtlich Kosten und Finanzierung. Herausforderungen in der Weiterentwicklung der Brillen bestehen darin, maßgeschneiderte Anwendungen zu gestalten, die an die medizinische Umgebung angepasst sind. Es gilt daher, spezielle Software zu entwickeln, die nutzungsfreundlich sind und den Health Professionals eindeutige Vorteile für die Behandlung bringen [12]. Technische Limitationen wie Batterielaufzeiten müssen bearbeitet werden, damit eine sichere Übertragung der Daten gewährleistet werden kann sowie Lösungsalternativen, z. B. bei Internetproblemen, geschaffen werden können [1]. Auch regelmäßige Updates spielen eine wesentliche Rolle [12]. Für Brillenträger ist der Tragekomfort womöglich nicht gegeben, weshalb auch hier maßgeschneiderte Gestaltungsweisen erforderlich sind [13].

Fazit

Datenbrillen ermöglichen für die Anästhesie die Supervision von mehreren Operationen gleichzeitig, sichern durch Zugriff auf umfangreiche verschiedene Informationen das Bewusstsein und die Transparenz für eine OP-Situation und können damit schließlich die Patientensicherheit steigern. Die vernetzte Technologie per Augmented Reality erleichtert die Kommunikation zwischen den Ärzten und ermöglicht parallele Tätigkeiten im realen Umfeld. Für Nachwuchsmediziner kann das Potenzial von Datenbrillen in der Anästhesie ein Anreiz sein, sich für die Weiterbildung in dem Fach zu entscheiden und damit dem Personalmangel entgegenwirken [10]. Bei Erprobungen im Projektkontext bedarf es des Einbezugs der Fachärzte und in der Folge der entsprechenden bedürfnisorientierten Weiterentwicklung der Technologien. Hilfreich können Erfahrungen aus anderen Bereichen wie der Industrie sein. Weiterhin können die verschiedenen medizinischen Anwendungsbereiche von Smart Glasses – z. B. hinsichtlich Ausbildung, Telemedizin, Kommunikation, aber auch bezogen auf verschiedene Sektoren und Akteure – voneinander profitieren.

Literatur

1. Enlöf P, Romare C, Jildenstål P, Ringdal M, Skär L. Smart Glasses for Anesthesia Care: Initial Focus Group Interviews with Specialized Health Care Professionals. J Perianesth Nurs. 2021;36(1):47–53. https://doi.org/10.1016/j.jopan.2020.06.019

2. Czaplik M, Rossaint R, Follmann A. Telemedizin in der Anästhesiologie. In: Marx G, Rossaint R, Marx N, editors. Telemedizin: Grundlagen und praktische Anwendung in stationären und ambulanten Einrichtungen. Berlin, Heidelberg: Springer Berlin Heidelberg; 2021. p. 105–11. https://doi.org/10.1007/978-3-662-60611-7_7

3. Bundesärztekammer. Wenn ein leichter Zuwachs in den Mangel führt 2021. Verfügbar unter: https://www.bundesaerztekammer.de/ueber-uns/aerztestatistik/aerztestatistik-2021/ (Letzter Zugriff am 06.10.2022)

4. Informationsdienst Wissenschaft e.V. -idw-. Digitale Arbeitswelt: Medizinstudierende mit Onlineformat besser vorbereiten 2022. Verfügbar unter: https://nachrichten.idw-online.de/2022/02/17/digitale-arbeitswelt-medizinstudierende-mit-onlineformat-besser-vorbereiten/ (Letzter Zugriff am 06.10.2022)

5. VR Expert. Ein Überblick über alle Datenbrillen (Smart Glasses) im Jahr 2021/22. 2021. Verfügbar unter: https://vr-expert.de/ein-ueberblick-ueber-alle-datenbrillen-smart-glasses-im-jahr-2021-22/ (Letzter Zugriff am 06.10.2022)

6. Statista. Absatz der meistverkauften Virtual-Reality-Brillen weltweit im 4. Quartal 2020. 2020. Verfügbar unter: https://de.statista.com/statistik/daten/studie/718410/umfrage/absatz-der-hersteller-von-virtual-reality-brillen-weltweit/ (Letzter Zugriff am 06.10.2022)

7. Thun L. Virtual- und Augmented Reality in der Medizin: Forbes; 2022. Verfügbar unter: https://www.forbes.at/artikel/virtual-und-augmented-reality-in-der-medizin.html (Letzter Zugriff am 06.10.2022)

8. Romare C, Enlöf P, Anderberg P, Jildenstål P, Sanmartin Berglund J, Skär L. Nurse anesthetists' experiences using smart glasses to monitor patients' vital signs during anesthesia care: A qualitative study. PLoS One. 2021;16(4):e0250122. https://doi.org/10.1371/journal.pone.0250122

9. KU-Gesundheitsmanagement. Studie evaluiert Anästhesie-Monitoring per Datenbrille 2022. Verfügbar unter: https://ku-gesundheitsmanagement.de/2022/03/16/studie-evaluiert-anaesthesie-monitoring-per-datenbrille/ (Letzter Zugriff am 06.10.2022)

10. Universität Würzburg. Anästhesie: Monitoring per Datenbrille 2022. Verfügbar unter: https://www.uni-wuerzburg.de/aktuelles/einblick/single/news/anaesthesie-monitoring-per-datenbrille/ (Letzter Zugriff am 06.10.2022)

11. Liebert CA, Zayed MA, Aalami O, Tran J, Lau JN. Novel Use of Google Glass for Procedural Wireless Vital Sign Monitoring. Surgical Innovation. 2016;23(4):366–73. https://doi.org/10.1177/1553350616630142

12. Mitrasinovic S, Camacho E, Trivedi N, Logan J, Campbell C, Zilinyi R, et al. Clinical and surgical applications of smart glasses. Technol Health Care. 2015;23(4):381–401. https://doi.org/10.3233/thc-150910

13. Iqbal MH, Aydin A, Lowdon A, Ahmed HI, Muir GH, Khan MS, et al. The effectiveness of Google GLASS as a vital signs monitor in surgery: A simulation study. International Journal of Surgery. 2016; 36:293–7. https://doi.org/10.1016/j.ijsu.2016.11.013

Künstliche Neurone in der Epilepsiechirurgie

Laura Melzer

Epilepsie ist eine komplexe, neurologische Erkrankung mit plötzlich auftretenden epileptischen Anfällen. Etwa 0,5–1 % der Bevölkerung sind nach Angaben der Deutschen Gesellschaft für Epileptologie von der Erkrankung betroffen, in Deutschland schätzungsweise zwischen 400.000–800.000 Menschen [1, 2]. Während die meisten Patienten mit Medikamenten behandelt werden können, liegt bei etwa 30 % der Betroffenen eine **Pharmakoresistenz** vor. Bei pharmakoresistenten Patienten mit sogenannten fokalen Epilepsien, bei denen der epileptische Anfall auf eine bestimmte Hirnregion beschränkt ist, kann eine Operation des epileptogenen Areals hilfreich sein [3]. Dafür bedarf es zunächst einer präzisen Übereinstimmung der bildgebenden Verfahren im Rahmen der Diagnostik. Mittels „Neuromorphic Engineering" sollen künstliche Neurone diese Areale präziser identifizieren als Standardverfahren. Wie kann ein neuromorpher Chip die Therapie von Epilepsie verbessern?

Neurochirurgie als Behandlungsoption bei pharmakoresistenter Epilepsie

Obwohl die Neurochirurgie als akzeptierte Behandlungsoption für medikamentenresistente Patienten mit **fokaler Epilepsie** gilt [4], ist sie jedoch eine der am wenigsten eingesetzten Behandlungen in der modernen Medizin aufgrund von Bedenken seitens der Behandler und Ängste seitens der Patienten [5, 6]. Wenn eine fokale Epilepsie nicht medikamentös behandelt werden kann, bedarf es einer präoperativen Diagnostik, um zu

L. Melzer (✉)
Forschungs- und Behandlungszentrum für psychische Gesundheit (FBZ), Fakultät für Psychologie, Ruhr-Universität Bochum, Bochum, Deutschland

S. Bohnet-Joschko, K. Pilgrim (Hrsg.), *Handbuch Digitale Gesundheitswirtschaft*, https://doi.org/10.1007/978-3-658-41781-9_38

entscheiden, ob eine spezifische Gehirnregion operativ entfernt werden soll. Dazu wird die interdisziplinäre Zusammenarbeit von Behandlern im Krankenhaus notwendig, darunter Neurologen, Neurochirurgen, Neuroradiologen und Psychologen. Jedoch sind auch hier die Überweisungsraten der Behandler konstant gering. Nur 43 % von 185 pharmakoresistenten Patienten erhielten in einer deutschen Studie des Epilepsie-Zentrums Berlin-Brandenburg eine Überweisung zur Operation [7]. Hauptgrund dafür war die subjektive Einschätzung einer zu geringen Anfallsfrequenz. Darüber hinaus sind die notwendigen prächirurgischen Untersuchungen kostspielig, mit einem hohen Zeitaufwand verbunden und komplex [8]. Jedoch wird die Epilepsiechirurgie im Vergleich zur medikamentösen Behandlung innerhalb von drei Jahren kosteneffektiv und weist langfristig mehr Wirksamkeit auf, wie eine internationale Studie belegt [9].

Neuromorphic Engineering kann Diagnose und Outcome verbessern

Die Wahrscheinlichkeit, dass ein epilepsiechirurgischer Eingriff zu einer Anfallsfreiheit führt, ist umso höher, je genauer das epileptogene Hirnareal lokalisiert wird. Dafür bedarf es einer präzisen Übereinstimmung der bildgebenden Verfahren im Rahmen der Diagnostik [10]. Als vielversprechende Biomarker für das Hirnareal, das die epileptischen Anfälle verursacht, gelten die sogenannten Hochfrequenz-Oszillationen (HFO), die mittels intrakranieller Elektroenzephalographie (iEEG) aufgezeichnet werden können [11]. Jedoch können durch Elektrodenbewegungen, Muskelzittern und die Hauptstromversorgung verrauschte EEG-Signale entstehen, die die Lokalisation von epileptogenen Arealen erschweren [8, 12]. Hier können moderne Technologien zur Verbesserung von Diagnose und Outcome beitragen. Um die Lokalisation zu präzisieren, entwickeln aktuell Zürcher Forscher ein kompaktes, stromsparendes Gerät aus künstlichen Nervenzellen [11].

Erste Use Cases von neuromorphen Chips zeigen Erfolge

Nach dem Ansatz des „Neuromorphic Engineering" soll ein auf neuromorpher Technologie basierender Chip die Hochfrequenz-Oszillationen als Biomarker erkennen. Ermöglicht wird die HFO-Erkennung durch einen Algorithmus, der dem natürlichen neuronalen Netzwerk im Gehirn ähnelt, auch Spiking Neural Network (SNN) genannt [11]. Auf Basis der SNN haben Experten des australischen Medizintechnikunternehmens BrainChip den KI-Chip Akida™ auf den Markt gebracht, der aktuell in der Automobilindustrie und in der Cybersicherheit angewendet wird. Auch in Europa wird im Rahmen des EU-finanzierten Projektes TEMPO mit 19 Partnern an der Technologie und Hardware für Neuromorphe Computing geforscht, um energieeffiziente Chips zu entwickeln. Im Gegensatz zu herkömmlichen Computern funktioniert die innovative Technologie enorm stromsparend. Berechnungen sind mit einer hohen Zeitauflösung ohne Internet oder Cloud-Computing möglich.

Weiterer Forschungsbedarf zu künstlichen Neuronen

Um bei medikamentenresistenten Patienten eine präzisere Diagnose zu stellen, könnte ein neuromorpher Chip als zusätzliche Methode verwendet werden. Jedoch bedarf es weiterer Forschung, die auf den Ergebnissen der Zürcher Entwicklung aufbaut. Im klinischen Alltag soll der neuromorphe Chip zukünftig Health Professionals ermöglichen, anhand der erkannten Biosignale in Echtzeit objektivere Entscheidungen zu treffen. Nicht nur für die Verbesserung von neurochirurgischen Eingriffen stellen die künstlichen Neurone einen Vorteil dar. Zukünftig könnten implantierbare oder tragbare Chips als Epilepsie-Überwachungsgerät im Alltag der Patienten eingesetzt werden, um personalisierte Medizin zu ermöglichen [11].

Literatur

1. Pfäfflin M, Stefan H, May TW. Wie viele Patienten mit Epilepsie gibt es in Deutschland, und wer behandelt sie? Zeitschrift für Epileptologie. 2020;33(3):218–25. https://doi.org/10.1007/s10309-020-00334-8
2. Epilepsien in Zahlen [press release]. Berlin2016. http://www.izepilepsie.de/home/showdoc,id,387,aid,217.html
3. Schulze-Bonhage A, Zentner J. Prächirurgische Epilepsiediagnostik und operative Epilepsietherapie. Dtsch Arztebl Int. 2014;111:313–9. https://doi.org/10.3238/arztebl.2014.0313
4. Lamberink HJ, Otte WM, Blümcke I, Braun KPJ, Aichholzer M, Amorim I, et al. Seizure outcome and use of antiepileptic drugs after epilepsy surgery according to histopathological diagnosis: a retrospective multicentre cohort study. The Lancet Neurology. 2020;19(9):748–57. https://doi.org/10.1016/S1474-4422(20)30220-9
5. Seeck M. Chronische Epilepsie: Operation für wen, wann und wie? Dtsch Arztebl International.112(49):4. https://doi.org/10.3238/PersNeuro.2015.12.04.01
6. Strzelczyk A, Bergmann A, Biermann V, Braune S, Dieterle L, Forth B, et al. Neurologist adherence to clinical practice guidelines and costs in patients with newly diagnosed and chronic epilepsy in Germany. Epilepsy & Behavior. 2016;64:75–82. https://doi.org/10.1016/j.yebeh.2016.07.037
7. Steinbrenner M, Kowski AB, Holtkamp M. Referral to evaluation for epilepsy surgery: Reluctance by epileptologists and patients. Epilepsia. 2019;60(2):211–9. https://doi.org/10.1111/epi.14641
8. Solli E, Colwell NA, Say I, Houston R, Johal AS, Pak J, et al. Deciphering the surgical treatment gap for drug-resistant epilepsy (DRE): A literature review. Epilepsia. 2020;61(7):1352–64. https://doi.org/10.1111/epi.16572
9. Sheikh SR, Kattan MW, Steinmetz M, Singer ME, Udeh BL, Jehi L. Cost-effectiveness of surgery for drug-resistant temporal lobe epilepsy in the US. Neurology. 2020;95(10):e1404. https://doi.org/10.1212/WNL.0000000000010185
10. Kurian M, Spinelli L, Delavelle J, Willi JP, Velazquez M, Chaves V, et al. Multimodality imaging for focus localization in pediatric pharmacoresistant epilepsy. Epileptic Disord. 2007;9(1):20–31. https://doi.org/10.1684/epd.2007.0070
11. Sharifshazileh M, Burelo K, Sarnthein J, Indiveri G. An electronic neuromorphic system for real-time detection of high frequency oscillations (HFO) in intracranial EEG. Nature Communications. 2021;12(1):3095. https://doi.org/10.1038/s41467-021-23342-2
12. Shoeibi A, Khodatars M, Ghassemi N, Jafari M, Moridian P, Alizadehsani R, et al. Epileptic Seizures Detection Using Deep Learning Techniques: A Review. International Journal of Environmental Research and Public Health. 2021;18(11). https://doi.org/10.3390/ijerph18115780

Mikrochips für die Glaukomtherapie

Thea Kreyenschulte

Glaukom, auch als grüner Star bekannt, ist eine Augenerkrankung, die progressiv das gesamte Sichtfeld Betroffener einschränkt. Dabei wird der Sehnerv durch zu hohen Augeninnendruck irreversibel geschädigt [1]. Damit ist der grüne Star weltweit die Hauptursache für visuelle Beeinträchtigung und Erblindung [2]. Etwa zwei von hundert Menschen über 40 Jahren haben ein Glaukom. Patienten werden in der Ausführung alltäglicher Tätigkeiten eingeschränkt und sind dauerhaft auf Unterstützung angewiesen [3].

Eine individuelle personalisierte Therapie wird aktuell in regelmäßiger Behandlung durch Fachärzte umgesetzt. Der persönliche Arzt-Patient-Kontakt dient der Evaluation medizinischer Maßnahmen zur Senkung des Augeninnendrucks, um gesundheitsschädliche Komplikationen auch in vorangeschrittenen Erkrankungsstadien zu vermeiden [4, 5]. Eine Ergänzung dieser könnte der Einsatz neuester Technologie darstellen. Wie kann die ambulante Versorgung des grünen Stars durch Implantate präzisiert werden?

Herkömmliche Therapiemethoden könnten ergänzt werden

Mit rund 90 % macht das Weitwinkelglaukom die häufigste Form des Glaukoms aus. Regelmäßig therapiert lässt sich der Sehverlust verzögern [6]. Glaukome werden jedoch in frühen Stadien häufig nicht erkannt und führen nach Diagnose in späteren Verläufen zu einem höheren Erblindungsrisiko sowie erhöhten Therapiekosten [7]. Da insbesondere das Weitwinkelglaukom langsam voranschreitet, sieht die ambulante Versorgung Erkrankter

T. Kreyenschulte (✉)
Lehrstuhl für Management und Innovation im Gesundheitswesen, Fakultät für Wirtschaft und Gesellschaft, Universität Witten/Herdecke, Witten, Deutschland
E-Mail: thea.kreyenschulte@uni-wh.de

S. Bohnet-Joschko, K. Pilgrim (Hrsg.), *Handbuch Digitale Gesundheitswirtschaft*,
https://doi.org/10.1007/978-3-658-41781-9_39

185

eine stetige Kontrolle des Augeninnendrucks sowie eine medikamentöse Therapie vor. Mehrmals jährlich werden Werte kontrolliert und die Therapieadhärenz durch Kontakte mit dem Fachpersonal aufrechterhalten [3]. Rund 6500 ambulant tätige Augenärzte [8] (Stand 2020) versorgen deutschlandweit ca. 920.000 betroffene Glaukom-Patienten [9].

Neben operativen Maßnahmen ist die effektivste Therapieform zur Senkung des Augeninnendrucks und somit dem wichtigsten Risikofaktor, die Gabe von Augentropfen. Diese sollen den Druck auf den Sehnerv regulieren [4]. So wird Kammerwasser, welches auf den Sehnerv drückt, medikamentös reduziert oder dessen Abfluss erhöht [3]. Weitere Versuche, den Augeninnendruck zu senken und somit ein irreversibles Glaukom zu verzögern, stellen Laserbehandlungen oder Injektionen dar. Diese Methoden sind jedoch aufwendiger und letztlich auf Dauer allein nicht erfolgreich, da trotzdem weiterhin Augentropfen zum Einsatz kommen [1].

Implantierter Mikrochip übernimmt kontinuierliche Messungen

Eine innovative und gleichzeitig minimalinvasivere Therapieform im Vergleich zum Lasereinsatz ist ein Implantat in Form eines Mikrochips. Dieser wird zur Augeninnendruckmessung in das menschliche Auge eingesetzt. Die Therapie kann mit wenig Material durchgeführt werden. Der Chip ist nur wenige Millimeter groß und wird in einen Silikonring eingefasst, welcher wiederum mitsamt einer Kunstlinse implantiert werden kann [10].

Der in das Auge implantierte Chip soll die klassische Methode zur Behandlung und Verlangsamung des Fortschreitens des grünen Star unterstützen. Durch den dauerhaft im Auge verbleibenden Chip werden rund um die Uhr Gesundheitsdaten gemessen. Diese geben genauen Aufschluss über den Augeninnendruck und können so die Therapie präzisieren. Es wird eine kontaktlose Messung möglich, welche gleichzeitig Daten ausliest und direkt an eine sichere Datenbank übermittelt, welche mit einer CE-zertifizierten eAkte kompatibel ist [11]. Patienten führen die Messungen eigenständig durch und halten dazu ein Messgerät an ihr Auge. Dieses versorgt den Chip gleichzeitig mit Strom. Eine telemedizinische Übermittlung der Daten an Versorger ist anschließend einfach möglich [10].

Anhand des Monitorings über den Mikrochip können engmaschige Rücksprachen mit Fachärzten für alle Beteiligten zeitsparender gestaltet und persönliche Kontrolltermine reduziert werden. Das Verständnis für die Erkrankung wird gleichzeitig verbessert, indem dauerhaft Daten gesammelt und ausgewertet werden [12]. Eventuelle Korrekturen am Therapieplan können auf Basis der Daten zeitnah und unkompliziert vorgenommen werden [10], insbesondere mit Einsatz weiterer digitaler Anwendungen wie eAkte und eRezept. Letztlich wird die Adhärenz potenziell gesteigert, wodurch weniger Medikamentenwechsel oder Herausforderungen medikamentöser Therapie auftreten [3, 5].

Zukunft verspricht noch deutlich funktionalere digitale Methoden

Aktuell laufen bereits Studien zu weitaus funktionaleren Alternativen wie z. B. Organchips, die Funktionen biologischer Organe imitieren und übernehmen. Diese können beispielsweise Retina, Hornhaut oder Linse unterstützen [12]. Vorteile der Mikrochips zum Monitoring des Augeninnendrucks gegenüber diesen höchst innovativen Methoden müssten daher weiter herausgestellt werden. Das Implantat in Form eines Mikrochips ist außerdem – wenn auch minimalinvasiv – operativ eingesetzt und ersetzt nicht die weitere medikamentöse Therapie.

Praktikabilität muss weiter ergründet werden

Im Zuge der Einschätzung, wie die ambulante Versorgung eines Glaukoms anhand eines Mikrochips präzisiert werden kann, sind weitere Daten und Veröffentlichungen zur Methode notwendig, insbesondere um einen Eindruck über Praktikabilität und mögliche Adhärenz zu erhalten. Nur dann kann entschieden werden, ob ein minimalinvasiver Eingriff zum Einsatz des Implantats gerechtfertigt ist.

Sollte ein Mikrochip in der ambulanten Versorgung zur Anwendung kommen, muss Fachpersonal ebenso wie betroffene Patienten geschult werden, um eigenständig mit Informationen des implantierten Chips umzugehen. Darüber hinaus müssen Workflows angepasst werden, um weiterhin effektiv ambulant zu betreuen. Hierzu zählt die Umsetzung telemedizinischer Beratung und Behandlung, genau wie der Umgang mit digital erhobenen Daten in ebenso digitalen Anwendungen wie Akten oder Plattformen.

Fazit

Die ambulante Behandlung von Glaukom-Patienten kann durch den minimalinvasiven Einsatz von Mikrochips potenziell präzisiert werden, während gleichzeitig Behandlungspläne und Facharztkonsultationen entzerrt würden. Voraussetzung ist jedoch eine ausreichende Evaluierung der Maßnahme, ebenso wie der Daten, die durch sie generiert werden.

Literatur

1. Nafian F, Kamali Doust Azad B, Yazdani S, Rasaee MJ, Daftarian N. A lab-on-a-chip model of glaucoma. Brain Behav. 2020;10(10):e01799. https://doi.org/10.1002/brb3.1799
2. Wu J, Mak HK, Chan YK, Lin C, Kong C, Leung CKS, et al. An in vitro pressure model towards studying the response of primary retinal ganglion cells to elevated hydrostatic pressures. Sci Rep. 2019;9(1):9057. https://doi.org/10.1038/s41598-019-45510-7

3. Institut für Qualität und Wirtschaftlichkeit im Gesundheitswesen. Grüner Star (Glaukom) 2019. Verfügbar unter: https://www.gesundheitsinformation.de/gruener-star-glaukom.html (Letzter Zugriff am: 17.10.2022)

4. Schuster AK, Erb C, Hoffmann EM, Dietlein T, Pfeiffer N. The Diagnosis and Treatment of Glaucoma. Dtsch Arztebl Int. 2020;117(13):225–34. Verfügbar unter: https://www.aerzteblatt. de/int/archive/article/213268 (Letzter Zugriff am: 17.10.2022)

5. Dennyson Savariraj A, Salih A, Alam F, Elsherif M, AlQattan B, Khan AA, et al. Ophthalmic Sensors and Drug Delivery. ACS Sens. 2021;6(6):2046–76. https://doi.org/10.1021/acssensors.1c00370

6. Bundesministerium für Gesundheit. Glaukom 2020. Verfügbar unter: https://gesund.bund.de/glaukom (Letzter Zugriff am: 17.10.2022)

7. Deutsche Ophtalmologische Gesellschaft. Stellungnahme der DOG zur Glaukomfrüherkennung. 2015. Verfügbar unter: https://www.dog.org/wp-content/uploads/2015/11/SN-Glaukom-August-2015.pdf (Letzter Zugriff am: 17.10.2022)

8. Kassenärztliche Bundesvereinigung. Gesundheitsdaten 2022. Verfügbar unter: https://gesund-heitsdaten.kbv.de/cms/html/17077.php (Letzter Zugriff am: 17.10.2022)

9. Allgemeiner Blinden- und Sehbehindertenverein Berlin. Augenerkrankungen 2020. Verfügbar unter: https://www.absv.de/augenerkrankungen (Letzter Zugriff am: 17.10.2022)

10. von Rekowski E. Neuer Chip für präzise Augeninnendruck-Messung 2021. Verfügbar unter: https://mednic.de/neuer-chip-fuer-praezise-augeninnendruck-messung/17185 (Letzter Zugriff am: 17.10.2022)

11. Choritz L, Hoffmann M, Thieme H. Telemedical applications in ophthalmology in times of COVID-19. Ophthalmologe. 2021;118(9):885–92. https://doi.org/10.1007/s00347-021-01470-w

12. Manafi N, Shokri F, Achberger K, Hirayama M, Mohammadi MH, Noorizadeh F, et al. Organoids and organ chips in ophthalmology. Ocul Surf. 2021;19:1–15. https://doi.org/10.1016/j.jtos.2020.11.004

Teil VII

Rehabilitation

Robotik: Einsatzmöglichkeiten in der Rehabilitation

Thea Kreyenschulte

Nach einem Schlaganfall spielt das Durchhaltevermögen und Engagement der Betroffenen eine entscheidende Rolle im Rehabilitationsprozess und der Wiederherstellung möglicher Bewegungsabläufe [1]. Infolge eines Schlaganfalls treten Schäden und somit Einschränkungen kognitiver Fähigkeiten auf. Betroffene leiden auf verschiedenste Weise unter diesen Folgen – mentale, psychische und insbesondere motorische Probleme seien hier nur beispielhaft genannt. Robotische Anwendungen können als Begleiter und Assistenz dienen und somit den Weg zur Wiedererlangung der Mobilität von Patienten begleiten [2]. Dem Robotikbereich wird, besonders im Gesundheitswesen, ein großes Marktpotenzial zugesprochen: in 2021 sollte der Umsatz rund 4,5 Mrd. USD erreichen; 2016 lag er bei etwa 0,9 Mrd. USD [3].

Speziell Therapieroboter werden außerhalb des industriellen Settings als assistierende Stand-Alone-Technologie definiert, die für Laien zum Einsatz kommt und nützliche Aufgaben für sie übernimmt [4]. Dies kann unter anderem eine Assistenz bei rehabilitativen Tätigkeiten bedeuten [5], die nach einem Schlaganfall für längere Zeit zur Förderung und Wiederherstellung der Gesundheit notwendig werden. Wie können Therapieroboter Patienten mit Mobilitätseinschränkungen und ihre Versorger in der stationären Rehabilitation unterstützen?

T. Kreyenschulte (✉)
Lehrstuhl für Management und Innovation im Gesundheitswesen, Fakultät für Wirtschaft und Gesellschaft, Universität Witten/Herdecke, Witten, Deutschland
E-Mail: thea.kreyenschulte@uni-wh.de

Vom Exoskelett zum Therapieroboter

Anknüpfend an den Einsatz von Exoskeletten als therapeutische Roboter in der Rehabilitation und somit der stationären, intensiven Physiotherapie, können Therapieroboter bei Patienten mit Mobilitätseinschränkungen zum Einsatz kommen. Die Selbstständigkeit von Patienten in der Wiederherstellung des Ganges kann durch den Einsatz eines Roboters nachhaltig gefördert werden. Dies trägt nicht nur zu vermindertem Personaleinsatz direkt am Patienten, sondern auch zur Steigerung der Selbstwirksamkeit im Rehabilitationsprozess bei – ein Beispiel hierfür ist ROREAS, ein Therapieroboter, welcher Schlaganfallpatienten bei der Wiedererlangung der Gangsicherheit begleitet [1, 6].

Assistenz steigert Selbstwirksamkeit

Anwendbar werden Roboter im stationären Rehabilitationskontext besonders im Übergang zur eigenständigen Physiotherapie. An diesem Punkt wird besonders bei Schlaganfallpatienten das Wiedererlernen von Bewegungsmustern, kognitiven Fähigkeiten und Orientierung gefördert [2, 4]. Therapieroboter können hier als interaktive Begleiter ansetzen. Sie folgen den Patienten und ermöglichen somit das Üben von Gangmustern und Orientierung. Dabei helfen programmierte Muster-, Bewegungs- und Gesichtserkennung [1, 6]. Der Therapieroboter ROREAS, welcher von Gross et al. entwickelt wurde, ist etwa 1,50 m groß, hält Displays zur Interaktion bereit und führt Scanner, Sensoren sowie Kameras, die im nachgebildeten Kopfbereich menschlichen Augen ähneln [1, 6]. Durch die Präsenz des Roboters kann die Übungsmotivation und somit die Selbstständigkeit der Patienten gesteigert werden. Durch Assistenz und die Möglichkeit der direkten Patient-Roboter-Interaktion werden gleichzeitig Ängste, allein mobil zu sein, und somit Rückzug und mögliche Depressionen gesenkt [1]. Medizinisches Personal kann währenddessen Ressourcen umverteilen, welche normalerweise für die Begleitung unsicherer Patienten gebunden wären. Während des Trainingsprozesses bleiben Pflegekräfte aufgrund der Datensammlung über die Sensoren des Roboters trotzdem zu Patientenbelangen informiert [1, 6].

Mithilfe des Robotereinsatzes kann im besten Fall eine schnellere Entlassung aus Rehabilitationseinrichtungen erfolgen, da aufgrund erlangter Gang- und Orientierungssicherheiten eine ambulante Weiterbehandlung ausreicht. Ein weiterer Vorteil könnte die längerfristige Aufzeichnung der Fortschritte sein, sodass Therapien schneller und passender individuell adaptiert werden können. Darüber hinaus gibt das stetige Üben in Gesellschaft den Schlaganfallpatienten die benötigte Sicherheit, welche sie zurück in der Häuslichkeit für sich nutzen können.

Nutzerakzeptanz ist zentral

Trotz aller Potenziale sind Technologien in der praktischen Umsetzung über Pilotprojekte hinaus noch die Seltenheit. Viele Aspekte der innovativen Technologie beeinflussen die Marktdurchdringung, ein wesentlicher Teil ist jedoch stets die Akzeptanz. Im Robotikdesign wurde technischer Machbarkeit bisher oftmals der Vorrang vor Bedarfen der Zielgruppe gewährt [7].

Darüber hinaus müssen Roboter vor ihrem Einsatz eine ausreichende Sicherheit besonders in Navigation und Gesichts- bzw. Personenerkennung erreichen [2]. Schlaganfallpatienten in Rehabilitation sind aufgrund der Schwere möglicher Folgeschäden eine vulnerable Gruppe – sollten eingesetzte Roboter Umsetzungsschwierigkeiten aufweisen, muss ersatzweise Hilfe anzufordern sein. Darüber hinaus sind Anschaffungs- und eventuelle Wartungskosten sowie die Nachhaltigkeit von Therapierobotern zu prüfen. Da es sich derzeit in der Rehabilitation meist noch um Prototypen handelt, sind die genannten Aspekte nicht vollständig zu beziffern [1].

Bottom-Up-Design für Anwendungssicherheit

Im Zuge des aktuell spürbaren Schubes digitaler Anwendungen und Szenarien in der Gesundheitsversorgung sollten Potenziale von Therapierobotern jetzt geprüft und die Technologie vermehrt angewendet werden. Da keine direkten medizinischen, sondern Betreuungs- und Assistenzleistungen erbracht werden, ist das Umsetzungspotenzial vergleichsweise hoch.

Roboter sind häufig nur in der Lage, ein ausgewähltes Set an Aufgaben zu übernehmen. Daher muss es für spezifische Zielgruppen auch spezielle Lösungen geben – hier passt nicht ein robotisches Servicesystem für alle [7]. Daher bedarf die Weiterentwicklung der vielversprechenden Technologie stets der Zusammenarbeit mit Patienten sowie medizinischem und Pflegepersonal. Dieses kennt typische Verläufe, Herausforderungen und auch Potenziale in der Rehabilitation von Schlaganfallpatienten und kann somit einen bedeutenden Beitrag zur Optimierung und schlussendlichen Anwendung von Therapierobotern leisten [1, 2, 6]. Auch beim Design ist ein Bottom-Up-Ansatz zu beachten, der Nutzerwünsche berücksichtigt, um die Akzeptanz zu steigern. Dieser beinhaltet eine interdisziplinäre Sichtweise, mit Einschluss auch nichtmedizinischer Professionen wie Soziologen oder Sozialwissenschaftlern [2, 4].

Fazit

Assistenztechnologien, wie sie in Therapierobotern zu finden sind, haben Potenzial, die Fähigkeiten und Fertigkeiten mobil eingeschränkter Personen zu erhalten oder zu verbessern. Training im individuellen Tempo wird möglich, die Motivation und das Vertrauen gestärkt. Gleichzeitig können Personaleinsätze entzerrt und so Ressourcen potenziell umverteilt werden.

Literatur

1. Gross H, Meyer S, Scheidig A, Eisenbach M, Müller S, Trinh T, et al. Mobile robot companion for walking training of stroke patients in clinical post-stroke rehabilitation. Proc IEEE International Conference on Robotics and Automation (ICRA). 2017:1028–35. Verfügbar unter: https://www.tu-ilmenau.de/fileadmin/media/neurob/publications/conferences_int/2017/Gross-ICRA-2017.pdf (Letzter Zugriff am: 17.10.2022)
2. Gerling K, Hebesberger D, Dondrup C, Kortner T, Hanheide M. Robot deployment in long-term care : Case study on using a mobile robot to support physiotherapy. Z Gerontol Geriatr. 2016;49(4):288–97. https://doi.org/10.1007/s00391-016-1065-6.
3. Hecker D, Döbel I, Petersen U, Rauschert A, Schmitz V, Voss A. Zukunftsmarkt Künstliche Intelligenz. Potenziale und Anwendungen. 2017. Verfügbar unter: https://www.bigdata-ai.fraunhofer.de/content/dam/bigdata/de/documents/Publikationen/KI-Studie_Ansicht_201712.pdf (Letzter Zugriff am: 17.10.2022)
4. McGinn C, Cullinan MF, Culleton M, Kelly K. A human-oriented framework for developing assistive service robots. Disability and Rehabilitation: Assistive Technology. 2017;13(3):293–304. https://doi.org/10.1080/17483107.2017.1328616
5. Bendel O. Roboter im Gesundheitsbereich. Pflegeroboter2018. p. 195–212. Verfügbar unter: https://link.springer.com/chapter/10.1007/978-3-658-22698-5_11 (Letzter Zugriff am: 17.10.2022)
6. Gross H, Scheidig A, Debes K, Einhorn E, Eisenbach M, Müller S, et al. REOREAS: robot coach for walking and orientation training in clinical post-stroke rehabilitation – prototype implementation and evaluation in field trials. Autonomous Robots. 2017;4(3):679–98. Verfügbar unter: https://link.springer.com/content/pdf/10.1007/s10514-016-9552-6.pdf (Letzter Zugriff am: 17.10.2022)
7. Bedaf S, Marti P, Amirabdollahian F, de Witte L. A multi-perspective evaluation of a service robot for seniors: the voice of different stakeholders. Disabil Rehabil Assist Technol. 2018;13(6):592–9. https://doi.org/10.1080/17483107.2017.1358300.

Gehirn-Computer-Schnittstellen: Potenziale für die rehabilitative Gesundheitsversorgung

Lisa Korte

Robotische Systeme sind nicht mehr nur Teil ferner Zukunft. Für die gesundheitliche Versorgung bieten sie großes Potenzial. Speziell in der Rehabilitation geht die Forschung sogar einen Schritt weiter: Derzeit sind Systeme in der Entwicklung, die per Gedanken von körperlich beeinträchtigten oder gelähmten Menschen gesteuert werden – mithilfe von Brain-Computer-Interfaces (BCI) [1]. Die Wissenschaft beschäftigt sich zunehmend mit solchen Schnittstellen: Welchen Status quo zeigt die Medizintechnik hinsichtlich BCI und welche Perspektiven ergeben sich für die rehabilitative Gesundheitsversorgung?

Entwicklung von BCI

Durch BCI kann eine Kommunikation zwischen dem menschlichen Gehirn und einem Computer erfolgen, gewissermaßen können Gedanken Bewegungen steuern [2]. Basis hierfür ist, dass die gedankliche Vorstellung der Bewegung eines Körperteils die Hirnaktivität verändert. Durch die Messung der Veränderungen und deren Umwandlung in Steuersignale kann z. B. ein Roboterarm bewegt werden [3]. Nichtinvasiv werden die Gehirnströme per Elektroenzephalografie (EEG) durch Elektroden auf der Kopfhaut gemessen, invasiv durch eine direkte Verknüpfung eines Implantats z. B. mit dem bewegungssteuernden Motorkortex im Gehirn [4]. BCI erleben seit den 1970er-Jahren insbesondere Fortschritte in der Materialforschung [4]. Aktuell untersuchen Forscher sowohl im

L. Korte (✉)
Lehrstuhl für Management und Innovation im Gesundheitswesen, Fakultät für Wirtschaft und Gesellschaft, Universität Witten/Herdecke, Witten, Deutschland
E-Mail: lisa.korte@uni-wh.de

195
S. Bohnet-Joschko, K. Pilgrim (Hrsg.), *Handbuch Digitale Gesundheitswirtschaft*,
https://doi.org/10.1007/978-3-658-41781-9_41

universitären Kontext als auch außerhalb der Wissenschaft durch zahlreiche Projekte den BCI-Kontext intensiver [5–8].

Durchbrüche für die Medizin!?

Erste Bewegungsfortschritte konnten französische Forscher bei einem querschnittsgelähmten Patienten erzielen: Über zwei Jahre zeichneten sie seine Hirnströme durch zwei kabellose, auf seinem Gehirn implantierte Geräte auf. Durch intensives Training konnte er Arme und Beine eingeschnallt in einem Exoskelett leicht bewegen [9]. Mit seiner Firma Neuralink und einem internationalen Expertenteam verfolgt zudem Elon Musk die Entwicklung verschiedener Anwendungen im BCI-Bereich [10]. Im Gegensatz zu herkömmlichen kabelbasierten Implantaten mit rund 100 Elektroden ist das Implantat Link V0.9 von Neuralink so groß wie eine Centmünze und besitzt bis zu 1024 Elektroden. Die Bluetooth-basierte Datenübertragung ist daher viel präziser und senkt das Infektionsrisiko beim Patienten, da keine Kabel aus dem offenen Schädel heraushängen [4, 10]. Der Markt für BCI bietet hohe Entwicklungs- und Wettbewerbsmöglichkeiten für die medizintechnische Branche: Musk investiert ein Millionenbudget in Neuralink; auch andere Start-Ups wie Paradromics investieren in die nächste BCI-Generation. Ziel sind kleinere, leistungsfähigere und weniger invasive BCI [1, 4]. Forscher der Carnegie-Mellon-Universität und der Universität von Minnesota erzielten mithilfe eines nicht invasiven BCI die Steuerung eines Roboterarms per Gedanken: Der Arm kann durch die erhebliche Verbesserung der EEG-basierten neuronalen Dekodierung fließend einen Computercursor verfolgen [11].

Potenziale vs. fehlende Alltagstauglichkeit

Mit seinen 1,6 Mio. Patienten in den 1103 Einrichtungen kann vor allem der Rehabilitationsbereich von BCI profitieren [12]. Sie bieten innovative Versorgungs- und Betreuungsmöglichkeiten für gelähmte und bewegungsgestörte Patienten [7]. Krankheiten des Muskel-Skelett-Systems und des Bindegewebes machen mit einer Zahl von 456.345 Diagnosen fast einen Drittel aller 1.354.729 Diagnosen in Vorsorge- und Rehabilitationseinrichtungen aus [13]. In ferner Zukunft könnten BCI die Arbeit der fast 100.000 Beschäftigten auf ein neues Level bringen und Entlastung bieten, zumal die Kommunikation erleichtert wird, wenn BCI beispielsweise bei Sprachlähmungen nach einem Schlaganfall eingesetzt werden [14]. Der Rehabilitationsmarkt umfasst diverse chronische Krankheiten, die zunehmend häufiger auftreten. Zeitgleich entwickeln sich die Technologien, die derzeit noch ausbaufähig sind. Es bedarf umfassender Kenntnisse auf Seiten des Personals hinsichtlich Installation und Anwendung. Problematisch sind darüber hinaus die noch nicht einzuschätzenden Kosten und die möglichen Risiken für Probanden, da noch keine hundertprozentige Sicherheit und Präzision garantiert ist [2, 11, 15].

BCI sind Gegenwart und Zukunft

BCI sind derzeit überwiegend Forschungsgegenstand. Bis zur sicheren Nutzung in der Medizin oder sogar im Alltag wird noch etwas Zeit vergehen, die Perspektiven sind aber vielversprechend [8]. Die Technologie kann womöglich umfangreich bei der Bewältigung alltäglicher Aufgaben genutzt werden, vor allem in der Rehabilitation körperlich beeinträchtigter Personen [6, 7], aber auch bei Sprachverlust nach einem Schlaganfall. Das Fachpersonal erfährt neue Arbeitsmöglichkeiten und Unterstützung in der Behandlung – speziell relevant im Rehabilitationskontext mit einer zeitintensiven Betreuungsdauer von mindestens drei Wochen. Allerdings ist der BCI-Einsatz auch mit Risiken, Kosten und der Voraussetzung umfassender Kenntnisse verbunden [11]. Investitionen in die BCI-Forschung sind daher von hoher Relevanz. Der Markt, der sich für die Medizintechnik und zukünftige Start-ups ergibt, ist groß. Die technische Weiterentwicklung von BCI kann beispielsweise durch die Einbindung von Machine Learning gefördert werden [8]. Health Professionals brauchen Weiterbildungsmöglichkeiten, damit das Gesundheitspersonal der neuen Verantwortung gerecht werden kann. Es sind schließlich neue und intensivere Kooperationen zwischen technischen und medizinischen Experten notwendig.

Literatur

1. Science Media Center Germany gGmbH. Brain-Machine-Interfaces – Gehirn und Maschine verknüpft 2019. Verfügbar unter: https://www.sciencemediacenter.de/alle-angebote/fact-sheet/details/news/brain-machine-interfaces-gehirn-und-maschine-verknuepft/ (Letzter Zugriff am 17.10.2022)
2. Choi J-r, Kim S-M, Ryu R-H, Kim S-P, Sohn J-w. Implantable neural probes for brain-machine interfaces – current developments and future prospects. Experimental neurobiology. 2018;27(6):453. https://doi.org/10.5607/en.2018.27.6.453
3. Heuer. Brain-Computer-Interfaces. Fraunhofer INT; 2015. Verfügbar unter: https://www.int.fraunhofer.de/de/geschaeftsfelder/corporate-technology-foresight/Brain-Computer-Interfaces.html (Letzter Zugriff am 17.10.2022)
4. Kühl E. Brain Computer Interfaces: Ein Neuralink für deine Gedanken: Spektrum.de; 2020. Verfügbar unter: https://www.spektrum.de/news/was-kann-das-gehirn-implantat-von-neuralink-das-andere-nicht-koennen/1765066 (Letzter Zugriff am 17.10.2022)
5. Bundeministerium für Bildung und Forschung. Forschung fördern. Verbund 2020. Verfügbar unter: https://www.gesundheitsforschung-bmbf.de/de/interfaces-internationales-forschungsprojekt-zu-ethischen-rechtlichen-und-sozialen-aspekten-5505.php (Letzter Zugriff am 17.10.2022)
6. Khan TA, Alam M, Kadir KA, Khan S, Mazliham MS, Shaikh FA, et al. An Implementation of Electroencephalogram Signals Acquisition to Control Manipulator through Brain Computer Interface. 2019 IEEE International Conference on Innovative Research and Development (ICIRD). 2019:1–6. Verfügbar unter: https://ieeexplore.ieee.org/document/9074722 (Letzter Zugriff am 17.10.2022)
7. Devecıoğlu ÖC, Yaman B, Ö M, Çakir C, İnce T. Patient-Specific Imaginary Motor Movement Classification of EEG Signals and Control of Robotic Arm. 2019 International Aegean Conference on Electrical Machines and Power Electronics (ACEMP) & 2019 International Conference

on Optimization of Electrical and Electronic Equipment (OPTIM). 2019:553–6. Verfügbar unter: https://ieeexplore.ieee.org/document/9007180 (Letzter Zugriff am 17.10.2022)

8. Vinoj PG, Jacob S, Menon VG, Rajesh S, Khosravi MR. Brain-Controlled Adaptive Lower Limb Exoskeleton for Rehabilitation of Post-Stroke Paralyzed. IEEE Access. 2019;7:132628–48. Verfügbar unter: http://10.1109/ACCESS.2019.2921375 (Letzter Zugriff am 17.10.2022)

9. Benabid AL, Costecalde T, Eliseyev A, Charvet G, Verney A, Karakas S, et al. An exoskeleton controlled by an epidural wireless brain–machine interface in a tetraplegic patient: a proof-of-concept demonstration. The Lancet Neurology. 2019;18(12):1112–22. https://doi.org/10.1016/S1474-4422(19)30321-7

10. Neuralink. Breakthrough Technology for the Brain 2020. Verfügbar unter: https://neuralink.com/ (Letzter Zugriff am 17.10.2022)

11. kma online. Ohne Gehirnimplantate. Erster erfolgreich durch Gedanken gesteuerter Roboterarm: Georg Thieme Verlag KG; 2019. Verfügbar unter: https://www.kma-online.de/aktuelles/it-digital-health/detail/erster-erfolgreich-durch-gedanken-gesteuerter-roboterarm-a-41013 (Letzter Zugriff am 17.10.2022)

12. Statistisches Bundesamt. Vorsorge- oder Rehabilitationseinrichtungen. 2021. Verfügbar unter: https://www.destatis.de/DE/Themen/Gesellschaft-Umwelt/Gesundheit/Vorsorgeeinrichtungen-Rehabilitationseinrichtungen/_inhalt.html#_beng21mke (Letzter Zugriff am 17.10.2022)

13. Statistisches Bundesamt (destatis). Vorsorge- oder Rehabilitationseinrichtungen. Vollstationäre Patientinnen und Patienten der Vorsorge- oder Rehabilitationseinrichtungen (Einrichtungen mit mehr als 100 Betten). Diagnosekapitel nach Geschlecht 2020. 2022. Verfügbar unter: https://www.destatis.de/DE/Themen/Gesellschaft-Umwelt/Gesundheit/Vorsorgeeinrichtungen-Rehabilitationseinrichtungen/Tabellen/diagnosekapitel-geschlecht-vorsorge-reha.html (Letzter Zugriff am 17.10.2022)

14. Ärzte Zeitung online. Brain-Computer-Interfaces. Wenn der Computer das Sprechen übernimmt Berlin: Springer Medizin Verlag GmbH; 2020. Verfügbar unter: https://www.aerztezeitung.de/Service/Impressum-Aerzte-Zeitung-online-20698.html (Letzter Zugriff am 17.10.2022)

15. Silva GA. A new frontier: The convergence of nanotechnology, brain machine interfaces, and artificial intelligence. Frontiers in neuroscience. 2018;12:843. https://doi.org/10.3389/fnins.2018.00843

Das Exoskelett in der Schlaganfall-Rehabilitation

Philipp Köbe

Schlaganfälle sind für Patienten besonders einschneidende Lebensereignisse, die mit einer starken Einschränkung der kognitiven Fähigkeiten einhergehen können [1]. Die physischen Defizite führen regelmäßig auch zu einer starken psychischen Belastung von Patienten und Angehörigen. Zudem entstehen hohe volkswirtschaftliche Kosten, wenn Patienten anschließend dauerhaft pflegebedürftig sind oder nicht mehr am Erwerbsleben teilnehmen können [2]. Eine neue Studie beziffert die Kosten in Deutschland mit rund 17,6 Mrd. € [3]. In den vergangenen Jahren brachte der medizinische Fortschritt eine Vielzahl innovativer Behandlungsverfahren zutage, die eine Genesung bzw. Wiederherstellung nach einem Schlaganfall erheblich verbessern. Unter anderem kommen Exoskelette in der Schlaganfall-Rehabilitation zum Einsatz [1]. Wie können Exoskelette den Heilungsprozess beschleunigen?

Human-Roboter-Interaktion ermöglicht innovative Therapieverfahren

Das Exoskelett ist eine Art tragbarer Roboter, der künstliche Intelligenz und mechanische Kraftwerke zusammenführt [4]. Es kombiniert viele Arten von Technologien wie z. B. Steuerungstechnik, Computertechnologie, Sensorik und Robotik [5]. Dadurch kann der traditionelle (menschliche) Rehabilitationstherapeut bei der Behandlung unterstützt

P. Köbe (✉)
Lehrstuhl für Management und Innovation im Gesundheitswesen, Fakultät für Wirtschaft und Gesellschaft, Universität Witten/Herdecke, Witten, Deutschland
E-Mail: philipp.koebe@uni-wh.de

© Der/die Autor(en), exklusiv lizenziert an Springer Fachmedien Wiesbaden GmbH, ein Teil von Springer Nature 2023
S. Bohnet-Joschko, K. Pilgrim (Hrsg.), *Handbuch Digitale Gesundheitswirtschaft*,
https://doi.org/10.1007/978-3-658-41781-9_42

oder zum Teil ersetzt werden. Exoskelette finden neben dem medizinischen Bereich auch beim Militär oder in Berufsfeldern mit schweren Hebevorgängen Anwendung [4].

Ein Beispiel für den Einsatz eines Exoskeletts ist die Wiederherstellung der Handnerven nach einem Schlaganfall [2]. Dabei kommt ein Brain-Computer-Interface (BCI) zum Einsatz, mit dessen Hilfe durch Impulse des Gehirns das Exoskelett in Bewegung gesetzt wird [5]. Das Training der Hand mit dem Exoskelett erneuert die Nervenverbindungen im Gehirn, sodass die Funktionsfähigkeit der Hand teilweise oder vollständig wiederhergestellt wird. Mithilfe künstlicher Intelligenz können bestimmte Bewegungsmuster erkannt und damit die Therapie gezielt unterstützt werden [6].

Innovative Therapieformen in die breite Versorgung bringen

Der amerikanische Versicherer AIG und der japanische Roboterhersteller Cyberdyne haben in Japan eine Kooperationsvereinbarung getroffen, um neue Dienstleistungen zur Unterstützung von Pflege und Rehabilitation anzubieten [7]. Dabei sollen auch Exoskelette zum Einsatz kommen, um die Versicherungskosten zu senken und Patienten schnellstmöglich von Einschränkungen zu befreien. In Deutschland wurde 2018 erstmals ein Exoskelett in den Katalog der Hilfsmittel aufgenommen. Seitdem erstatten Krankenkassen den ReWalk Personal 6.0 für Patienten, die an einer Querschnittslähmung leiden [8]. Neben der Nutzung von Exoskeletten in der ambulanten und stationären Rehabilitation bieten sie großes Potenzial im häuslichen Einsatz. Dadurch können Patienten die Therapie eigenständig fortsetzen, ihren Alltag zunehmend autonom gestalten und die Rückkehr in das Erwerbsleben beschleunigen. Besonders Exoskelette für die Hand sind aufgrund ihrer Größe und Bedienerfreundlichkeit geeignete Therapiegeräte für Zuhause [1].

Der Markt für Roboter in der Rehabilitation wird voraussichtlich von rund 529 Mio. € in 2018 auf etwa 2,6 Mrd. € im Jahr 2026 anwachsen. Exoskelette nehmen in diesem Markt einen Anteil von knapp 50 % ein [9]. Die attraktiven Wachstumsaussichten sowie der medizinisch-technische Fortschritt auf diesem Gebiet werden zu einer zunehmenden Nachfrage und Nutzung der Technologie führen. Betrachtet man die Kosten der Post-Stroke-Care in Deutschland, so liegen diese bei 559 € pro Monat [10]. Eine Verkürzung des Nachsorgezeitraums nach einem Schlaganfall könnte für die Kostenträger erhebliche Einsparpotenziale mit sich bringen.

Weitere Forschung und steigende Nutzerfreundlichkeit notwendig

Als Herausforderungen werden die komplizierte und arbeitsintensive Intervention seitens der einweisenden Personen angesehen [11]. Der komplexe Prozess bei der Integration in die tägliche Arbeit wurde von Therapeuten teilweise wenig zeitsparend oder arbeitserleichternd empfunden. Von Therapeuten wird unter anderem ein erhöhtes technisches Verständnis bei der Anwendung vorausgesetzt [11]. Unter diesen Umständen muss eine hohe

Wirksamkeit gegeben sein, wenn das Personal tendenziell zusätzlichen Aufwand bei therapeutischen Maßnahmen mit Exoskeletten aufweist. Zudem ist eine stetige Weiterentwicklung und Verbesserung der Schnittstellenqualität bei der elektromagnetischen Übertragung von Signalen des Gehirns zum Roboter notwendig. Bisherige Ergebnisse zeigen eine positive Wirkung, jedoch noch keine breite, alltagstaugliche Anwendung [6].

Eine nutzenstiftende Technologie der Zukunft

Exoskelette tragen dazu bei, dass die (Teil-)Wiederherstellung von physischen Körperfunktionen schneller und zielführender erfolgen kann als bei konventionellen Rehabilitationsmaßnahmen [1]. Dabei kommt es neben soziodemografischen Aspekten auch auf die Motivation der Nutzenden an. Durch die Interaktion zwischen Mensch und Maschine können gezielt Bewegungen vom Gehirn angewiesen und von der Technik ausgeführt werden. Die Nutzung von Exoskeletten sollte in der Rehabilitation, beispielsweise nach einem Schlaganfall, vermehrt zum Einsatz kommen. Günstige Varianten von Exoskeletten sollten als Heilmittel verschrieben werden können, damit Menschen die Anwendung im häuslichen Umfeld nutzen können, um dadurch geringere oder keine weitere Betreuung oder Pflege zu benötigen. Für Therapeuten müssen Informationen verständlich und anwendergerecht zugänglich sein sowie eine Aufnahme technischer Inhalte in Aus- und Weiterbildungsmaßnahmen erfolgen. Die Grundlagenforschung auf diesem Gebiet muss intensiviert werden. Infolge der Anwendung von Exoskeletten besteht für Kostenträger die Möglichkeit, Genesungszeit zu verkürzen, Menschen früher in das Erwerbsleben zurückzuführen und die Lebensqualität durch einen besseren Behandlungserfolg zu erhöhen.

Literatur

1. Frolov AA, Kozlovskaya IB, Biryukova EV, Bobrov PD. Use of Robotic Devices in Post-Stroke Rehabilitation. Neuroscience and Behavioral Physiology. 2018;48(9):1053–66. https://doi.org/10.1007/s11055-018-0668-3
2. Bouteraa Y, Abdallah IB, Elmogy AM. Training of Hand Rehabilitation Using Low Cost Exoskeleton and Vision-Based Game Interface. Journal of Intelligent & Robotic Systems. 2019;96(1):31–47. https://doi.org/10.1007/s10846-018-0966-6
3. Luengo-Fernandez R, Violato M, Candio P, Leal J. Economic burden of stroke across Europe: A population-based cost analysis. Eur Stroke J. 2020;5(1):17–25. https://doi.org/10.1177/2396987319883160
4. Liu W, Yin B, Yan B, editors. A survey on the exoskeleton rehabilitation robot for the lower limbs. 2016 2nd International Conference on Control, Automation and Robotics (ICCAR); 2016 28–30 April 2016. https://doi.org/10.1109/ICCAR.2016.7486705
5. Wendong W, Hanhao L, Menghan X, Yang C, Xiaoqing Y, Xing M, et al. Design and verification of a human-robot interaction system for upper limb exoskeleton rehabilitation. Medical Engineering & Physics. 2020;79:19–25. https://doi.org/10.1016/j.medengphy.2020.01.016

6. Yu G, Wang J, Chen W, Zhang J, editors. EEG-based brain-controlled lower extremity exoskeleton rehabilitation robot. 2017 IEEE International Conference on Cybernetics and Intelligent Systems (CIS) and IEEE Conference on Robotics, Automation and Mechatronics (RAM); 2017 19–21 Nov. 2017. https://doi.org/10.1109/ICCIS.2017.8274875

7. With Cyberdynes HAL, AIG Japan offers support program in Kanagawa to improve mobility of children and students under 18 with spinal cord injuries (press release). Tokyo,2017. Verfügbar unter: https://www-510.aig.co.jp/assets/documents/press-release/2017/20171011ajh_eng.pdf (Letzter Zugriff am 01.11.2022)

8. Produktinformation: 23.29.01.2001 ReWalk Personal 6.0; Art.-Nr.: 50-20-0004 (Internet). 2020, Verfügbar unter: https://www.rehadat-gkv.de/produkt/index.html?sys=23.29.01.2001&s3f=s3f (Letzter Zugriff am 01.11.2022)

9. Insights FB. Rehabilitation Robots: Global Market Analysis, Insights and Forecast, 2019–2026. Pune; 2019. Verfügbar unter: https://www.fortunebusinessinsights.com/industry-reports/rehabilitation-robots-market-101013 (Letzter Zugriff am 01.11.2022)

10. Rajsic S, Gothe H, Borba HH, Sroczynski G, Vujicic J, Toell T, et al. Economic burden of stroke: a systematic review on post-stroke care. The European Journal of Health Economics. 2019;20(1):107–34. https://doi.org/10.1007/s10198-018-0984-0

11. Mortenson WB, Pysklywec A, Chau L, Prescott M, Townson A. Therapists' experience of training and implementing an exoskeleton in a rehabilitation centre. Disability and Rehabilitation. 2020:1–7. https://doi.org/10.1080/09638288.2020.1789765

Ambient-Assisted-Living-Systeme

Thea Kreyenschulte

Ambient Assisted Living (AAL) bedeutet übersetzt umgebungsunterstütztes Wohnen und ist das Leben im Umfeld von intelligenten Technologien. Die technologisch gestützte Umgebung passt sich situationsspezifisch und proaktiv den Bedürfnissen des Benutzers an [1]. AAL-Systeme sind besonders im Kontext der zu erwartenden Herausforderungen des demografischen Wandels interessant.

Mit steigendem Alter erhöht sich die Wahrscheinlichkeit, aufgrund körperlicher und mentaler Einschränkungen den Aktivitäten des täglichen Lebens allein nicht mehr gerecht zu werden. Hinzu kommen nicht-altersgerechte Wohnumgebungen in Privathaushalten. Die Folge können Stürze und Verletzungen wie beispielhaft ein Schenkelhalsbruch sein. Diese sind die häufigste Ursache für Krankenhausaufenthalte und letztlich ein Versterben älterer Personen [2, 3]. In 2020 lag die Fallzahl der Diagnose Schenkelhalsbruch bei insgesamt 195.786 [4]. Die durchschnittliche stationäre Verweildauer betrug 14,8 Tage, bei Behandlungskosten pro Behandlungsfall von im Schnitt rund 6232 € [5, 6]. 30.705 Patienten wurden wegen eines Schenkelhalsbruchs in einer Rehabilitationseinrichtung behandelt [7], in welcher die Verweildauer stets nochmals höher ist [8].

Nach Stürzen und Knochenbrüchen im höheren Alter werden meist ausgedehnte stationäre und ambulante Rehabilitationsmaßnahmen notwendig [3] – die meisten Behandlungsfälle finden sich in der Orthopädie [8]. AAL wird hier zugesprochen, Kosten senken bzw. vermeiden zu können. Stationäre Aufenthalte würden potenziell verkürzt, da Unterstützung in der Häuslichkeit möglich wird [2]. Wie können AAL-Systeme durch

T. Kreyenschulte (✉)
Lehrstuhl für Management und Innovation im Gesundheitswesen, Fakultät für Wirtschaft und Gesellschaft, Universität Witten/Herdecke, Witten, Deutschland
E-Mail: thea.kreyenschulte@uni-wh.de

S. Bohnet-Joschko, K. Pilgrim (Hrsg.), *Handbuch Digitale Gesundheitswirtschaft*,
https://doi.org/10.1007/978-3-658-41781-9_43

Unterstützung einer selbstbestimmten häuslichen Lebenssituation zur Förderung der Rehabilitation beitragen?

Mit AAL selbstständig durch den Alltag

Im Vordergrund der AAL-Entwicklung stand die Absicht, älteren Menschen die Möglichkeit zu einem selbstständigen, möglichst unabhängigen und gleichzeitig sicheren Leben in ihrem häuslichen Umfeld zu verhelfen [2, 9]. Für die Rehabilitation nach Stürzen kommen AAL-Technologien besonders infrage. Als Bestandteil ambulanter Nachsorge finden sie Anwendung in der Förderung von Mobilität und in der Unterstützung gesundheitsfördernden Verhaltens und somit in der Prävention erneuter Stürze [2, 3].

Technologien, die im Bereich AAL genutzt werden, können Sprachassistenten in Smart-Home-Umgebungen, GPS und Infrarot-Sensoren zur Bewegungsnachverfolgung oder Machine Learning in der Entwicklung einer Sturzerkennung sein. Einfluss nehmen diese Technologien in der häuslichen Umgebung schlussendlich beispielhaft über Schnittstellen der Sprachsteuerung, Audio- und Videoinput oder Datenaustausch über Wearables [2, 10]. Es kommen insbesondere Wearables infrage, die Aktivitäten der Zielgruppe anhand von Sensoren aufzeichnen, diese speichern und an Versorger und Pflegepersonal weitergeben. Sie können z. B. an den Handgelenken, Schenkeln oder um den Hals getragen werden [2].

Umgebungsunterstütztes Wohnen ist viel mehr als Sturzprävention

Anhand der Anwendung von AAL werden Gesundheit und Selbstständigkeit gefördert und Patienten bestenfalls aktiviert [10]. Sensoren können sowohl Patienten als auch Pflegepersonal informieren und sorgen anhand der Datensammlung für größtmögliche Sicherheit der Anwender. Darüber hinaus können sie Erinnerungen (zur Medikamenteneinnahme oder Physiotherapie) oder Warnhinweise (Vorsicht aufgrund aktueller Vitalwerte oder Umgebungsbeschaffenheit) erzeugen, welche in der Rehabilitation nach einem Sturz relevant werden [2, 3]. Durch die potenzielle Verminderung von Betreuungsaufwand durch Außenstehende sowie die Sicherheit eines funktionierenden Monitorings und Alarmsystems profitieren neben Patienten auch nahestehende und pflegende Bezugspersonen [10].

So entstehen Möglichkeiten der Kosteneinsparung durch die Reduktion stationärer Aufenthalte – insbesondere dann, wenn Technologien erstattet werden können und regelmäßige Anwendung durch Fachkräfte erfahren. Dies ist auch im Sinne der Regelungen des Sozialgesetzbuches [11]: Ambulante Versorgung wird dort stets vorrangig vor stationären Aufenthalten behandelt.

Vom Projekt zum Produkt?

Auf EU-Ebene werden AAL-Technologien mit entsprechenden Projekten zum gesunden Altern finanziell gefördert und eine Evaluation angestrebt. Eine breite Durchsetzung der Technologien gelingt bisher jedoch nur unzureichend. Zahlreiche Studien werden durchgeführt, die eine Etablierung neuer Produkte im Bereich des AAL fördern sollen. Jedoch entsteht aus den wenigsten Studien ein im Anschluss tatsächlich verwendetes Produkt – oftmals verbleiben Technologien in der Pilotphase oder schließen Evaluationen nicht ab. So konnten in den Jahren 2008–2013 aus 600 Mio. € EU-Förderung 152 Projekte zu AAL gefördert, aber hieraus lediglich zwei Produkte in den Markt überführt werden [2, 10].

Anwender einbeziehen, um AAL zu fördern

Aufgrund aktuell mangelnder Anwendung von AAL bedarf es einer Evaluation und Förderung der Akzeptanz verwendeter Technologien, besonders durch ein Einbeziehen der Zielgruppe. Zu dieser gehört auch Fachpersonal aus dem Rehabilitationsbereich. Kooperationen mit diesem sind sinnvoll, da sie die Anwendungen in ihrer Umsetzung überwachen bzw. bei dieser helfen.

Aktuell besteht eine geringe Vertrauensbasis bei Anwendern – Patienten und Fachpersonal – aufgrund vieler Pilotprojekte, die eingestellt werden oder Methodenmängel aufweisen. Ihre Akzeptanz muss gefördert werden, da sie maßgeblicher Faktor in der Umsetzung von AAL ist [12]. Eine Möglichkeit, dies zu tun, wäre zunächst niedrigschwellige Technologien wie Wearables stationär einzusetzen und diese in ihrer Anwendung durch ältere und beeinträchtigte Menschen adäquat anzupassen, um sie anschließend in die ambulante Rehabilitation zu überführen und dort optimal einzusetzen.

Fazit

AAL birgt einen vielversprechenden, positiven Einfluss auf die Lebenswelt Älterer und gleichzeitig großes Potenzial im Bereich der ambulanten Rehabilitation. Eine erfolgreiche Überführung von Produkten und Prozessen aus der Pilotphase ist jedoch Voraussetzung, um Akzeptanz und somit die finale, langfristige Anwendung zu fördern.

Literatur

1. Fraunhofer Geschäftsbereich AAL. Assisted Healthy Living AAL 2020. Verfügbar unter: https://www.aal.fraunhofer.de/ (Letzter Zugriff am: 17.10.2022)
2. Ganesan B, Gowda T, Al-Jumaily A, Fong KNK, Meena SK, Tong RKY. Ambient assisted living technologies for older adults with cognitive and physical impairments: a review European Re-

view for Medical and Pharmalogical Sciences. 2019;23:10470–81. https://doi.org/10.26355/eurrev_201912_19686

3. Haescher M, Matthies DJC, Srinivasan K, Bieber G. Mobile Assisted Living. Proceedings of the 5th international Workshop on Sensor-based Activity Recognition and Interaction2018. p. 1–10. Verfügbar unter: https://dl.acm.org/doi/10.1145/3266157.3266210 (Letzter Zugriff am: 17.10.2022)

4. Destatis. 23131-0001: Krankenhauspatienten: Deutschland, Jahre, Hauptdiagnose ICD-10 (1-3-Steller Hierarchie) 2020. Verfügbar unter: https://www-genesis.destatis.de/genesis/online?operation=table&code=23131-0001&bypass=true&levelindex=0&levelid=1605624864516#abreadcrumb (Letzter Zugriff am: 17.10.2022)

5. Gesundheitsberichterstattung des Bundes. Diagnosedaten der Krankenhäuser ab 2000 (Eckdaten der vollstationären Patienten und Patientinnen). Gliederungsmerkmale: Jahre, Behandlungs-/Wohnort, ICD10 2020. Verfügbar unter: https://www.gbe-bund.de/gbe/?TARGET=&PAGE=_XWD_2&OPINDEX=1&HANDLER=_XWD_CUBE.SETPGS&DATACUBE=_XWD_30&D.001=1000001&D.946=13699&D.011=44302 (Letzter Zugriff am: 17.10.2022)

6. Destatis. Gesundheit. Kostennachweis Krankenhäuser. 2018. 2020 14.10.2020. Verfügbar unter: https://www.destatis.de/DE/Themen/Gesellschaft-Umwelt/Gesundheit/Krankenhaeuser/Publikationen/Downloads-Krankenhaeuser/kostennachweis-krankenhaeuser-2120630207004.pdf;jsessionid=FC5663BE833F2B63833857A295FB8FD8.live712?__blob=publicationFile (Letzter Zugriff am: 17.10.2022)

7. Destatis. 23132-0001: Patienten in Vorsorge- oder Rehabilitationseinrichtungen: Deutschland, Jahre, Hauptdiagnose ICD-10 (1-3-Steller Hierarchie) 2020. Verfügbar unter: https://www-genesis.destatis.de/genesis/online?operation=table&code=23132-0001&bypass=true&levelindex=0&levelid=1605625290778#abreadcrumb (Letzter Zugriff am: 17.10.2022)

8. Destatis. Diagnosedaten der Patientinnen und Patienten in Vorsorge- und Rehabilitationseinrichtungen. 2016. 2018 01.03.2018. Verfügbar unter: https://www.destatis.de/DE/Themen/Gesellschaft-Umwelt/Gesundheit/Vorsorgeeinrichtungen-Rehabilitationseinrichtungen/Publikationen/Downloads-Vorsorge-oder-Reha/diagnosedaten-vorsorge-reha-2120622167004.pdf?__blob=publicationFile (Letzter Zugriff am: 17.10.2022)

9. Roy PC, Abidi SR, Abidi SSR. Monitoring Activities Related to Medication Adherence in Ambient Assisted Living Environments. Informatics for Health: Connected Citizen-Led Wellness and Population Health. 2017. Verfügbar unter: https://ebooks.iospress.nl/publication/46295 (Letzter Zugriff am: 17.10.2022)

10. Van Grootven B, van Achterberg T. The European Union's Ambient and Assisted Living Joint Programme: An evaluation of its impact on population health and well-being. Health Informatics J. 2019;25(1):27–40. https://doi.org/10.1177/1460458216683535

11. Bundesministerium der Justiz. Sozialgesetzbuch (SGB) Fünftes Buch (V) – Gesetzliche Krankenversicherung – (Artikel 1 des Gesetzes v. 20. Dezember 1988, BGBl. I S. 2477) § 39 Krankenhausbehandlung 2020. Verfügbar unter: https://www.gesetze-im-internet.de/sgb_5/__39.html (Letzter Zugriff am: 17.10.2022)

12. Merkel S, Enste P. Barriers to the diffusion of telecare and telehealth in the EU. A literature review. IET International Conference on Technologies for Active and Assisted Living (TechAAL); London, UK 2015. Verfügbar unter: https://www.crossref.org/iPage?doi=10.1049%2Fic.2015.0128 (Letzter Zugriff am: 17.10.2022)

Pflege 4.0: Digitalisierung zur Sicherung der Pflege von morgen

Lisa Korte

Die pflegerische ist neben der ärztlichen Versorgung eine wichtige Säule des deutschen Gesundheitssystems. Im Falle einer Pflegebedürftigkeit sorgt die Pflegeversicherung nach Sozialgesetzbuch (SGB) XI für eine soziale Absicherung [1]. Angesichts der durchschnittlich steigenden Lebenserwartung und der demografischen Entwicklung steigt besonders die Relevanz der Altenpflege. Von den etwa 4,9 Mio. Pflegebedürftigen werden 80 % zuhause versorgt. Knapp über die Hälfte wird dabei allein durch Angehörige gepflegt, ca. ein Viertel durch ambulante Pflegedienste. Eine vollstationäre Betreuung in Pflegeheimen bekommen rund 20 % der Betroffenen [2]. Prognosen zufolge wird sich die Zahl pflegebedürftiger Personen bis 2030 nahezu verdoppeln. Für den gleichen Zeitraum wird tendenziell eine Abnahme der rund 1,7 Mio. Kranken- und Altenpflegenden erwartet – eine Versorgungslücke in der Pflege ist die Folge [3]. Bezogen auf diese Herausforderungen des demografischen Wandels bietet die digitale Transformation Hoffnung für eine zukunftssichere pflegerische Versorgung [4].

Stärkung des Pflegeberufs

Pflegebedürftigen stehen in Deutschland drei Versorgungsformen zur Verfügung – vollstationäre, teilstationäre und ambulante Pflegeeinrichtungen oder -dienste, dabei gilt das Prinzip ambulant vor stationär [5]. Das Fachpersonal in diesen Einrichtungen steht in keinem Verhältnis zur wachsenden Zahl Pflegebedürftiger [6, 7], hinzu kommen schlechte

L. Korte (✉)
Lehrstuhl für Management und Innovation im Gesundheitswesen, Fakultät für Wirtschaft und Gesellschaft, Universität Witten/Herdecke, Witten, Deutschland
E-Mail: lisa.korte@uni-wh.de

S. Bohnet-Joschko, K. Pilgrim (Hrsg.), *Handbuch Digitale Gesundheitswirtschaft*, https://doi.org/10.1007/978-3-658-41781-9_44

Arbeitsbedingungen wie eine geringe Vergütung [8]. Die Gründung von Pflegekammern sowie eine Akademisierung der Pflege nach internationalem Vorbild können dazu beitragen, die Pflege als Berufsstand und damit die Versorgungssicherheit zu stärken. Weiterhin zeigen die Pflegestärkungsgesetze und der 2017 neu eingeführte Pflegebedürftigkeitsbegriff sowie verschiedene Aktionen der Bundesregierung – beispielsweise „Konzertierte Aktion Pflege" – Erfolgschancen. Höhere Löhne und qualifizierte Fachkräfte aus dem Ausland sind neben der Entlastung durch neue Technologien Teil der Maßnahmen [9–11].

Digitale Entlastung

Digitalisierung und E-Health bieten Chancen, die sich abzeichnende Versorgungslücke in der Pflege bei gleichzeitiger Qualitätssteigerung zu schließen. Durch den Einsatz von Informations- und Kommunikationstechnologien können Pflegebedürftige beispielsweise länger im eigenen Zuhause wohnen. Weiterhin können Pflegefachkräfte bei der täglichen Arbeit unterstützt werden. Sie werden körperlich und zeitlich entlastet und können verstärkt pflegende Aufgaben wahrnehmen [11]. Und in der Tat ist im deutschen Pflegesektor ein zunehmender Einsatz technologischer Innovationen zu verzeichnen – sowohl in der ambulanten als auch in der stationären Pflege [12]. Die eingesetzten Digitaltechnologien lassen sich im Wesentlichen in drei Bereiche untergliedern [13]:

- Informations- und Kommunikationstechnologien: Beispiele dafür sind der Einsatz elektronischer Patientenakten [4], zukünftig auch telegeriatrische Modelle [14];
- Intelligente und vernetzte Robotik- sowie Technikansätze (wobei der tägliche Einsatz der Entwicklungen in der Pflege erst für eine Zeit nach 2030 prognostiziert wird [15]);
- vernetzte Hilfs- und Monitoringsysteme wie etwa in Fußböden integrierte Sensortechnik, die Stürze von Pflegebedürftigen automatisch erkennen kann [12].

Voraussetzungen sind da – NRW in Aktion

Den Anstoß zur verstärkten Nutzung digitaler Hilfsmittel im Gesundheitswesen machte 2015 das E-Health-Gesetz [16]. Das am 01. Januar 2019 in Kraft getretene Pflegepersonal-Stärkungsgesetz will den Einsatz von E-Learning zur Aus- und Weiterbildung von Pflegefachkräften stärken [13]. In NRW wird zudem konkret über den Landesförderplan „Alter und Pflege" der Umgang älterer Menschen mit Technik wie auch die Entwicklung von technologischen Assistenzsystemen im häuslichen Umfeld gefördert [15]. Gleichzeitig verspricht die Gesundheitsstrategie für das digitale NRW eine verbesserte Verbindung von medizinischer und pflegerischer Versorgung. Mit Blick auf die Erstattung und Finanzierung digitaler Pflegemaßnahmen bedarf es künftig verstärkter Forschung und Nutzenevaluationen [17].

Akzeptanz, Datensicherheit und ethische Bedenken

Damit innovative technische Hilfsmittel künftig noch stärker in der Pflege eingesetzt und genutzt werden, gilt es nach Ansicht von Experten besonders drei wesentliche Herausforderungen zu überwinden: Anwender in der pflegerischen Versorgung müssen verstärkt Digitalkompetenz entwickeln und gezielt in der Anwendung von Informations- und Kommunikationstechnologien geschult werden [11]. Die Technik ist dabei so zu designen, dass die Nutzer kein „Überwachungsgefühl" entwickeln und den Technikeinsatz als attraktivitätssteigernd für den Arbeitsplatz empfinden [13]. Des Weiteren ist eine zunehmende Vernetzung der Teilanwendungen von Bedarf, bei größtmöglichem Datenschutz [17]. Schließlich ist aus sozialethischer Sicht besonders die Integration IT-basierter Entwicklungen in den Pflegealltag so zu gestalten, dass Techniken ergänzend und entlastend, nicht ersetzend wirken. Dies ist Grundvoraussetzung für die Akzeptanz und Verbreitung digitaler Innovationen sowohl bei Pflegefachkräften als auch bei Pflegebedürftigen und ihren Angehörigen [11, 17].

Die digitale Zukunft der Pflege

Akteuren in der Pflegebranche stehen schon heute neue Technologien zur Verfügung. Das Tempo der digitalen Transformation verspricht neues Potenzial für die zukünftige Qualitätssicherung in der deutschen pflegerischen Versorgung [4, 11]. Vor dem Hintergrund des demografischen Wandels und des Fachkräftemangels im Gesundheitswesen ist es wichtig, den Einsatz und die Nutzung von neuen Technologien sowie deren Akzeptanz bei den Nutzern zu fördern. Auf diese Weise besteht eine Chance, die Arbeitsbedingungen des Pflegepersonals zu verbessern und Versorgungslücken in der Pflege zu schließen.

Literatur

1. Bundesministerium der Justiz und für Verbraucherschutz. Sozialgesetzbuch (SGB) – Elftes Buch (XI) – Soziale Pflegeversicherung (Artikel 1 des Gesetzes vom 26. Mai 1994, BGBl. I S. 1014) 2020. Verfügbar unter: http://www.gesetze-im-internet.de/sgb_11/BJNR101500994.html" \l "BJN-R101500994BJNG000100307. (Letzter Zugriff am 18.10.2022)
2. Bundesministerium für Gesundheit (BMG). Zahlen und Fakten zur Pflegeversicherung. 2022. Verfügbar unter: https://www.bundesgesundheitsministerium.de/fileadmin/Dateien/3_Downloads/Statistiken/Pflegeversicherung/Zahlen_und_Fakten/Zahlen_und_Fakten_Stand_April_2022_bf.pdf (Letzter Zugriff am 18.10.2022)
3. Bundesagentur für Arbeit. Arbeitsmarktsituation im Pflegebereich. 2022. Verfügbar unter: https://statistik.arbeitsagentur.de/DE/Statischer-Content/Statistiken/Themen-im-Fokus/Berufe/Generische-Publikationen/Altenpflege.pdf?__blob=publicationFile%C2%A0 (Letzter Zugriff am 18.10.2022)
4. Daum M. Digitalisierung und Technisierung der Pflege in Deutschland. Aktuelle Trends und ihre Folgewirkungen auf Arbeitsorganisation, Beschäftigung und Qualifizierung. DAA-Stiftung Bil-

dung und Beruf, Hamburg. 2017. Verfügbar unter: https://www.input-consulting.de/files/inpcon-DATA/download/20170215_Digitalisierung%20und%20Technisierung%20der%20Pflege%20in%20Deutschland_INPUT.pdf (Letzter Zugriff am 18.10.2022)

5. Jacobs K, Kuhlmey A, Greß S, Klauber J, Schwinger A. Pflege-Report 2019: Mehr Personal in der Langzeitpflege – aber woher? Berlin, Heidelberg: Springer Berlin Heidelberg; 2020. 257–311. Verfügbar unter: https://link.springer.com/content/pdf/10.1007%2F978-3-662-58935-9.pdf (Letzter Zugriff am 18.10.2022)

6. Oberg U, Orre CJ, Isaksson U, Schimmer R, Larsson H, Hornsten A. Swedish primary healthcare nurses' perceptions of using digital eHealth services in support of patient self-management. Scand J Caring Sci. 2018;32(2):961–70. https://doi.org/10.1111/scs.12534

7. Krick T, Huter K, Domhoff D, Schmidt A, Rothgang H, Wolf-Ostermann K. Digital technology and nursing care: a scoping review on acceptance, effectiveness and efficiency studies of informal and formal care technologies. BMC Health Services Research. 2019;19(1):400. https://doi.org/10.18865/ed.27.2.95

8. Shen LQ, Zang XY, Cong JY. Nurses' satisfaction with use of a personal digital assistants with a mobile nursing information system in China. Int J Nurs Pract. 2018;24(2):e12619. https://doi.org/10.1111/ijn.12619

9. Bundesministerium für Gesundheit (BMG). Konzentrierte Aktion Pflege. 2019. Verfügbar unter: https://www.bundesgesundheitsministerium.de/fileadmin/Dateien/3_Downloads/K/Konzertierte_Aktion_Pflege/0619_KAP_Vereinbarungstexte_AG_1-5.pdf (Letzter Zugriff am 18.10.2022)

10. Bundesministerium für Gesundheit (BMG). Gesetze und Verordnungen 2020. Verfügbar unter: https://www.bundesgesundheitsministerium.de/service/gesetze-und-verordnungen/abgeschlossene-gesetzgebung-und-verordnungsverfahren/p/p.html (Letzter Zugriff am 18.10.2022)

11. Pfannstiel MA, Krammer S, Swoboda W. Digitale Transformation von Dienstleistungen im Gesundheitswesen III – Impulse für die Pflegepraxis. Wiesbaden: Springer; 2017. https://doi.org/10.1007/978-3-658-13642-0

12. Glock G, Priesack K, Apt W, Strach H, Krabel S, Bovenschulte M. Qualität der Arbeit, Beschäftigung und Beschäftigungsfähigkeit im Wechselspiel von Technologie, Organisation und Qualifikation-Branchenbericht: Pflege und Versorgung. 2018. Verfügbar unter: https://www.ssoar.info/ssoar/handle/document/60846 (Letzter Zugriff am 18.10.2022)

13. Bleses P, Busse B, Friemer A, Kludig R, Breuer J, Philippi L, et al. Verbundprojekt KOLEGE-Interagieren, koordinieren und lernen: Chancen und Herausforderungen der Digitalisierung in der ambulanten Pflege. Zwischenbericht-Ergebnisse der Analysephase. Schriftenreihe Institut Arbeit und Wirtschaft; 2018. Verfügbar unter: https://www.econstor.eu/handle/10419/179718 (Letzter Zugriff am 18.10.2022)

14. Bohnet-Joschko S, Stahl T. Telegeriatrische Modelle: Einblick in die Zukunft der Versorgung. Pflegezeitschrift. 2019;72(1):50–3. https://doi.org/10.1007/s41906-018-0013-z

15. Ministerium für Wirtschaft I, Digitalisierung und Energie des Landes Nordrhein-Westfalen. Strategie für das digitale Nordrhein-Westfalen I 2019. Teilhabe ermöglichen – Chancen eröffnen. 2019. Verfügbar unter: https://www.wirtschaft.nrw/sites/default/files/asset/document/digitalstrategie_nrw_endfassung_final.pdf (Letzter Zugriff am 18.10.2022)

16. Lutze M. Digitalisierung: Wo steht die Pflege? Heilberufe. 2017;69(7):45–7. https://doi.org/10.1007/s00058-017-2914-4

17. Bundesministerium für Gesundheit (BMG). ePflege. Informations- und Kommunikationstechnologie für die Pflege. 2017. Verfügbar unter: https://www.dip.de/fileadmin/data/pdf/projekte/BMG_ePflege_Abschlussbericht_final.pdf (Letzter Zugriff am 18.10.2022)

Pflegende Angehörige: Digitale Angebote zu Unterstützung und Entlastung

Katharina Loboiko

Über 80 % pflegebedürftiger Menschen in Deutschland werden durch ihre Familienmitglieder, Freunde oder Nachbarn im häuslichen Umfeld versorgt [1]. Pflegende Angehörige stehen durch die geleistete Pflegetätigkeit oft unter hohen gesundheitlichen, finanziellen und zeitlichen Belastungen [2, 3]. Eine rechtzeitige und umfassende Unterstützung dieser Menschen sorgt für die Stabilisierung des häuslichen Pflegearrangements. Dies ist nicht nur der Wunsch vieler Familien mit Pflegebedarf, sondern führt zu konkreten Kosteneinsparungen für Kommunen, Kranken- und Pflegekassen. Einsparungen entstehen, weil die häusliche Versorgung im Schnitt deutlich günstiger ist als eine (voll-)stationäre Versorgung. Die Leistungsausgaben der sozialen Pflegeversicherung für stationäre Versorgung betrugen im Jahr 2019 etwa 19.000 € pro Kopf und somit mehr als doppelt so viel wie die Ausgaben für die ambulante Pflegeversorgung (8000 €/Kopf) [4]. Darüber hinaus entstehen Einsparungen bei den Sozialausgaben, insbesondere für die sog. „Hilfe zur Pflege", die in Deutschland zur Absicherung pflegebedürftiger Personen dient. Auch hier liegen die Kosten in der stationären Versorgung mit etwa 3,3 Mrd. € deutlich über den Kosten der Hilfe zur Pflege für ambulante Versorgung (etwa 1 Mrd. €) [5]. Die Kosten für diesen Bereich sind von Jahr zu Jahr gestiegen und werden laut Prognoserechnungen künftig weiter ansteigen [6]. Schließlich entstehen durch die präventive Unterstützung pflegender Angehöriger auch indirekte Einsparungen, da potenziell höhere Gesundheitsausgaben aufgrund hoher Belastungen vermieden werden. Empirische Studien haben mehrfach belegt, dass pflegende Angehörige über einen schlechteren Gesundheitszustand als der Rest der Bevölkerung berichten [7].

K. Loboiko (✉)
Lehrstuhl für Management und Innovation im Gesundheitswesen, Fakultät für Wirtschaft und Gesellschaft, Universität Witten/Herdecke, Witten, Deutschland
E-Mail: katharina.loboiko@uni-wh.de

Digitale Angebote für pflegende Angehörige

Digitale Unterstützungsangebote für pflegende Angehörige umfassen überwiegend folgende Aspekte: 1.) Kommunikation mit professionellen Akteuren, 2.) Informationen und Schulung 3.) Peer-Interaktion und 4.) Assistenzsysteme [8–11].

1. Kommunikation mit professionellen Akteuren

Darunter wird die Vernetzung von pflegenden Angehörigen mit Pflegekräften, Ärzten und sonstigem medizinischen Fachpersonal mittels digitaler Kommunikationstechnologien gezählt. So können pflegende Angehörige eine ärztliche Sprechstunde nutzen, patientenrelevante Informationen austauschen oder eine Frage an das medizinische Fachpersonal stellen [8].

2. Informationen und Schulung

Derzeit existiert ein breites Spektrum an Informationen im Netz rund um das Thema Pflege. Pflegende Angehörige informieren sich über verschiedene Online-Portale, Foren und soziale Netzwerke. Neben Informationen existieren auch Online-Kurse für pflegende Angehörige. Die Letzteren sollen pflegerelevante Techniken vermitteln [9].

3. Peer-Interaktion

Unter der sogenannten Peer-Interaktion wird gegenseitige Unterstützung und der Informationsaustausch zwischen pflegenden Angehörigen verstanden. Auch hier kommen häufig Online-Kanäle wie Foren, Blogs und soziale Netzwerke zum Einsatz [8, 10].

4. Assistenzsysteme

Schließlich sind auch Notruf- und Assistenzsysteme in der häuslichen Versorgung stark verbreitet. Diese werden mit dem Ziel installiert, mehr Sicherheit in der Häuslichkeit zu schaffen und Pflegebedürftigen ein möglichst eigenständiges Leben zu erlauben. Auch wenn die Assistenzsysteme größtenteils die pflegebedürftige Person adressieren, bieten sie gleichzeitig eine Entlastung für die Angehörigen [11].

Derzeit sind die Angebote primär auf die pflegebedürftige Person fokussiert, während Angehörige mit ihren Bedürfnissen eher im Hintergrund stehen. Auch wenn einzelne Online-Angebote pflegende Angehörige direkt adressieren, ist die Verbreitung dieser Angebote noch sehr gering [11].

Das Zukunftspotenzial digitaler Unterstützung pflegender Angehöriger

Um zu verstehen, welche digitalen Angebote pflegende Angehörige effektiv unterstützen, sind die Kenntnisse über die Bedürfnisse dieser Menschen wichtig. Laut einer aktuellen Befragung haben pflegende Angehörige insgesamt einen hohen Bedarf an Informationen und Unterstützung [3]. Besonders hoch ist der Unterstützungsbedarf bei den eigenen Bedürfnissen. Pflegende Angehörige machen sich Sorgen um ihre eigene Gesundheit, wünschen sich mehr Austauschmöglichkeiten mit anderen Betroffenen und mehr Auszeit von der Pflege und Betreuung. Ebenfalls wichtig sind die Vereinbarkeit von Beruf und Pflege sowie finanzielle Unterstützung.

Durch die rechtzeitig und umfassende Unterstützung pflegender Angehöriger können pflegebedürftige Personen länger in der vertrauten Umgebung bleiben, die Ausgaben der Kassen und Kommunen eingespart werden und die Gesundheit von Angehörigen selbst besser geschützt werden. Digitale Lösungen haben ein großes Unterstützungspotenzial für die informelle Pflege und werden bereits vielfältig eingesetzt. Allerdings mangelt es an digitalen Angeboten, die sich auf die Bedürfnisse pflegender Angehöriger fokussieren. Bisher orientieren sich die Angebote überwiegend auf die Bewältigung der Pflegesituation. Insbesondere die Themen Gesundheit, soziale Kontakte und Auszeit pflegender Angehöriger wurden bisher nur bedingt adressiert, obgleich hier ein besonders hoher Bedarf identifiziert wurde. Kassen und Gebietskörperschaften könnten die Entwicklung passender digitaler Angebote für pflegende Angehörige fördern. Auch Anbieter von digitalen Gesundheitsleistungen könnten durch die stärkere Sensibilisierung zum Thema „Unterstützung pflegender Angehöriger" neue Wege eröffnen.

Literatur

1. Statistisches Bundesamt, 2020. Pflegestatistik 2019 Pflege im Rahmen der Pflegeversicherung - Deutschlandergebnisse. Wiesbaden: Statistisches Bundesamt.
2. Rothgang H., Müller R., 2018. Pflegereport 2018 Schriftenreihe zur Gesundheitsanalyse. BARMER, Berlin; 12.
3. Bohnet-Joschko S. (Hrsg.), 2020. Zielgruppenspezifische Unterstützungsangebote für pflegende Angehörige. Witten.
4. Bundesamt für Gesundheit (Hrsg.), 2021. Zahlen und Fakten zur Pflegeversicherung. https://www.bundesgesundheitsministerium.de/themen/pflege/pflegeversicherung-zahlen-und-fakten.html (Zugriff: 12.05.2021)
5. Statistisches Bundesamt, 2020. Ausgaben und Einnahmen der Sozialhilfe nach dem SGB XII – Bruttoausgaben insgesamt für alle Hilfearten im Zeitvergleich. Wiesbaden: https://www.destatis.de/DE/Themen/Gesellschaft-Umwelt/Soziales/Sozialhilfe/Tabellen/ausgaben-einnahmen-t01-bruttoausgaben-insg-hilfearten-ilj-zv.html (Zugriff: 17.11.2020)
6. Bohnet-Joschko S., Zippel C., 2017. Prognose der kommunalen Ausgabenentwicklung für Leistungen der stationären Hilfe zur Pflege. In: Zegelin A., Segmüller T., Bohnet-Joschko S., 2017. Quartiersnahe Unterstützung pflegender Angehöriger (QuartupA): Herausforderungen und Chancen für Kommunen und Pflege-Unternehmen, Schlütersche, Hannover, S. 88–114.
7. Bidenko K., Bohnet-Joschko S., 2021. Vereinbarkeit von Beruf und Pflege: Wie wirkt sich Erwerbstätigkeit auf die Gesundheit pflegender Angehöriger aus?. Das Gesundheitswesen, 83(02), 122–127. DOI: https://doi.org/10.1055/a-1173-8918
8. Hopwood J., Walker N., McDonagh L., Rait G., Walters K., Iliffe S., Ross J., Davies N., 2018. Internet-Based Interventions Aimed at Supporting Family Caregivers of People With Dementia: Systematic Review. J Med Internet Res; 20:e216. DOI: https://doi.org/10.2196/jmir.9548.

9. Meyer S., 2018. Technische Assistenzsysteme zu Hause – warum nicht? Vergleichende Evaluation von 14 aktuellen Forschungs- und Anwendungsprojekten. In: Künemund H, Fachinger U, editors. Alter und Technik: Sozialwissenschaftliche Befunde und Perspektiven. Wiesbaden: Springer Fachmedien Wiesbaden:147–176.

10. Newman K, Wang AH, Wang AZY, Hanna D., 2019. The role of internet-based digital tools in reducing social isolation and addressing support needs among informal caregivers: a scoping review. BMC public health; 19:1–12. DOI: https://doi.org/10.1186/s12889-019-7837-3

11. Petrovic M, Gaggioli A., 2020. Digital Mental Health Tools for Caregivers of Older Adults – A Scoping Review. Frontiers in Public Health; 8:128. DOI: https://doi.org/10.3389/fpubh.2020.00128

Prävention Pflegeheim-sensitiver Krankenhausfälle durch Telemedizin

Maria Paula Valk-Draad und Sabine Bohnet-Joschko

Mit dem steigenden Altersdurchschnitt nimmt in Deutschland die Zahl der – auch stationär versorgten – Pflegebedürftigen zu [1, 2]. Knapp 45 % der Pflegeheimbewohner (PHB) werden im Jahr etwa 1,8 Mal ins Krankenhaus eingewiesen. Damit kommen 79 Einweisungen auf 100 PHB [3]. Krankenhausaufenthalte sind für die oft multimorbiden, chronisch erkrankten und damit vulnerablen PHB mit Gesundheitsrisiken verbunden, da die intensive pflegerische Versorgung im Krankenhaus nicht gewährleistet werden kann. Gesundheitsrisiken betreffen im Krankenhaus erworbene Infektionen, fehlerbehaftete Medikamentenvergabe, Verschlechterung des Allgemeinzustands und für die kognitiv eingeschränkten PHB Verwirrung in der ungewohnten Krankenhausumgebung. Außerdem sind am Lebensende Krankenhauseinweisungen im Rahmen einer Palliativversorgung ggf. unerwünscht. Im Jahr 2017 wurden für Hospitalisierungen aus dem Pflegeheim in Deutschland etwa 2,6 Mrd. € ausgegeben. Im ambulanten Versorgungssektor wurde bereits oft über den Einsatz von Telemedizin berichtet. Wie sieht es jedoch im Pflegeheim aus: Kann die Telemedizin einen Beitrag zur Vermeidung von Krankenhauseinweisungen aus dem Pflegeheim leisten? Dazu soll zunächst die Frage beantwortet werden, welche Erkrankungen im Pflegeheim behandelt werden können.

M. P. Valk-Draad (✉)
Lehrstuhl für Management und Innovation im Gesundheitswesen, Fakultät für Wirtschaft und Gesellschaft, Universität Witten/Herdecke, Witten, Deutschland
E-Mail: Maria.Valk-Draad@uni-wh.de

S. Bohnet-Joschko
Universität Witten/Herdecke, Witten, Deutschland
E-Mail: sabine.bohnet-joschko@uni-wh.de

S. Bohnet-Joschko, K. Pilgrim (Hrsg.), *Handbuch Digitale Gesundheitswirtschaft*,
https://doi.org/10.1007/978-3-658-41781-9_46

Im Pflegeheim behandelbare Indikationen

Die Identifizierung sogenannter Pflegeheim-sensitiver Krankenhausfälle (PSK) samt ihrem Vermeidungspotenzial wurde aktuell in einer wissenschaftlichen Studie auf Basis der Einschätzungen von 100 Experten untersucht [3]. Das Delphi-Panel [4] bestand aus Ärzten, Pflegefachpersonal und Wissenschaftlern. Im Ergebnis könnten unter guten Versorgungsbedingungen rund 35 % der Einweisungen von PHB potenziell im Pflegeheim behandelt werden. Dieser Anteil betrifft vor allem Infektionen, neurologischen Erkrankungen, Erkrankungen des Volumenhaushalts und oberflächliche Verletzungen [3] und scheint durchaus realistisch, wenn mehrere Maßnahmen zur Reduktion der Krankenhauseinweisungen aus dem Pflegeheim kombiniert werden [5, 6]. Damit könnten in Deutschland etwa 220.000 Pflegeheim-sensitive Krankenhausaufenthalte, verbunden mit Ausgaben von 768 Mio. €, vermieden werden [3].

Die Qualität der Pflege für PHB würde sich erwartungsgemäß durch mehr sektorenübergreifende Zusammenarbeit, Kommunikation und Partnerschaften verbessern. Zu den interagierenden Gruppen/Institutionen gehören Pflegeheime, Hausärzte und Geriater, Pflegepersonal, Notaufnahmen von Krankenhäusern sowie Pflegeheimbewohner und pflegende Angehörige. Die Telemedizin könnte diese Anforderungen erfüllen. Sie wird auch in Verbindung mit Fort- und Weiterbildungsmaßnahmen zur Reduktion der Krankenhauseinweisungen unter PHB genannt [7].

Chancen des Einsatzes von Telemedizin

Die Telemedizin nutzt elektronische Informations- und Telekommunikationstechnologien zur Unterstützung der Gesundheitsversorgung. Medizinische Leistungen werden dabei über räumliche Entfernungen hinweg zwecks Telemonitoring, Telediagnostik, Tele-Konsil (Arzt-Arzt) und Tele-Konsultation (Arzt-Patient) erbracht und decken damit das gesamte Versorgungsspektrum ab (Prävention, Diagnostik, Therapie, Rehabilitation und Entscheidungsberatung). Auch für Evaluationsprozesse, Forschung und die Weiterbildung von Gesundheitsdienstleistern kann die Telemedizin verwendet werden.

Vorteile, die der Telemedizin zugesprochen werden, sind eine bessere Zusammenarbeit und Kommunikation sowie eine schnellere Beratung und Behandlung vor Ort, um eine angemessene Versorgung zu gewährleisten und eine Verschlechterung des Gesundheitszustands der PHB frühzeitig zu erkennen. Durch den Einsatz der Telemedizin kann das Pflegepersonal bei Entscheidungen unterstützt und das Vertrauen in eine sichere und verbesserte Pflege bei PHB und ihren Familienangehörigen gestärkt werden. In Folge der COVID-19-Pandemie wird die Telemedizin zunehmend auch in Pflegeheimen eingesetzt. Sie kann das Infektionsrisiko durch die soziale Distanz in der medizinischen Versorgung verringern. Für das deutsche Gesundheitswesen birgt die Telemedizin die Chance einer raschen Implementierung, da die Möglichkeit und die Ressourcen zur Audio-/Video-Konferenz nahezu flächendeckend zur Verfügung stehen.

Ein Cochrane-Review fasste Studien zusammen, die die Telemedizin im ambulanten Setting in mehreren Fachbereichen (gastrointestinale und endokrinologische, Herz-Kreislauf-, Atemwegs-, neurologische und psychische sowie urogenitale Erkrankungen usw.) untersucht haben [8]. Im Vergleich zur Standardversorgung zeigten die Studien eine gleichbleibende Mortalität, eine Änderung der Krankenhauseinweisungen von − 64 % bis zu + 60 %, und eine Erhöhung der Lebensqualität. Verschiedene Gesundheitsparameter wie glykämische und LDL-Cholesterin-Blutwerte, Blutdruck und Symptomatik der Atemwege schienen sich zu verbessern. Hinsichtlich der Betreuung von psychisch Erkrankten wurde kein Unterschied zwischen der telemedizinischen und der Standardversorgung gefunden. Im Pflegeheim-Setting gibt es erste Anzeichen dafür, dass Telemedizin die Hospitalisierung und Mortalität der PHB reduzieren kann, kosteneffektiv wäre und das Personal damit zufrieden ist, auch wenn die Evidenz bisher gering ausfällt [9, 10].

Evaluationsstudien mit vergleichbaren Bewertungsparametern notwendig

Um die Effektivität der Telemedizin bewerten zu können, braucht es eine Uniformität bzw. Vergleichbarkeit der Bewertungsparameter, sowohl für die Gesundheitsparameter als auch im Kontext der Kosteneffizienz. Letztere wurden bisher in verschiedenen Studien sehr unterschiedlich gewählt (je PHB, je Aufenthalt oder je Pflegeheim; monatlich oder jährlich), was eine vergleichende Bewertung mehrerer Studien erschwert. Zusätzlich verkompliziert die Multidimensionalität hinsichtlich der Ausgaben die Evaluation, da die finanziellen Folgen einer vermiedenen Hospitalisierung auf vielen Ebenen wirken. Die Vermeidung von Zeit und Kosten sind z. B. zu bewerten hinsichtlich des Krankenhaustransfers (Rettungsdienst, Dienstzeiten, evtl. auch der Begleitperson), der nicht in Anspruch genommenen diagnostischen Untersuchungen und therapeutischen Behandlungen, der kurzzeitig erhöhten Ausgaben aufgrund der intensivierten Betreuung im Pflegeheim usw..

Außerdem unterscheiden die Studien bisher nicht zwischen Effekten verschiedener Formen oder Anwendungsbereiche der Telemedizin auf die Krankenhauseinweisung von PHB, z. B. Video/Audio/oder eine Kombination, mit/ohne zusätzliche Medizintechnik (digitales Stethoskop, mobiles Röntgengerät usw.), Art der Dienstzeiten der telemedizinischen Dienste (rund um die Uhr oder nicht), unterschiedlicher Bildungsstand der Beteiligten und in der Region, in der die Telemedizin angeboten wird (Stadt/Land) [10]. Damit der Transfer der Anwendung von Telemedizin in die Praxis evidenzbasiert vonstattengeht, sind solche Aspekte jedoch von hoher Relevanz.

Schließlich sollten finanzielle und rechtliche Aspekte ebenfalls untersucht werden. Die Telemedizin könnte Haftungsprobleme mindern, wenn Pflegeheimpersonal die Notwendigkeit einer Hospitalisierung nicht sicher einschätzen kann. Die Vergütung dieses Versorgungsangebots sollte verbindlich und einheitlich geregelt werden.

Empfehlungen für Praxis und Forschung

Der Einsatz der Telemedizin scheint aus pragmatischen Gründen und aufgrund erster Forschungsergebnisse für die Praxis vielversprechend. Als Vorteile zu nennen sind das niedrigere Infektionsrisiko für die vulnerable Gruppe der PHB nicht nur in pandemischen Zeiten, die höhere Erreichbarkeit auch spezieller ärztlicher Beratung, die mögliche Verbesserung der Versorgungsqualität und die relativ unaufwändige und kostengünstige Implementierung dieser Maßnahme. Noch können keine evidenzbasierten Empfehlungen ausgesprochen werden, da es zu wenige Studien gibt, denen ein hohes Evidenzlevel wie im Falle von randomisiert-kontrollierten Studien zugesprochen wird. Die Forschung sollte zukünftig nicht nur die Wirkung von Telemedizin, sondern auch rechtliche Aspekte und Vergütungsstrukturen. Dabei sollten Bewertungsparameter vereinheitlicht werden.

Literatur

1. Destatis. Pflegestatistik. Pflege im Rahmen der Pflegeversicherung. Deutschlandergebnisse 2019. Wiesbaden: Statistisches Bundesamt (Destatis); 2020 15.12.2020.
2. Destatis. Ausblick auf die Bevölkerungsentwicklung in Deutschland und den Bundesländern nach dem Corona-Jahr 2020. Erste mittelfristige Bevölkerungsvorausberechnung 2021 bis 2035. Wiesbaden: Statistisches Bundesamt (Destatis); 2021.
3. Bohnet-Joschko S, Valk-Draad MP, Schulte T, Groene O. Nursing home-sensitive conditions: analysis of routine health insurance data and modified Delphi analysis of potentially avoidable hospitalizations [version 2; peer review: 2 approved]. F1000Research. 2022;10(1223).
4. Fitch K, Bernstein SJ, Aguilar MD, Burnand B, LaCalle JR, Lazaro P, et al. The RAND/UCLA Appropriateness Method User's Manual. Santa Monica, California, USA: RAND Corporation; 2001. Report No.: MR-1269-DG-XII/RE.
5. Hullick C, Conway J, Higgins I, Hewitt J, Dilworth S, Holliday E, et al. Emergency department transfers and hospital admissions from residential aged care facilities: a controlled pre-post design study. BMC Geriatr. 2016;16:102.
6. Rantz MJ, Popejoy L, Vogelsmeier A, Galambos C, Alexander G, Flesner M, et al. Successfully Reducing Hospitalizations of Nursing Home Residents: Results of the Missouri Quality Initiative. J Am Med Dir Assoc. 2017;18(11):960–6.
7. Valk-Draad MP, Stahl K, Bienstein C, Heppner H-J, Sönnichsen A, Bachmann HS, et al. Praxistransfer Pflegeheim-sensitiver Krankenhausfälle (PSK): Handlungsempfehlungen zur Reduktion der Hospitalisierungen von Pflegeheimbewohnerinnen und -bewohnern 21 Deutscher Kongress für Versorgungsforschung (DKVF); 5–7 October 2022; Potsdam. Düsseldorf: Düsseldorf: German Medical Science GMS Publishing House; 2022.
8. Flodgren G, Rachas A, Farmer AJ, Inzitari M, Shepperd S. Interactive telemedicine: effects on professional practice and health care outcomes. Cochrane Database of Systematic Reviews. 2015(9).
9. Groom LL, McCarthy MM, Stimpfel AW, Brody AA. Telemedicine and Telehealth in Nursing Homes: An Integrative Review. J Am Med Dir Assoc. 2021.
10. Valk-Draad MP, Bohnet-Joschko S. Nursing Home-Sensitive Hospitalizations and the Relevance of Telemedicine: A Scoping Review. International Journal of Environmental Research and Public Health. 2022;19(19):12944.

Digitales klinisches Entlassmanagement für den Übergang in die Pflege

Thea Kreyenschulte

Vor dem Hintergrund des stetig wachsenden Anteils der älteren Bevölkerung und eines für diese Lebensphase typischen, größeren Versorgungsbedarfs wird ein reibungsloses Entlassmanagement aus dem Krankenhaus umso wichtiger [1]. Unzureichend organisierte Entlassungen können insbesondere bei älteren Patienten in verlängerten Klinikaufenthalten oder Rehospitalisierung münden und somit negative Konsequenzen sowohl für Patienten und ihre Angehörigen, als auch auf Belegpläne und die Verweildauer haben [1].

Im Idealfall sind alle relevanten Informationen am Tag der Entlassung eines Patienten für die Anschlussversorgung vorhanden, der Übergang von der Klinik in die stationäre oder ambulante Weiterversorgung gesichert [2, 3]. Diese idealtypische Umsetzung ist jedoch häufig gefährdet. Immer wieder kommt es zu Schnittstellenproblemen unterschiedlicher Versorgungsformen. Denn häufig sind die den Patienten auszuhändigenden Arztbriefe unvollständig oder zahlreiche Telefonate mit Leistungserbringern und Pflegeeinrichtungen werden notwendig, welche wiederum Rückkopplung mit den Krankenversicherungen bedürfen [3–5]. Somit können Bettenauslastungen nicht adäquat geplant werden und unter Umständen werden Übergangsbehandlungen oder -pflege nötig. Wie kann ein digitales Entlass- und Überleitungsmanagement den Übergang in eine Anschlussbehandlung unterstützen?

T. Kreyenschulte (✉)
Lehrstuhl für Management und Innovation im Gesundheitswesen, Fakultät für Wirtschaft und Gesellschaft, Universität Witten/Herdecke, Witten, Deutschland
E-Mail: thea.kreyenschulte@uni-wh.de

Bedarf besonders bei älteren Patienten hoch

Am Entlassungsprozess sind unterschiedliche Professionen beteiligt. In Kliniken verantworten meist behandelnde Ärzte, Pflegepersonal sowie Therapeuten und Sozialarbeiter gemeinsam die Entlassung von Patienten. Krankenhäuser sind gesetzlich dazu verpflichtet, einen reibungslosen Übergang in Anschlussbehandlungen sicherzustellen. Ihre Kompetenzen wurden dahingehend durch das GKV-Versorgungsstärkungsgesetz bereits 2017 erweitert. Laut Gesetz sollen Krankenhäuser rechtzeitig Kontakt mit Kliniken oder Pflegeeinrichtungen aufnehmen [4]. Dies ist aber bei hohen Bettenauslastungen sowie Unwägbarkeiten der Kapazitäten von Anschlussbehandlern oder -einrichtungen nicht immer einfach umzusetzen.

Ein verlängerter Klinikaufenthalt bindet Personal, besonders im Falle von älteren Patienten mit erhöhten Versorgungsansprüchen. Ineffizienzen im Entlassmanagement und somit eine Verzögerung des Übergangs in anschließende Versorgungsformen wie die ambulante oder stationäre Pflege können Beeinträchtigungen der Patienten und enorme Probleme in der Sicherung der Pflege und Betreuung in Übergangszeiten auslösen [1, 6]. Häufig kommt es zu Organisationsproblemen bei Anschlussmaßnahmen oder einem Verbleib im Krankenhaus, sollte ein direkter Übergang nicht gewährleistet werden können [6]. Für die Planungssicherheit in Kliniken und somit zur Bestimmung des Bettenbedarfs ist neben der Zahl der Krankenhausfälle auch die Verweildauer von entscheidender Bedeutung. Diese wird letztlich durch verzögertes Entlassmanagement negativ beeinflusst.

Informationen und Kapazitäten werden digital einsehbar

Bereits seit Längerem wird von Forschenden über die positiven Effekte standardisierter elektronischer Instrumente zur Klinikentlassung von Patienten berichtet: Fachpersonal wird entlastet und erlangt einen transparenten Einblick in den Übergangs- und Entlassungsprozess, relevante Prozesse und Unterlagen können rechtzeitig auf den Weg gebracht werden [3]. Zur adäquaten Umsetzung braucht es Standardisierung und eine zeitkritische Bereitstellung von Informationen [2]. So finden insbesondere ältere Patienten eine bessere Berücksichtigung ihrer Bedürfnisse bereits vor und während der Entlassung. Denn: Sie weisen ein erhöhtes Risiko der Rehospitalisierung bzw. Verschlechterung des gesundheitlichen Zustandes und somit Verbleib in der Klinik auf [1].

Wichtig zur Prozessverbesserung ist eine optimierte Zusammenarbeit zwischen Health Professionals an den Schnittstellen. Eine elektronische Entlassung könnte hier eine Möglichkeit bieten [2]. Dies ist auch im Sinne des Krankenhauszukunftsgesetzes von 2020, welches als ein förderfähiges Projekt vorsieht, dass Krankenhäuser digitale Patientenplattformen bereitstellen. Die Patient Journey soll bereits vor Einweisung digital ansetzen und diese weit über die Entlassung hinaus ebenso digital begleiten [7]. In der aktuell immer weiter voranschreitenden Standardisierung von medizinischen Informationen, beispielsweise aufgrund der Implementierung der elektronischen Patientenakte (ePA) [3], liegen darüber hinaus Chancen für das digitale Entlassmanagement.

Schnittstellen zur ePA oder zum Krankenhausinformationssystem werden aktuell von Drittanbietern bereits im Rahmen einer Plattformanwendung zum digitalen Übergang von Patienten aus der Klinik in Rehabilitations- oder Pflegeeinrichtungen, die ambulante Pflege sowie weitere Anschlussbehandlungen potenziell genutzt. Automatisiert werden Patientenanfragen an weiterbehandelnde Einrichtungen gesendet und freie Kapazitäten abgeglichen, während weitere Akteure wie Kostenträger stets den Überblick über den Status der Überleitung behalten können. Gleichzeitig werden zur Planungssicherheit auch Kapazitäten automatisch wieder freigegeben, sollte eine passende Einrichtung gefunden sein. Dieses elektronische Vorgehen bildet klassische Prozesse digital ab und ermittelt oftmals bereits in weniger als einer Stunde einen passenden Anschluss-Behandlungsplatz [5]. So konnten laut Anbieter bisher über 560 Akut- und Rehabilitationskliniken und rund 15.000 weitere Leistungserbringer verbunden werden [8–10].

Mit Standardisierung und Interoperabilität zum Erfolg

Zur digitalen Vernetzung und somit besserer Planbarkeit von Kapazitäten ist Interoperabilität und somit Standardisierung von zentraler Bedeutung. Je nachdem wie Patienteninformationen aus der angewendeten elektronischen Plattform in einrichtungseigenen elektronischen Systemen genutzt werden sollen, müssen Systeme kompatibel oder Daten konvertierbar sein [3]. Das Medium der Wahl sollte so standardisiert sein, dass z. B. eine einheitliche Dokumentation erfolgt und festgelegte relevante Informationen in jedem Fall vorhanden sind [2]. Für ein standardisiertes digitales Entlassmanagement sollte eine regelmäßige Qualitätssicherung geplant und Anleitung und Anweisung gegeben werden [2]. Zur erfolgreichen Umsetzung könnten beispielsweise zuständige Fachkräfte zur Anwendung festgelegt und Ansprechpersonen für das System und die Vermittlung seiner Inhalte ernannt werden. Zu klären wäre ebenfalls, welche aktive Rolle Patienten einnehmen, wie sie ihre Zustimmung zur Datenweitergabe geben oder Einsicht in den Prozess erhalten.

Fazit

Digital unterstützt werden Prozesse der Entlassung oder Überleitung einfacher planbar. Fachpersonal an den Schnittstellen werden entlastet und Patienten adäquat versorgt. Zur digitalen Umsetzung von Prozessen des Entlassungsmanagements ist Standardisierung und Interoperabilität unabdingbar.

Literatur

1. Zurlo A, Zuliani G. Management of care transition and hospital discharge. Aging Clin Exp Res. 2018;30(3):263–70. https://doi.org/10.1007/s40520-017-0885-6

2. Kattel S, Manning D, Erwin P, Wood H, Kashiwagi D, Murad MH. Information transfer at hospital discharge: A systematic review. J Patient Saf. 2020;16(1). Verfügbar unter: https://doi.org/10.1097/PTS.0000000000000248 (Letzter Zugriff am: 17.10.2022)

3. O'Leary KJ, Liebovitz DM, Feinglass J, Liss DT, Evans DB, Kulkarni N, et al. Creating a better discharge summary: improvement in quality and timeliness using an electronic discharge summary. J Hosp Med. 2009;4(4):219–25. https://doi.org/10.1002/jhm.425

4. Bundesministerium für Gesundheit. Entlassmanagement 2021. Verfügbar unter: https://www.bundesgesundheitsministerium.de/service/begriffe-von-a-z/e/entlassmanagement.html (Letzter Zugriff am: 17.10.2022)

5. Klinikum Oldenburg. Neues Entlassungsmanagement im Klinikum Oldenburg geht an den Start 2021. Verfügbar unter: https://www.klinikum-oldenburg.de/aktuelles/meldung/60?cHash=c96c0b5e1e713267e21a0053c2c9aa65 (Letzter Zugriff am: 17.10.2022)

6. Schumacher-Schonert F, Wucherer D, Nikelski A, Kreisel S, Vollmar HC, Hoffmann W, et al. Discharge management in German hospitals for cognitively impaired, older people-a scoping review. Z Gerontol Geriatr. 2021;54(7):695–703. Verfügbar unter: https://link.springer.com/article/10.1007/s00391-020-01732-3 (Letzter Zugriff am: 17.10.2022)

7. Schumacher-Schonert F, Wucherer D, Nikelski A, Kreisel S, Vollmar HC, Hoffmann W, et al. Discharge management in German hospitals for cognitively impaired, older people-a scoping review. Z Gerontol Geriatr. 2021;54(7):695–703. https://doi.org/10.1007/s00391-020-01732-3

8. Recare Deutschland. Die Plattform für Versorgungskapazitäten 2021. Verfügbar unter: https://recaresolutions.com/ (Letzter Zugriff am: 17.10.2022)

9. Health & Care Management Magazin. Entlassmanagement. Digitaler Übergang von Klinik zu Reha 2021. Verfügbar unter: https://www.hcm-magazin.de/digitaler-uebergang-von-klinik-zu-reha-275831/ (Letzter Zugriff am: 17.10.2022)

10. Ruppert E. Schneller digital zur Reha: SBK kooperiert mit Recare 2021. Verfügbar unter: https://www.sbk.org/presse/schneller-digital-zur-reha-sbk-kooperiert-mit-recare/ (Letzter Zugriff am: 17.10.2022)

Betreuung von Demenzpatienten per Musik-App

Lisa Korte

Demenz ist eine Erkrankung, die zu schwerwiegenden Veränderungen im Leben der Betroffenen und in ihrem Umfeld führen kann. Es kommt zum Verlust der geistigen Fähigkeiten, die Erkrankten sind auf intensive Betreuung angewiesen. Symptome wie Persönlichkeitsveränderungen und Orientierungslosigkeit stellen Pflegende vor große Herausforderungen [1, 2]. Der Verbleib im häuslichen Umfeld kann die Erinnerungen der Erkrankten erhalten und dadurch womöglich die Symptome mildern. Die Versorgung sollte daher insbesondere ambulant erfolgen, solange die Gesamtsituation durch Angehörige und Pflegedienste tragbar ist [2]. Neben medikamentöser Behandlung zielen viele Verfahren darauf ab, Fähigkeiten aufrechtzuerhalten und die Lebensqualität zu steigern, beispielsweise durch Musiktherapie [2–5]. Welchen Beitrag kann eine appbasierte Musikintervention bei Demenz zur ambulanten pflegerischen Versorgung in Deutschland leisten?

Relevanz der ambulanten Pflege steigt

Von den etwa 4,9 Mio. Pflegebedürftigen werden in Deutschland vier Fünftel Zuhause versorgt. Die Hälfte wird allein durch Angehörige betreut, weshalb eine ambulante Unterstützung umso bedeutender ist [6]. Eine effiziente und strukturorientierte Gestaltung der ambulanten Pflege ist unabdingbar, da auch die Kosten aufgrund des Versorgungsbedarfs steigen: Während die Gesundheitsausgaben insgesamt in der ambulanten Pflege 2017 noch bei fast 20 Mio. € lagen, betrugen sie 2019 bereits ungefähr 22 Mio. € und sind damit um

L. Korte (✉)
Lehrstuhl für Management und Innovation im Gesundheitswesen, Fakultät für Wirtschaft und Gesellschaft, Universität Witten/Herdecke, Witten, Deutschland
E-Mail: lisa.korte@uni-wh.de

rund 10 % gestiegen [7]. Das Älterwerden begünstigt Zunahme und Fortschreiten gewisser Krankheiten wie Demenz, woran in Deutschland rund 1,6 Mio. Menschen erkrankt sind. Jährlich treten 300.000 Neuerkrankungen auf [8, 9].

Bedarf alternativer Therapien bei Demenz

Die Belastung durch die Pflege Demenzkranker ist hoch. 50 % der pflegenden Angehörigen erleiden durch die intensive Betreuung selbst psychische und körperliche Einschränkungen wie Depressionen oder Bluthochdruck [1, 10, 11]. Trotz ihrer Professionalität sind Pflegefachkräfte der ambulanten Pflegedienste dennoch herausgefordert, wenn sich die Erkrankten beispielsweise aggressiv verhalten oder schreien. Da Medikamente allein nicht die auftretenden Symptome lindern können, stellen nichtmedikamentöse Behandlungen eine Entlastungschance für pflegende Angehörige und ambulante Pflegefachkräfte dar. Musikinterventionen haben beispielsweise eine nachgewiesene positive Wirkung: Durch Singen in einer Gruppe wird das Sprachzentrum stimuliert, das Spielen von Instrumenten kann sogar kognitive und motorische Fähigkeiten stützen [4, 12, 13]. In der häuslichen Versorgung bieten sich hingegen eher Einzelinterventionen an: Apps verbinden in diesem Kontext Musik und Technologie – beides stimuliert Demenzerkrankte [2, 3, 5].

Musik-App individualisiert Demenzbetreuung

Musik-Apps für Demenzerkrankte in der ambulanten pflegerischen Versorgung werden besonders benutzerfreundlich, niedrigschwellig und spielerisch gestaltet [3, 4]. Die Universität Jena entwickelt aktuell in einem Projekt die Musik-App „Individualisierte Musik für Menschen mit Demenz in der häuslichen Pflege" (IMuD-App). Der Anspruch ist insbesondere, eine individualisierte Intervention bereitzustellen, bei der Betroffene per Tablet ihre „Lieblingsmusik" abspielen können. Dadurch sollen positive Erfahrungen und hiermit assoziierte Emotionen ausgelöst werden. Demenzerkrankte können die App selbst bedienen und jederzeit auf die Musik zugreifen. Die positive Wirkung äußert sich von Freude und Beruhigung bis hin zur Beteiligung an Gesprächen, was pflegenden Angehörigen und professionellen Pflegekräften die Betreuung erleichtern und zeitsparend sein kann. Darüber hinaus können Verhaltensprobleme, Depressionen und Medikamenteneinnahme bei den Erkrankten reduziert werden [3, 12–14]. Der musikalische Fokus kann beispielsweise durch sensorische Technologien ergänzt werden, indem bestimmte Aufgaben mit passender Musik assoziiert sind [3]. Ebenso könnten Videochats das Singen in der Gruppe mit anderen Betroffenen ermöglichen [12, 13]. So kann eine individuelle Anpassung an den Schweregrad der Krankheit und das Umfeld gelingen.

Projektkontext erschwert Prognose

Zwar ist grundsätzlich nachgewiesen, dass das häusliche Umfeld und Musikinterventionen die Lebensqualität Demenzerkrankter steigern können [4, 14]. Eine Musik-App für die ambulante Pflege, die bereits außerhalb des Projektkontexts im Einsatz ist, gibt es jedoch in Deutschland bisher nicht. Bei der IMuD-App und zukünftigen ähnlichen Innovationen ist daher noch offen, inwiefern sie eine digitale Gesundheitsanwendung (DiGA) oder digitale Pflegeanwendung (DiPA) werden und ob die Kosten übernommen werden. Die konkrete Gestaltung der IMuD-App sowie ihre Kosten sind ebenfalls noch unklar, weshalb eindeutigere Aussagen erst nach Projektende im Sommer 2024 getroffen werden können [5]. Mit mehr Klarheit können Beschäftigte in der ambulanten Pflege derartige Apps gezielt empfehlen und die Entlastung erfahren, die in Folge des womöglich besseren Gesamtzustands der Erkrankten entsteht.

Musik-App als Begleitung ambulanter Pflege

Eine digitale Intervention wie eine Musik-App kann Demenzkranke beruhigen und die Pflege erleichtern. Noch ist in Deutschland keine konkrete App im Einsatz, aber die Universität Jena verspricht mit der Entwicklung der IMuD-App ein kostengünstiges, nicht-pharmakologisches und leicht umsetzbares Produkt, das zur digitalen Innovation der ambulanten pflegerischen Versorgung in Deutschland beiträgt [3, 5]. Damit eine derartige App flächendeckend eingesetzt werden kann, stehen noch einige Schritte aus. Health Professionals aus der Pflege und besonders aus der Demenzversorgung können zur Entwicklung und Evaluation solcher digitalen Interventionen beitragen. Durch das Zeigen von Interesse können Pflegende eine Beziehung aufbauen, was die Betreuung erleichtern kann.

Literatur

1. Frias CE, Cabrera E, Zabalegui A. Informal Caregivers' Roles in Dementia: The Impact on Their Quality of Life. Life (Basel). 2020;10(11). https://doi.org/10.3390/life10110251
2. Bundesministerium für Gesundheit (BMG). Ratgeber Demenz. Informationen für die häusliche Pflege von Menschen mit Demenz. 2019. Verfügbar unter: https://www.bundesregierung.de/breg-de/service/publikationen/ratgeber-demenz-726472 (Letzter Zugriff am 17.10.2022)
3. Cunningham S, Brill M, Whalley JH, Read R, Anderson G, Edwards S, et al. Assessing Wellbeing in People Living with Dementia Using Reminiscence Music with a Mobile App (Memory Tracks): A Mixed Methods Cohort Study. J Healthc Eng. 2019;2019:8924273. https://doi.org/10.1155/2019/8924273
4. van der Steen JT, Smaling HJ, van der Wouden JC, Bruinsma MS, Scholten RJ, Vink AC. Music-based therapeutic interventions for people with dementia. Cochrane Database Syst Rev. 2018;7(7):Cd003477. https://doi.org/10.1002/14651858.CD003477.pub4

5. Friedrich-Schiller-Universität Jena. Individualisierte Musik für Menschen mit Demenz in der häuslichen Pflege (IMuD-App) 2021. Verfügbar unter: https://www.klinisch-psychologische-intervention.uni-jena.de/imud-app (Letzter Zugriff am 17.10.2022)
6. Bundesministerium für Gesundheit (BMG). Zahlen und Fakten zur Pflegeversicherung. 2022. Verfügbar unter: https://www.bundesgesundheitsministerium.de/fileadmin/Dateien/3_Downloads/Statistiken/Pflegeversicherung/Zahlen_und_Fakten/Zahlen_und_Fakten_Stand_April_2022_bf.pdf (Letzter Zugriff am 17.10.2022)
7. Statistisches Bundesamt (destatis). Gesundheitsausgaben in Deutschland in Mio. €. Gliederungsmerkmale: Jahre, Art der Einrichtung, Art der Leistung, Ausgabenträger. 2021. Verfügbar unter: https://www.gbe-bund.de/gbe/pkg_isgbe5.prc_menu_olap?p_uid=gast&p_aid=78034479&p_sprache=D&p_help=2&p_indnr=322&p_indsp=6170&p_ityp=H&p_fid (Letzter Zugriff am 17.10.2022)
8. Bundesministerium für Gesundheit (BMG). Pflegegrade 2021. Verfügbar unter: https://www.bundesgesundheitsministerium.de/pflegegrade.html (Letzter Zugriff am 17.10.2022)
9. Deutsche Alzheimer Gesellschaft e. V. Informationsblatt 1. Die Häufigkeit von Demenzerkrankungen. 2020. Verfügbar unter: https://www.deutsche-alzheimer.de/publikationen (Letzter Zugriff am 17.10.2022)
10. Merrilees J. The Impact of Dementia on Family Caregivers: What Is Research Teaching Us? Current Neurology and Neuroscience Reports. 2016;16(10):88. https://doi.org/10.1007/s11910-016-0692-z
11. Seidel D, Thyrian JR. Burden of caring for people with dementia – comparing family caregivers and professional caregivers. A descriptive study. J Multidiscip Healthc. 2019;12:655–63. https://doi.org/10.2147/JMDH.S209106
12. Yamagata C, Coppola JF, Kowtko M, Joyce S, editors. Mobile app development and usability research to help dementia and Alzheimer patients. 2013 IEEE Long Island Systems, Applications and Technology Conference (LISAT); 2013 3–3 May 2013. https://doi.org/10.1109/LISAT.2013.6578252
13. Vasionytė I, Madison G. Musical intervention for patients with dementia: a meta-analysis. Journal of Clinical Nursing. 2013;22(9–10):1203–16. https://doi.org/10.1111/jocn.12166
14. Thomas KS, Baier R, Kosar C, Ogarek J, Trepman A, Mor V. Individualized Music Program is Associated with Improved Outcomes for U.S. Nursing Home Residents with Dementia. Am J Geriatr Psychiatry. 2017;25(9):931–8. https://doi.org/10.1016/j.jagp.2017.04.008

Teil IX

Geschäftsmodelle

Aufnahme ins DiGA-Verzeichnis: Fluch und Segen für den Businessplan

Christian Timmreck

Digitale Gesundheitsanwendungen (DiGA) greifen nicht nur neue technologische Möglichkeiten auf, sondern sichern als sog. „Apps auf Rezept" auch die Erstattungsfähigkeit durch die Krankenkasse. Die meisten DiGA sind Produkte von Start-Ups, die zur Realisierung und Markteinführung i. d. R. auf Finanzierungen mit Risikokapital angewiesen sind. Zur Ermittlung, welchen prozentualen Anteil die Investoren für ihre finanziellen Mittel am Eigenkapital erhalten, ist eine Unternehmensbewertung notwendig, die auf dem Businessplan des Start-Ups basiert. Daher stellt sich die Frage, welchen Einfluss die Aufnahme ins DiGA-Verzeichnis durch das Bundesinstitut für Arzneimittel und Medizinprodukte (BfArM) für den Businessplan hat.

Im deutschen Gesundheitswesen sehen wir uns mit einem nicht unerheblichen Ressourcenmangel konfrontiert. Vom Fachkräftemangel bei Ärzten, Therapeuten und Pflegepersonal über Materialmangel aufgrund gestörter globaler Lieferketten bis hin zu Finanzierungslücken bei den gesetzlichen Krankenversicherungen aufgrund der steigenden Kosten. In der wissenschaftlichen Diskussion führt dies zu drei Handlungsoptionen: Rationierung, Priorisierung und Rationalisierung. Entweder wird rationiert, wodurch grundsätzlich verfügbare Leistungen allen vorenthalten werden oder zumindest priorisiert, was bedeutet, dass z. B. Patientengruppen in eine Rangfolge gebracht werden, die darüber Auskunft gibt, ob bzw. wann eine Leistung beansprucht werden kann. In beiden Fällen verschlechtert sich die gesundheitliche Versorgung der Bevölkerung, weshalb im ersten Schritt rationalisiert werden sollte, also Potenziale im Sinne einer Effizienzsteigerung (z. B. durch die Optimierung von Prozessen) zu heben sind.

C. Timmreck (✉)
Hochschule Niederrhein, University of Applied Sciences, Krefeld, Deutschland
E-Mail: christian.timmreck@hs-niederrhein.de

S. Bohnet-Joschko, K. Pilgrim (Hrsg.), *Handbuch Digitale Gesundheitswirtschaft*, https://doi.org/10.1007/978-3-658-41781-9_49

Die Unternehmensberatung McKinsey & Company hat das Nutzenpotenzial der Digitalisierung im deutschen Gesundheitswesen jüngst auf 42 Mrd. € beziffert [1]. Auch wenn hier die DiGA keine eigene Rubrik ausmachen, können sie überwiegend der Patientenselbstbehandlung zugeordnet werden, die alleine ein Nutzenpotenzial von 4,6 Mrd. € ausmacht. Dass auch Deutschland Anstrengungen in Bezug auf die Digitalisierung unternimmt, zeigt bspw. die seit langem diskutierte Einführung der elektronischen Patientenakte. Die COVID-19-Pandemie hat an einigen Stellen als Beschleuniger gewirkt, so konnten sich Patienten telefonisch krankschreiben oder vermehrt telemedizinisch behandeln lassen. Das gesamte Marktvolumen für Digital-Health wird von der Unternehmensberatung Roland Berger weltweit auf 1000 Mrd. € bis 2026 geschätzt, wovon rund ein Viertel auf die Europäische Union entfällt und EUR 59 Mrd. auf Deutschland [2].

Seit dem Inkrafttreten des Digitale-Versorgung-Gesetzes (DVG) am 19. Dezember 2019 können DiGA von Ärzten und Psychotherapeuten verordnet und durch die Krankenkasse erstattet werden. Dabei eröffnen DiGA vielfältige Möglichkeiten, um bei der Erkennung und Behandlung von Krankheiten sowie auf dem Weg zu einer selbstbestimmten gesundheitsförderlichen Lebensführung zu unterstützen. Durch die Aufnahme ins DiGA-Verzeichnis wird eine App zum zertifizierten digitalen Medizinprodukt mit sämtlichen damit verbundenen Vor- und Nachteilen. Mit Stand Oktober 2022 existieren 36 DiGA, von denen keine Zuzahlung oder ein optionales Zusatzgerät benötigt [3]. Es handelt sich entweder um Apps, die über den Apple App Store oder den Google Play Store heruntergeladen werden können, oder um Webanwendungen bzw. hybride Angebote, die sowohl als App als auch als Webanwendung angeboten werden.

DiGA als Teil der App-Economy

Auch wenn es in der Computerzeit schon immer Apps (also Applications oder auf Deutsch Anwendungsprogramme) gab, verstehen wir heute maßgeblich mobile Apps darunter, die es seit 2008 gibt, als Apple sein iPhone mit dem SDK (Software Development Kit) für Entwickler geöffnet hat. Seitdem ist die Anzahl der verfügbaren Apps rasant gestiegen und das Smartphone erlangte einen deutlichen Mehrwert neben der reinen Telefonie, der Foto- bzw. Videografie und dem Internetzugang. Die Frage „Gibt es da nicht eine App für?" wurde mittlerweile zum beflügelten Ausdruck. Laut der Verbrauchs- und Medienanalyse *VuMA* als wichtigste Markt-Media-Studie für elektronischen Medien. Belief sich die Zahl der Smartphone-Nutzer im Jahr 2021 auf rund 62,6 Mio. und für viele Menschen sind die Geräte ein wichtiger Teil des alltäglichen Lebens geworden (in der Altersgruppe der 14- bis 49-Jährigen sogar mit einem Nutzeranteil von über 95 %) [4]. Google und Apple beherrschen mit ihren Betriebssystemen Android und iOS den Markt für mobile Endgeräte und dominieren auch die Welt der App Stores. So werden ca. 90 % aller Downloads über den Google Play Store bzw. den Apple App Store getätigt. Dabei müssen die App-Entwickler bis zu 30 % Provision an die App Stores abgeben. Dies zeigt auch die Limitationen der sog. App-Economy auf, in der die Konzentration der Marktmacht erheblich ist.

Aus diesem Grund leitete das Bundeskartellamt im Juni 2021 ein Verfahren gegen Apple ein, um die marktübergreifende Bedeutung für den Wettbewerb zu prüfen. Ein Schwerpunkt der Ermittlungen liegt auf dem Betrieb des App Stores, da dieser Apple vielfach befähigen soll, Einfluss auf die Geschäftstätigkeit Dritter zu nehmen. In Bezug auf Google hat das Bundeskartellamt bereits entschieden, dass das Unternehmen aufgrund seiner überragenden marktübergreifenden Bedeutung der erweiterten Missbrauchsaufsicht durch die Kartellbehörde unterfällt.

Die Bereitschaft der Nutzer, kostenpflichtige Apps herunterzuladen, ist insgesamt eher schwach ausgeprägt. So gaben in einer Umfrage im Jahr 2013 76,7 % der Android-Nutzer und 53,8 % der iOS-Nutzer an, noch keine App gekauft zu haben. Und auch die Preisfestlegung gestaltet sich offensichtlich äußerst schwierig, da lediglich 2,7 % der Android-Nutzer und 7,5 % der iOS-Nutzer bereit waren, sechs Euro und mehr für den Erwerb einer App auszugeben [5]. Daher finden sich in Businessplänen für kommerzielle Apps (die vom Nutzer selbst bezahlt werden müssen) mit mittleren einstelligen Prozentsätzen relativ geringe Realisierungsraten (Umwandlung vom Status eines Interessenten zum Kunden). Darüber hinaus müssen Betroffene erst einmal erfahren, dass es überhaupt eine App zur Behandlung bzw. Therapie ihrer Beschwerden gibt. Hier ist mit nicht unerheblichen Werbeaufwand zu rechnen.

Handelt es sich hingegen um eine App, die vom BfArM geprüft wurde und im DiGA-Verzeichnis gelistet ist, kann diese von Ärzten bzw. Psychotherapeuten verordnet werden, wenn eine begründete Diagnose besteht. Diese wenden sich dann mit dem Rezept an ihre Krankenkasse und erhalten i. d. R. einen Freischalt-Code, mit dem sie die App kostenfrei herunterladen können. Die Kosten werden dann vom Hersteller mit der Krankenkasse abgerechnet. Alternativ können Versicherte auch direkt einen Antrag auf Genehmigung bei ihrer Krankenkasse stellen.

Im ersten Jahr ist der Hersteller der App frei in der Preisfestlegung. Danach muss er sich mit dem GKV-Spitzenverband auf einen verbindlichen Vergütungsbetrag einigen oder – falls dies nicht möglich ist – die Schiedsstelle setzt nach § 134 Abs. 3 SGB V den Vergütungsbetrag fest. Eine Erhebung des GKV-Spitzenverbandes zeigt für den Zeitraum September 2020 bis einschließlich September 2021 ein Preisspektrum zwischen einmalig 119 € bis zu 743,75 € für eine Anwendungsdauer von 90 Tagen; der durchschnittlich aufgerufene Preis lag bei 411 € [6]. Der erste Vergütungsbetrag, der durch die Schiedsstelle festgesetzt wurde, war am 17.12.2021 mit 223 € für 90 Tage für die DiGA somnio, wobei der vom Hersteller frei gewählte Preis dieser DiGA im ersten Jahr bei 464 € lag [7]. Der GKV-Spitzenverband kam in seinem Bericht auch zu dem Ergebnis, dass lediglich knapp 80 % von den rund 50.000 im Beobachtungszeitraum verordneten DiGA tatsächlich aktiviert wurden.

Marktpotenziale in Abhängigkeit von der DiGA-Zertifizierung

Wie eingangs bereits erwähnt, handelt es sich bei DiGA häufig um Produkte von Start-Ups, die auf Risikokapital angewiesen sind. Aufgrund der fehlenden Bonität haben Start-Ups i. d. R. keine Möglichkeit sich über Banken mit Fremdkapital zu finanzieren. Gerade in der Anfangsphase ist daher die Eigenfinanzierung (aus dem privaten oder beruflichen Umfeld) häufig die einzige Option. Hier wird auch von „Family & Friends" bzw. „Business Angels" gesprochen. Aufgrund des hohen Finanzbedarfs (laut Branchenverband Bitkom liegt der durchschnittliche Kapitalbedarf bei 3,3 Mio. €) [8] sind schnell die Grenzen dieser Finanzierungsart erreicht und sog. „Venture-Capital-Investoren" müssen angesprochen werden. Die Höhe des zur Verfügung gestellten Kapitals sowie die im Gegenzug geforderte Beteiligung werden auf Basis eines Businessplans – also der schriftlichen Zusammenfassung des unternehmerischen Vorhabens – ermittelt. Ein Businessplan sollte neben der Geschäftsidee selbst (mit Fokus auf das Alleinstellungsmerkmal), die Gründerpersönlichkeiten sowie den Markt und Wettbewerb beschreiben; die Marketingstrategie und die Unternehmensorganisation vorstellen; vor allem eine Finanzplanung aufzeigen, die durch die zuvor genannten Aspekte plausibilisiert wurde und auf die Chancen und Risiken (üblicherweise im Rahmen einer SWOT-Analyse) eingehen [9]. Besonderes Augenmerk liegt dabei auf der Umsatzplanung im Sinne eines Preis-Mengen-Gerüsts.

Für ein sehr vereinfachendes Rechenbeispiel gehen wir von 800.000 Patienten pro Jahr aus. Eine aktuelle Befragung durch NielsenIQ hat ergeben, dass rund 60 % der Bevölkerung bereits eine Gesundheits-App nutzen oder dies in naher Zukunft sicherlich tun werden [10]. Bei einer kommerziellen App, die der Patient selbst bezahlen muss, würde die Preisgrenze vermutlich bei rund 5 € liegen, was bei einer 12-monatigen Behandlungsdauer einen Gesamtbetrag von 60 € ergibt. Unter Annahme, dass lediglich 5 % der Patienten bereit sind, die App auf eigene Kosten zu erwerben, liegt das gesamte Marktpotenzial bei 1,44 Mio. €. (800.000 × 60 % × 5 % × 60 €).

Wäre die gleiche App als DiGA zertifiziert, könnten die Patienten sie kostenfrei erhalten. Neben der Akzeptanz durch die Patienten müsste hier aber zusätzlich die Bereitschaft der Ärzte bzw. Psychotherapeuten zur Verschreibung einer DiGA berücksichtigt werden, die laut Ärztebefragung durch IQVIA bei 60 % liegt [11]. Daneben ist noch die Tatsache zu berücksichtigen, dass lediglich 80 % der verordneten DiGA überhaupt aktiviert werden und damit vom Hersteller abgerechnet werden kann. Bei der Preisgestaltung orientieren wir uns an den aktuellen Durchschnittswerten von 400 € im ersten Jahr und einem erwarteten Vergütungsbetrag von 200 € in den Folgejahren. Daraus ergibt sich ein gesamtes Marktpotenzial von 92,16 Mio. € (800.000 × 60 % × 60 % × 80 % × EUR 400,-) im ersten bzw. EUR 46,08 Mio. (800.000 × 60 % × 60 % × 80 % × 200 €) in den Folgejahren.

Das theoretische Marktpotenzial für eine zertifizierte DiGA ist damit um den Faktor 32 größer als für eine kommerzielle Gesundheits-App. Entscheidend ist allerdings die Frage, welchen Marktanteil ein Hersteller tatsächlich für sich gewinnen kann, was insbesondere von der Wettbewerbssituation abhängig ist. Darüber hinaus ist zu beachten, dass von der ersten DiGA-Aufnahme in das DiGA-Verzeichnis bis einschließlich 30.09.2021 insgesamt Leistungsausgaben in Höhe von 12,8 Mio. € erbracht wurden, was bei 20 verfügbaren DiGA in dem Beobachtungszeitraum einem durchschnittlichen Jahresumsatz von 640 Tsd. € pro App entspricht und damit deutlich unter den theoretischen Marktpotenzialen liegt [12].

Herausforderungen im Rahmen der DiGA-Zertifizierung

Die höhere Attraktivität in Bezug auf Preisgestaltung und Mengenpotenzial einer DiGA benötigt im Vorfeld aber auch deutlich höhere Investitionen. So benötigt eine DiGA – neben der Prüfung durch das BfArM auf Datensicherheit, Datenschutz und Funktionalität – die Zulassung als Medizinprodukt und muss mit einem CE-Kennzeichen versehen sein. DiGA fallen i. d. R. unter die Risikoklasse I (geringes Risikopotenzial bei der Anwendung) und für die Zulassung als Medizinprodukt ist ein Qualitätsmanagementsystem zu etablieren, eine technische Dokumentation (nach Vorgabe) anzufertigen und eine EU-Konformitätserklärung zu erstellen. Die Wirtschaftsprüfungsgesellschaft KPMG schätzt allein den Personalaufwand (intern und extern) hierfür auf 54–67 Tsd. € [13]. Für eine endgültige Aufnahme in das DiGA-Verzeichnis ist der Nachweis von positiven Versorgungseffekten (die sich aus einem medizinischen Nutzen oder aus patientenrelevanten Verfahrens- und Strukturverbesserungen in der Versorgung ergeben können) notwendig [14]. Liegt dieser noch nicht vor, kann die App für 12 Monate in einer Erprobungsphase vorläufig zugelassen werden, wenn positive Versorgungseffekte plausibel begründet werden und ein Evaluationskonzept vorliegt. Der Nachweis von positiven Versorgungseffekten dürfte sich für die Hersteller als größte (inhaltliche wie finanzielle) Herausforderung darstellen. Kosten für entsprechende klinische Studien, die den geforderten Nachweis erbringen können, lassen sich nur schwer verallgemeinern und quantifizieren, da die Studienleistungen und -umfänge stark vom Einzelfall abhängen. Allerdings lassen sich entlang der Regeln der sog. Good Clinical Practice folgende charakteristische Kostenquellen für klinische Studien zusammenstellen: Gebühren, Studienassistenz, patientenbezogene Kosten, Prüfarzttätigkeit, Monitoring, Studientreffen, Safety Board, Data Management, Medizinische Biometrie und eine zusätzliche Projektpauschale. Für eine randomisierte klinische Studie mit einem 5-jährigen Verlauf und rund 1200 Studienteilnehmern kommen so schnell 2 Mio. € notwendiges Budget zusammen [15]. Laut BfArM sehen übrigens 78 % der Anträge eine randomisiert kontrollierte Studie für die Evidenzerbringung vor [16].

Vorläufiges Fazit

Hersteller von Gesundheits-Apps müssen durchaus abwägen, ob die Zulassung als DiGA erstrebenswert ist. Neben deutlich höheren Investitionen sind dabei auch die Erfolgsaussichten zu berücksichtigen. So wurden (Stand 04.05.2022) 129 Anträge gestellt, von denen 12 dauerhaft und 19 vorläufig in das DiGA-Verzeichnis aufgenommen wurden. Zwei wurden nach einer ursprünglichen Aufnahme wieder gestrichen, 11 von vornherein abgelehnt, 16 befanden sich noch in Prüfung und 69 Anträge wurden von den Herstellern wieder zurückgenommen [17]. Ein Investor wird sich auch mit diesen Erfolgsaussichten auseinandersetzen und das aufgezeigte Marktpotenzial entsprechend risikoadjustieren, bevor das dringend benötigte Kapital tatsächlich bereitgestellt wird. Dass zur Erschließung des Marktpotenzials auch die Ärzte bzw. Psychotherapeuten (als sog. Gatekeeper) gewonnen werden müssen und DiGA sich den Markt häufig mit vielen kostenfreien Angeboten (z. B. von Krankenkassen) teilen, macht das Gewinnen von Marktanteilen nicht einfacher.

Literatur

1. McKinsey & Company: Digitalisierung im Gesundheitswesen, Mai 2022, https://www.mckinsey. de/~/media/mckinsey/locations/europe%20and%20middle%20east/deutschland/news/presse/ 2022/2022-05-24%2042-mrd-euro-chance/220524_mckinsey_die%2042-mrd-euro-chance.pdf
2. Roland Berger: Future of Health 3, September 2021, https://www.rolandberger.com/de/Insights/ Publications/Wie-das-phygitale-Modell-das-Gesundheitswesen-ver%C3%A4ndern-wird.html
3. https://diga.bfarm.de/de/verzeichnis
4. VuMA (Arbeitsgemeinschaft Verbrauchs- und Medienanalyse) (2021). Anteil der Smartphone-Nutzer in Deutschland nach Altersgruppe im Jahr 2021. Statista. Statista GmbH. Zugriff: 09. September 2022. https://de.statista.com/statistik/daten/studie/459963/umfrage/anteil-der-smartphone-nutzer-in-deutschland-nach-altersgruppe/
5. Brandt, M. (2013). Nur jeder 4. Android-Smartphone-Besitzer kauft Apps. Statista. Statista GmbH. Zugriff: 09. September 2022. https://de.statista.com/infografik/1284/ausgaben-fuer-den-kauf-von-smartphone-apps/
6. GKV-Spitzenverband: Bericht des GKV-Spitzenverbandes über die Inanspruchnahme und Entwicklung der Versorgung mit digitalen Gesundheitsanwendungen, https://www.gkv-spitzenverband. de/media/dokumente/krankenversicherung_1/telematik/digitales/2021_DiGA_Bericht_final_barrierefrei.pdf
7. Deutscher Bundestag: Drucksache 20/1647, 16.02.2022, https://dserver.bundestag.de/btd/20/016/ 2001647.pdf
8. Bitkom: Startup Report 2022, September 2022, https://www.bitkom.org/sites/main/files/2022-08/22020811_Bitkom_Startup_Report_2022_AS.pdf
9. Siehe bspw. Grichnik/Brettel/Korrpp/Mauer: Entrepreneurship, 2010 oder Vogelsang/Fink/Baumann: Existenzgründung und Businessplan, 2016
10. NielsenIQ: Ergebnisbericht Welle 1, April 2022, https://www.bah-bonn.de/redakteur_filesystem/ public/Weitere_oeffentliche_Dateien/BAH_Brennpunktwelle_1_2022_DiGA_Digitalisierung_ Auswertung.pdf
11. IQVIA: Kurzbericht „Die Sicht niedergelassener Ärzte in Deutschland auf die COVID-19-Krise und die Bedeutung von Digital Health", November 2020, https://www.iqvia.com/-/media/iqvia/ pdfs/germany/library/publications/iqvia-kurzbericht-rztesicht-auf-covid-19-und-digital-health.pdf
12. GKV-Spitzenverband: Bericht des GKV-Spitzenverbandes über die Inanspruchnahme und Entwicklung der Versorgung mit digitalen Gesundheitsanwendungen, https://www.gkv-spitzenverband. de/media/dokumente/krankenversicherung_1/telematik/digitales/2021_DiGA_Bericht_final_barrierefrei.pdf
13. Meyer/Schmidt/Janßen: Kostentreiber MDR, in: MTD 11/2019
14. Zur Nutzenbewertung von DiGA siehe: Lantzsch/Stephani/Oschmann/Panteli/Busse: Konzeptionelle Überlegungen zur Nutzenbewertung von digitalen Gesundheitsanwendungen in Deutschland und Ansätze aus Großbritannien und Frankreich. In: Baas (Hrsg.): Digitale Gesundheit in Europa, 2020

15. Krummenauer/Al-Nawas/Baulig: Studiendesigns in der Implantologie (VI): Budgetierung Klinischer Studien – was kostet das Ganze??? In: zzi I Z Zahnärztl Impl I 2011; 27 (4)
16. BfArM: Evidenz bei DiGA – Anforderungen und Erfahrungen, Webinar vom 22.03.2022, https://www.bfarm.de/SharedDocs/Downloads/DE/Service/Termine-und-Veranstaltungen/veranstalt/2022/20220322/folien_webinar.pdf?__blob=publicationFile
17. BfArM: Datenschutz und Datensicherheit – Anforderungen und Erfahrungen, Webinar vom 04.05.2022, https://www.bfarm.de/SharedDocs/Downloads/DE/Service/Termine-und-Veranstaltungen/veranstalt/2022/20220504/folien_webinar.pdf?__blob=publicationFile

Femtech: Marktpotenziale genderspezifischer Versorgung

Lisa Korte

Der Begriff Femtech wurde erstmals 2016 von Ida Tin verwendet, Geschäftsführerin der Menstruations-App Clue [1]. Er fasst digitale Angebote wie Apps zusammen, die spezifisch die weibliche Gesundheit adressieren. Schätzungsweise wird Femtech bis 2025 eine 50-Milliarden-Dollar-Industrie sein [2, 3]. Die Femtech-Branche bietet aufgrund ihrer stetig wachsenden Marktgröße ein hohes Potenzial für Start-ups [4]. Welche Vorteile bietet Femtech im Speziellen und warum lohnt sich eine Investition in entsprechende Technologien für Medtech-Unternehmen?

Genderfragen werden zu Gesundheitsfragen

Genderfragen beschäftigen zunehmend die Gesellschaft des 21. Jahrhunderts – auch gesundheitsbezogen: Aufgrund der unterschiedlichen Anatomie der Geschlechter und geschlechterspezifischer Lebensphasen sind sowohl das Krankheitsspektrum als auch die Wirksamkeit von Medikamenten unterschiedlich. Hinzu kommen psychosoziale Einflüsse wie das Gesundheitsbewusstsein [2, 5]. Frauen haben trotz einer höheren Lebenserwartung im Alter einen höheren Pflegebedarf als Männer; darüber hinaus übernehmen sie häufiger die informelle Pflege von Angehörigen [6, 7]. Die geschlechterdifferenzierte Gesundheitsförderung ist daher wichtig und kann Vorteile für den Arbeitsmarkt sowie Kostenersparnisse mit sich bringen [8]. In Deutschland forderte beispielsweise das Präventionsgesetz

L. Korte (✉)
Lehrstuhl für Management und Innovation im Gesundheitswesen, Fakultät für Wirtschaft und Gesellschaft, Universität Witten/Herdecke, Witten, Deutschland
E-Mail: lisa.korte@uni-wh.de

© Der/die Autor(en), exklusiv lizenziert an Springer Fachmedien Wiesbaden GmbH, ein Teil von Springer Nature 2023
S. Bohnet-Joschko, K. Pilgrim (Hrsg.), *Handbuch Digitale Gesundheitswirtschaft*,
https://doi.org/10.1007/978-3-658-41781-9_50

239

2015 eine genderspezifische Ausgestaltung der Gesundheitsversorgung, die Femtech im Rahmen der Frauengesundheit anstrebt [2, 5, 9].

Weibliche Kaufkraft und Sheconomy

Frauen sind im Vergleich zu Männern grundsätzlich bereit mehr Geld auszugeben – sowohl pro Kopf als auch insgesamt. Vor allem in Kleidung, aber auch in Wellness- und Gesundheitsprodukte investieren sie besonders viel Geld. Dies mag zum einen an ihrem höheren Gesundheitsbewusstsein liegen. Zum anderen liegt aber auch der Konsum für den gesamten Haushalt meist in der Verantwortung von Frauen. So liegen gesundheitsbezogene Entscheidungen im Familienkontext zu fast 90 % bei Frauen [10, 11]. Sie geben zudem pro Kopf fast 30 % mehr Geld für gesundheitliche Produkte und Dienstleistungen aus als Männer. Frauen kurbeln das wirtschaftliche Wachstum an – hier fällt häufig das Stichwort „sheconomy" [12]. Die Zielgruppe, die sich technischen Start-ups im Kontext von Frauengesundheit bietet, ist demnach groß [1, 10, 13]. Das wirtschaftliche Potenzial der Femtech-Branche zeigt sich in einem stetigen Anstieg der Risikokapitalinvestitionen: Während 2016 weltweit 226 Mio. Dollar in Femtech investiert wurden, waren es 2018 bereits 650 Mio. Dollar und 2021 rund eine Milliarde Dollar [8].

Das Match zwischen digitaler und Frauengesundheit

Femtech-Anwendungen widmen sich nicht nur typischen weiblichen Themen wie Menstruation, sondern zum Beispiel auch chronischen Krankheiten und deren Selbstmanagement – aus weiblicher Perspektive [1, 10]. Der digitale, erleichterte Zugang mit individualisierten Angeboten trifft damit die Bedarfe einer großen Bevölkerungsgruppe und bietet ein breites, räumliches Spektrum, da gezielt auch Entwicklungsländer und ländliche Regionen adressiert werden können [14]. Mittlerweile gibt es weltweit über 200 von Frauen gegründete und geleitete Start-ups mit exklusiven Marketingstrategien im Zusammenspiel von digitaler und Frauengesundheit [15]. Hier konnten sich neben der Zyklus-App Clue [16] bereits mehrere Start-ups mit ihren Produkten etablieren, beispielsweise der smarte Tampon NextGen Jane zur Blutanalyse und das smarte Armband Grace zur Überwachung von Hitzewallungen in den Wechseljahren [3].

Noch gibt es Hemmnisse

Derzeit bestehen für die Ausweitung des Femtech-Marktes, ähnlich wie für die gesamte Medtech-Branche, noch verschiedene Herausforderungen, beispielsweise hohe Gerätekosten, Finanzierungsfragen sowie Lücken in Regulatorik und Technik. Aufgrund des noch jungen Femtech-Marktes mangelt es an Langzeitstudien, hinzu kommt die ohnehin lückenhafte Datenlage aufgrund der Unterrepräsentativität von Frauen in klinischen Studien [2, 11]. Die Präsentation von Start-ups im Rahmen digitaler Frauengesundheit in einer noch männerdominierten und teilweise stereotypisch geprägten Unternehmenswelt erschwert zudem die Gewinnung von Geldgebern [10]. Femtech als Begriff scheint noch zu allgemein und es bedarf einer spezifischen Kategorisierung, optimierter Kommunikation und handfester Kennzahlen, um die Aufmerksamkeit und Bereitschaft von Investoren zu steigern [10].

Wirbel um Femtech bleibt begründet

Offensichtlich hat Femtech durch die wachsende Kaufkraft von Frauen realistische, wirtschaftliche Chancen auf dem medizintechnischen Markt [11, 13]. Frauen sind eine große Zielgruppe mit umfangreichem Bedarf und einer höheren Nachfrage [1, 11]. Der kalkulierte Profit ist hoch, wenn Produkte schnell entwickelt werden, um in dem noch jungen Markt einen höheren Marktanteil zu sichern. Medtech-Unternehmen können als Venture-Capital-Geber in mehrere Start-ups investieren, damit sie ihr Portfolio diversifizieren und die Erfolgschancen optimieren [14]. Zudem können sie ihre Produkte an die Anforderungen des Femtech-Marktes anpassen. Durch die Förderung einer flächendeckenden Etablierung können Femtech-Produkte womöglich als Digitale Gesundheitsanwendungen in die Gesundheitsversorgung eingebunden werden. Gewonnene Daten können schließlich Forschung und Entwicklung dienen [10, 16] und Femtech-Nutzerinnen für die Teilnahme an klinischen Studien rekrutiert werden.

Literatur

1. Frost & Sullivan. Femtech Market – Digitizing Women's Health 2021. Verfügbar unter: https://store.frost.com/industries/femtech-market-research.html. (Letzter Zugriff am 06.10.2022)
2. Fitzpatrick MB, Thakor AS. Advances in Precision Health and Emerging Diagnostics for Women. J Clin Med. 2019;8(10). https://doi.org/10.3390/jcm8101525
3. Hollingshausen C. Femtech – Die Revolution im Gesundheitsmarkt: Star Finanz – Ein Unternehmen der Finanz Informatik; 2020. Verfügbar unter: https://blog.starfinanz.de/femtech/ (Letzter Zugriff am 06.10.2022)
4. Lu D. The femtech gold rush. New Scientist. 2019;242(3232):20-1. https://doi.org/10.1016/S0262-4079(19)30973-X
5. Bundesministerium für Gesundheit (BMG). Frauengesundheit 2020. Verfügbar unter: https://www.bundesgesundheitsministerium.de/service/begriffe-von-a-z/f/frauengesundheit.html (Letzter Zugriff am 06.10.2022)
6. World Health Organization Regional Office for Europe (WHO-EURO). Beyond the mortality advantage. Investigating women's health in Europe. World Health Organization (WHO); 2015. Verfügbar unter: https://www.euro.who.int/en/health-topics/health-determinants/gender/publications/2015/beyond-the-mortality-advantage.-investigating-womens-health-in-europe (Letzter Zugriff am 06.10.2022)

7. World Health Organization Regional Office for Europe (WHO-EURO). Strategy on women's health and well-being in the WHO European Region. Denmark: World Health Organization (WHO); 2016. Verfügbar unter: https://www.euro.who.int/en/health-topics/health-determinants/gender/publications/2016/strategy-on-womens-health-and-well-being-in-the-who-european-region-2016 (Letzter Zugriff am 06.10.2022)

8. Frost & Sullivan. Femtech – Digital Revolution in Women's Health 2021. Verfügbar unter: https://go.frost.com/TH_Femtech_SM%20 (Letzter Zugriff am 06.10.2022)

9. Freis A, Freundl-Schütt T, Wallwiener L-M, Baur S, Strowitzki T, Freundl G, et al. Plausibility of Menstrual Cycle Apps Claiming to Support Conception. Frontiers in Public Health. 2018;6(98). https://doi.org/10.3389/fpubh.2018.00098

10. Sandhu N, Gambon E, Stotz C. Femtech is expansive—it's time to start treating it as such: Rock Health; 2020. Verfügbar unter: https://rockhealth.com/femtech-is-expansive-its-time-to-start-treating-it-as-such/ (Letzter Zugriff am 06.10.2022)

11. Mortensen E. Femtech by the numbers: HTD Health; 2019. Verfügbar unter: https://htdhealth.com/insights/femtech-by-the-numbers/ (Letzter Zugriff am 06.10.2022)

12. Brissot V. It's a World of Wonder Women — The SHEconomy: Future of Work; 2017. Verfügbar unter: https://fowmedia.com/its-a-world-of-wonder-women-the-sheconomy/ (Letzter Zugriff am 06.10.2022)

13. Lupton D, Maslen S. How Women Use Digital Technologies for Health: Qualitative Interview and Focus Group Study. J Med Internet Res. 2019;21(1):e11481. https://doi.org/10.2196/11481

14. Karim J. Yes, she can! Why medtech needs female innovators now more than ever. The Bulletin of the Royal College of Surgeons of England. 2020;102(8):353-5. https://doi.org/10.1308/rcs-bull.2020.201

15. E-HEALTH-COM. Femtech hat Potenzial zur Revolutionierung des Marktes 2018. Verfügbar unter: https://e-health-com.de/details-news/femtech-hat-potenzial-zur-revolutionierung-des-marktes/ (Letzter Zugriff am 06.10.2022)

16. Rodriguez EM, Thomas D, Druet A, Vlajic-Wheeler M, Lane KJ, Mahalingaiah S. Identifying Women at Risk for Polycystic Ovary Syndrome Using a Mobile Health App: Virtual Tool Functionality Assessment. JMIR Form Res. 2020;4(5):e15094. https://doi.org/10.2196/15094

Die Zukunft des Apothekenmarktes

Philipp Köbe

Die Online-Handelsplattform Amazon hat in den vergangenen Jahren nahezu alle Konsumbereiche des Alltags durchdrungen [1]. Der allgemeine Trend zum Online-Shopping führt dazu, dass Kunden auch Arzneimittel online bestellen wollen [2]. Durch die Einführung des E-Rezepts in Deutschland ab Januar 2022 steigt hierzulande die Attraktivität für Online-Apotheken. Infolge der Covid-19-Pandemie hat sich die Affinität der Menschen erhöht, E-Commerce verstärkt zu nutzen [3]. Die Situation von Quarantäne und sozialer Distanzierung führte zudem dazu, dass die Nutzung von Online-Medikamentenbestellung explizit begrüßt wird. Für Amazon könnte diese Ausgangssituation geeignet sein, ein eigenes Apothekenangebot auf seiner Online-Plattform in Deutschland zu etablieren. Wie verändert Amazon den Apothekenmarkt?

Das Wachstumsmodell von Amazon

Die Unternehmensstrategie der Online-Handelsplattform von Amazon fußt auf einem simplen Geschäftsmodell, in dessen Zentrum kontinuierliches Wachstum steht. Eine breite Produktauswahl führt zu einem positiven Kundenerlebnis, in dessen Folge ein großer Traffic auf der Plattform entsteht [1]. Dadurch bieten immer mehr Händler ihre Produkte über die Plattform an und vergrößern die Produktauswahl weiter. Das Wachstum ermöglicht Amazon seine Kostenstrukturen zu reduzieren. Daraus folgen niedrigere Preise im Wettbewerb

P. Köbe (✉)
Lehrstuhl für Management und Innovation im Gesundheitswesen, Fakultät für Wirtschaft und Gesellschaft, Universität Witten/Herdecke, Witten, Deutschland
E-Mail: philipp.koebe@uni-wh.de

© Der/die Autor(en), exklusiv lizenziert an Springer Fachmedien Wiesbaden GmbH, ein Teil von Springer Nature 2023
S. Bohnet-Joschko, K. Pilgrim (Hrsg.), *Handbuch Digitale Gesundheitswirtschaft*,
https://doi.org/10.1007/978-3-658-41781-9_51

243

mit anderen Plattformen oder dem stationären Handel. Infolgedessen verbessert sich das Kundenerlebnis, sodass sich der Wachstumsprozess kontinuierlich beschleunigt [1].

Das generelle Wachstum des Online-Handels begünstigt die Übertragung von Online-Einkäufen auf Produkte, die bisher eher im stationären Einzelhandelssetting nachgefragt wurden [2]. Die Zielgruppen, die bereits einen Großteil ihrer Einkäufe online abwickeln, neigen dazu, dieses Kaufverhalten auch auf andere Lebensbereiche auszudehnen [4]. Gerade jüngere Zielgruppen haben die Erwartung, dass sie ihre Medikamente online beschaffen können. Mit der Einführung des E-Rezepts und den damit verbundenen Erleichterungen für Online-Bestellungen von Arzneimitteln ist mit einer Zunahme über diese Vertriebsform zu rechnen [5]. Für Amazon, mit einem breiten, existierenden Warenangebot und einer direkten Ansprachemöglichkeit an seine Kunden, ist der Vertrieb von Arzneimitteln über seine Plattform eine logische Ausweitung des Geschäftsfeldes [6], die bereits im Jahr 2020 in den USA erfolgte.

Amazons Markteintritt rollt amerikanischen Apothekenmarkt auf

Schätzungen zufolge lag das globale Marktvolumen für E-Pharmacy, welches den gesamten Online-Handel mit Medikamenten umfasst, bei rund 62,6 Mrd. € in 2019 [7]. Für die Jahre 2020–2027 wird ein jährliches Wachstum von 12,5 % erwartet. Den größten Anteil mit etwa 55,6 % machten verschreibungspflichtige Arzneimittel aus [7]. Der europäische Anteil des E-Pharmacy-Marktes liegt bei rund einem Viertel. Die günstigen Faktoren des wachsenden E-Commerce, einer schnell alternden Bevölkerung sowie der Zunahme chronischer Erkrankungen beschleunigen das Wachstum in Europa besonders. In Deutschland haben 67 % der Bevölkerung bereits Onlineshops genutzt, 35 % benutzten bereits einmal eine Versandapotheke [8]. Bereits 23 % der Deutschen nutzen regelmäßig Online-Apotheken. Das e-Rezept macht für 35 % die Nutzung von Online-Apotheken attraktiver [8].

Die Ankündigung des Markteintritts von Amazon löste bei den großen US-amerikanischen Apothekenketten Kursverluste zwischen 8 % und 16 % aus [9]. Die beiden größten Unternehmen verloren 10 Mrd. Dollar Marktkapitalisierung. Bereits im Jahr 2018, als Amazon die Online-Apotheke PillPack für 750 Mio. Dollar kaufte, zeichnete sich der Einstieg des Unternehmens in den Online-Arzneimittelhandel ab [9].

Kundenanforderungen an den Online-Medikamenteneinkauf

Für Kunden von Online-Apotheken sind das Vertrauen in den Anbieter sowie die Servicequalität besonders wichtige Zufriedenheitsfaktoren [4]. Der Service sollte umfassende Produktinformationen, schnelle Lieferungen und guten Kundensupport umfassen. Online-Apotheken, die diese Anforderungen besonders gut erfüllen, weisen ein hohes Treueverhalten ihrer Kunden auf. Laut einer Auswertung von Bewertungsportalen spielt neben Logistik und Service auch die Preisgestaltung eine wichtige Rolle [10]. Amazon hat mit seiner Erfahrung im Bereich User Experience sowie einem etablierten Kundensupport einen Vorsprung im E-Commerce. Die umfassenden Daten über seine Kunden ermöglichen es Amazon, überzeugende Kundenbindungsstrategien zu entwickeln und die eigene Akzeptanz und Glaubwürdigkeit über alle Produktbereiche zu optimieren [6]. Über die etablierten Logistikstrukturen des Unternehmens kann zudem eine Auslieferung nach dem vom Kunden bereits gewohnten Muster erfolgen.

Schritt für Schritt zum medizinischen Kundenprofil

Die Einbettung in die bewährte Amazon-Plattform ermöglicht es dem Unternehmen über eine einfache Menüführung auch Medikamente zu vermarkten. In drei Schritten wird zunächst die bisherige Einnahme von Medikamenten abgefragt. Vorschläge unterstützen den Kunden dabei, seine Medikation einzutragen. Im zweiten Schritt werden Allergien abgefragt. Auch hier werden Hilfestellungen über häufig genannte Unverträglichkeiten oder Kombinationen genannt. Der letzte Schritt umfasst die Abfrage des allgemeinen Gesundheitszustandes, beispielsweise in Bezug auf Vorerkrankungen. Durch die Erfassung dieser Daten kann Amazon einerseits ein detailliertes Bild über die Gesundheit des Kunden und dessen Medikationspräferenzen erhalten. Andererseits kann der Algorithmus auch vor Unverträglichkeiten warnen oder komplementäre Produkte vorschlagen.

Hybride Medikamentenversorgung online und offline

Amazon wird in den kommenden Jahren eine Schlüsselrolle bei der Arzneimittellieferung an Endkunden spielen. Menschen können ihre Medikamentenbestellungen in ihr gewohntes Einkaufsverhalten bei Amazon integrieren. Die Vorzüge des Unternehmens mit komfortabler Lieferung sowie der Nutzung bestehender Profile und Kaufempfehlungen bieten einen zusätzlichen Kundennutzen. Die Etablierung des E-Rezepts eröffnet in diesem Markt neue Möglichkeiten. Andere Online-Apotheken müssen sich auf den Verlust von Marktanteilen einstellen und sich mit besonderen Services gegenüber Amazon Pharmacy abgrenzen. Das Zeitfenster bis zur Einführung von Amazons Online-Apotheke in Deutschland muss dafür genutzt werden. Stationäre Apotheken werden mittelfristig ein Bestandteil des hiesigen Apothekenmarktes bleiben, müssen jedoch ihre Wettbewerbsposition gegen den zunehmenden Onlinehandel behaupten.

Literatur

1. Hotz A, Fost M. Die „Amazonisierung" des Konsums – Game-Changer Amazon. In: Schallmo D, Rusnjak A, Anzengruber J, Werani T, Jünger M, editors. Digitale Transformation von Geschäftsmodellen: Grundlagen, Instrumente und Best Practices. Wiesbaden: Springer Fachmedien Wiesbaden; 2017. p. 669–96. https://doi.org/10.1007/978-3-658-12388-8_28
2. Prashanti G, Sravani S, Noorie S. A Review on Online Pharmacy. IOSR Journal of Pharmacy and Biological Sciences. 2017;12:32–4. https://doi.org/10.9790/3008-1203043234
3. Alexander GC, Qato DM. Ensuring Access to Medications in the US During the COVID-19 Pandemic. JAMA. 2020;324(1):31–2. https://doi.org/10.1001/jama.2020.6016
4. Athavale Amod S, Banahan IIIBF, Bentley John P, West-Strum Donna S. Antecedents and consequences of pharmacy loyalty behavior. International Journal of Pharmaceutical and Healthcare Marketing. 2015;9(1):36–55. https://doi.org/10.1108/IJPHM-02-2013-0003
5. Dhavle AA, Rupp MT. Towards creating the perfect electronic prescription. Journal of the American Medical Informatics Association. 2014;22(e1):e7-e12. https://doi.org/10.1136/amiajnl-2014-002738
6. Adaji I, Vassileva J, editors. Perceived Effectiveness, Credibility and Continuance Intention in E-commerce: A Study of Amazon2017; Cham: Springer International Publishing. https://doi.org/10.1007/978-3-319-55134-0_23
7. ePharmacy Market Outlook and Opportunities in Grooming Regions with Forecast 2027 (press release). 2020, Verfügbar unter: https://www.marketresearchfuture.com/press-release/epharmacy-market (Letzter Zugriff am 01.11.2022)
8. Veränderungstreiber im Apothekenmarkt: E-Rezept und Marktkonsolidierung (press release). April 2020, Verfügbar unter: https://www.sempora.com/files/pdf/SEMPORA%20Pressemitteilung%20Apothekenmarktstudie%202020.pdf (Letzter Zugriff am 01.11.2022)
9. Ponciano J. Amazon's Pharmacy Play Wipes $10 Billion From Walgreens And CVS Market Values. 2020, Verfügbar unter: https://www.forbes.com/sites/businessreporter/2021/01/19/five-secrets-to-retail-success-beyond-2020-video/?sh=50b4e68f2e27 (Letzter Zugriff am 01.11.2022)
10. Liu J, Zhou Y, Jiang X, Zhang W. Consumers' satisfaction factors mining and sentiment analysis of B2C online pharmacy reviews. BMC Medical Informatics and Decision Making. 2020;20(1):194. https://doi.org/10.1186/s12911-020-01214-x

Gesundheitsökosysteme am Beispiel von Amazon Care

Jonathan Koß

Amazon erzielte einen Umsatz von 386 Mrd. US-Dollar im Jahr 2020 und gehört zu den wertvollsten börsennotierten Unternehmen weltweit. Neben dem populären Onlinehandelsplatz erwirtschaftet Amazon seine Erlöse vor allem mit dem Angebot von Cloud-Infrastruktur. Seit kurzem bietet Amazon nun auch Gesundheitsleistungen über den Telemedizin Service Amazon Care an. Amazon Care besteht aus zwei Komponenten. Einerseits ermöglicht der „Virtual-Care-Service" eine telemedizinische Beratung durch Fachpersonal mittels der Amazon Care App. Beispielsweise kann ein Nutzer, basierend auf den zuvor via Chatbot getätigten Eingaben mit einem Arzt per Videochat verbunden werden [1]. Anschließend empfiehlt der Arzt die weiteren Behandlungsschritte. Neben einem telemedizinischen Angebot bietet Amazon Care auch Hausbesuche an. Beispielsweise kann während des Virtual-Care-Services festgestellt werden, dass eine persönliche Untersuchung notwendig ist. In diesem Fall schickt Amazon Care einen Arzt direkt zum Wohnort des Nutzers. Mögliche Medikationen werden ebenfalls geliefert [1]. Momentan grenzt sich Amazon Care somit von bestehenden telemedizinischen Anbietern in Deutschland durch zwei Aspekte ab. Einerseits sind die Ärzte direkt angestellt, Dritte können ihre Behandlungsleistungen momentan nicht anbieten. Andererseits schließt Amazon Care die Lücke zwischen telemedizinischer Versorgung und einer persönlichen Behandlung. Wie könnte Amazon Care etablierte Leistungserbringer aus dem Markt drängen und die deutsche Gesundheitsversorgung verändern?

J. Koß (✉)
Lehrstuhl für Management und Innovation im Gesundheitswesen, Fakultät für Wirtschaft und Gesellschaft, Universität Witten/Herdecke, Witten, Deutschland
E-Mail: jonathan.koss@uni-wh.de

© Der/die Autor(en), exklusiv lizenziert an Springer Fachmedien Wiesbaden GmbH, ein Teil von Springer Nature 2023
S. Bohnet-Joschko, K. Pilgrim (Hrsg.), *Handbuch Digitale Gesundheitswirtschaft*,
https://doi.org/10.1007/978-3-658-41781-9_52

Amazon Care – auch in Deutschland denkbar?

Das Geschäftsmodell von Amazon Care in den USA basiert erlösseitig auf Verträgen mit Arbeitgebern. Diese können ihren Arbeitnehmern den Amazon-Care-Service zur Verfügung stellen und sich somit unter anderem als attraktiver Arbeitgeber positionieren [2]. Ein Geschäftsmodell mit dem auch ähnliche Telemedizin-Anbieter wie die TeleClinic 2018 in Deutschland gestartet sind [3]. Im Kontext des deutschen Gesundheitssystems ist jedoch eine GKV-Kostenübernahme elementar, um die Behandlung von GKV-Versicherten effektiv skalieren zu können – eine Strategie, die durch TeleClinic 2020 bereits erfolgreich umgesetzt wurde [4]. Hierzu müsste Amazon Care seine Plattform jedoch für niedergelassene Ärzte mit Kassensitz öffnen. Ansonsten könnten nur Selbstzahler den Service in Anspruch nehmen.

Plattform als Geschäftsmodell wahrscheinlich

Falls Amazon Care sein Geschäftsmodell an das deutsche GKV-System anpasst, würde dies zunächst bedeuten, dass niedergelassene GKV-Ärzte auf der Plattform, ähnlich wie bei TeleClinic, partizipieren können und ihre Reichweite bzw. ihr Einzugsgebiet und Erlöse sukzessive steigern könnten (natürlich immer unter der Berücksichtigung des Praxis-Budgets). Somit würde das amazontypische Plattform-Geschäftsmodell entstehen [5]: Patienten werden Amazon Care nutzen, weil es eine komfortable One-Stop-Shop-Lösung ist. Vom telemedizinischen Erstkontakt über einen ggf. notwendigen Hausbesuch bis zur Lieferung des Medikaments – der Service integriert sich in den Alltag des Patienten. Folglich werden sich niedergelassene Ärzte und Apotheken auf der Plattform positionieren, um Umsätze zu generieren. Die hieraus entstehenden Netzwerkeffekte [5] werden – wie auch in der Amazon-Consumer-Sparte – die Marktmacht von Amazon Care zunehmend erhöhen und das Abschöpfen von Transaktions- und Nutzungsgebühren ermöglichen [5]. Darüber hinaus werden auch stationäre Leistungserbringer auf die Plattform angewiesen sein, da dort die notwendigen Einweiser tätig sind. Genauso werden Medikamentengroßhändler in eine gewisse Abhängigkeit geraten, falls ein Großteil der Verschreibungen über Amazon Care getätigt und durch Amazons Online-Apotheke „Amazon Pharmacy" bedient wird. In Folge würde die Marktmacht von Amazon Pharmacy steigen, sodass diese günstigere Medikamentenpreise verhandeln können.

Wird Amazon Care so den deutschen Markt erobern?

Der Telemedizin-Markt in Deutschland ist noch relativ klein. Die Einführung des eRezepts im Januar 2022 ist jedoch vermutlich ein großer Wachstumstreiber, weil somit auch erstmalig online Rezepte ausgestellt werden können, was beispielsweise Chronikern einen erheblichen Mehrwert bietet. Das hieraus resultierende Marktwachstum dürfte den deutschen Gesundheitsmarkt auch für Amazon attraktiver machen. Fraglich ist jedoch, ob ein Markteintritt von Amazon Care den deutschen Telemedizin-Markt disruptieren würde: Einerseits ist das beschriebene, mögliche Geschäftsmodell von Amazon Care nicht einzigartig. Exemplarisch agiert der deutsche Anbieter TeleClinic ebenfalls als Plattform: TeleClinic erhebt arztseitig eine Gebühr pro durchgeführter telemedizinischer Behandlung. Falls die etablierten deutschen Telemedizin-Anbieter ihr Leistungsangebot kundenfreundlich ausbauen – beispielsweise mit Medikamenten-Lieferdiensten und möglichen analogen Arztbesuchen –, ist hier kein klarer Wettbewerbsvorteil zu erkennen. In der Tat wurde beispielsweise die TeleClinic bereits durch die schweizerische Zur-Rose-Gruppe übernommen, die ein europäisches Gesundheitsökosystem aufbaut [6]. Neben der TeleClinic gehört hier auch die Online-Apotheke DocMorris dazu, sodass eine europäische One-Stop-Shop-Lösung möglich erscheint [6]. Andererseits verfügt Amazon über Kapital, das eine Subvention der Plattform ermöglicht – und somit einen Preiskampf. Bisherige plattformbasierte Unternehmen zeigen, dass während der Wachstumsphase mit hohen Verlusten in Wettbewerbssituation zu rechnen ist [5]. Hinzu kommt, dass Amazon ein tiefgehendes technisches Know-how in relevanten Bereichen wie der Cloud-Technologie besitzt.

Fazit

Auch wenn es für den Patienten komfortabel ist, so bedeutet eine große US-amerikanische Plattform als zentraler Orchestrator für Gesundheitsleistungen jedoch auch, dass die potenziell immensen Gewinne in die USA gehen. Hinzu kommt, dass die umfangreichen Datensätze, bestehend aus privaten Konsum- sowie Gesundheitsverhalten, außerhalb Deutschlands und Europas liegen würden. Außerdem bürgt eine Kontrolle eines signifikanten Anteils des Gesundheitssystems durch ausländische Unternehmen ein nicht unerhebliches Risiko. Vor diesem Hintergrund sollten die Rahmenbedingungen für nationale und europäische Unternehmen weiter verbessert werden, um einerseits eine patientenfreundliche Gesundheitsversorgung und andererseits die Wettbewerbsfähigkeit bereits etablierter Player zu fördern. Dies bedeutet insbesondere, dass Risikokapital zur Verfügung gestellt werden muss und notwendige regulatorische und infrastrukturelle Anpassungen wie die vollständige Integration des Rezepts schnellstmöglich umgesetzt werden sollten. Insgesamt ist jedoch auch festzustellen, dass Amazon Care im Gegensatz zur Consumer-Sparte in Form des Online-Handelsplatzes keinen Pionier Vorteil haben wird, sodass Amazon Care nicht zwingend das größte Gesundheitsökosystem in Europa werden wird.

Literatur

1. Amazon. Amazon Care 2021. [Available from: https://amazon.care/
2. Reiter M, Bauer M. Amazon ist nur ein Puzzlestück 2021. [Available from: https://www.hcm-magazin.de/amazon-care-ist-nur-ein-puzzlestueck/150/10668/414431

3. Deglmann F. TeleClinic startet Kooperation mit Messe München und weiteren Arbeitgebern 2018. [Available from: https://www.munich-startup.de/40193/teleclinic-kooperation-messe-muenchen/
4. TeleClinic. TeleClinic – über uns 2021. [Available from: https://www.teleclinic.com/uber-uns/
5. Xue C, Tian W, Zhao X. The Literature Review of Platform Economy. Scientific Programming. 2020;2020.
6. ZurRose Group Geschäftsbericht 2021. Available from: https://gb.zurrosegroup.com/gb2021

Data Intelligence in der Wertschöpfung pharmazeutischer Unternehmen

Philipp Köbe

Die pharmazeutischen Unternehmen befinden sich in einem herausfordernden Wettbewerbsumfeld [1]. Einerseits ist die Entwicklung neuer Medikamente kostenintensiv und risikoreich hinsichtlich der Erfolgsaussichten auf die Wirksamkeit und damit Monetarisierbarkeit in Form neuer Produkte. Andererseits liegen in der Nutzung von Daten zur Steuerung von Forschungs- und Entwicklungsprozessen sowie der Kapazitätsplanung von Produktionsressourcen große Potenziale [2]. Die Weiterentwicklung vom Business Intelligence zu einem breiteren datengestützten Data Intelligence spielt damit eine wachsende Rolle, um unter anderem unternehmensübergreifende Bereiche wie Market Access besser steuern zu können [3]. Wie kann Data Intelligence die Wertschöpfung von Arzneimittelherstellern unterstützen?

Data Intelligence unterstützt die Entscheidungsfindung auf allen Ebenen

Die Verfügbarkeit großer Datenmengen, sog. Big Data, ermöglicht eine zielgerichtete, datengestützte Steuerung aller Unternehmensbereiche [4]. Die Datenfülle bedingt eine ganzheitliche Betrachtung der gesamten Supply Chain des Pharmaunternehmens [5]. Die Daten können neben einer klassischen Business-Intelligence-Planung weitere voll automatisierte Analysen und Handlungen auslösen. Dadurch können Arzneimittelhersteller sowohl ihr Portfolio nach aktuellen Marktentwicklungen ausrichten als auch den gesamten

P. Köbe (✉)
Lehrstuhl für Management und Innovation im Gesundheitswesen, Fakultät für Wirtschaft und Gesellschaft, Universität Witten/Herdecke, Witten, Deutschland
E-Mail: philipp.koebe@uni-wh.de

S. Bohnet-Joschko, K. Pilgrim (Hrsg.), *Handbuch Digitale Gesundheitswirtschaft*,
https://doi.org/10.1007/978-3-658-41781-9_53

Produktions- und Vertriebsprozess zunehmend automatisiert steuern, wodurch unter anderem Umsätze deutlich gesteigert werden können [1]. Künstliche Intelligenz (KI) oder andere auf Machine Learning (ML) basierende Konzepte unterstützen diese Entwicklung [6]. In der Forschungs- und Entwicklungsabteilung werden anhand von Molekülketten potenzielle Wirkstoffe ermittelt. Dieser Prozess wird maßgeblich durch KI unterstützt [7]. Die Produktentwicklung wird durch die automatisierte Erstellung der Zulassungsdossiers begleitet. Parallel dazu findet eine Umweltanalyse statt, um neue Marktpotenziale zu erkunden. Dabei sind Faktoren wie bereits besetzte Indikationsgebiete oder Marktwachstum relevant. Diese Daten unterstützen die Entscheidungsfindung bei der Festlegung neuer Produktfelder und der strategischen Ausrichtung, die in einer Unternehmensplanung mündet. Mithilfe von Predictive Analytics können Umsätze geplant, Vertriebskanäle gesteuert und interne Geschäftsprozesse optimiert werden [5].

Anknüpfend an die Unternehmensplanung findet die automatisierte Prozessgestaltung innerhalb der Produktion statt [8]. Der integrative datengestützte Ansatz unterstützt dabei alle Supply-Chain-Prozesse. Die Analyse der laufend im Produktionsprozess entstehenden Daten ermöglicht eine optimierte Steuerung der Auslastung, der Beschaffung von Rohstoffen und der Einteilung von Arbeitskräften sowie eine flexible Reaktion auf Veränderungen im Markt [2]. Als abschließende Elemente liefern die Daten aus der Marktbewertung Ansätze zur Preisfindung, die durch die eingehenden Studiendaten untermauert werden. Durch Smart Patient Targeting können Zielgruppen zudem gezielt anhand der verfügbaren Nutzerdaten angesprochen werden. Algorithmen können diesen Prozess zusätzlich mittels ML unterstützen [6].

Smarte Tools zur Umsetzung von Data Intelligence

Das Unternehmen-Tableau liefert mit der gleichnamigen Software individuell zugeschnittene Data-Intelligence-Lösungen für Arzneimittelhersteller [9]. Die Unternehmensplattform von Tableau macht visuelle Analysen einfach nutzbar und befähigt Führungskräfte und Geschäftsanwender, genaue Ergebnisse und Behandlungen bereitzustellen. Pfizer setzt Tableau bei 25.000 Mitarbeitern ein, um die Zusammenarbeit zu verbessern und neue Erkenntnisse zu generieren. Takeda Pharmaceutical ist mithilfe von Tableau in der Lage, die Patientensicherheit in allen Phasen der klinischen Prüfung effektiv zu überwachen und eine hohe Datenqualität zu gewährleisten [9]. Auch andere Pharma- und Biotech-Unternehmen wie PAREXEL oder Novozymes nutzen die Software.

Das Unternehmen Prioritis bietet mit dem Service Prismaccess Zugang zu einer umfassenden Datenbank zur Preisfindung [10]. Diese enthält eine umfassende, detaillierte Aufzeichnung der Entscheidungen von Health-Technology-Assessment-(HTA-)Behörden, die in einfach zu navigierende Zusammenfassungen extrahiert wurden. Dadurch erhalten die Nutzer Transparenz zur Preisgestaltung und Kostenerstattung zur Ableitung möglicher Preisstrategien. Darüber hinaus liefert die Software Daten und Informationen zu allen

Pharma- und Biotech-Produkten während der Erst- und Folgebewertung durch nationale Behörden auf den relevanten HTA-Märkten [10].

Die digitale Transformation des Unternehmens proaktiv gestalten

Besondere Beachtung ist der Qualifizierung geeigneter Fachkräfte beizumessen. Umfassende IT-Kompetenzen sind bei allen Mitarbeitern unabdingbar [4]. Zudem spielen Faktoren wie Wissensmanagement oder Rekrutierung von Spezialisten im Bereich Data Analytics eine entscheidende Rolle. Auch vorhandene Personalressourcen müssen weiterentwickelt werden. Die richtige personelle und technische Ausstattung von IT-Abteilungen ist ebenfalls zu beachten [8]. Der Data-Intelligence-Ansatz führt voraussichtlich auch zur Reorganisation von Funktionseinheiten im Unternehmen. Agilität ist ein elementarer Bestandteil der zukünftigen Organisation, damit die automatisierten Prozesse schnell auf Veränderungen reagieren können. Eine weitere Standardisierung von Prozessen geht damit ebenfalls einher [5]. Auch die Harmonisierung der zu verwertenden Daten, der Zugang zu notwendigen Daten sowie eine generelle hohe Datenqualität sind Mindestvoraussetzungen zur Nutzung dieses Ansatzes [8].

Smarter Market Access mittels Data Intelligence

Data Intelligence ist eine Erweiterung der bisherigen Steuerung von Geschäftsprozessen durch Business Intelligence. Die neue Fülle an Daten ermöglicht eine zunehmende Prozessautomatisierung. Der integrierte Ansatz deckt die gesamte Wertschöpfungskette ab, wodurch das Pharmaunternehmen der Zukunft zum smarten datengetriebenen Ökosystem wird. Somit entstehen für Arzneimittelhersteller große Potenziale bei der Identifikation geeigneter Marktnischen mit hohen Erfolgspotenzialen bei der Umsatz- und Kundengenerierung und zudem kann die Kundengewinnung mittels Smart Patient Targeting revolutioniert werden.

Literatur

1. Gautam A, Pan X. The changing model of big pharma: impact of key trends. Drug Discovery Today. 2016;21(3):379–84. https://doi.org/10.1016/j.drudis.2015.10.002
2. Steinwandter V, Borchert D, Herwig C. Data science tools and applications on the way to Pharma 4.0. Drug Discovery Today. 2019;24(9):1795–805. https://doi.org/10.1016/j.drudis.2019.06.005
3. Tunder R. Market Access Management – Konzeption und Prozess. In: Tunder R, editor. Market Access Management für Pharma- und Medizinprodukte: Instrumente, Verfahren und Erfolgsfaktoren. Wiesbaden: Springer Fachmedien Wiesbaden; 2020. p. 3–35. https://doi.org/10.1007/978-3-658-26145-0_1

4. Kaddi SS, Patil MM, editors. Pharma data analytics: An emerging trend. 2017 International Conference On Smart Technologies For Smart Nation (SmartTechCon); 2017 17–19 Aug. 2017. https://doi.org/10.1108/BPMJ-10-2017-0272

5. Festa G, Safraou I, Cuomo MT, Solima L. Big data for big pharma. Business Process Management Journal. 2018;24(5):1110–23. https://doi.org/10.1109/SmartTechCon.2017.8358578

6. Henstock PV. Artificial Intelligence for Pharma: Time for Internal Investment. Trends in Pharmacological Sciences. 2019;40(8):543–6. https://doi.org/10.1016/j.tips.2019.05.003

7. Siegismund D, Tolkachev V, Heyse S, Sick B, Duerr O, Steigele S. Developing Deep Learning Applications for Life Science and Pharma Industry. Drug Res (Stuttg). 2018;68(06):305–10. https://doi.org/10.1055/s-0043-124761

8. Pesqueira A, Sousa MJ, Rocha Á. Big Data Skills Sustainable Development in Healthcare and Pharmaceuticals. Journal of Medical Systems. 2020;44(11):197. https://doi.org/10.1007/s10916-020-01665-9

9. Tableau. Life Sciences Analytics. 2021, Verfügbar unter: https://www.tableau.com/solutions/life-sciences-analytics (Letzter Zugriff am 01.11.2022)

10. Prioritis. What is Prismaccess? 2021, Verfügbar unter: https://www.prismaccess.com/page/what-is-prismaccess?lang=en (Letzter Zugriff am 01.11.2022)

Das Metaversum und seine Rolle im Gesundheitsmarkt

Philipp Köbe

The Metaverse oder auf Deutsch das Metaversum stellt eine Art virtuelles Abbild der echten Welt im Internet dar, das erstmals in den 1990er-Jahren in der Fiktion-Literatur beschrieben wurde [1, 2]. Nachdem mit dem Konzept des Second Life in der Vergangenheit bereits virtuelle Lebensräume im Internet kreiert wurden, plant das Unternehmen Meta (vormals Facebook) das Metaversum als vollkommene und allumfassende virtuelle Welt anzubieten [3]. Es bietet damit eine Erweiterung des herkömmlichen Internets als Web 3.0 mit weitreichenderen Interaktionsmöglichkeiten in einer digital-physischen Welt. Besonders große Potenziale werden auch für die Gesundheitsversorgung durch das Metaversum aufgezeigt [4, 5]. Mithilfe des Metaversums könnte eine integrierte Vernetzung aller angeschlossenen Leistungserbringer stattfinden und die verfügbaren Daten könnten direkt über die virtuelle in die reale Welt übertragen werden. Wie kann das Metaversum das Gesundheitswesen verändern?

Megamarkt Metaversum

Im Metaversum werden die virtuelle und die reale Welt miteinander verschmolzen [6]. Das Marktvolumen hat 2022 bereits rund 100 Mrd. Dollar überschritten [7]. Experten schätzen, dass der Markt sich bis 2030 auf über eine Billionen Dollar ausdehnt. Wie viele Menschen das Metaversum nutzen, ist derzeit nicht bekannt. Die Geschäftsmodelle basieren im Metaversum auf dem Handel bzw. Verkauf von virtuellen Produkten und Dienstleistungen [8].

P. Köbe (✉)
Lehrstuhl für Management und Innovation im Gesundheitswesen, Fakultät für Wirtschaft und Gesellschaft, Universität Witten/Herdecke, Witten, Deutschland
E-Mail: philipp.koebe@uni-wh.de

© Der/die Autor(en), exklusiv lizenziert an Springer Fachmedien Wiesbaden GmbH, ein Teil von Springer Nature 2023
S. Bohnet-Joschko, K. Pilgrim (Hrsg.), *Handbuch Digitale Gesundheitswirtschaft*, https://doi.org/10.1007/978-3-658-41781-9_54

Es können beispielsweise Grundstücke und Kunstwerke erworben werden. Auch das notwendige Equipment für die Teilnahme im Metaversum ist eine Einnahmequelle für Unternehmen. Damit ist das Metaversum auch für alle Marktteilnehmer der Gesundheitswirtschaft ein interessantes Umfeld, das mit zahlreichen Wachstumspotenzialen verbunden ist, aber auch Risiken von Marktanteilsverlusten mit sich bringen kann. Besonders für Hersteller von Devices wie Tablets, Smartphones, VR-Brillen usw., Medizintechnik oder Medizinprodukten bietet der virtuelle Markt eine Fülle an Möglichkeiten [9], bestehende und neue Produkte abzusetzen.

In der physischen Welt gibt es die Nutzer, die verwendeten Endgeräte des Internet of (medical) Things (Io{m]T) sowie Anbieter von Gesundheitsleistungen [6]. Verbunden mit der virtuellen Welt verwenden die Nutzer Avatare. Mittels Io(m)T wird die reale Welt mit der virtuellen Welt synchronisiert, wobei die virtuellen Anbieter die virtuelle Umwelt mitgestalten und weiterentwickeln. Die Leistungsanbieter bieten einerseits virtuelle Leistungen an. Die entsprechenden Bausteine des Metaversums sind Augmented Reality (AR) und Virtual Reality (VR), das Internet zum „Anfassen", digitale Zwillinge, Künstliche Intelligenz (KI) und innovative Geschäftsmodelle. Konkret kann sich ein Patient mit einer psychischen Erkrankung mittels VR-Brille in einen virtuellen Raum begeben und dort eine virtuelle psychotherapeutische Sitzung mit einem Psychiater wahrnehmen. Dabei können räumliche Grenzen ebenso wie Kapazitätsengpässe überwunden werden, denn der Psychiater muss nicht zwingend ein Mensch sein, sondern könnte auch ein KI-gestützter virtueller Therapeut sein, der im virtuellen Raum mit dem Patienten interagiert.

Gesundheitsleistungen in der virtuellen Welt ausbauen

Das Metaversum bietet neue Möglichkeiten entlang der gesamten Versorgungskette von der Prävention bis zur Langzeittherapie [4, 5]. Dadurch entstehen neue Versorgungsmodelle unabhängig von Zeit und Ort des Patienten oder Leistungserbringers. Beispielsweise durch die Nutzung von telemedizinischen Anwendungen kombiniert mit VR für ein erlebbareres Behandlungserlebnis, bei dem sich Arzt und Patient im virtuellen Raum gegenüberstehen [10]. Versorgungslücken können dadurch geschlossen werden, unter anderem indem in der virtuellen Welt Angebote zur Behandlung psychischer Erkrankungen geschaffen werden, die derzeit für viele Menschen nur eingeschränkt verfügbar sind [11]. Die Vernetzung der Akteure in der virtuellen Welt mit den Daten sowie der Hard- und Software der realen Welt birgt vielfältige Nutzungspotenziale [12]. Das Zusammenwirken von physischen Devices wie VR-Brillen oder Smartwatches mit KI und der Zusammenführung aller Daten in Echtzeit ermöglicht es beispielsweise, Ärzten und Patienten, bei einer Veränderung der Vitalparameter, unmittelbar in der virtuellen Welt in Kontakt zu treten und bei Bedarf augenblicklich therapeutische Maßnahmen einzuleiten. In Abgrenzung zu anderen Technologien wird im Metaversum unmittelbar bei einer prädiktiven Vorhersage eines drohenden Krankheitsbildes ein virtueller Kontakt hergestellt, der eine direkte virtuelle Interaktion mit einem Arzt ermöglicht. Anders als bei der Telemedizin können sich

Arzt und Patient in der erweiterten Realität mittels VR-Brille gemeinsam in einem virtuellen Raum aufhalten und beispielsweise der Avatar des Patienten virtuell untersucht werden. Bei dem virtuellen Arzt muss es sich dabei nicht, wie bei Telemedizin erforderlich, um einen Menschen handeln, sondern dieser kann auch als Hologramm basierend auf KI erzeugt werden.

Die Welt der virtuellen Kardiologie im CardioVers

Das Kardioversum (CardioVers) ist ein Beispiel, wie das Metaversum konkret in einem medizinischen Fachgebiet umgesetzt werden kann [13]. Die erweiterte Realität bietet die Animation kardiovaskulärer Strukturen, wie unter anderem eines 3D-Modells des Herzens, dass mit der Außenwelt durch eine AR-Brille betrachtet werden kann. Dadurch können zusätzliche Informationen im Diagnostik- und Therapieprozess beigesteuert werden. In einer Spiegelwelt können diese kardiovaskulären Strukturen auch für Simulationen genutzt werden, unter anderem in medizinischen Bildungsräumen, in denen mögliche Therapieverfahren virtuell getestet werden. Diese Anwendungsfelder beziehen sich auf die Außenwelt, da eine Interaktion in der physischen Welt stattfindet. Im Metaversum werden alle bereits existierenden Teillösungen zu einem vollständig vernetzten Gebilde zusammengeschlossen.

Im Innenverhältnis kann eine Vitaldatenerfassung erfolgen, wodurch beispielsweise EKG-Daten über eine Smartwatch direkt in die elektronische Patientenakte (ePA), die mit dem Metaversum verknüpft ist, einfließen. Anhand dessen kann eine KI Unregelmäßigkeiten erkennen und Maßnahmen einleiten. Unter anderem könnte der Patient dann mit einem Kardiologen in der virtuellen Welt verbunden werden, um in einem virtuellen Behandlungszimmer weiterführende Diagnostik zu erhalten, die in diesem Rahmen abgewickelt werden kann.

Digitalkompetenzen stärken und digitale Plattformen regulieren

Neben den Potenzialen des Metaversums gibt es auch zahlreiche Herausforderungen. Der umfassende Austausch sensibler Gesundheitsdaten muss einen adäquaten Schutz dieser gewährleisten. Die skizzierten Realisierungsvarianten des Metaversums dürften im deutschen Gesundheitswesen mit deutschem Datenschutzrecht nicht vereinbar sein. Politik und Administration benötigen ein tiefgehendes Verständnis zur Regulierung dieses neuen Leistungsmarktes. Die Verknüpfung des Metaversums für die Belange des Alltags wird bei Nutzern auch das Bedürfnis zur Verwendung im Kontext von Gesundheit hervorrufen. Somit sollte eine Regulierung dieses Umfeldes bereits frühzeitig diskutiert werden. Die Bereitstellung einer staatlichen Überwachungsinstanz, die gegebenenfalls Zertifizierungen oder Zulassungen vergibt, könnte eine zielführende Maßnahme sein, die auch auf EU-

Ebene denkbar wäre. Die Steigerung der Digital und Health Literacy sollte für die Nutzung des Metaversums zwingend vorangetrieben werden.

Das Metaversum kann einen umfassenden Beitrag leisten, die Gesundheit der Bevölkerung maßgeblich zu verbessern, innovative digitale und virtuelle Behandlungsverfahren zu etablieren und Gesundheitsprobleme durch Tracking in Echtzeit frühzeitig zu erkennen und zu beheben. Im Zuge der digitalen Transformation des deutschen Gesundheitswesens sollten die Möglichkeiten des Datenaustauschs ausgeschöpft werden, um die Gesundheitsversorgung effizienter zu gestalten und den Outcome für Patienten zu erhöhen. Die Ausschöpfung der Nutzung von digitalen Verhaltensdaten könnte für gezielte Präventionsangebote dienen, um besonders benachteiligte Gruppen bei der Verbesserung ihres Gesundheitszustandes zu unterstützen. Die im Metaversum bereitgestellten Daten liefern dafür die Grundlage, um für jedes Individuum gezielt Präventions- und Therapieangebote personalisiert vorzuschlagen, wie wir es heute schon bei großen Technologieunternehmen kennen. Zwar liefern Google, Apple und Meta heute noch keine prädiktiven Gesundheitsvorhersagen an die Nutzer, könnten dies aber zukünftig in einem vernetzten Metaversum als Geschäftsmodell weiterentwickeln.

Literatur

1. Smart J, Cascio J, Paffendorf J. Metaverse roadmap: pathways to the 3D web. Metaverse: a cross-industry public foresight project. 2007, Verfügbar unter: https://www.metaverseroadmap.org/MetaverseRoadmapOverview.pdf (Letzter Zugriff am 01.11.2022)
2. Park S-M, Kim Y-G. A Metaverse: taxonomy, components, applications, and open challenges. IEEE Access. 2022. https://doi.org/10.1109/ACCESS.2021.3140175
3. Kraus S, Kanbach DK, Krysta PM, Steinhoff MM, Tomini N. Facebook and the creation of the metaverse: radical business model innovation or incremental transformation? International Journal of Entrepreneurial Behavior & Research. 2022. https://doi.org/10.1108/IJEBR-12-2021-0984
4. Thomason J. MetaHealth - How will the Metaverse Change Health Care? Journal of Metaverse. 2021;1(1):13–6. Verfügbar unter: https://dergipark.org.tr/en/download/article-file/2167692 (Letzter Zugriff am 01.11.2022)
5. Wiederhold BK. Metaverse Games: Game Changer for Healthcare?.Cyberpsychology, Behavior, and Social Networking. May 2022.267-269. https://doi.org/10.1089/cyber.2022.29246. editorial
6. Xu M, Ng WC, Lim WYB, Kang J, Xiong Z, Niyato D, et al. A full dive into realizing the edge-enabled metaverse: Visions, enabling technologies, and challenges. arXiv preprint arXiv:220305471. 2022. https://doi.org/10.48550/arXiv.2203.05471
7. Schwär H. Geschäft mit dem Metaversum übersteigt 100 Mrd. US-Dollar in 2022. 2022, Verfügbar unter: https://www.capital.de/wirtschaft-politik/digitalisierung/geschaeft-mit-dem-metaversum-uebersteigt-100-mrd%2D%2Dus-dollar-in-2022-31636674.html (Letzter Zugriff am 01.11.2022)
8. Schöne neue Welt: Big Business mit Metaverse? (press release). 2022, Verfügbar unter: https://nachrichten.idw-online.de/2022/03/07/schoene-neue-welt-big-business-mit-metaverse/ (Letzter Zugriff am 01.11.2022)
9. Chen D, Zhang R. Exploring Research Trends of Emerging Technologies in Health Metaverse: A Bibliometric Analysis. https://doi.org/10.2139/ssrn.3998068

10. Koo H. Training in lung cancer surgery through the metaverse, including extended reality, in the smart operating room of Seoul National University Bundang Hospital, Korea. J Educ Eval Health Prof. 2021;18:33-. https://doi.org/10.3352/jeehp.2021.18.33
11. Ifdil I, Situmorang DDB, Firman F, Zola N, Rangka IB, Fadli RP. Virtual reality in Metaverse for future mental health-helping profession: an alternative solution to the mental health challenges of the COVID-19 pandemic. Journal of Public Health. 2022. https://doi.org/10.1093/pubmed/fdac049
12. Yang D, Zhou J, Chen R, Song Y, Song Z, Zhang X, et al. Expert consensus on the metaverse in medicine. Clinical eHealth. 2022;5:1–9. https://doi.org/10.1016/j.ceh.2022.02.001
13. Skalidis I, Muller O, Fournier S. CardioVerse: The Cardiovascular Medicine in the Era of Metaverse. Trends in Cardiovascular Medicine. 2022. https://doi.org/10.1016/j.tcm.2022.05.004

Teil X

Datenschutz & Regulatorik

Künstliche Intelligenz in der Medizin: Anmerkungen zum aktuellen Verordnungsentwurf der Europäischen Kommission

Tade Matthias Spranger und Michael Wenzel

Das Schlagwort der „künstlichen Intelligenz" regt stets die Fantasie an. Spätestens als vor gut 25 Jahren Schachweltmeister Garri Kasparow erstmals gegen den von IBM entwickelten Schachcomputer „Deep Blue" verlor, ist das Potenzial der KI auch in das Bewusstsein breiterer Bevölkerungsschichten gerückt. In Fachkreisen spielen sich jenseits solcher eher spielerischer Anwendungen freilich ganz andere Diskurse ab. Im Bereich der Medizin geht es insoweit um nicht weniger als die Optimierung von Diagnose und Therapie, die Bereitstellung personalisierter Medizin, oder die Entwicklung und Bereitstellung intelligenter Medizinprodukte. Während aus Sicht der Befürworter entsprechender Anwendungen menschliche Fehler reduziert oder gar gänzlich vermieden oder auch aus einer immer schwerer zu überschauenden Informationsflut die für den jeweiligen Patienten relevanten Erkenntnisse herausgefiltert werden können, weisen Kritiker unter anderem auf die Relevanz menschlicher Letztentscheidungen oder auch auf das Risiko möglicher neuer – technischer – Fehlerquellen hin.

Paradigmenwechsel KI-Gesetz

Unter rein rechtlichen Gesichtspunkten ist die Bandbreite denkbarer Fragestellungen schier unbegrenzt. Diskutiert werden so grundsätzliche Aspekte der medizinprodukterechtlichen Einordnung, der möglichen Haftungsrisiken für Hersteller, Programmierer, Behandler oder sonstige Anwender, der Beweislastverteilung, aber auch der berufsrechtlichen Möglichkeiten einer Fernbehandlung. Das Recht hinkt hier – wie dies bei technischen

T. M. Spranger (✉) · M. Wenzel
RITTERSHAUS Rechtsanwälte, Mannheim, Deutschland
E-Mail: Tade.Spranger@rittershaus.net; Wenzel@rittershaus.net

Entwicklungen regelmäßig der Fall ist – der Praxis eher hinterher, mit der Folge, dass sich rechtliche Einschätzungen zu wirklichen „Cutting-edge-Entwicklungen" meist nicht finden. Zu einem gewissen Paradigmenwechsel kommt es insoweit durch einen Verordnungsentwurf der Europäischen Kommission, der die Grundlage für ein künftiges „KI-Gesetz" bilden soll. Aufgrund des bahnbrechenden Charakters dieses Instrumentes konzentrieren sich die folgenden Ausführungen auf diesen Entwurf.

Anders als Richtlinien der Europäischen Union, die der Umsetzung durch die Mitgliedstaaten bedürfen und somit gewisse Konkretisierungsspielräume der Mitgliedstaaten eröffnen bzw. Abweichungen zwischen diesen ermöglichen, ist die Verordnung ein für und gegen jedermann geltender Rechtsakt (Art. 288 AEUV). Aus diesem Grund werden Verordnungen mitunter auch als „europäische Gesetze" bezeichnet. Ende April 2021 hat die Europäische Kommission nunmehr einen Entwurf einer solchen Verordnung vorgelegt, der den leicht sperrigen Titel „Verordnung zur Festlegung harmonisierter Vorschriften für künstliche Intelligenz (Gesetz über künstliche Intelligenz) und zur Änderung bestimmter Rechtsakte der Union" trägt (im Folgenden: VO-E; COM (2021) 206 final).

KI: Eine Definition

Der VO-E folgt einem horizontalen Ansatz. Das bedeutet, dass grundsätzlich nicht nur einzelne spezifische Lebensbereiche erfasst, sondern vielmehr prinzipiell jedes Inverkehrbringen, jede Inbetriebnahme und jede Verwendung von Systemen der künstlichen Intelligenz („KI-Systeme") dem Anwendungsbereich der Verordnung unterfallen soll (Art. 1 lit. a) VO-E). Was dabei als künstliche Intelligenz gelten soll, definiert Art. 3 Nr. 1 VO-E. Danach ist KI-System „eine Software, die mit einer oder mehreren der in Anhang I aufgeführten Techniken und Konzepte entwickelt worden ist und im Hinblick auf eine Reihe von Zielen, die vom Menschen festgelegt werden, Ergebnisse wie Inhalte, Vorhersagen, Empfehlungen oder Entscheidungen hervorbringen kann, die das Umfeld beeinflussen, mit dem sie interagieren". Anhang I des VO-E listet sodann die folgenden Techniken und Konzepte der künstlichen Intelligenz auf: „a) Konzepte des maschinellen Lernens, mit beaufsichtigtem, unbeaufsichtigtem und bestärkendem Lernen unter Verwendung einer breiten Palette von Methoden, einschließlich des tiefen Lernens (Deep Learning); b) Logik- und wissensgestützte Konzepte, einschließlich Wissensrepräsentation, induktiver (logischer) Programmierung, Wissensgrundlagen, Inferenz- und Deduktionsmaschinen, (symbolischer) Schlussfolgerungs- und Expertensysteme; c) Statistische Ansätze, Schätz-, Such- und Optimierungsmethoden nach Bayes."

Die Risikoklasse

Im Weiteren entfaltet der VO-E sodann einen risikobasierten Ansatz. Die jeweils zur Anwendung kommenden Vorschriften gelten also nicht unterschiedslos für jeden Sachverhalt, sondern richten sich danach, in welche von insgesamt drei Risikoklassen das betreffende KI-System fällt. Der VO-E unterscheidet dabei nach den Kategorien unannehmbar/ hoch/gering oder minimal. KI-Systeme im Bereich der Medizinprodukte und der In-vitro-Diagnostika stuft der VO-E dabei als „Hochrisiko-KI-Systeme" ein (Art. 6 Abs. 1 i. V. m. Anhang II Nr. 11 und 12 VO-E). Darüber hinaus gelten unter anderem auch KI-Anwendungen bei biometrischen Identifizierungen, bei der Entscheidung über den Anspruch auf öffentliche Unterstützungsleistungen und -dienste, und bei Entscheidungen über die Entsendung oder Priorisierung des Einsatzes von Not- und Rettungsdiensten, einschließlich Feuerwehr und medizinischer Nothilfe, als „Hochrisiko-KI-Systeme" (Art. 6 Abs. 2 i. V. m. Anhang III Nr. 1 und 5 VO-E).

Rechtliche Konsequenzen

Per definitionem sind demzufolge nach dem Willen der Kommission nahezu alle medizinisch relevanten Anwendungen als „Hochrisiko-KI-Systeme" einzuordnen. Doch welche rechtlichen Konsequenzen ergeben sich aus dieser Einordnung? Eine wesentliche Folge ist zunächst, dass das KI-System die im zweiten Kapitel des VO-E normierten sehr detaillierten Anforderungen erfüllen muss. Der VO-E fordert insbesondere die Etablierung eines Risikomanagementsystems inkl. Testverfahren, die den umfassenden Vorgaben des Art. 10 VO-E genügen müssen (Art. 9 VO-E), verschiedene technische Dokumentationen und Aufzeichnungspflichten (Art. 11 und 12 VO-E), die Transparenz und Bereitstellung von Informationen für die Nutzer (Art. 13 VO-E), die Etablierung einer menschlichen Aufsicht (Art. 14 VO-E) sowie die Umsetzung der Prinzipien der Genauigkeit, Robustheit und Cybersicherheit (Art. 15 VO-E). Weiterhin unterwirft der VO-E die verschiedenen Akteure spezifischen Pflichten im Umgang mit Hochrisiko-KI-Systemen. Der VO-E sieht umfangreiche Pflichten für die Anbieter von Hochrisiko-KI-Systemen vor (Art. 16 bis 25 und 28 VO-E), regelt zugleich aber auch die Pflichten von Einführern (Art. 26 VO-E), Händlern (Art. 27 VO-E) und Nutzern (Art. 29 VO-E).

Chancen durch verbindliche Standards

Eine ausführliche Darstellung und Diskussion der einzelnen Pflichtenkreise würde den Rahmen des vorliegenden Kapitels bei Weitem sprengen. Gleichwohl soll nicht zuletzt aufgrund des Umstandes, dass sich die bisherigen rechtlichen Einschätzungen zum VO-E vor allem auf eine Wiedergabe der jeweiligen Normen beschränken, der Versuch einer grundsätzlichen Bewertung unternommen werden: Der Umstand, dass sich die Europäische Kommission der Thematik annimmt, verdient – sicherlich ebenso wie die gewählte Rechtsform der Verordnung – Zustimmung. Dadurch schafft die Europäische Union in einem der zentralen Zukunftsthemen einen unionsweit geltenden Rechtsrahmen mit verbindlichen Standards in allen Mitgliedstaaten. Dies ist nicht nur für die Verwirklichung des Binnenmarktes von grundlegender Bedeutung. Auch zur effektiven Sicherung der

Menschenrechte aller von KI-Anwendungen betroffenen Unionsbürger ist eine EU-weiten Harmonisierung sachgerecht. Begrüßenswert ist auch der von der Kommission gewählte horizontale Ansatz. Da die KI-Regulierung eine Querschnittsmaterie darstellt, die nahezu jeden Lebensbereich betrifft, wirkt er einer unnötigen Rechtszersplitterung entgegen. Im Übrigen führt er dazu, dass der VO-E für Normanwender übersichtlicher und damit leichter verständlich ist.

Optimierungspotenziale bleiben

Weniger überzeugend sind sodann aber die Details des VO-E. Dies beginnt bereits mit der grundlegenden Definition des KI-Systems. Der Ansatz der Kommission bleibt seltsam blass, wenn man sich die unterschiedlichsten Definitionsvorschläge vor Augen hält, die seit Jahrzehnten von den verschiedensten am transdisziplinären KI-Diskurs beteiligten Disziplinen entwickelt und diskutiert wurden. Die Definition der Kommission wirkt im Vergleich hierzu holzschnittartig und verwendet zudem Begriffe wie „Deep Learning", die zwar ansprechend klingen, aber ihrerseits ausfüllungsbedürftig sind. In deutlichem Kontrast zu diesem schwammigen Begriffsverständnis stehen dann freilich die anderen Vorgaben des VO-E. Hier ist zunächst anzumerken, dass nur extremste KI-Systeme zu verbotenen Praktiken im Sinne von Art. 5 VO-E führen und zugleich umgekehrt ein sehr weites Verständnis des Begriffs „Hochrisiko-KI-Systeme" gepflegt wird – insbesondere durch die Weite der Anhänge II und III kann mehr oder minder jedes KI-System als „Hochrisiko-KI-System" eingeordnet werden. Dadurch droht der (gut gemeinte) differenzierende, risikobasierte Regelungsansatz der Kommission praktisch leerzulaufen. Zu gewissen Irritationen muss schließlich auch die Detailverliebtheit des VO-E in Bezug auf die verschiedensten Pflichtenkreise führen. Der Kommissionsvorschlag begründet insoweit extrem umfassende Test-, Dokumentations- und Überwachungspflichten. Die den Interessen der Anbieter durchaus entgegenkommende Idee, eine per-market-Konformitätsbewertung durch eine post-market-Überwachung zu ergänzen, wird hierdurch zumindest in Teilen wieder entwertet. Summa summarum sind viele der dem VO-E zugrunde liegenden Ideen überzeugend, die konkrete Umsetzung aber weniger. Hier steht zu hoffen, dass die laufenden Konsultationen zu deutlichen Verbesserungen führen werden.

Cybersicherheit im stationären Umfeld: Herausforderungen und Potenziale

Philipp Köbe

Für Einrichtungen der Gesundheitsversorgung mit stark vernetzter Infrastruktur stellen Cyberrisiken eine zunehmende Bedrohung dar [1]. Dabei trägt die Komplexität der Organisationen und das Vorhandensein zahlreicher veralteter und inkompatibler Systeme dazu bei, dass Risiken schwer beherrschbar sind. Ein ungehindertes Eindringen in Datenbanken, die Lähmung von Systemen oder die Unterbrechung der Stromversorgung bergen Sicherheitsrisiken für die Gesundheitsversorgung [2, 4]. Die in der Vergangenheit stattgefundenen Hackerangriffe auf Datenbanken sowie die Angriffe durch Malware bzw. Ransomware haben die Anfälligkeit von Kliniken sichtbar gemacht [4, 5]. Weltweit wurden Lösegeldzahlungen in Millionenhöhe geleistet, um die Kliniken zurück in die Versorgung zu bringen [1]. Zudem entstehen Schäden durch den Versorgungsausfall [5]. In welchem Ausmaß ist die Versorgungssicherheit durch Cyberrisiken in der stationären Gesundheitsversorgung gefährdet?

Große Risiken in der Versorgungssicherheit

Der WannaCry Cyberangriff im Mai 2017 infizierte 34 Kliniken des National Health Service (NHS) in Großbritannien [5]. Die Ausfallkosten für nicht stattgefundene Leistungen werden auf 5,9 Mio. Pfund in einer Woche beziffert [5]. Diese setzen sich aus 4 Mio. Pfund für entgangene stationäre Leistungen, 600 Tsd. Pfund für entgangene Notfälle und 1,3 Mio. Pfund für abgesagte ambulante Termine zusammen. Die Gesamtzahl der

P. Köbe (✉)
Lehrstuhl für Management und Innovation im Gesundheitswesen, Fakultät für Wirtschaft und Gesellschaft, Universität Witten/Herdecke, Witten, Deutschland
E-Mail: philipp.koebe@uni-wh.de

Einweisungen ging um 6 % pro Tag zurück. Ein signifikanter Anstieg von Todesfällen in den Notaufnahmen konnte infolge des Cyberangriffs nicht nachgewiesen werden. Dennoch entsteht durch den begrenzten Zugang zu medizinischen Leistungen eine Versorgungslücke [5]. Neben den genannten wirtschaftlichen Schäden besteht auch ein objektives Risiko für Patienten [4]. Das Herunterfahren des Versorgungsangebots kann dringend notwendige Behandlungen unmöglich machen. Zudem könnten Fehlentscheidungen aufgrund falscher oder veränderter Daten zu Behandlungsfehlern mit Personenschäden führen [4]. Seit 2018 wurden in Deutschland offiziell 27 Cyberangriffe nach der Definition des Gesetzes des Bundesamtes für Sicherheit in der Informationstechnik (BSI-Gesetz) bzw. BSI-Kritisverordnung gemeldet [5]. Da die Erfassung erst seit 2018 durchgeführt wird, liegen keine Daten für den weltweiten WannaCry-Cyberangriff aus dem Jahr 2017 vor. Seit der Corona-Pandemie wird ein erhöhtes Aufkommen von Cyberangriffen beim Bundesamt für Sicherheit in der Informationstechnik (BSI) verzeichnet [5].

Digitalisierung als Schwachstelle der Cybersicherheit

Die digitale Vernetzung in Kliniken sowie der Einsatz von mobilen Endgeräten erhöhen die Angriffspotenziale [3, 6]. Darauf sind Krankenhäuser nicht hinreichend vorbereitet, haben keine ausreichenden Frühwarnsysteme oder verfügen nicht über geeignete Gegenmaßnahmen. Aufgrund der Organisationsstruktur, einer hohen Endpunktkomplexität und Technologiesättigung, sind Krankenhäuser ein leichtes Ziel für Cyberangriffe [6]. Drei Ursachen können identifiziert werden: Erstens der Einsatz einer Vielzahl medizinischer Geräte. Im Jahr 2014 wurden mehr als 300 dieser Geräte als gefährdet eingestuft [6]. Zweitens eine unzureichende Sensibilisierung des Personals beim Umgang mit digitalen Arbeitsmitteln [1]. Drittens ein geringes Budget zur Cyberabwehr. Die Mehrzahl der Organisationen des NHS geben 1–2 % für ihre IT aus. In anderen Sektoren liegt der Durchschnittswert jedoch bei 4–10 % [7]. Die mangelnden Ressourcen in diesem Bereich führen dazu, dass veraltete Systeme im Einsatz sind, keine Mittel für Sicherheitsmaßnahmen zur Verfügung stehen oder Sicherheitslücken zu spät geschlossen werden.

Widerstandsfähigkeit auf drei Ebenen stärken

Auf organisationaler Ebene müssen Schwachstellen aufgedeckt, Frühwarnindikatoren entwickelt sowie Sicherheitsstandards definiert werden [2, 6]. Die Europäische Agentur für Netz- und Informationssicherheit (ENISA) aktualisiert regelmäßig ihre Leitlinien im Umgang mit Informationssystemen sowie zu zahlreichen weiteren Themenfeldern wie der Vertragsgestaltung von Cloud-Diensten oder zu Zertifizierungsverfahren. Die Leitlinien sind in verschiedenen Sprachen auf der Website verfügbar. Die Durchführung von Penetrationstests ist ein zielführendes Instrument zur Schwachstellenidentifikation. Die Berufung eines Managers für IT-Sicherheit ist in jeder Klinik anzustreben, mit weitreichenden

Durchgriffsrechten und Entscheidungsbefugnissen. Auf personeller Ebene tragen folgende Maßnahmen zur Verringerung der Verwundbarkeit bei. Die Ausarbeitung eines ausführlichen Cybersicherheitsplans, die Schaffung engagierter Teams zur Gefahrenabwehr sowie die Etablierung einer Schutzrichtlinie innerhalb der Organisation [2]. Regelmäßige Schulungsangebote sind eine konkrete Handlungsempfehlung, um die Mitarbeitenden für die genannten Maßnahmen zu sensibilisieren. Eine optimale Stakeholder-Abstimmung gewährleistet in diesem Zusammenhang, dass verschiedene Interessengruppen effektiv aufeinander abgestimmt sind [6]. In Kliniken ist darauf zu achten, dass medizinisches und pflegerisches Personal keine widersprüchlichen Anweisungen befolgen müssen. Auf der technischen Ebene ist die Reduktion der Endpunktkomplexität entscheidend [6]. Hierbei wäre unter anderem der Umstieg auf Cloud-Hosting-Dienste oder ein Erkennungssystem für nicht autorisierte Geräte im Netzwerk denkbar.

Die besondere Rolle der Kliniken als kritische Infrastruktur (§ 8a i. V. m. § 2 Abs. 10 Nr. 1 BSI-Gesetz) erfordert einen expliziten Nachweis, dass Maßnahmen zur Widerstandsfähigkeit gewährleistet werden. Die Einhaltung der IT-Sicherheit nach dem Stand der Technik ist regelmäßig gegenüber dem BSI nachzuweisen. Mit Inkrafttreten der Datenschutzgrundverordnung 2018 wurden höhere Bußgelder bei Verstößen definiert. Demnach könnten bis zu 20 Mio. € Strafzahlung (Art. 83 EU-DSGVO) drohen, wenn Datenschutzvorschriften verletzt werden.

Fazit

Die Digitalisierung des Gesundheitswesens bringt große Potenziale mit dem Einsatz innovativer, intelligenter Systeme mit sich. Damit diese Systeme auch zielführend in der Gesundheitsversorgung eingesetzt werden können, ist gleichzeitig ein effektives Cybersicherheitsmanagement der Leistungserbringer notwendig. Die Angriffe auf Kliniken haben die Verwundbarkeit gezeigt und welcher wirtschaftliche Schaden entstehen kann. Die dauerhafte Sensibilisierung der internen Stakeholder sowie eine enge Abstimmung dieser ist einer der entscheidenden Erfolgsfaktoren. Zudem sollte die Endpunktkomplexität reduziert werden, indem Dienstleister mit entsprechendem Know-how in die Cyberabwehr einbezogen werden.

Literatur

1. Abrahama C, Chatterjeeb D, Sims RR. Muddling through cybersecurity: Insights from the U.S. healthcare industry. Business Horizons, Volume 62, Issue 4, July–August 2019, Pages 539–548. https://doi.org/10.1016/j.bushor.2019.03.010
2. Le Bris A, El Asri W. lState of cybersecurity & cyber threats in healthcare organizations – Applied Cybersecurity Strategy for Managers. Journal of Strategic Threat Intelligence, Jan 2017, Strategic Report. Verfügbar unter: http://blogs.harvard.edu/cybersecurity/files/2017/01/risks-and-threats-healthcare-strategic-report.pdf (Letzter Zugriff am 01.11.2022)

3. Coventry L, Branley D. Cybersecurity in healthcare: A narrative review of trends, threats and ways forward. Maturitas 113 (2018) 48–52. https://doi.org/10.1016/j.maturitas.2018.04.008

4. Ghafur S, Kristensen S, Honeyford K, Martin G, Darzi A, Aylin P. A retrospective impact analysis of the WannaCry cyberattack on the NHS. npj Digital Medicine (2019) 2:98. https://doi.org/10.1038/s41746-019-0161-6

5. Deutscher Bundestag – 19. Wahlperiode. Cyber-Angriffe auf medizinische Einrichtungen und Geräte. Antwort der Bundesregierung auf die Kleine Anfrage der Abgeordneten Jan Nolte, Gerold Otten, Jens Kestner, weiterer Abgeordneter und der Fraktion der AfD – Drucksache 19/18797–22.05.2020. Verfügbar unter: https://dserver.bundestag.de/btd/19/193/1919392.pdf (Letzter Zugriff am 01.11.2022)

6. Jalali MS, Kaiser JP. Cybersecurity in Hospitals: A Systematic, Organizational Perspective. J Med Internet Res 2018, 20(5):e10059, 1–17. https://doi.org/10.2196/10059

7. Martin G, Martin P, Hankin C, Darzi A, Kinross J. Cybersecurity and healthcare: how safe are we? BMJ 2017, 358:j3179. https://doi.org/10.1136/bmj.j3179

Mobile-Health-Dienste: Rechtliche Herausforderungen auf dem Weg zum Medizinprodukt

Tade Spranger

Für den schillernden Begriff der Mobile Health („mHealth") fehlt es bislang an einer einheitlichen Definition. Die Weltgesundheitsorganisation versteht hierunter medizinische Verfahren und Praktiken der öffentlichen Gesundheitsfürsorge, die durch Mobilgeräte wie Mobiltelefone, Patientenüberwachungsgeräte, persönliche digitale Assistenten (PDA) und andere drahtlos angebundene Geräte unterstützt werden [1]. Die entsprechenden Dienste sollen unter anderem Selbstmanagement und Therapietreue verbessern und hierdurch eine dezentralisierte bzw. patientenzentrierte, selbstbestimmte Gesundheitsversorgung fördern [2]. Die Bandbreite der erwarteten Effekte umfasst aber etwa auch einen verbesserten Zugang zu Gesundheitsinformationen, eine nachhaltige Effizienzsteigerung des Gesundheitswesens oder die insgesamt verbesserte Wirksamkeit der Gesundheitsfürsorge und der Prävention [3]. Unter rechtlichen Gesichtspunkte werfen mHealth-Dienste eine ganze Reihe von Fragen auf. Wie so oft in Fragen der Technikregulierung reagiert das Recht dabei mit einer gewissen zeitlichen Verzögerung auf technische Entwicklungen, was zu zahlreichen Regelungslücken (bzw. Spielräumen) und Grauzonen führt.

Medizinprodukterecht

Nach dem ab dem 26. Mai 2020 geltenden neuen Medizinprodukterecht der Verordnung (EU) 2017/745 gilt als Medizinprodukt auch Software, sofern und soweit diese „dem Hersteller zufolge" für Menschen bestimmt ist und unter anderem der Diagnose und/oder Therapie von Krankheiten dient (i. E. Art. 2 Nr. 1 der Verordnung (EU) 2017/745). Es versteht

T. Spranger (✉)
RITTERSHAUS Rechtsanwälte, Mannheim, Deutschland
E-Mail: Tade.Spranger@rittershaus.net

S. Bohnet-Joschko, K. Pilgrim (Hrsg.), *Handbuch Digitale Gesundheitswirtschaft*,
https://doi.org/10.1007/978-3-658-41781-9_57

sich von selbst, dass das Abstellen auf die Zweckbestimmung des Herstellers ein gewisses Missbrauchspotenzial eröffnet. Als zu beachtende Grenze gilt hier das Willkürverbot: will sich ein Hersteller durch unzutreffende Angaben der Regulierung entziehen, so kommt es nicht mehr auf seine subjektive Einschätzung, sondern alleine auf die objektive Eignung des Produkts als Medizinprodukt an [4]. Echte mHealth-Anwendungen stellen daher – anders als bloße Wellness- oder Lifestyle-Anwendungen – regelmäßig Medizinprodukte dar, was unter anderem dazu führt, dass ein Konformitätsbewertungsverfahren durchlaufen und das Produkt mit einer CE-Kennzeichnung versehen werden muss (Art. 10 Abs. 6 der Verordnung (EU) 2017/745).

Datenschutzrecht

Neben medizinprodukte- und medizinproduktebetreiberrechtlichen Aspekten weisen die meisten mHealth-Dienste vor allem auch datenschutzrechtliche Facetten auf [5]. Bekanntlich hat die neue Datenschutz-Grundverordnung der EU (DSGVO, Verordnung (EU) 2016/679) den Datenschutz auf eine gänzlich neue Bedeutungsebene gehoben. Art. 9 Abs. 1 der DSGVO zählt dabei Gesundheitsdaten sowie genetische und biometrische Daten zu den besonders strikt geschützten Datenkategorien. Viele mHealth-Anwendungen spiegeln die hieraus resultierenden Anforderungen bislang aber nur unzureichend wider. Die besondere Sensibilität gerade von Gesundheitsdaten gebietet hier nicht nur im Lichte der drohenden drakonischen Strafen (v. a. Art. 83 Abs. 4 und 5 der Verordnung (EU) 2016/679) eine strikte Einhaltung datenschutzrechtlicher Standards.

Haftungsfragen

Zahlreiche ungeklärte Fragen zeigen sich vor allem dann, wenn eine mHealth-Anwendung fehlerhaft funktioniert und es hierdurch zur Schädigung eines Patienten/Anwenders kommt. Anders als im Arzneimittelrecht existieren im Medizinprodukterecht keine haftungsrechtlichen Sonderregeln, sodass zunächst einmal die allgemeinen vertraglichen und deliktischen Haftungsvorschriften zur Anwendung gelangen. Die Anwendbarkeit des Produkthaftungsgesetzes (ProdHaftG) soll hingegen nach „herrschender Meinung" ausscheiden, weil mHealth-Dienste keine „bewegliche Sache" im Sinne des ProdHaftG darstellen [6]. Erhebliche Probleme bereitet in Haftungsfragen die Abgrenzung von Verantwortungssphären: Hier entscheiden die Umstände des jeweiligen Einzelfalls, ob der Hersteller, ein Programmierer, der Anwender oder eine sonstige Person alleine oder mitverantwortlich für den eingetretenen Schaden ist.

Gesetzliche Krankenversicherung

Im Recht der gesetzlichen Krankenversicherung wird derzeit nicht nur die Frage der Kostentragung [7], sondern vor allem auch die Zulässigkeit sogenannter Vitality-Tarife diskutiert. Umstritten sind hierbei etwa die Belastbarkeit der Datenbasis, aber auch der tatsächliche Effekt einer Kostenreduzierung bei den Versicherungen. Der Deutsche Ethikrat weist angesichts des grundlegenden Charakters der zu leistenden Interessenabwägung auf die Notwendigkeit weiterer Erörterung hin: „Auf der einen Seite bestehen ersichtlich erhebliche Gefahren einer Entsolidarisierung; denn es gehört gerade zu den Grundprinzipien der gesetzlichen Krankenversicherung, gegenüber individuellen Morbiditätsrisiken ‚blind' zu sein". Auf der anderen Seite kann aber nicht verkannt werden, dass der Aspekt der Eigenverantwortlichkeit und der Prävention im SGB V zunehmend an Bedeutung gewinnt [8].

Fazit

Mit therapeutischer oder diagnostischer Zweckbestimmung versehene mHealth-Anwendungen stellen regelmäßig Medizinprodukte dar, die den entsprechenden gesetzlichen Anforderungen zu genügen haben. Darüber hinaus zeigen sich aber bei der konkreten Anwendung zahlreiche weitere rechtliche Implikationen, die aktuell erst ansatzweise erfasst und in den kommenden Jahren vermehrt zu rechtspolitischen Diskussionen und gesetzgeberischen Aktivitäten führen werden.

Literatur

1. Europäische Kommission (Hrsg.), Grünbuch über Mobile-Health-Dienste („mHealth"), Vom 10.4.2014, COM (2014) 219 final, S. 4.
2. WHO (Hrsg.), mHealth – New horizons for health through mobile technologies, Global Observatory for eHealth series – Volume 3, 2011, S. 6.
3. Katzenmeier, Christian, Big Data, E-Health, M-Health, KI und Robotik in der Medizin, in: MedR 2019, 259 (264).
4. Koyuncu, Adem, Medizinproduktbegriff; Abgrenzung von Medizinprodukten gegenüber anderen Produkten zur Untersuchung physiologischer Vorgänge – Messgerät II, in: MedR 2015, 34 (35).
5. Rübsamen, Katrin, Rechtliche Rahmenbedingungen für mobileHealth, in: MedR 2015, 485 (487 ff.).
6. Wagner, Gerhard (Bearb.), Münchener Kommentar zum Bürgerlichen Gesetzbuch, Band 6, 7. Aufl. 2017.
7. Katzenmeier, Christian, Big Data, E-Health, M-Health, KI und Robotik in der Medizin, in: MedR 2019, 259 (264).
8. Deutscher Ethikrat (Hrsg.), Big Data und Gesundheit Datensouveränität als informationelle Freiheitsgestaltung, 2018, S. 154.

Künstliche Intelligenz in der Krankenhausabrechnung

Jonathan Koß

Spätestens seit der Reform der Krankenhausfinanzierung 2004, die eine Vergütung durch Fallpauschalen festsetzte, stehen stationäre Einrichtungen unter einem zunehmenden Kostendruck. Diese sog. Diagnose Related Groups (DRG) legen einen fixen Erstattungspreis für eine bestimmte Behandlung und zugehörige medizinische Maßnahmen (Prozeduren) fest. Der festgelegte Erstattungspreis basiert auf Durchschnittskalkulationen ausgewählter Krankenhäuser [1]. Dies bedeutet, dass Krankenhäuser, die überdurchschnittlich viele Ressourcen für einen Behandlungsfall benötigen, einen Verlust erleiden, weil dieser Mehraufwand nicht vollständig vergütet wird. Die bestehende Fehleranfälligkeit des menschlichen Personals im DRG-Kodierprozess impliziert vermeidbare Verluste [2]. Wie kann eine KI-gestützte Kodierung zu einer Erlössteigerung der Krankenhäuser beitragen?

Krankenhausabrechnungsprüfung führt zur Erlösminderung

Krankenhäuser übermitteln Krankenkassen eine Abrechnung ihrer erbrachten Leistungen, die als Basis für eine standardisierte Kostenerstattung dient [1]. Die Kostenträger können Abrechnungen von Krankenhäusern im Zweifelsfall durch den medizinischen Dienst der Krankenversicherungen (MDK) prüfen lassen, um potenziell unangemessene Kodierung aufgrund medizinisch nicht gerechtfertigter Leistungen zu verhindern. Die Anzahl der Prüfungen nimmt kontinuierlich zu und lag 2018 bei

J. Koß (✉)
Lehrstuhl für Management und Innovation im Gesundheitswesen, Fakultät für Wirtschaft und Gesellschaft, Universität Witten/Herdecke, Witten, Deutschland
E-Mail: jonathan.koss@uni-wh.de

S. Bohnet-Joschko, K. Pilgrim (Hrsg.), *Handbuch Digitale Gesundheitswirtschaft*,
https://doi.org/10.1007/978-3-658-41781-9_58

ca. 2,8 Mio. Krankenhausabrechnungsprüfungen. Bei ca. jedem zweiten Fall wurde eine Kürzung der Abrechnung empfohlen. In der Folge wurden von den Krankenkassen rund 3 Mrd. € aufgrund fehlerhafter Abrechnungen von Krankenhäusern zurückgefordert [2].

Kodierung im Krankenhaus

Theoretisch erhält ein Krankenhaus für jede erbrachte Leistung, die in einer Fallpauschale (DRG) repräsentiert wird, einen Erlös. Basierend auf der Dokumentation eines Behandlungsfalls wird die DRG bestimmt, die sich u. a. aus einer Kombination von Hauptdiagnose, Nebendiagnose(n) und Prozeduren zusammensetzt [1]. Aufgrund der steigenden Patienten- und Aktenanzahl je Mitarbeiter im Krankenhaus, ist die manuelle Zuweisung der Kodierung ressourcenintensiv, zeitaufwendig und fehleranfällig [3, 4]. Exemplarisch wurden im Jahr 2009 12 % aller Krankenhausfälle (etwa zwei Millionen Fälle) geprüft. Etwa 40 % der geprüften Fälle enthielten Kodierungsfehler oder Fälle von Up Coding (ungerechtfertigte Durchführung übermäßiger Behandlungen oder Prozeduren zur Erlössteigerung) [5]. Folglich kommt es, insbesondere durch Kodierungsfehler, zu vermeidbaren Verlusten [3, 4].

KI für effiziente Kodierung

Um eine optimale Kodierung erbrachter Leistungen zu erreichen, könnte Natural Language Processing (NLP) in Kombination mit einem Algorithmus zur Klassifikation genutzt werden. NLP ermöglicht die Analyse von unstrukturierten Daten, beispielsweise Freitextfeldern in elektronischen Patientenakten. Die Freitexte sind eine wichtige Informationsgrundlage zur Kodierung von Behandlungen, für Mensch sowie Algorithmus [6–8].

Für eine automatisierte Kodierung mittels NLP wird zunächst ein Pre-Processing zur „Säuberung" der Daten durchgeführt. Im Grunde werden die Freitexte in einzelne Bestandteile zerlegt, indem Sätze und Wörter getrennt sowie Wörter, die für die maschinelle Verarbeitung irrelevant sind, entfernt werden [6, 8, 9]. Die hieraus resultierenden Schlüsselwörter werden genutzt, um beispielsweise einen Support Vector Machine Algorithmus zur Klassifikation zu trainieren. In dem Trainingsdatensatz werden die identifizierten Keywords mit bestimmten Outcomes verknüpft, beispielsweise ICD und OPS Codes, sodass eine Klassifizierung in Abhängigkeit der Freitextfelder einer Patientenakte vollzogen werden kann [10].

Digitale Infrastruktur notwendig

Die Praktikabilität und Ergebnisqualität dieser Methode ist abhängig von der konkreten Umsetzung und Expertise der Entwickler. Erste Studien zeigen jedoch, dass eine Klassifizierung gemessen an einer Präzision von 0,68–0,95 vielversprechend ist. Die Umsetzung in der Praxis setzt jedoch eine digitale Patientenakte und verlässliche Schnittstellen voraus [10].

Digitale Services könnten Wettbewerbsvorteile ermöglichen

Aus Sicht der Krankenhäuser ist keine eigene Entwicklung entsprechender Systeme zu empfehlen. Die Entwicklung eines solchen Systems erfordert hoch spezialisiertes Personal und umfangreiche, zeitliche Ressourcen. Vielmehr sollten Krankenhäuser Software-as-a-Service-Produkte nutzen, um Entwicklungs- und umfangreiche Implementierungskosten einzusparen. Ein solches Produkt bietet die Möglichkeit, die Effizienz des Kodierprozesses zu erhöhen: Einerseits, indem eine optimale Kodierung der erbrachten Leistungen durch die KI durchgeführt wird und so die Erlöse gesteigert werden könnten. Andererseits könnte auch der personelle Ressourceneinsatz reduziert werden. Im Gegensatz zum medizinischen Berufsfeld ist hier annehmbar, dass das Personal durch die künstliche Intelligenz zumindest teilweise ersetzt werden könnte. Prüfungen durch menschliches Personal müssten nur unter Umständen, beispielsweise falls der Algorithmus kein eindeutiges Ergebnis berechnet, durchgeführt werden.

Literatur

1. Deutsche Krankenhausgesellschaft D. Allgemeine und Spezielle Kodierrichtlinien für die Verschlüsselung von Krankheiten und Prozedure 2019
2. MDK. Faktenblatt – Leistungen der MDK für die gesetzliche Krankenversicherung (GKV) 2014–2018 2019
3. Thun S, Dewenter H. ICD-11, ICHI and SNOMED CT-What do the standards mean for eHealth applications?. Bundesgesundheitsblatt Gesundheitsforschung Gesundheitsschutz. 2018;61(7):812–20
4. Alonso V, Santos JV, Pinto M, Ferreira J, Lema I, Lopes F, et al. Problems and Barriers during the Process of Clinical Coding: a Focus Group Study of Coders' Perceptions. J Med Syst. 2020;44(3):62
5. Busse R, Geissler A, Aaviksoo A, Cots F, Hakkinen U, Kobel C, et al. Diagnosis related groups in Europe: moving towards transparency, efficiency, and quality in hospitals? BMJ. 2013;346:f3197
6. Iqbal E, Mallah R, Rhodes D, Wu H, Romero A, Chang N, et al. ADEPt, a semantically-enriched pipeline for extracting adverse drug events from free-text electronic health records. PLoS One. 2017;12(11):e0187121

7. Zeng Z, Deng Y, Li X, Naumann T, Luo Y. Natural Language Processing for EHR-Based Computational Phenotyping. IEEE/ACM Trans Comput Biol Bioinform. 2019;16(1):139–53
8. Dublin S, Baldwin E, Walker RL, Christensen LM, Haug PJ, Jackson ML, et al. Natural Language Processing to identify pneumonia from radiology reports. Pharmacoepidemiol Drug Saf. 2013;22(8):834–41
9. Shimazawa R, Kano Y, Ikeda M. Natural language processing-based assessment of consistency in summaries of product characteristics of generic antimicrobials. Pharmacol Res Perspect. 2018;6(6):e00435
10. Amarouche IA, Ahmed Zaid D, Kenaza T. Implementation of a Medical Coding Support System by Combining Approaches: NLP and Machine Learning. Heterogeneous Data Management, Polystores, and Analytics for Healthcare. Lecture Notes in Computer Science2019. p. 133–47

Rechtliche Herausforderungen für stationäre Behandlungen bei räumlicher Trennung von Patient und Arzt

Gunnar Sachs, Carolin Kemmner, Caroline Giesen und Annabel Joschko

Der Fortschritt im Bereich digitaler Technologien eröffnet gerade in der Gesundheitsversorgung neue, vielversprechende Einsatzmöglichkeiten: Sie bringen neue Märkte und erhebliche Entwicklungschancen für Unternehmen hervor, etwa im Bereich der Telemedizin oder der Behandlung von Patienten in einem *remote setting*. Gleichzeitig bieten sie Einsparpotenziale für Kostenträger, Qualitätssteigerungen und Erweiterungen im medizinischen Versorgungsspektrum sowie langfristig die Chance für ein egalitäreres Gesundheitswesen.

In der Praxis werden mittlerweile verbreitet telemedizinische Angebote genutzt. Die Möglichkeiten digitaler Technologien gehen dabei weit über den Standardfall eines Videogesprächs zwischen Arzt und Patient zu Diagnosezwecken hinaus. Sie führen inzwischen auch schon zum Einsatz Künstlicher Intelligenz (KI) oder zur Nutzung von Robotern oder roboterassistierten Anwendungen. So können etwa – rein technisch – radiologische Untersuchungen oder chirurgische Eingriffe erfolgen, ohne dass sich der behandelnde Arzt noch im selben Raum, im selben Krankenhaus oder gar im selben Land befinden muss. Potenziale derartiger digitaler Innovationen im Gesundheitssektor können jedoch häufig nicht ausgeschöpft werden, da die gesetzlichen Vorschriften und/oder standesrechtlichen Vorgaben (z. B. der Ärztekammern) die neuen technischen Entwicklungen noch nicht ausreichend abbilden. Spezifische rechtliche Rahmenbedingungen für stationäre Behandlungen bei räumlicher Trennung von Arzt und Patient sind derzeit noch nicht erkennbar, weshalb sich für alle beteiligten Akteure, namentlich Unternehmen, Krankenhäuser und ärztliches Personal, aber auch Krankenkassen und die jeweiligen Gesetzgeber, die Frage stellt, welche rechtlichen Herausforderungen hiermit verbunden sind.

G. Sachs (✉) · C. Kemmner · C. Giesen · A. Joschko
Clifford Chance Partnerschaft mit beschränkter Berufshaftung, Düsseldorf, Deutschland
E-Mail: gunnar.sachs@cliffordchance.com

S. Bohnet-Joschko, K. Pilgrim (Hrsg.), *Handbuch Digitale Gesundheitswirtschaft*,
https://doi.org/10.1007/978-3-658-41781-9_59

Wachstumsmarkt digitale Gesundheitswirtschaft

Wie durch den Einsatz digitaler Technologien im Rahmen der stationären Versorgung eine flächendeckende fachärztliche Expertise mittels digitaler Vernetzung etabliert werden könnte, zeigt etwa das „Virtuelle Krankenhaus NRW". Im Rahmen dieses Projekts können Krankenhäuser mittels Telekonsils auf die Expertise verschiedener Universitätskliniken zurückgreifen [1]. Ähnlich strukturiert ist das Projekt AIDA, dessen Ziel es ist, durch die Einführung eines telemedizinischen Notdienst-Konzeptes die Krankenhauseinweisungen auf ein erforderliches Minimum zu reduzieren [2].

Vor dem Hintergrund dieser und weiterer Entwicklungen überrascht es nicht, dass auch in den nächsten Jahren mit einem kontinuierlich starken Wachstum der digitalen Gesundheitswirtschaft gerechnet wird ([3], S. 7). Für das Jahr 2026 wird für den deutschen Markt ein Umsatzvolumen für Digital Health von 59 Mrd. € prognostiziert [4]. Weltweit wird sogar mit einem Umsatzvolumen von einer Billion Euro gerechnet [4].

Im Bereich der Telemedizin, der die Anwendungskategorien Telekonsilien, Telekonsultation, Telemonitoring und andere telemedizinische Anwendungen umfasst, wird für das Jahr 2030 von einem Marktpotenzial von bis zu 3,6 Mrd. € ausgegangen ([5], S. 7). Neben naheliegenden Einsparpotenzialen verstärken aber auch Versorgungsengpässe infolge der demografischen Entwicklung sowie des Ärzte- und Fachkräftemangels (insbesondere im ländlichen Raum) den Bedarf, Behandlungen telemedizinisch oder in einem *remote setting* durchzuführen.

Potenziale und Chancen

Der Einsatz digitaler Technologien in einem *remote setting* zur Durchführung von Behandlungsprozeduren ist vielgestaltig denkbar. Bereits heute werden etwa Telekonsilien oder Telekonsultationen genutzt, um Spezialisten oder Fachärzte etwa durch Video- oder Audiotechnologie zu einer an einem anderen Ort stattfindenden Behandlungssituation hinzuzuschalten. Für die Zukunft ist, je nach Indikation und Behandlungsmethode, auch eine Fernsteuerung von robotergestützten oder roboterassistierten Geräten durch – voll verantwortliche, aber von den behandelten Patienten räumlich getrennt agierende – Spezialisten vorstellbar.

Zu den hiermit verbundenen Vorteilen zählt zunächst die wesentliche Erweiterung von Behandlungsoptionen, insbesondere in Gebieten mit einer geringen Dichte von Fachärzten mit besonderer Expertise. Der Zugang zu entsprechenden Experten könnte vom Standort des Patienten entkoppelt und sogar grenzüberschreitend oder gar interkontinental zur Verfügung gestellt werden. Lokale Expertise, wie sie etwa an Standorten von Vollversorgern oder Universitätskliniken angeboten wird, wäre damit zunehmend in der Breite und standortunabhängig verfügbar. Auf diese Weise könnten die genannten Versorgungsengpässe geschlossen, die Zahl der Klinikeinweisungen verringert, Behandlungs-

und Personalkosten reduziert und gleichzeitig die Qualität der medizinischen Versorgung gesteigert und das Gesundheitswesen egalitärer gestaltet werden [6].

Herausforderungen bei einer remote Durchführung einer stationären Behandlung

Gleichzeitig ist die remote-Durchführung einer stationären Behandlung mit einer Vielzahl von rechtlichen Fragen und Herausforderungen verbunden:

Fernbehandlungsverbot

Gemäß dem im Berufsrecht verankerten Fernbehandlungsverbot beraten und behandeln Ärzte ihre Patienten im persönlichen Kontakt. Eine ausschließliche Beratung oder Behandlung über Kommunikationsmedien ist nur im Einzelfall und unter bestimmten Voraussetzungen erlaubt (mit Ausnahme von Brandenburg; dort ist die Fernbehandlung generell verboten), insbesondere muss die Therapie im Wege der Fernbehandlung nach medizinischen Maßstäben geeignet und erforderlich sein. Ob dies auch in einem *remote setting* der Fall ist, muss in jedem Einzelfall juristisch geprüft werden.

Vergütung

Werden mehrere Leistungserbringer in einem stationären *remote setting* gemeinsam tätig, ist dies mit dem Grundsatz einer pauschalierten Vergütung (DRG-Fallpauschalen-System) zu vereinbaren. Zwar ist eine Zusammenarbeit eines Krankenhauses mit Dritten möglich, allerdings muss das Krankenhaus wesentliche, vom eigenen Versorgungsauftrag umfasste Leistungen selbst erbringen (Bundessozialgericht, Urteil vom 26.04.2022, Az. B 1 KR 15/21 R). Für ein *outsourcing* einer Behandlung an einen anderenorts tätigen Facharzt stellt sich somit u. a. die Frage, ob das Krankenhaus insgesamt – unter Berücksichtigung aller Umstände des Einzelfalls – die wesentlichen Leistungen weiterhin selbst erbringt. Es ist nicht ausgeschlossen, dass in bestimmten Fällen eine konkrete Vereinbarung zur Kostenerstattung getroffen werden muss, um die Vergütung aller Beteiligten (d. h. des Krankenhauses sowie des andernorts tätigen Arztes) sicherstellen zu können.

Produkthaftung

Kommen im *remote setting* (Medizin-)Produkte zum Einsatz, sind darüber hinaus auch produkthaftungsrechtliche Aspekte zu berücksichtigen: Bei neuartigen Technologien ist ein besonderes Augenmerk darauf zu richten, dass die Gebrauchsanweisungen und

Gefahrenhinweise zur Vermeidung von Instruktionsfehlern hinreichend detailliert und ausführlich formuliert werden. Zudem kann sich insbesondere bei miteinander vernetzten Produkten ein besonderes Haftungsrisiko ergeben, wenn diese aufgrund von Design- oder Herstellungsfehlern keine hinreichende (v. a. verlässliche) Verbindung aufbauen können. Demgegenüber liegt es nicht im Verantwortungsbereich des Herstellers, wenn etwa aufgrund schlechter Internetverbindung (z. B. in einem Krankenhaus) eine Interkonnektivität zwischen Produkten nicht herstellbar ist.

Weitere rechtliche Themengebiete

Aufgrund der in einem *remote setting* typischerweise erfolgenden Verarbeitung von (personen- und gesundheitsbezogenen) Daten sind zudem datenschutzrechtliche Anforderungen zu beachten: Je nach Ausgestaltung und Einsatz digitaler Technologien können sowohl sensible Gesundheitsdaten als auch persönliche Daten von Patienten, Ärzten und medizinischem Fachpersonal erhoben und verarbeitet werden. Ergänzend können bei der Implementierung neuer IT-Infrastrukturen auch gesetzlich regulierte sicherheitsrelevante Maßnahmen erforderlich werden. Bei unzureichender Umsetzung der Sicherheitsanforderungen drohen Haftungsrisiken, die alle beteiligten Akteure, insbesondere Krankenhäuser und (Medizin-)Produkthersteller, betreffen.

Da bei dem Einsatz eines fernzusteuernden Produkts häufig auch Dienste zur Verfügung gestellt oder genutzt werden, die eine Kommunikation (über Bild bzw. Ton) ermöglichen, müssen auch telekommunikations- und telemedienrechtliche Bestimmungen beachtet werden. Denkbar ist, dass etwa ein Medizinproduktehersteller bei Erfüllung spezifischer Voraussetzungen als Anbieter eines Kommunikationsdienstes eingestuft wird, was zahlreiche weitere Pflichten (wie z. B. die Benennung eines Sicherheitsbeauftragten) auslösen kann.

Daneben gibt es viele weitere rechtliche Themen, die je nach Ausgestaltung des *remote setting* relevant sein können (wie etwa Besonderheiten der Teleradiologie, wenn sich der Radiologe im Rahmen einer Strahlenbehandlung nicht am Ort des Patienten befindet).

Fazit

Der Einsatz innovativer digitaler Technologien in einem stationären *remote setting* kann für alle beteiligten Akteure Vorteile bieten. Die neuen Behandlungsmöglichkeiten erlauben es Krankenhäusern, eine qualitativ hochwertigere, egalitärere und flächendeckende Versorgung anzubieten. Die damit einhergehenden Einsparungen entlasten wiederum die Krankenkassen.

Gleichzeitig stellt die Komplexität der derzeit geltenden rechtlichen Rahmenbedingungen für alle Beteiligten eine große Herausforderung dar. Im Interesse einer schnell voranschreitenden Digitalisierung des Gesundheitswesens bedarf es daher eines entschlossenen

Vorgehens des Gesetzgebers und der berufsständischen Organisationen, um die gesetzlichen und standesrechtlichen Vorgaben an die neuen technischen Möglichkeiten anzupassen – idealerweise ebenso schnell, wie die technische Innovation selbst voranschreitet.

Literatur

1. Virtuelles Krankenhaus NRW gGmbH (Internet). Ohne Jahr (zitiert am 26.10.2022). Verfügbar unter https://virtuelles-krankenhaus.nrw/.
2. Docs in Clouds TeleCare GmbH (Internet). Ohne Jahr (zitiert am 26.10.2022). Verfügbar unter https://projekt-aida.org/.
3. Roland Berger GmbH. Future of health. An industry goes digital – faster than expected (Internet). Oktober 2019 (zitiert am 26.10.2022). Verfügbar unter https://content.rolandberger.com/hubfs/Roland-Berger_Future-of-health.pdf.
4. Neumann K, Rong O, Kleipaß U, Kaltenbach T, Hosseini M. Die Verschmelzung der physischen und digitalen Welt zieht große Veränderungen in der gesamten Gesundheitsbranche nach sich (Internet). 24.09.2021 (zitiert am 26.10.2022). Verfügbar unter https://www.rolandberger.com/de/Insights/Publications/Wie-das-phygitale-Modell-das-Gesundheitswesen-ver%C3%A4ndern-wird.html.
5. Gabriel P. Perspektiven für die Telemedizin – Voraussetzungen der Skalierung und Marktpotential (Internet). Mai 2021 (zitiert am 26.10.2022). Verfügbar unter https://www.iit-berlin.de/wp-content/uploads/2021/07/2021_10_06_Telemed-Studie.pdf.
6. Health Bridge Medical Limited (t/a ZAVA). Telemedizin in Deutschland und Europa (Internet). Ohne Jahr (zitiert am 26.10.2022). Verfügbar unter https://www.zavamed.com/de/telemedizin-report-deutschland.html#:~:text=Das%20deutsche%20Marktvolumen%20steigt%2C%20laut,auf%2038%20Milliarden%20Euro%20an.

Nutzung von Messenger-Diensten durch medizinisches Personal

Thea Kreyenschulte

Digitale Kommunikationswege prägen unseren Alltag. Der schnelle und unkomplizierte Austausch von Text-, Bild,- Sprach- oder Videodateien tangiert nicht nur das Privatleben, sondern auch unsere Arbeitswelt und wird zunehmend im Setting der Gesundheitsversorgung genutzt [1, 2]. Die Digitalisierung von Prozessen sowie ein nahtloser Datenaustausch in Echtzeit wird für Patienten in Form von Telekonsultationen mit dem Arzt sowie dem eRezept erfahrbar. Für einen medienbruchfreien Gesundheitsdatenaustausch unter Health Professionals soll unter anderem die ePA Dokumentations- und Verwaltungsaufwand erleichtern. Neben der teilweise gesetzlich verpflichtenden Einführung von eRezept, eAU oder ePA sowie der Voraussetzung eines Anschlusses an die TI bieten besonders Digital Health Start-ups niederschwellige Möglichkeiten eines digitalen Informationsaustausches via Messenger-App. Wie können Messenger-Apps Health Professionals im Versorgungsprozess unterstützen?

WhatsApp als beliebter Messenger

WhatsApp ist der beliebteste Instant-Messenger. Der Social-Media-Dienst hatte Anfang 2022 etwa zwei Milliarden aktive monatliche Nutzer weltweit [3]. Dies liegt nicht zuletzt an stetig günstigeren Tarifen für mobile Daten sowie der kontinuierlichen Zunahme internetfähiger Mobiltelefone – dem mit aktuell rund 62,6 Mio. Nutzern in Deutschland beliebtesten Kommunikationsmedium heutiger Zeit [4].

T. Kreyenschulte (✉)
Lehrstuhl für Management und Innovation im Gesundheitswesen, Fakultät für Wirtschaft und Gesellschaft, Universität Witten/Herdecke, Witten, Deutschland
E-Mail: thea.kreyenschulte@uni-wh.de

© Der/die Autor(en), exklusiv lizenziert an Springer Fachmedien Wiesbaden GmbH, ein Teil von Springer Nature 2023
S. Bohnet-Joschko, K. Pilgrim (Hrsg.), *Handbuch Digitale Gesundheitswirtschaft*,
https://doi.org/10.1007/978-3-658-41781-9_60

Auch im Gesundheitswesen wird WhatsApp z. B. zum Austausch unter Health Professionals oder in der Kommunikation zwischen Fachpersonal und Patient genutzt [1, 5]. Ärzte nutzen WhatsApp vorwiegend zur Diagnose, Verlaufsbesprechung oder für Therapieentscheidungen [1], um die Versorgung effektiver gestalten zu können. Konsultationen unter Fachpersonal werden auf diese Weise nach eigenen Angaben einfacher umgesetzt, insbesondere durch den Versand entsprechender Medien zur Veranschaulichung [1]. Eine weitere Studie zur WhatsApp-Nutzung im klinischen Kontext belegt, dass Ärzte Messenger hauptsächlich zum Teilen wissenschaftlicher Informationen, zwecks Aufgabenverteilung, Befunden oder zum Einholen von (Fall-)Informationen sowie zur Weitergabe von Patienteninformationen an andere Kliniken nutzen [6].

Abgesehen von den Vorteilen des schnellen und unkomplizierten Austauschs existieren jedoch aus Datenschutzperspektive starke Argumente gegen eine Nutzung der App im Kontext der Gesundheitsversorgung: Daten sind nicht hinreichend verschlüsselt, Medien werden häufig automatisch auf dem Endgerät der Nutzer gespeichert und Nachrichten können meist sogar ohne PIN- oder Passworteingabe eingesehen werden [1].

Datensichere Alternativen bergen Potenzial

Insbesondere während der Corona-Pandemie waren und sind mobile Messenger Teil praktischer Lösungen zum Austausch über die Ferne in Echtzeit [1]. Beispiele für die Anwendung von Messenger-Apps zur Kommunikation über das Smartphone oder den PC für Arztpraxen oder Kliniken sind Siilo oder Hospify [7, 8]. Die kostenfrei erhältliche Siilo-App ist europaweit das größte Netzwerk für medizinisches Fachpersonal und hat seine Nutzerzahlen seit 2019 mehr als vervierfacht [9]. Die App kodiert sensible Patientendaten, die in Nachrichten übermittelt werden. Auf dem Smartphone sind Medien in einer speziellen, verschlüsselten Medienbibliothek gespeichert, die App selbst ist durch einen PIN geschützt [5, 8]. Innerhalb der Chatverläufe können z. B. Ärzte gesondert Fälle anlegen, welche unabhängig von der restlichen Unterhaltung verlaufen und als PDF für die elektronische Patientenakte exportiert werden können [8]. In Großbritannien wiederum sind immer mehr Kliniken dazu übergegangen, die App Hospify zur internen Kommunikation während Corona einzusetzen [10]. Organisationsspezifische Informationen, wie z. B. neue Corona-Regelungen, Klinik- oder Praxisbestimmungen könnten für Health Professionals auch bei fehlenden Team-Meetings aufgrund von Schichtdiensten schnell via sicherem Gruppen-Messenger kommuniziert werden [11].

Versorgung kann unterstützt und bereichert werden

Allgemeine Chancen von Messenger-Apps sind leicht erkannt: Möglich werden u. a. schnelle Konsultationen und dadurch ein verbesserter Workflow, eine Förderung enger Zusammenarbeit und somit letztlich eine Unterstützung und potenzielle Steigerung der

Versorgungsqualität [5]. Follow-Ups oder Notfälle, insbesondere z. B. in der Dermatologie oder Zahnmedizin, können kontaktlos, einfacher und schneller durchgeführt werden [2].

Die Qualität der Medien – Fotos, Videos oder eingescannte Dokumente – ist normalerweise aufgrund weitverbreiteter neuester Technologie in Smartphones oder Tablets relativ gut. Daher lassen sich diese, ebenso wie Echtzeitgespräche per Messenger-App adäquat in der Versorgung verwenden [2]. Vor dem Hintergrund der Corona-Pandemie und dem einhergehenden Wunsch, Kontakte zu reduzieren, erfuhr diese Art der Kommunikation noch einmal einen Aufschwung. Es wird insbesondere von der Anwendung im Fall vulnerabler Gruppen wie Patienten mit Autoimmunerkrankungen, chronischen Erkrankungen oder Schwangerschaften berichtet [12].

Vorsicht: Mehrarbeit?

Generell könnte der Arbeitsaufwand für Fachkräfte durch die Nutzung von Messenger-Apps steigen. Sind Messenger auf einem auch privat ständig zugänglichen Smartphone installiert, kann dies zur Beantwortung von Anfragen außerhalb der Arbeitszeit oder in Urlaubszeiten führen [6]. Darüber hinaus müssen zwangsweise Schnittstellen mit elektronischen Patientenakten vorhanden sein [1].

Sollte es zur Interaktionen zwischen Arzt und Patient kommen, müssen außerdem bestimmte technische Voraussetzungen gegeben sein. So muss der Patient eine stabile Internetverbindung, eine gute Frontkamera und bei Bedarf ein ausreichendes Mikrofon zur Verfügung haben [2]. Zwar sind Alltagstechnologien weit verbreitet – dennoch kann nicht immer davon ausgegangen werden, dass alle technischen Voraussetzungen in ausreichender Qualität gegeben sind.

Fazit

Die Veränderung weg vom gängigen Messenger hin zu geprüften, datensicheren Alternativen sollte möglichst jeweils für die gesamte Einrichtung (z. B. Klinik oder Praxis) umgesetzt werden; im Idealfall weiterversorgende oder kooperierende Einrichtungen eingeschlossen. Da das Potenzial, mit einer App-Nutzung im klinischen Setting Schaden zu bewirken, von Fachkräften oftmals als relativ gering empfunden wird [1], sollte eine Veränderung z. B. vom Klinikmanagement angestoßen werden.

Speziell für das Umfeld der Gesundheitsversorgung entwickelte Messenger-Apps bieten so die gleichen Vorteile wie herkömmliche Anwendungen (z. B. WhatsApp), bei größerer Datensicherheit, Schnittstellen und geregeltem Umgang mit Informationen. So wird Fachpersonal von Risiko und Eigenverantwortung des Datenschutzes seiner Patienten befreit und die schnelle und einfache Kommunikation zum Wohle der Versorgung geregelt.

Literatur

1. Barayev E, Shental O, Yaari D, Zloczower E, Shemesh I, Shapiro M, et al. WhatsApp Tele-Medicine – usage patterns and physicians views on the platform. Isr J Health Policy Res. 2021;10(1):34. https://doi.org/10.1186/s13584-021-00468-8
2. Giudice A, Barone S, Muraca D, Averta F, Diodati F, Antonelli A, et al. Can Teledentistry Improve the Monitoring of Patients during the Covid-19 Dissemination? A Descriptive Pilot Study. Int J Environ Res Public Health. 2020;17(10). https://doi.org/10.3390/ijerph17103399
3. Statista Research Department. Ranking der größten Social Networks und Messenger nach der Anzahl der Nutzer im Januar 2022. Verfügbar unter: https://de.statista.com/statistik/daten/studie/181086/umfrage/die-weltweit-groessten-social-networks-nach-anzahl-der-user/ (Letzter Zugriff am: 17.10.2022)
4. Tenzer F. Statistiken zur Smartphone-Nutzung in Deutschland: Statista; 2022. Verfügbar unter: https://de.statista.com/themen/6137/smartphone-nutzung-in-deutschland/#topicHeader__wrapper (Letzter Zugriff am: 17.10.2022)
5. Masoni M, Guelfi MR. WhatsApp and other messaging apps in medicine: opportunities and risks. Intern Emerg Med. 2020;15(2):171–3. https://doi.org/10.1007/s11739-020-02292-5
De Benedictis A, Lettieri E, Masella C, Gastaldi L, Macchini G, Santu C, et al. WhatsApp in hospital? An empirical investigation of individual and organizational determinants to use. PLoS One. 2019;14(1):e0209873. https://doi.org/10.1371/journal.pone.0262003
6. Marxen R. Messenger für Ärzte: 3 WhatsApp-Alternativen, die sicher und erlaubt sind 2019. Verfügbar unter: https://www.healthrelations.de/whatsapp-alternativen-fuer-aerzte/ (Letzter Zugriff am: 17.10.2022)
7. Siilo. Siilo Messenger. Eine sicherer Nachrichtendienst 2022. Verfügbar unter: https://www.siilo.com/de/siilo-messenger (Letzter Zugriff am: 17.10.2022)
8. EHEALTHCOM. Ein Jahr Siilo in Deutschland 2020. Verfügbar unter: https://e-health-com.de/details-news/ein-jahr-siilo-in-deutschland/ (Letzter Zugriff am: 17.10.2022)
9. Baker L. London NHS trust turns to secure messaging tech to help 10,000 staff amid Coronavirus epidemic 2020. Verfügbar unter: https://healthcare-newsdesk.co.uk/london-nhs-trust-turns-to-secure-messaging-tech-to-help-10000-staff-amid-coronavirus-epidemic/ (Letzter Zugriff am: 17.10.2022)
10. NHS. A messaging app that allows clinicians to communicate securely 2020. Verfügbar unter: https://transform.england.nhs.uk/key-tools-and-info/digital-playbooks/cardiology-digital-playbook/a-messaging-app-that-allow-clinicians-to-communicate-securely/ (Letzter Zugriff am: 17.10.2022)
Garfan S, Alamoodi AH, Zaidan BB, Al-Zobbi M, Hamid RA, Alwan JK, et al. Telehealth utilization during the Covid-19 pandemic: A systematic review. Comput Biol Med. 2021;138:104878. https://doi.org/10.1016/j.compbiomed.2021.104878

Teil XI

Kooperationen

Krankenkassen-Transformation: Gesundheitspartner der Zukunft

Justin Jahn

Die Krankenkassen in Deutschland müssen sich in einem zunehmend dynamischen Geschäftsumfeld drei zentralen Herausforderungen stellen, um auch in Zukunft wettbewerbsfähig zu sein.

1. Die Gesundheitsausgaben in Deutschland steigen kontinuierlich und erreichten 2020 einen Höchstwert von 440,6 Mrd. €, was einem Anteil von 13,1 % am Bruttoinlandsprodukt (BIP) entspricht. Die Gesundheitsausgabenrechnung beinhaltet insbesondere Ausgaben zur Prävention, Behandlung, Rehabilitation und Pflege, die von Ausgabenträgern wie den gesetzlichen und privaten Krankenkassen sowie der sozialen Pflegeversicherung getragen werden. Im Jahr 2019 wurde die Grenze von nominal 400 Mrd. € (11,9 % Anteil am BIP) für Gesundheitsausgaben überschritten. Erst 2012 wurde die Grenze von nominal 300 Mrd. € (11,1 % am BIP) und 1998 die Marke von nominal 200 Mrd. € (10 % am BIP) erreicht. Somit hat sich die Anzahl der Jahre bis zum Erreichen der jeweils nächsten 100-Milliardengrenze seit 1998 von 14 auf 7 Jahre halbiert [1].
2. Bezogen auf die Versicherten werden die Krankenkassen mit veränderten Kundenerwartungen konfrontiert. Die Kunden erwarten zunehmend digitale und patientenzentrierte Serviceangebote, sodass sie selbstbestimmt eine aktivere Rolle für die eigene Gesundheit übernehmen können. Verschiedene Studien zeigen in diesem Kontext unter anderem die Bereitschaft von Versicherten, Gesundheits-Apps zur Unterstützung im Alltag sowie zu Diagnose- und Behandlungszwecken zu nutzen [2].

J. Jahn (✉)
Lehrstuhl für Management und Innovation im Gesundheitswesen, Fakultät für Wirtschaft und Gesellschaft, Universität Witten/Herdecke, Witten, Deutschland
E-Mail: justin.jahn@uni-wh.de

3. Schließlich sind Krankenkassen mit der Herausforderung konfrontiert, sich einer neuen Gruppe von Wettbewerbern zu stellen. Sogenannte „InsurTech-Firmen " nutzen digitale Technologien für ein Kundenerlebnis mit hoher Benutzerfreundlichkeit und Personalisierung [3]. Diese jungen Unternehmen fokussieren sich auf verschiedene Versicherungssegmente wie Kfz-, Hausrat-, oder Krankenversicherung, Bekannte „InsurTech-Anbieter" in der Gesundheitsbranche sind Oscar Health in den USA oder ottonova als Krankenversicherungs-Fintech-Unternehmen in Deutschland.

Angesichts dieser Herausforderungen stellt sich aus Sicht der Krankenkassen folgende zentrale Frage: Wie kann ein digitales Serviceangebot aufgebaut werden, um auch in Zukunft für die Versicherten Mehrwerte zu bieten?

Intensiver Wettbewerb und gesetzgeberischer Anschub für digitale Innovationen

Der Aufbau eines digitalen Serviceangebots ist von hoher Relevanz angesichts des intensiven Wettbewerbs der Krankenkassen in Deutschland und der neuen Rahmenbedingungen durch das „Digitale-Versorgung-Gesetz".

Zum einen stehen die Krankenkassen im Wettbewerb innerhalb der gesetzlichen (GKV) bzw. der privaten Krankenversicherung (PKV). Dabei lag im Jahr 2021 die Anzahl der GKV-Versicherten bei ca. 73,35 Mio., die der PKV-Versicherten bei ca. 8,73 Mio. Im Zuge der Einführung des Krankenkassenwahlrechts im Jahr 1996 hat es eine Konsolidierungswelle gegeben, wodurch sich die Anzahl der gesetzlichen Krankenversicherungen bereits deutlich reduziert hat. Gab es im Jahr 1995 noch 960 gesetzliche Krankenkassen, so hat sich die Anzahl im Jahr 2022 auf mittlerweile 97 gesetzliche Krankenkassen reduziert. Auch zwischen den privaten Krankenversicherungen mit über 40 Mitgliedern im PKV-Verband hat sich der Wettbewerb intensiviert, da Versicherte seit 2009 Altersrückstellungen bei einem Versicherungswechsel bis zu einem gewissen Maß übertragen können. Zugleich stehen die gesetzlichen und privaten Krankenversicherungen auch im Wettbewerb zueinander [4–8].

Auf gesetzgeberischer Ebene hat die Politik mit dem im Jahr 2019 in Kraft getretenen „Digitale-Versorgung-Gesetz" (DVG) neue Rahmenbedingungen für digitale Leistungsangebote geschaffen. Bisher haben einzelne Krankenkassen über Selektivverträge ihren Versicherten bestimmte digitale Gesundheitsanwendungen (DiGA) erstattet, um sich vom Krankenkassenwettbewerb zu differenzieren. Mit dem DVG wurden zertifizierte DiGA nun allen gesetzlich Versicherten zugänglich gemacht. Zur Förderung weiterer digitaler Versorgungsinnovationen ermöglicht das DVG den Krankenkassen, sich mit bis zu zwei Prozent ihrer Finanzreserven an Gesundheits-Start-ups zu beteiligen. Solche Beteiligungen sind dabei an fachliche Kooperationen gebunden. Beispielsweise können Krankenkassen die Start-ups unterstützen, Versorgungslücken zu identifizieren oder neue Leistungen in die Versorgung zu bringen [9].

Krankenkassen als ökosystembasierte Serviceunternehmen und Gesundheitspartner

Blickt man auf die Wertschöpfungskette von Krankenkassen, so beeinflussen digitale Technologien insbesondere folgende Bereiche: Geschäftsprozesse wie Datengewinnung und -analyse können durch den Einsatz von Künstlicher Intelligenz (KI) standardisiert und automatisiert werden. Beispielsweise kann im Rahmen der Leistungsbearbeitung bei einfachen Fällen der Prozess vom Rechnungseingang über die Prüfung bis zur Leistungsabrechnung zunehmend automatisiert durchgeführt werden. Im Bereich des externen Stakeholder-Managements wird die kommunikative Schnittstelle zu Versicherten durch den Einsatz von Chatbots erweitert, die gleichermaßen als weitere Quelle der Kundeninteressenabfrage dienen kann. Dies unterstützt die Erstellung zielgruppenspezifischer Angebote der nachgefragten Gesundheitsservices für Versicherte [10, 11].

Insgesamt liegt hier – in dem Aufbau eines umfangreichen Spektrums von Gesundheitsserviceleistungen – eine der größten Chancen zur Differenzierung. Das bedeutet, dass die Krankenkassen ihr Geschäftsmodell über klassische administrative Erstattungsdienstleistungen hinaus erweitern und sich hin zu Gesundheitsserviceunternehmen wandeln. Eine zentrale Rolle spielt dabei die Schnittstellenfunktion der Krankenkassen durch ihre Positionierung als Intermediär zwischen den verschiedenen Akteuren wie u. a. Patienten, Leistungserbringern und Apotheken. Diese verbindende Plattform-Rolle könnten die Krankenkassen nutzen, um mithilfe von Partnerschaften Ökosysteme mit einem breiten Spektrum an Gesundheitsleistungen aufzubauen. Der Aufbau solcher Ökosysteme bietet aus Sicht der Krankenkassen erhebliche Chancen. Zum einen kann aufgrund eines schnellen und bequemen digitalen Zugangs zu den Leistungen die Servicequalität für die Versicherten erhöht werden. Zum anderen kann durch den verstärkten Fokus auf Prävention und Personalisierung die Versorgungsqualität gesteigert werden. Eine gezieltere kundenzentrierte Steuerung von Leistungen könnte perspektivisch auch den Anstieg von Gesundheitsausgaben verlangsamen.

Aktivitäten von Krankenkassen im Ausland machen die Potenziale strategischer Partnerschaften für den Aufbau von Ökosystemen sichtbar: Angefangen mit einem verstärkten Fokus auf Prävention bieten Krankenkassen u. a., einen appbasierten Gesundheitscheck an, auf dessen Basis den Versicherten personalisierte Empfehlungen für einen gesunden Lebensstil gegeben werden. Um einen solchen Service anzubieten, ist z. B., die Versicherung Prudential in Asien eine Partnerschaft mit dem britischen Healthtech-Softwareunternehmen Babylon eingegangen. Im Falle von Krankheitssymptomen können Versicherte in einigen Krankenkassen-Apps einen digitalen „Symptom-Checker" nutzen, um Empfehlungen für erforderliche Behandlungsschritte zu erhalten. Mit Blick auf die Behandlungsphase fokussieren sich einige Unternehmen auf enge Kooperationen mit Online-Apotheken. Versicherte vom amerikanischen „InsurTech-Unternehmen" Oscar Health z. B., können sich Medikamente bequem über die Partnerapotheke Capsule nach Hause liefern lassen. Die genannten Beispiele verdeutlichen, dass sich die Krankenkassen hin zu Gesundheitspartnern für ihre Versicherten wandeln. Dabei lotsen sie die Versicherten durch die Versorgungspfade und erleichtern den Zugang zu Gesundheitsleistungen ihrer Ökosystempartner [12].

Regulatorische Hürden und ausbaufähige Digitalkompetenzen

Auf dem Weg zum Gesundheitspartner gibt es für Krankenkassen in Deutschland noch eine Reihe an Hürden. Auf regulatorischer Ebene sollte die richtige Balance gefunden werden zwischen den Möglichkeiten zur Nutzung von Patientendaten und der Wahrung hoher Datenschutzstandards. So liegt zum Beispiel in der Nutzung von Daten aus der elektronischen Patientenakte für personalisierte Angebote großes Potenzial. Dies erfordert aber zugleich klar definierte Zugriffsrechte, die von den Versicherten selektiv und temporär selbst vergeben werden könnten. Angesichts diverser Landesdatenschutzgesetze sollten von gesetzgeberischer Seite Möglichkeiten zur Harmonisierung des Rechtsrahmens erörtert werden. Eine zentrale Rolle spielen schließlich auch die Versicherten selbst, deren digitale Gesundheitskompetenz gestärkt werden sollte. Dies ist erforderlich, um die Akzeptanz von digitalen Angeboten zu steigern und Versicherten eine selbstbestimmte Nutzung der Serviceangebote zu ermöglichen.

Handlungsempfehlungen

Die Krankenkassen in Deutschland sind aufgrund ihrer Schnittstellenfunktion gut positioniert, um Ökosysteme mit mehrwertbietenden Gesundheitsleistungen entlang des Patientenpfades zu etablieren. Der Aufbau von digitalen Serviceangeboten kann dabei insbesondere über Partnerschaften erfolgen. Für die Transformation zu Gesundheitsserviceunternehmen sollten die Krankenkassen ihre Handlungen vor allem auf folgende Punkte fokussieren:

Bezogen auf die internen Betriebsabläufe muss eine umfassende und gut strukturierte Basis von Versichertendaten geschaffen werden, um die Potenziale von digitalen Serviceangeboten ausschöpfen zu können. In diesem Kontext sollten die Digitalkompetenzen der Mitarbeiter über Fortbildungen gestärkt und ggf. neue Digitaleinheiten aufgebaut werden. Nur so lassen sich z. B., bezogen auf die geplanten Ausbaustufen der elektronischen Patientenakte die erweiterten Funktionsumfänge wertschöpfend nutzen.

Mit Blick auf das externe Geschäftsumfeld wird ein zentraler Erfolgsfaktor der Aufbau von Partnerschaften mit innovativen Serviceanbietern sein. Unter den Gesichtspunkten der Versorgungsinnovation und Wirtschaftlichkeit könnte dies z. B. in Form von gemeinsamen Pilotprojekten zur App-Entwicklung oder über Start-up-Inkubator-Programme realisiert werden. In diesem Zusammenhang sind insbesondere auch neue Fördermöglichkeiten digitaler Innovationen durch Krankenkassen im Rahmen des § 68a SGB V zu berücksichtigen wie der Erwerb von Anteilen an Investmentvermögen. Schließlich sollten die Krankenkassen auch eng miteinander kooperieren, um die regulatorischen und technischen Rahmenbedingungen zu verbessern und gemeinsam die gesellschaftliche Akzeptanz digitaler Innovationen im Gesundheitswesen zu steigern.

Literatur

1. Destatis. Gesundheitsausgaben; 2022 (Stand: 28.09.2022). Verfügbar unter: https://www.destatis.de/DE/Themen/Gesellschaft-Umwelt/Gesundheit/Gesundheitsausgaben/_inhalt.html#235030.
2. Wangler J, Jansky M. Gesundheits-Apps in der hausarztbasierten Versorgung – Empirische Befunde zur Perspektive von Allgemeinmedizinern und Patienten. In: Pfannstiel MA, Holl F, Swoboda WJ, Hrsg. mHealth-Anwendungen für chronisch Kranke. Wiesbaden: Springer Fachmedien Wiesbaden; 2020. S. 177–94.
3. Stoeckli E, Dremel C, Uebernickel F. Exploring characteristics and transformational capabilities of InsurTech innovations to understand insurance value creation in a digital world. Electronic Markets. 2018; 28(3):287–305. https://doi.org/10.1007/s12525-018-0304-7.
4. GKV Spitzenverband. Mitglieder und Versicherte GKV-PKV; 2021 (Stand: 28.09.2022). Verfügbar unter: https://www.gkv-spitzenverband.de/service/zahlen_und_grafiken/zahlen_und_grafiken.jsp.
5. GKV Spitzenverband. Entwicklung der Krankenkassenanzahl seit 1970; 2022 (Stand: 28.09.2022). Verfügbar unter: https://www.gkv-spitzenverband.de/service/zahlen_und_grafiken/zahlen_und_grafiken.jsp.
6. PKV-Verband. Mitglieder des PKV-Verbands; 2022 (Stand: 28.09.2022). Verfügbar unter: https://www.pkv.de/verband/ueber-uns/mitglieder-pkv-verband/.
7. Busse R, Blümel M, Knieps F, Bärnighausen T. Statutory health insurance in Germany: a health system shaped by 135 years of solidarity, self-governance, and competition. The Lancet. 2017; 390(10097):882–97. https://doi.org/10.1016/S0140-6736(17)31280-1.
8. Lisac M, Reimers L, Henke K-D, Schlette S. Access and choice-competition under the roof of solidarity in German health care: an analysis of health policy reforms since 2004. Health Economics, Policy and Law. 2010; 5(Pt 1):31–52. https://doi.org/10.1017/S1744133109990144.
9. Bundesministerium für Gesundheit. Gesetz für eine bessere Versorgung durch Digitalisierung und Innovation (Digitale-Versorgung-Gesetz – DVG); 2020 (Stand: 08.08.2022). Verfügbar unter: https://www.bundesgesundheitsministerium.de/digitale-versorgung-gesetz.html.
10. Eckert C, Osterrieder K. How digitalization affects insurance companies: overview and use cases of digital technologies. Zeitschrift für die gesamte Versicherungswissenschaft (ZVersWiss). 2020; 109(5):333–60. https://doi.org/10.1007/s12297-020-00475-9.
11. Eling M, Lehmann M. The Impact of Digitalization on the Insurance Value Chain and the Insurability of Risks. Geneva Papers on Risk and Insurance – Issues and Practice. 2018; 43(3):359–96. https://doi.org/10.1057/s41288-017-0073-0.
12. Jahn J, Bohnet-Joschko S. Health insurers: evolving into ecosystem-based service companies. Journal of Business Strategy. 2022. https://doi.org/10.1108/JBS-01-2022-0018.

Kliniktransformation: Chancen durch Kollaboration

Philipp Köbe

Als Folge signifikanter Konzentrationsprozesse in den letzten Jahren sind eine Reduktion der Bettenzahlen, eine Verkürzung von Liegezeiten sowie Fusion, Übernahme oder Schließung unwirtschaftlicher Kliniken zu beobachten [1]. Lediglich 56 % der Krankenhäuer in Deutschland konnten 2019 einen Überschuss erwirtschaften. Daneben steht ein Investitionsdefizit der letzten Jahrzehnte von rund 30 Mrd. € [2]. Die fehlenden Mittel führen in der Folge zu einer geringen Innovationsfähigkeit sowie zu Effizienzverlusten bei der Leistungserstellung. Veraltete Technologien und Prozesse bieten umfassendes Potenzial zur Neuaufstellung mit externen Partnern [3]. Effizienzgewinne sind ein entscheidender Wettbewerbsfaktor, der Kliniken im Markt langfristig die Existenz sichert. Wie können Krankenhäuser die digitale Transformation mithilfe smarter Kollaborationen managen?

Schlanke und agile Konzepte tragen zur Performance-Verbesserung bei

Zur Verbesserung der Wertschöpfung stehen grundsätzlich zwei zeitgemäße Konzepte im Vordergrund der Entwicklung: ein schlankes und agiles Gesundheitswesen. Das Lean Management ist ein bereits seit Jahrzehnten etabliertes Verfahren zur Verschlankung von Prozessen und Strukturen [4, 5]. Methoden aus diesem Ansatz sind unter anderem KAIZEN und Six Sigma [6]. Infolge von Lean Management können Wartezeiten reduziert, Abläufe standardisiert und Ausschuss bzw. Verschwendung minimiert werden [7]. Übertragen auf

P. Köbe (✉)
Lehrstuhl für Management und Innovation im Gesundheitswesen, Fakultät für Wirtschaft und Gesellschaft, Universität Witten/Herdecke, Witten, Deutschland
E-Mail: philipp.koebe@uni-wh.de

© Der/die Autor(en), exklusiv lizenziert an Springer Fachmedien Wiesbaden GmbH, ein Teil von Springer Nature 2023
S. Bohnet-Joschko, K. Pilgrim (Hrsg.), *Handbuch Digitale Gesundheitswirtschaft*,
https://doi.org/10.1007/978-3-658-41781-9_62

die Gesundheitsversorgung in Kliniken können mit einem Fokus auf Patientensicherheit, Qualität und verringerte Warte- und Liegezeiten, bessere klinische Routinen entwickelt und Ressourcen besser gesteuert werden. Dabei steht die Vereinheitlichung standardisierbarer Prozesse sowie eine zunehmende Spezialisierung im Vordergrund. Dadurch soll eine möglichst genaue Vorhersage der Inanspruchnahme einzelner Leistungseinheiten innerhalb der Klinik prognostiziert werden können. Als Folge können Ressourcen optimal geplant werden, sodass die Performance des Krankenhauses steigt [7]. Eine Anwendung ist insbesondere bei elektiven Leistungen oder bei Unterstützungsprozessen zielführend. Dazu zählen planbare Interventionen wie Hüft-OPs oder Routine-Diagnostik wie CT-Untersuchungen.

Ein weiterer Ansatz sind agile Methoden. Sie können in Form von Scrum, Design Thinking oder KANBAN zum Einsatz kommen [7]. Agile Methoden bieten sich besonders bei komplexen Settings an, in denen Vorhersagen schwer möglich sind und eine besonders hohe Reaktionsfähigkeit erforderlich ist [8]. Dies ist insbesondere in der klinischen Notfall- und Intensivversorgung der Fall. Zur Reduktion der Komplexität und der Erhöhung der Entscheidungskompetenz unter einer großen Anzahl von Handlungsoptionen bieten agile Methoden eine adäquate Unterstützung [7].

Neue Strategien mithilfe von Industriepartnerschaften

Strategische Partner aus der Industrie oder Digitalwirtschaft können Kliniken bei der Realisierung schlanker und agiler Strukturen unterstützen [6]. Exemplarisch etablierte die Uniklinik Köln gemeinsam mit den Kölner Ford Werken eine Partnerschaft zum Wissenstransfer [9]. Dabei soll einerseits das Know-how der Automobilproduktion in klinischen Prozessen zur Anwendung kommen. Andererseits vermittelt die Universitätsklinik ihr Wissen zur Verwendung großer Datenmengen zu Forschungszwecken. Der entstehende Wissenstransfer soll die Innovationsfähigkeit auf beiden Seiten erhöhen und zu einer Wertsteigerung bei Produkt- und Leistungserstellung führen. In Kliniken können dadurch Behandlungsprozesse besser aufeinander abgestimmt werden, wodurch beispielsweise Warte- und Leerzeiten minimiert werden. Weitere Optionen für strategische Kooperationen beziehen sich auf die Nutzung von Diensten der Digitalwirtschaft. In diesem Fall können gesamte Servicepakete ausgelagert werden oder einzelne Teilaufgaben wie die Datenanalyse über entsprechende Schnittstellen an den Kooperationspartner übertragen werden. Während Kliniken sich um ihre Kernprozesse kümmern, sorgen Digital-Spezialisten für Cloud-Dienste, Software-Entwicklung oder sonstige Services im IT-Bereich [5]. Die Firma mDoc ist ein Dienstleister in diesem Feld [10]. Sie stellt Kliniken ein digitales Patientenportal in Verbindung mit einer elektronischen Patientenakte (ePA) bereit. Neben dem Universitätsklinikum Essen arbeitet mDoc seit kurzem auch mit der Uniklinik Hamburg-Eppendorf zusammen. Infolge der Anbindung an die Plattform können die Kunden von einer Bandbreite vernetzter digitaler Dienste profitieren, die sie mit einem Baukastensystem nach ihren Bedürfnissen zusammenstellen [10]. Zu beachten sind jedoch die Verfügbarkeit notwendiger Schnittstellen, die Gewährleistung der Datensicherheit sowie drohende Kostenfallen bei ungünstigen Abhängigkeitsverhältnissen mit einem Dienstleister.

Service-Partnerschaften ermöglichen Wertsteigerung

Die Wertsteigerung für die Kunden sollte im Mittelpunkt jedes Unternehmens stehen [11]. Für Krankenhäuser bedeutet dies in erster Linie den Outcome der Patienten zu erhöhen, aber auch die Leistungserbringung innerhalb der gesamten Versorgungskette zu optimieren. In Kern- und Unterstützungsprozessen können Lean- und agile Management-Methoden eine Wertsteigerung beisteuern [7]. Infolge der Reduzierung von Fehlerquellen und einer zunehmenden Standardisierung wird so die Qualität erhöht. Die Konzentration auf die eigenen Kernkompetenzen ist dabei ein entscheidender Faktor. Nicht originär zum Krankenhausgeschäft gehörende Services können ausgelagert werden, insbesondere digitale Dienste, die zur Optimierung der Leistungserstellung erforderlich sind. Software-as-a-Service-Partnerschaften mit strategischen Partnern schaffen eine geeignete Basis, um jederzeit das notwendige digital-technische Know-how bereitgestellt zu bekommen [11].

Langfristige Orientierung sichert Wettbewerbsvorteile

Neben den Chancen der externen Zusammenarbeit liegen die Risiken insbesondere an der Zunahme von Abhängigkeiten. Die Bindung an einzelne Dienstleister und Industriepartner erfordert eine langfristig orientierte Zusammenarbeit auf Augenhöhe und ein ausgeprägtes Vertrauensverhältnis hinsichtlich einer gemeinsamen Zielerreichung. Krankenhäuser sollten daher ihre strategischen Ziele der Zusammenarbeit bei der Projekt-Initiierung klar definiert haben. Dazu gehört eine Strategie zur Umsetzung der digitalen Transformation und eine Zielsetzung, in welchen Bereichen die Zusammenarbeit zu einer Wertsteigerung innerhalb der Leistungserstellung führen soll.

Krankenhäuser können mithilfe smarter Kollaborationen die Umsetzung der digitalen Transformation in ihrem Unternehmen vorantreiben. Sie können vom Know-how branchenfremder Industrieunternehmen durch eine strategische Zusammenarbeit profitieren: Einerseits aus der Perspektive der Optimierung der Kern- und Sekundärprozesse, andererseits durch die Auslagerung digitaler Hightech-Services, die nicht zur Kernkompetenz der Klinik gehören.

Literatur

1. Wasem J, Friedrich J, Geraedts M, Klauber J. Krankenhaus-Report 2019 – Das digitale Krankenhaus. Berlin, Heidelberg: Springer; 2019. https://doi.org/10.1007/978-3-662-58225-1
2. Krankenhausgesellschaft D. Eckdaten Krankenhausstatistik 2018. Berlin; 2019. Verfügbar unter: https://www.dkgev.de/fileadmin/default/Mediapool/1_DKG/1.7_Presse/1.7.1_Pressemitteilungen/2019/2019-12-19_Anhang_DKG_Bestandsaufnahme_KH-Planung_Investitionsfinanzierung.pdf (Letzter Zugriff am 01.11.2022)
3. Yoon SN, Lee D, Schniederjans M. Effects of innovation leadership and supply chain innovation on supply chain efficiency: Focusing on hospital size. Technological Forecasting and Social Change. 2016;113:412–21. https://doi.org/10.1016/j.techfore.2016.07.015

4. Albarune AR, Farhat N, Afzal F. Valued supply chain for integrated hospital management: A conceptual framework. 2015;4:39–49. Verfügbar unter: https://core.ac.uk/download/pdf/230742533.pdf (Letzter Zugriff am 01.11.2022)

5. Wikner J, Yang B, Yang Y, Williams SJ. Decoupling thinking in service operations: a case in healthcare delivery system design. Production Planning & Control. 2017;28(5):387–97. https://doi.org/10.1080/09537287.2017.1298869

6. Motiwala SS, McLaughlin JE, King J, Hodgson B, Hamilton M. Advancing the health care supply chain and promoting leadership through strategic partnerships with industry. Healthc Manage Forum. 2008;21(2):23–8. https://doi.org/10.1016/s0840-4704(10)60542-x

7. Williams SJ. Lean in Healthcare. Improving Healthcare Operations: The Application of Lean, Agile and Leagility in Care Pathway Design. Cham: Springer International Publishing; 2017. p. 29–44. https://doi.org/10.1007/978-3-319-46913-3_3

8. Williams S, Radnor Z. An integrative approach to improving patient care pathways. International Journal of Health Care Quality Assurance. 2018;31(7):810–21. https://doi.org/10.1108/IJHCQA-07-2017-0132

9. Ford kooperiert mit Uniklinik Köln: Krebspatienten und Autofahrer profitieren von wegweisendem Wissenstransfer (press release). 16.11.2017, Verfügbar unter: https://www.presseportal.de/pm/6955/3789151 (Letzter Zugriff am 01.11.2022)

10. UKE Eppendorf setzt auf m.Doc Patientenportal (press release). Mai 2021, Verfügbar unter: https://mdoc-new.mdoc.one/blog/2021/05/18/uke-eppendorf-setzt-auf-m-doc-patientenportal/ (Letzter Zugriff am 01.11.2022)

11. Douglas TJ, Ryman JA. Understanding competitive advantage in the general hospital industry: evaluating strategic competencies. Strategic Management Journal. 2003;24(4):333–47. https://doi.org/10.1002/smj.301

Organtransplantation: Prozessoptimierung durch Digitalisierung

Katharina Pilgrim

Knapp 9000 Menschen warteten 2022 allein in Deutschland auf ein Spenderorgan. Ob und wann sie Niere, Leber, Lunge, Herz oder Pankreas erhalten, hängt zum einen von der Verfügbarkeit und zum anderen vom biologischen Matching ab, welches den Erfolg einer Organannahme vom Körper des Empfängers bestimmt. Der Bedarf an Organen wird auch heute nicht von möglichen Lebendspenden von Nieren und Leber oder postmortalen Spendern gedeckt. Patienten erfahren einen hohen Leidensdruck in der Zeit, in der sie auf ein passendes Spenderorgan warten, die Sterblichkeitsrate ist hoch. Gleichermaßen kann es auch während der Organtransplantation zu Komplikationen oder Verzögerungen kommen, die eine erfolgreiche Verpflanzung von organischen Körperteilen zu Heilzwecken verhindern. Welche Potenziale bietet hier die digitale Transformation für 1.) die Steigerung des „Organangebots" und 2.) den Transplantationsprozess, um die Anzahl sowie Erfolgschancen von Organtransplantationen zu erhöhen?

Nachfrage versus Angebot

Seit 2012 stagniert die Anzahl der postmortalen Organspender in Deutschland mit rund 1000 Spendern pro Jahr (933 in 2021) bei rund 1 Mio. Todesfällen, wobei die Zahl der postmortal gespendeten Organe (nach Hirntod) mit rund 3,1 Organen pro Spender zudem abnimmt (von 3511 in 2012 auf 2905 in 2021). Dabei stellen Nieren mit 51 % den größten Anteil dar, gefolgt von Leber (26 %), Lunge und Herz zu jeweils 10 % sowie Pankreas zu

K. Pilgrim (✉)
Universität Witten/Herdecke, Witten, Deutschland
E-Mail: katharina.pilgrim@uni-wh.de

S. Bohnet-Joschko, K. Pilgrim (Hrsg.), *Handbuch Digitale Gesundheitswirtschaft*,
https://doi.org/10.1007/978-3-658-41781-9_63

2 % [1]. Zu den Insgesamt 3508 transplantierten Organen in 2021 kommen 475 Nieren- und 54 Lebendtransplantationen. Dominospenden – Organe, die bereits zum 2. Mal transplantiert wurden – gab es keine. Demgegenüber stehen rund 8700 Menschen, die auf ein Spenderorgan warten. Mit 75 % warten die meisten von ihnen auf eine Spenderniere [2].

Die direkten und indirekten Kosten für Organtransplantationen, welche unter anderem die Entnahme, den Transport sowie die Verpflanzung umfassen, können pro Fall zwischen 50.000 und 150.000 € betragen [3]. In Deutschland ist das 1997 in Kraft getretene Transplantationsgesetz (TPG) die rechtliche Grundlage für Organspenden, die von der Deutschen Stiftung Organspende (DSO) koordiniert werden [4]. Der streng regulierte Transplantationsprozess besteht aus 9 Schritten, die teilweise durch Optionen der Automatisierung und Digitalisierung Potenzial zur Optimierung bieten.

KI zur Detektion des irreversiblen Hirnausfalls

Führen massive Hirnschädigungen, z. B. durch eine schwere Kopfverletzung oder Hirnblutung, zum Tod des Patienten, muss in einem ersten Schritt als medizinische Voraussetzung für eine Organspende der endgültige, nicht behebbare Ausfall der Gesamtfunktion des Großhirns, des Kleinhirns und des Hirnstamms (irreversibler Hirnfunktionsausfalls (IHA), umgangssprachlich auch Hirntod) festgestellt werden. Ein Defizit bei der IHA-Detektion stellt einen wesentlichen Grund für den Organspendermangel in Deutschland dar. Hier könnte der Einsatz eines elektronischen Screeningtools zur prospektiven Erkennung von Patienten mit möglicherweise bevorstehendem oder bereits eingetretenem IHA helfen. In einer Studie mit 5 deutschen Entnahmekrankenhäusern wurden für einen automatisierten Screening-Algorithmus im interdisziplinären Dialog zwischen Intensivmedizinern, Neurologen und Neurochirurgen Kriterien für einen potenziellen IHA definiert. Die KI, welche in einem Rhythmus von 12 h aktuelle Daten aus dem Patientendatenmanagementsystem (PDMS) von Patienten der Intensivstation ausliest, konnte die Quote der nicht detektierten IHA von knapp 9 % auf unter 1 % senken [5].

In ePA integrierte Patientenverfügung

Die letztliche Todesfeststellung erfolgt nach den Richtlinien der Bundesärztekammer durch zwei unabhängige und dafür qualifizierte Ärzte, die weder an Organentnahme noch -übertragung beteiligt sind. Die Meldung eines möglichen Organspenders erfolgt anschließend bundesweit an die DSO. Gleichzeitig gilt es, die Einwilligung des Verstorbenen oder dessen Angehöriger zu einer potenziellen Organspende als gesetzlich regulierte Voraussetzung einzuholen. Da der Faktor Zeit im gesamten Prozess eine kritische Rolle spielt, könnten durch eine Hinterlegung des Organspende-Status in der ePA kritische zeitliche Ressourcen eingespart werden. Denn neben rund 39 % der Bundesbürger, die einen Organspendeausweis besitzen, in welchem die ausdrückliche Zustimmung zu (Teil-)

Organspende dokumentiert ist, kann die Entscheidungsfindung unter Angehörigen im Sinne des Verstorbenen den Entnahmeprozesse nicht nur verzögern, sondern auch eine für sie selbst bereits psychisch belastende Situation weiter verschlimmern [6].

Perfect match – KI zur optimalen Organvermittlung

Ist die Entscheidung für die Organspende getroffen, veranlasst die DSO alle notwendigen Untersuchungen und prüft mögliche Übertragungsrisiken. Für die Vermittlung und Transplantation relevante medizinische Daten werden erhoben und mit weiteren Angaben zum Spender an die Vermittlungsstelle von Eurotransplant gesendet. Um einen passenden Empfänger zu ermitteln, werden die eingegangenen Daten der Spenderorgane mit denen der Wartelistenpatienten abgeglichen. Die Vergabe richtet sich übergeordnet nach rein medizinischen Kriterien der Dringlichkeit und Erfolgsaussicht. Die Erfolgsquote bei Organtransplantationen ist heute schon relativ hoch: Von beispielsweise 100 transplantierten Nieren funktionieren ein Jahr nach der Operation noch 85, nach fünf Jahren arbeiten noch 75 der Spenderorgane. Auch hier kann der Einsatz von KI diese Quote potenziell weiter steigern [7]. Ein Beispiel für die Erprobung eines solchen Algorithmus ist das seit 2021 laufende deutsch-kanadische Forschungsprojekt NephroCAGE. Transplantationsdaten aus Exzellenzzentren der letzten zehn Jahre werden mithilfe von KI-Lernverfahren analysiert und zusammen mit einem neuartigen Matching-Algorithmus zu klinischen Prognosemodellen für Nierentransplantierte kombiniert. Ziel ist das Erstellen eines lernenden KI-Systems, um Organspender und -empfänger noch genauer im Vorfeld aufeinander abzugleichen (Matching) und so Risiken einer späteren Organabstoßung zu verhindern [8].

Mit der Drohne zum Ziel

Die nach einem positiven Matching anstehende Organentnahme kann in Deutschland nur in einem der rund 1250 designierten Entnahmekrankenhäusern durchgeführt werden [1]. Die Organspende selbst erfolgt dann unter den gleichen Bedingungen wie bei Operationen üblich. Neben der möglichst frühzeitigen Detektion potenzieller Organspender und einer optimalen Übereinstimmung der biologischen Parameter zwischen Spender und Empfänger ist besonders entscheidend, dass Transplantate in kürzester Zeit zum Empfänger transportiert werden. Die Funktion des Transplantates und damit der Erfolg oder Misserfolg einer Transplantation und das Überleben des Organempfängers hängen unmittelbar davon ab. Um die Spanne zwischen Entnahme und Einsetzen möglichst gering zu halten, kann der Organtransport per Drohne eine Lösung sein. Bereits 2018 konnte erfolgreich eine Niere per Drohne geliefert werden – mit einer Durchschnittsgeschwindigkeit von über 67 km/h [9]. Im Mai 2021 wurde in Kanada ebenfalls erfolgreich eine Lunge in unter 7 Minuten über den stockenden Stadtverkehr befördert. Erforderlich waren über 54 Test- und Simulationsflüge, sowie der Erhalt einer entsprechenden Flugerlaubnis. Die Lieferung per Drohne bietet neben der Zeitersparnis weitere Vorteile; so müssen Organe weniger Vibrationen und Temperaturunterschiede aushalten als beim Transport mit einem Rettungswagen oder Hubschrauber [10]. Nach Ankunft des Organs im Transplantationszentrum erfolgt schließlich die finale Transplantation.

Ein Blick in die Zukunft

Der skizzierte Einsatz von Algorithmen, die Nutzung digitaler Schnittstellen und innovativer Transportmöglichkeiten können den gesamten Prozess der Organtransplantation optimieren, um die Verfügbarkeit wie auch die Erfolgschancen einer Transplantation zu steigern. Dabei gilt es valide Evaluationen unter ethischen, regulatorischen und datenschutzkonformen Gesichtspunkten für die unterschiedlichen Use Cases zu erstellen. Auch Haftungsfragen müssen reguliert werden. Abseits möglicher Optimierungspotenziale bestehender Prozesse kann eine gänzlich andere Art der Organbeschaffung die Zukunft von Organtransplantationen grundlegend verändern. So laufen bereits heute Studien zur künstlichen Herstellung von Organen per 3D Bioprinting [11]. Das 3D-Bioprinting bringt wiederum eine ganz eigene zusätzliche Komplexität mit sich, wie z. B. die Auswahl von Materialien, Zelltypen, Wachstums- und Differenzierungsfaktoren sowie technische Herausforderungen im Zusammenhang mit den Empfindlichkeiten lebender Zellen und der Konstruktion von Geweben [12]. Neben bestehenden Herausforderungen können Patienten wie auch Health Professionals gleichermaßen eine stetige Prozessoptimierung durch Digitalisierung erwarten, die für alle Beteiligten zu einer Verbesserung der Situation rund um die Organtransplantation in Deutschland führen kann.

Literatur

1. Deutsche Stiftung Organtransplantation; Organspende und Transplantation in Deutschland 2021. [Available from: https://dso.de/SiteCollectionDocuments/DSO-Jahresbericht%202021.pdf] (Zugriff am 23.08.2022)
2. Organspende Info; Statistiken zur Organspende für Deutschland und Europa [Available from: https://www.organspende-info.de/zahlen-und-fakten/statistiken/] (Zugriff am 23.08.2022)
3. Peters M. Herztransplantation. Focus. 2020.
4. Deutsche Stiftung Organtransplantation. Transplantationsgesetz 2022 [Available from: https://www.dso.de/Pages/Ueber-die-DSO/Transplantationsgesetz.aspx] (Zugriff am 23.08.2022)
5. Trabitzsch A, Pleul K, Barlinn K, Franz V, Dengl M, Götze M, et al. An automated electronic screening tool (DETECT) for the detection of potentially irreversible loss of brain function. Deutsches Ärzteblatt International. 2021;118(41):683.
6. Klauber J, Geraedts M, Friedrich J, Wasem J. Krankenhaus-Report 2019: Das digitale Krankenhaus. Springer Nature; 2019.
7. Peloso A, Moeckli B, Delaune V, Oldani G, Andres A, Compagnon P. Artificial Intelligence: Present and Future Potential for Solid Organ Transplantation. Transplant International. 2022;35:10640.

8. Digitale Technologien. Internationale Kooperationsprojekte NephroCAGE, Deutsch-kanadische Partnerschaft zur Erprobung von KI-Technologien am Beispiel der Nierentransplantation 2021 [Available from: https://www.digitale-technologien.de/DT/Redaktion/DE/Downloads/Factsheets/Intern_Kooperationen/factsheet-nephro_cage.pdf?__blob=publicationFile&v=5] (Zugriff am 23.08.2022)

9. Hampson M. Drone delivers human kidney: The organ was flown several kilometers by a drone without incurring damage-[News]. IEEE Spectrum. 2018;56(1):7–9.

10. Scalea JR, Restaino S, Scassero M, Bartlett ST, Wereley N. The final frontier? Exploring organ transportation by drone. American Journal of Transplantation. 2019;19(3):962–4.

11. Jin Z, Li Y, Yu K, Liu L, Fu J, Yao X, et al. 3D printing of physical organ models: recent developments and challenges. Advanced Science. 2021;8(17):2101394.

12. Murphy SV, Atala A. 3D bioprinting of tissues and organs. Nature biotechnology. 2014;32(8):773–85.

Kooperationen in der Gesundheitsindustrie für eine automatisierte Insulinlieferung

Philipp Köbe

Der Umgang mit einer Diabeteserkrankung ist für Patienten und Leistungserbringer eine komplexe Herausforderung. Das Befinden des Patienten ist maßgeblich von der korrekten Messung und rechtzeitigen Dosierung des Insulins abhängig [1]. Die Digitalisierung stellt heute neue Technologien für Patienten bereit, um das Diabetes-Management besser steuern zu können. Besonders für junge Menschen, die von einer Diabetes-Typ-1-Erkrankung betroffen sind, können digitale Werkzeuge ein personalisiertes und somit optimiertes Krankheitsmanagement ermöglichen [2]. Welche Kooperationsmöglichkeiten ergeben sich für Medizintechnikhersteller bei der automatisierten Insulinlieferung?

Eine Volkskrankheit mit digitalen Instrumenten managen

Diabetes hat sich in den westlichen Industrieländern zur Volkskrankheit entwickelt [3]. Mit einer weltweiten Prävalenz des Typ-1-Diabetes von 5,9 Erkrankungen je 10.000 Einwohner stehen die USA mit 3,9 und Europa mit 2,12 vergleichsweise gut da. Betrachtet man die Inzidenz, liegt die USA mit 20 Erkrankungen pro 100.000 Einwohner an der Spitze vor einer weltweiten Inzidenz von 15 [3]. Die Nutzung innovativer digitaler Technologien kann das Diabetes-Management unterstützen [4]. Bereits 2018 betrug der weltweite Markt für Diabetes Devices rund 21 Mrd. € [5]. Bis zum Jahr 2026 wird der Markt schätzungsweise um durchschnittlich 6 % jährlich auf 33,5 Mrd. € wachsen. Für Hersteller

P. Köbe (✉)
Lehrstuhl für Management und Innovation im Gesundheitswesen, Fakultät für Wirtschaft und Gesellschaft, Universität Witten/Herdecke, Witten, Deutschland
E-Mail: philipp.koebe@uni-wh.de

von Insulin, Anbieter von Medizintechnik und Software-Entwickler ergeben sich dahingehend neue Geschäftsmodelle.

Dreiteiliger Baukasten ermöglicht innovatives Diabetes-Management

Es gibt verschiedene Arten zur Verabreichung von Insulin an Typ-1-Diabetiker. Ein neues
Verfahren stellen Closed-Loop-Systeme dar. Dabei handelt es sich um einen geschlosse-
nen Regelkreis, der manchmal auch als künstliche Bauchspeicheldrüse bezeichnet wird
[6] und Insulin in einer kontinuierlichen, auf den Blutzucker reagierenden Weise abgibt.
Dabei wird durch die Verwendung eines Regelalgorithmus, der die Insulinabgabe automatisch sowohl über als auch unter den voreingestellten Insulininfusionsraten moduliert, der
Blutzuckerspiegel im Zielbereich gehalten. Dafür kommen drei wesentliche Bestandteile
zum Einsatz [6]:

- ein **Glukose-Sensor**, der kontinuierlich den Blutzucker misst,
- ein **mobiles Endgerät** (Smartphone, Smartwatch etc.), das die empfangenen Daten
  verarbeitet und
- eine **Insulinpumpe**, die den Blutzuckerspiegel konstant hält.

Die gesammelten Daten können in einer Cloud verarbeitet werden, um den Algorithmus zu
verbessern sowie die Daten zur Langzeitüberwachung zur Verfügung zu stellen [2]. Lernende
Algorithmen können zunehmend den Tagesablauf des Patienten simulieren [1]. Die erhobenen Daten haben zudem das Potenzial einer digital gestützten Steuerung über die gesamte
Lieferkette von der Beschaffung bis zur Auslieferung. Das Medizintechnik-Unternehmen
stellt die notwendigen Applikationen bereit und betreibt die Datenbanken, gegebenenfalls
mit einem Software- oder Cloud-Kooperationspartner. Die Datenbank kann die Verlaufsda-
ten sowie den Insulinverbrauch in der elektronischen Patientenakte (ePA) einspeisen, sodass
zukünftig über ein eRezept die automatisierte Lieferung neuer Insulindosen an den Patienten
veranlasst wird, infolge der Einlösung des eRezepts bei einer Apotheke.

Der Arzneimittelhersteller kann die Daten zur Weiterentwicklung des Produktportfo-
lios im Bereich Diabetes Care nutzen [7]. Das Medizintechnik-Unternehmen nimmt in
dieser digital gesteuerten Wertschöpfungskette eine Schlüsselrolle unter allen Stakehol-
dern ein. Im Mittelpunkt der Zusammenarbeit steht die gemeinsame Datennutzung zur
Versorgungsoptimierung, mit Vorteilen bei allen Beteiligten:

- **Apotheken** wickeln Bestell- und Lieferprozess voll automatisiert ab,
- **Ärzte** verschlanken Verschreibungsprozesse und erhalten kontinuierliches Therapie-
  Monitoring,
- **Arzneimittelhersteller** bauen langfristige Kundenbeziehung auf und erhalten For-
  schungsdaten,

- **Medizintechnik-Unternehmen** verfügen über strategische Partnerschaft und können mittels Big-Data-Algorithmen verbessern und
- **Patienten** erhalten optimale Blutzuckereinstellung und erhöhte Lebensqualität.

Einschränkende Faktoren können unter anderem die nationale Regulierung der Gesundheitssysteme sowie der Standards im Datenschutz sein [4]. Einerseits sind die unterschiedlichen Zulassungsverfahren für Arzneimittel und Medizinprodukte bzw. Medizintechnik zu berücksichtigen. Andererseits kann die Verfügbarkeit von Schnittstellen zwischen den Akteuren oder Einschränkungen in der gemeinsamen Nutzung personenbezogener Daten ein Hemmnis für die dargestellten Konzepte sein.

Gute Ergebnisse bei Closed-Loop-Systemen

Medtronic hat 2017 in den USA die erste von der FDA zugelassene Insulinpumpe mit Closed-Loop-System auf den Markt gebracht [8]. Der Blutzucker liegt mit 68,5 % signifikant länger im Zielbereich des gewünschten Blutzuckerspiegels als beim Verfahren der Kontrollgruppe (59,4 %), welche mit konventionellen Insulinpumpen behandelt wurden. Die Forschungsdaten belegen, dass die künstliche Bauchspeicheldrüse in den vergangenen Jahren große Fortschritte in der Optimierung der Insulinversorgung gemacht hat [9]. In Europa kooperiert das Schweizer Unternehmen Roche mit dem Französischen Unternehmen Dialoop, bei dem ebenfalls ein Closed-Loop-System zum Einsatz kommt [7]. Dialoop's Sensoren und Algorithmen sorgen für die optimale Blutzuckereinstellung. Als Insulinpumpe wird der Accu-Check Insight von Roche verwendet. Mit dieser Kooperation wird erstmalig das beschriebene Kooperationskonzept zwischen Medizintechnik- und Pharmaunternehmen praktiziert. Auch bei dieser Partnerschaft zeigen Studien bereits eine deutlich verbesserte Glukosekontrolle und -dosierung von Typ-1-Diabetespatienten [9].

Kooperative Zusammenarbeit erhöht den Patientennutzen

Die automatisierte Insulindosierung mittels Closed-Loop-System revolutioniert einerseits das Diabetes-Management und führt andererseits für Medizintechnik-Hersteller zu neuen Kooperationsmöglichkeiten mit anderen Akteuren der Versorgungskette. Dadurch wird die Blutzuckereinstellung von Menschen mit Diabetes Typ-1 nachhaltig verbessert und durch die automatische Messung und Insulingabe die Lebensqualität gesteigert. Zur Bewältigung der komplexen digitalen Steuerung ergeben sich besonders Kooperationspotenziale für Medikamenten- und Medizintechnikhersteller. Durch die Generierung und Verfügbarmachung von Daten können Lieferprozesse besser gesteuert, Produkte verbessert, Therapien überwacht und der Patientennutzen erhöht werden.

Literatur

1. Askari MR, Hajizadeh I, Rashid M, Hobbs N, Zavala VM, Cinar A. Adaptive-learning model predictive control for complex physiological systems: Automated insulin delivery in diabetes. Annual Reviews in Control. 2020;50:1–12. https://doi.org/10.1016/j.arcontrol.2020.10.004
2. Bergenstal RM, Garg S, Weinzimer SA, Buckingham BA, Bode BW, Tamborlane WV, et al. Safety of a Hybrid Closed-Loop Insulin Delivery System in Patients With Type 1 Diabetes. JAMA. 2016;316(13):1407–8. https://doi.org/10.1001/jama.2016.11708
3. Mobasseri M, Shirmohammadi M, Amiri T, Vahed N, Hosseini Fard H, Ghojazadeh M. Prevalence and incidence of type 1 diabetes in the world: a systematic review and meta-analysis. Health Promot Perspect. 2020;10(2):98–115. https://doi.org/10.34172/hpp.2020.18
4. Beran D, Lazo-Porras M, Mba CM, Mbanya JC. A global perspective on the issue of access to insulin. Diabetologia. 2021;64(5):954–62. https://doi.org/10.1007/s00125-020-05375-2
5. Insights FB. Diabetes Devices Market2018; Diabetes Devices Market Size, Share & Industry Analysis, By Device Type, By Distribution Channel, and Regional Forecast, 2019–2026. Verfügbar unter: https://www.fortunebusinessinsights.com/enquiry/request-sample-pdf/diabetes-devices-market-100803 (Letzter Zugriff am 01.11.2022)
6. Majeed W, Thabit H. Closed-loop insulin delivery: current status of diabetes technologies and future prospects. Expert Review of Medical Devices. 2018;15(8):579–90. https://doi.org/10.1080/17434440.2018.1503530
7. Roche integriert die Accu-Chek Insight Insulinpumpe in das System zur automatisierten Insulindosierung (AID) von Diabeloop (press release). 01.03.2021, Verfügbar unter: https://www.roche.de/aktuelles/news/roche-integriert-die-accu-chek-insight-insulinpumpe-in-das-system-zur-automatisierten-insulindosierung-von-diabeloop/ (Letzter Zugriff am 01.11.2022)
8. Medtronic führt in den USA die weltweit erste Insulinpumpe mit Hybrid Closed-Loop System für Typ-1-Diabetikes ein (press release). Meerbusch, June 07, 2017, Verfügbar unter: https://www.medtronic.com/de-de/ueber/news/pressemitteilungen-medtronic-gmbh/pressemitteilung-670G.html (Letzter Zugriff am 01.11.2022)
9. Benhamou P-Y, Franc S, Reznik Y, Thivolet C, Schaepelynck P, Renard E, et al. Closed-loop insulin delivery in adults with type 1 diabetes in real-life conditions: a 12-week multicentre, open-label randomised controlled crossover trial. The Lancet Digital Health. 2019;1(1):e17–e25. https://doi.org/10.1016/S2589-7500(19)30003-2

Perspektive für kommunale Krankenhäuser durch Shared Services

Stephan Balling

Bereits vor der Covid-19-Pandemie hat sich die wirtschaftliche Lage deutscher Krankenhäuser beständig verschlechtert. Dies zeigt sich beispielsweise an sinkenden Margen: Im Jahr 2019 erreichte das Jahresergebnis im Mittel der Häuser 0,8 % der Erlöse, wogegen es 2016 noch 2,2 % gewesen waren [1]. Dabei zeigte sich bereits im Vorjahr, dass Einzelkrankenhäuser eine Gewinnmarge gemessen an den Erlösen nach Steuern (Earnings after Taxes, EAT) im Verhältnis zum Umsatz (EAT-Marge) von lediglich 0,3 % erreichen, wogegen Häuser, die zu einer Kette gehören, auf immerhin 2,2 % kommen [2]. Auch in den Vereinigten Staaten weisen Krankenhäuser in Verbünden eine höhere wirtschaftliche Effizienz auf als Einzelkrankenhäuser. Grund dafür können mögliche Skaleneffekte auf der Verbundebene sein [3]. Größe und Wachstum allein erweisen sich dabei nicht als Effizienzfaktoren für Krankenhäuser [4]. Grundsätzlich zeigt sich, dass flexible und elastische Organisationsstrukturen Unternehmen wettbewerbsfähig machen [5]. Shared Service Center (SSC) spielen dabei eine wachsende Rolle.

Managementmode oder wichtiger Baustein?

Handelt es sich bei SSC nun um eine vorübergehende Managementmode, oder sorgt die digitale Transformation im Gesundheitswesen dafür, dass SSC ein immer wichtigerer Baustein in der strategischen Ausrichtung von Krankenhäusern sind? Dabei ist ein Prozess denkbar, der in zwei letztlich gegenläufige Richtungen zielt. Einerseits schafft die Digita-

S. Balling (✉)
Lehrstuhl für Management und Innovation im Gesundheitswesen, Fakultät für Wirtschaft und Gesellschaft, Universität Witten/Herdecke, Witten, Deutschland
E-Mail: stephan.balling@uni-wh.de

S. Bohnet-Joschko, K. Pilgrim (Hrsg.), *Handbuch Digitale Gesundheitswirtschaft*, https://doi.org/10.1007/978-3-658-41781-9_65

lisierung zunehmend die technischen Voraussetzungen dafür, um insbesondere sekundäre und tertiäre Leistungsbereiche in größere zentrale Einheiten auszulagern. Andererseits erfordert die wachsende Bedeutung von auf Künstlicher Intelligenz basierender medizinischer Systeme, Telemedizin und elektronischer Patientenakten Investitionen in IT, was sowohl Humankapital als auch Soft- und Hardware betrifft.

SSC können – richtig organisiert – für ein besseres medizinisches Leistungsangebot sorgen, aber auch zu finanziellen Einsparungen beitragen. Eine Kalkulation für neun Krankenhäuser in der Region Medina in Saudi-Arabien kommt zu dem Schluss, dass die Konzentration biomedizinischer Abteilungen – etwa für die Wartung technischer Geräte – in einem SSC zu Einsparungen von 62–81 % Lohnkosten führen kann und dies trotz eines um 13,5 % gestiegenen Durchschnittsgehaltes [6].

Standardisierung im SSC

Zu verstehen ist unter SSC eine teilweise selbstständige Geschäftseinheit, die mehreren internen Kunden unterstützende Leistungen anbietet wie Rechnungswesen oder Human Ressources [5]. Dabei geht es darum, dass Unternehmen gemeinsam standardisierte Dienstleistungen nutzen, um operative Kosten zu senken und zugleich gemeinsam Informationen und Wissen zu generieren [7]. Basis von SSC sind Netzwerke und strategische Partnerschaften in oftmals neuen Organisationsformen [7]. Denkbar sind hier sowohl gemeinsame Tochterfirmen mehrerer Krankenhäuser in Form von Kapitalgesellschaften, aber auch Genossenschaften finden sich mittlerweile in der Praxis. Ein Beispiel für einen Genossenschaftsansatz ist die „digital health transformation eG", ein Zusammenschluss von mehreren Krankenhäusern und Krankenhausgruppen. Diese Genossenschaft soll Potenziale für ein besseres medizinisches und pflegerisches Angebot ausschöpfen, zum Beispiel auch indem Partnerschaften eingegangen werden, um Innovationsprojekte anzugehen.

Dennoch steht die Entwicklung von SSC in deutschen Krankenhäusern noch am Anfang. Bisher ist eher die gesellschaftsrechtliche Verbundbildung zu beobachten. Große Krankenhauskonzerne finden sich aber bisher nur im privaten und freigemeinnützigen Bereich, wobei die Unfallkrankenhäuser in berufsgenossenschaftlicher Trägerschaft, also im Eigentum einer gesetzlichen Sozialversicherung, ebenfalls diesen Weg gegangen sind. Krankenhausmanagern zufolge bieten Verbünde oder Konzerne Vorteile bei der Digitalisierung, weil sie unter anderem spezialisiertes Fachwissen in zentralen Einheiten aufbauen und so Größendegressionseffekte nutzen können [8].

Potenzial vor allem für kommunale Häuser?

Während private, freigemeinnützige und die berufsgenossenschaftlichen Träger oftmals den Weg der Konzernbildung gehen, ist dieser Ansatz für kommunale Häuser noch nicht verbreitet. Zentrale Dienste, insbesondere den Bereich der IT, in eine Holding zu verlagern, ist damit für öffentlich-rechtliche Krankenhäuser bisher zumindest keine zu beobachtende Option. Größere gar überregionale Verbünde kommunaler Krankenhäuser existieren bisher nicht. Experten halten dies auch kaum für möglich [8]. Die Frage stellt sich, ob SSC nicht insbesondere für kommunale Krankenhäuser eine Alternative sein können.

SSC ermöglichen es einzelnen Unternehmen, sich auf ihre Kernfunktionen zu fokussieren und dem SSC die nicht zum Kerngeschäft gehörenden Dienstleistungen zu übertragen, die dort kostengünstiger erbracht werden können, aber durch das Shared-Services-Netz geregelt sind [7]. Diese Netze sind langfristig ausgelegt [7]. Allerdings muss es nicht zu einer gesellschaftsrechtlichen Fusion kommen.

Insbesondere im kommunalen Bereich können SSC ein Weg sein, wie ein Blick in andere Bereiche der öffentlichen Verwaltung zeigt. Denn auch hier haben sich SSC als geeignet erwiesen, da so Kosten zwischen verschiedenen Behörden geteilt und Innovationen schneller für eine größere Anzahl an Institutionen zugänglich gemacht werden können [9]. Wenn jede Behörde dies einzeln macht, kann etwa im Bereich der IT-Infrastruktur eine hohe Heterogenität entstehen [9]. Im Krankenhauswesen dürften sich mittels einer weitergehenden Digitalisierung Effizienzreserven über die gesamte Wertschöpfungskette heben lassen, wobei SSC hierbei eine entscheidende Rolle für Kostensenkungen spielen können, insbesondere mit Blick auf die Bereiche Human Ressources, Pathologie, Radiologie und IT [10]. Angesichts der prekären finanziellen Lage vieler kommunaler Häuser sowie der wachsenden Anforderungen an die IT-Infrastruktur dürfte der Druck auf Krankenhäuser wachsen, hier nach neuen Wegen zu suchen, entweder über Fusionen und Konzernbildungen oder SSC.

Beispiel Dänemark

Diese Effizienzreserven entstehen hingegen nicht von selbst, wenn digitale Anwendungen wie Telemedizin zum Einsatz kommen, insbesondere wenn diese als Insellösungen gestaltet werden ohne Anknüpfungspunkte an ein Ökosystem [11].

In der Region Zentral-Dänemark wurde entsprechend im Rahmen einer öffentlich-privaten Partnerschaft (ÖPP) ein SSC für integrierte telemedizinische Anwendungen von Krankenhäusern, Gebietskörperschaften und Hausärzten geschaffen, wobei das Center als eine virtuelle Organisation anzusehen ist, nicht als eine neue Behörde [11]. Vielmehr sollten die Teilhaber (Stakeholder-Ansatz) Verantwortlichkeiten und Ressourcen teilen, wobei vier Service-Kategorien definiert wurden: technischer Support und Logistik, Information und Koordination, Selbstbedienung und persönliche Patientenkoordination sowie Wissen und Entwicklung [11]. Folgende Faktoren erscheinen entscheidend:

- Erstens sollten die Mitarbeiter in den Gesundheitseinrichtungen auf höchstem Niveau Hilfe bei technischen Problemen bekommen.
- Zweitens sollte das SSC für Interoperabilität sorgen, damit Einrichtungen miteinander kommunizieren und beispielsweise auch Daten (u. a. von Patienten) austauschen können.

- Drittens erlaubt das digitale System Patienten die Koordination des eigenen Patienten-pfades entweder selbst zu organisieren oder dies mithilfe eines Gesundheitskoordina-tors durchzuführen.
- Im Wissens- und Entwicklungszentrum schließlich werden viertens Erfahrungen mit telemedizinischen Anwendungen gesammelt [11].

SSC spielen demnach in zwei Dimensionen der Digitalisierung eine wichtige Rolle: Ei-nerseits ermöglichen vernetzte digitale Systeme die Zusammenarbeit von Häusern und damit größere spezialisierte Einheiten, was eine Produktivitätssteigerung zur Folge haben kann. Andererseits können SSC wesentlich zum Aufbau beispielsweise eines umfassenden telemedizinischen Angebots beitragen, das zu einer besseren Gesundheitsversorgung führt.

Literatur

1. Augurzky B, Krolop S, Pilny A, Schmidtz C, Wuckel C. Krankenhaus Rating Report 2021. Mit Wucht in die Zukunft katapultiert. 2021 zum Original
2. Augurzky B, Krolop S, Pilny A, Schmidtz C, Wuckel C. Krankenhaus Rating Report 2020. Ende einer Ära. Aufbruch ins neue Jahrzehnt. 2020 zum Original
3. Rosko M, Wong H, Mutter R. Characteristics of High- and Low-Efficiency Hospitals. Medical Care Research and Review. 2018;75(4):454–478 zum Original
4. Freeman M, Savva N, Scholtes S. Economies of Scale and Scope in Hospitals: An Empirical Study of Volume Spillovers. Management Science. 2020;67(2):661–1328 zum Original
5. Richter P, Brühl R. Shared service center research: A review of the past, present, and future. European Management Journal. 2017;35(1):26–38 zum Original
6. Alkhateeb A, Sahhari F, Hussain M. A Pilot Study of Biomedical Engineering Shared Service for Hospitals in Madinah Munawwarah. Industrial & Systems Engineering Conference (ISEC), Jeddah, Saudi Arabia, January 19–20, 2019. zum Original
7. Wang H. Performance Predictive Analytics for Operations Management of Shared Services. Journal of International Business and Management. 2021;4(1):1–13 zum Original
8. Balling S, Maier B. Konzeptstudie. Ein kommunaler Krankenhauskonzern. Eine wissenschaftli-che Bewertung aus Sicht von Daseinsvorsorge, medizinischer Qualität und Wirtschaftlichkeit. Sidki, M. (Hg.). Hochschule für Wirtschaft und Gesellschaft Ludwigshafen, 2021 zum Original
9. Joha A, Janssen M. Types of Shared Services Business Models in Public Administration. Procee-dings of the 12th Annual International Conference on Digital Government Research. 2011:26–35 zum Original
10. Ramayanam S, Acharayulu G, Prasad V. A Review on Design of Integrated Healthcare Model through Performance Excellence Methodologies. American International Journal of Multidisci-plinary Scientific Research. 2018:3(1) zum Original
11. Larsen S, Sorensen N, Petersen M, Kjeldsen G. Towards a shared service centre for telemedi-cine: Telemedicine in Denmark, and a possible way forward. Health Informatics Journal. 2016:22(4):815–827 zum Original

Künstliche Intelligenz in der Blutprodukte-Lieferkette

Philipp Köbe

In Deutschland beträgt der tägliche Bedarf an Blutkonserven für klinische Zwecke rund 15.000 Stück [1]. Gleichzeitig werden etwa 800 Blutkonserven jeden Tag entsorgt, weil die Mindesthaltbarkeitsdauer überschritten wurde [2]. Das generelle Problem der schwierigen Planbarkeit von notwendigen Blutprodukten in der klinischen Versorgung könnte jedoch durch den Einsatz innovativer Technologien reduziert werden [3, 4]. Präzise Vorhersagemodelle ermöglichen den Kliniken heute, ihre Materialbedarfe besser zu managen und die Logistik effektiver zu steuern [5]. Wie kann mithilfe prädiktiver Vorhersagen durch Künstliche Intelligenz (KI) die Blutversorgungskette verbessert werden?

Rückläufige Blutspendebereitschaft zeichnet sich ab

Produkte aus Humanblut werden zu verschiedenen Zwecken im klinischen Umfeld eingesetzt [6]. Nach Unfällen, während Operationen oder im Anschluss an eine Intervention benötigen Patienten Blutprodukte zum Überleben [7]. Aufgrund des stetigen Bedarfs müssen ausreichend Blutspender ihr Blut zur Verfügung stellen, welches dann in der benötigten Art und Anzahl an den entsprechenden Ort geliefert werden muss. Während im Jahr 2000 noch rund 4,3 Mio. Vollblutspenden geleistet wurden, waren es 2020 nur noch etwa 3,6 Mio. [8]. Von 3,1 Mio. im Jahr 2000 ist der Verbrauch auf etwa 3,3 Mio. im Jahr 2020 jedoch relativ konstant geblieben [8]. Es besteht das Risiko, dass die entsprechenden Kurven sich in den kommenden Jahren schneiden könnten, womit der Bedarf an Vollblut nicht mehr hinrei-

P. Köbe (✉)
Lehrstuhl für Management und Innovation im Gesundheitswesen, Fakultät für Wirtschaft und Gesellschaft, Universität Witten/Herdecke, Witten, Deutschland
E-Mail: philipp.koebe@uni-wh.de

chend gedeckt werden würde. In der klinischen Versorgung stellt sich somit die Frage, inwiefern das Ressourcenmanagament von Blutprodukten optimiert werden kann.

Der Weg vom Blutspender in den Klinikkühlraum

Zum Verständnis der Versorgung mit Blutprodukten muss zunächst die Lieferkette betrachtet werden. Privatpersonen können in verschiedenen Einrichtungen Blut und Blutbestandteile wie Blutplasma spenden [7]. Zu den Einrichtungen gehören öffentliche Anbieter wie beispielsweise die Blutspendedienste des Roten Kreuz oder der Universitätskliniken. Daneben gibt es private Dienste wie HAEMA oder Plasma Service Europe, die neben
der klinischen Verwendung auch Blutbestandteile für die Herstellung von Arzneimitteln
verwenden. Nach der Entnahme werden die Blutkonserven zwischengelagert und gehandelt. Kliniken und andere Gesundheitseinrichtungen kaufen dann am Markt die benötigten
Blutkonserven ein [4, 5].

Um den Bedarf der Blutprodukte zu bestimmen, müssen die Kliniken den voraussicht-
lichen Verbrauch abschätzen. Dabei kann zwischen elektiven Fällen und Notfällen unterschieden werden. Bei planbaren elektiven Fällen sind die benötigten Blutkonserven
aufgrund bekannter Informationen über den Patienten, das Indikationsgebiet und die erwartete Intervention relativ leicht zu bestimmen. Anhand der vorliegenden Planungsinfor-
mationen können die Daten in ein Prognosemodell einfließen [9]. Bei Notfällen sind die
einkehrenden Patienten dem Klinikum jedoch unbekannt, ebenso deren Indikation und die
durchzuführende Intervention. In der Vergangenheit wurden Erfahrungswerte ohne systematische Modellierung für den Bestellvorgang herangezogen [3, 4]. Aufgrund der Unge-
nauigkeit konnten viele Blutkonserven jedoch nicht verbraucht werden und mussten entsorgt werden, da die Haltbarkeitsdauer von Blutkonserven lediglich 42 Tage beträgt [6].
Grundsätzliche Optimierungsmöglichkeiten der logistischen Planung wurden bereits ausgeschöpft, sodass beispielsweise nach dem First-In-First-Out-Prinzip die Bestände ver-
waltet werden.

Prädiktive Vorhersage der Verbrauchsmengen von Blutprodukten

Mithilfe eines prädiktiven Vorhersagemodells können die Blutbedarfe genauer bestimmt
werden [3, 4, 10], wie in Abb. 2 dargestellt. Auf Grundlage eines Machine-Learning-(ML-)
Algorithmus werden dabei verschiedene Parameter berücksichtigt, die zu einer ständigen
Verbesserung und Präzisierung der Vorhersage führen [9, 11]. Zunächst werden die historischen Daten herangezogen, um anhand vergangener Blutproduktverbräuche aufgrund
der Patientenklassifikation und deren Indikationen für elektive Fälle und Notfälle die
Mengeneinheiten zu ermitteln [11]. Demgegenüber stehen die tatsächlichen Planungen
sowie erwartete Notfälle, die ebenfalls aus historischen Mustern abgeleitet werden [3, 10,

11]. Zudem können weitere Daten wie Wetterdaten, Verkehrsdaten, Veranstaltungsdaten etc. als zusätzliche Umweltprognose einfließen.

Nachdem für ein Klinikum oder eine Versorgungsregion der Blutbedarf ermittelt wurde, könnten die Daten an die Anbieter von Blutprodukten weitergegeben werden. Idealerweise wären alle Stakeholder über einen Datenaustausch in Echtzeit miteinander verbunden. Bei einer Knappheit bestimmter Produkte könnte somit auch eine vorausschauende Rekrutierung von Spendern seitens der Anbieter von Blutbestandteilen stattfinden.

Uniklinik Essen nutzt KI zur Blutversorgungssteuerung

In Deutschland ist die Uniklinik Essen Vorreiter auf dem Feld der automatisierten KI-gestützten Blutprodukt-Logistik [1]. Mit dem Projekt AutoPiLoT (Automatisierte leitlinienkonforme Patientenindividuelle Blutproduktezuordnung und smartes Logistikmanagement in der Transfusionsmedizin) wurde der Einsatz von KI gemeinsam mit der Fachhochschule Dortmund getestet [2]. Die Ergebnisse werden im Frühjahr 2022 evaluiert. Die Uniklinik Essen knüpft mit diesem innovativen Vorgehen an die anderen Projekte im KI-Bereich an, die bereits in mehreren ATLAS-Artikeln und in der Vorstellung des Smart Hospitals skizziert werden.

Die klassischen Probleme im Umfeld von ML oder KI sind auch bei der Blutversorgungskette zu beachten. Der Algorithmus ist nur so gut wie die Daten, auf denen das Modell basiert. Unzureichende Daten oder mangelnde Datenqualität verschlechtern das Vorhersagemodell. Zudem müssen die Daten möglichst in Echtzeit vorliegen, mindestens jedoch tagesaktuell. Für eine digital-vernetzte Zusammenarbeit mit den Blutprodukt-Lieferanten müssen entsprechende Schnittstellen bereitgestellt werden, sodass ein Datenaustausch auch voll automatisiert ohne manuelle Prozessschritte möglich ist. Dementsprechend ist technisch versiertes Personal notwendig, mit hinreichendem Verständnis für die digital-automatisierte Blutversorgungskette.

Fazit

Der Einsatz von ML kann die Blutversorgung in Kliniken durch prädiktive Vorhersagemodelle deutlich verbessern. Dadurch kann die Entsorgungsrate von Blutprodukten reduziert und die Blutprodukte effektiver zur richtigen Zeit am richtigen Ort eingesetzt werden. Die Optimierung der Blutproduktekette trägt auch den ethischen Ansprüchen Rechnung, möglichst wenig dieser kostbaren Ressourcen entsorgen zu müssen, sondern sie effektiv der Patientenversorgung zuzuführen.

Literatur

1. Lück F. KI für smartes Management von Bluttransfusionen. mednic Verlag, 2020. Verfügbar unter: https://mednic.de/ki-fuer-smartes-management-von-bluttransfusionen/13226 (Letzter Zugriff am 01.11.2022)
2. Reichel B. KI-Technik gegen Blutkonserven-Verschwendung, 2020; Informationsdienst Wissenschaft. Verfügbar unter: https://idw-online.de/de/news757846 (Letzter Zugriff am 01.11.2022)
3. Rad J, Cheng C, Quinn JG, Abidi S, Liwski R, Abidi SSR, editors. An AI-Driven Predictive Modelling Framework to Analyze and Visualize Blood Product Transactional Data for Reducing Blood Products' Discards. Artificial Intelligence in Medicine; 2020 2020//; Cham: Springer International Publishing. https://doi.org/10.1007/978-3-030-59137-3_18
4. Pabreja K, Bhasin A. A Predictive Analytics Framework for Blood Donor Classification. International Journal of Big Data and Analytics in Healthcare (IJBDAH). 2021;6(2):1–14. https://doi.org/10.4018/IJBDAH.20210701.oa1
5. Osorio AF, Brailsford SC, Smith HK. A structured review of quantitative models in the blood supply chain: a taxonomic framework for decision-making. International Journal of Production Research. 2015;53(24):7191–212. https://doi.org/10.1080/00207543.2015.1005766
6. Tanner L, Berg K, Lindau S, Piekarski F, Zacharowski K, Meybohm P. Blut und Blutprodukte. Nieren-und Hochdruckkrankheiten. 2020;49(2):78. https://doi.org/10.5414/IBX00527
7. Sachs U, Bux J. Gewinnung, Herstellung und Lagerung von Blut und Blutkomponenten. Transfusionsmedizin: Springer; 2004. p. 247–70. https://doi.org/10.1007/978-3-662-10597-9_14
8. Bericht zur Meldung nach § 21 Transfusionsgesetz. Paul-Ehrlich-Institut, 2022. Verfügbar unter: https://www.gbe-bund.de/gbe/trecherche.prc_them_rech?tk=14501&tk2=18906&p_uid=-gast&p_aid=44984338&p_sprache=D&cnt_ut=1&ut=18906 (Letzter Zugriff am 01.11.2022)
9. Marade C, Pradeep A, Mohanty D, Patil C. Forecasting Blood Donor Response Using Predictive Modelling Approach. 2019.
10. Li N, Chiang F, Down DG, Heddle NM. A decision integration strategy for short-term demand forecasting and ordering for red blood cell components. Operations Research for Health Care. 2021;29:100290. https://doi.org/10.1016/j.orhc.2021.100290
11. Guan L, Tian X, Gombar S, Zemek AJ, Krishnan G, Scott R, et al. Big data modeling to predict platelet usage and minimize wastage in a tertiary care system. Proceedings of the National Academy of Sciences. 2017;114(43):11368–73. https://doi.org/10.1073/pnas.1714097114

rinted in the United States
y Baker & Taylor Publisher Services